음악을 통한 개인치료와 그룹치료 기법

GIM과 MI

Denise Grocke · Torben Moe 편저

문소영 · 박지원 · 배민정 · 음승희 · 이상은 · 이윤진 공역

Guided Imagery & Music
and Music Imagery Methods
for Individual and Group Therapy

학지사

Guided Imagery & Music (GIM) and Music Imagery Methods for Individual and Group Therapy
by Denise Grocke and Torben Moe

First published in the UZK and the USA in 2015 by Jessica Kingsley Publishers Ltd.
73 Collier Street, London, N1 9BE, UK
and
400 Market Street, Suite 400, Philadelphia, PA 19106, USA
www.jkp.com

GUIDED IMAGERY & MUSIC

역자 서문

음악의 치료적 기능에 대해 본격적으로 학문적인 연구와 임상 적용을 시행하여 음악치료가 하나의 체계적인 학문이자 치료기법으로 발전한 지 적지 않은 시간이 흘렀습니다. 국내외 여러 석학의 업적이 쌓이고 음악치료에 대한 대중의 관심이 증대되어 학문적으로나 임상에서 많은 기대를 받고 있는 것이 현실입니다.

이러한 때에 저의 은사이자 제가 공역한 『음악치료 수용기법』(2011년, 학지사)의 저자이신 Denise Grocke 교수님께서 Torben Moe와 함께 엮은 『GIM과 MI: 음악을 통한 개인치료와 그룹치료 기법』을 번역하여 국내에 소개할 수 있어 영광입니다. Grocke 교수님은 2003년 한국에서 GIM 교육을 실시하였는데, 제가 통역으로 참여한 인연이 있습니다.

GIM과 MI는 다양한 음악치료의 기법 중 심리치료적 접근을 구축한 방법론인데 해외는 물론 국내에서도 점차 각광을 받는 분야입니다. 이 분야에 관한 34명의 전문 연구자가 각자 나름의 방법론 중 정수만을 모아 정리한 이 책은 GIM과 MI에 입문하려는 분들뿐만 아니라 기존의 연구자 및 치료사들에게도 많은 도움을 줄 것입니다. 또한 삶을 변화시키는 힘을 지닌 음악과 심상에 대해 관심이 있는 모든 이들에게 매우 유용한 정보를 제공할 것이라 생각합니다.

이 책을 번역하기 위해 모인 저와 박지원, 배민정, 음승희, 이상은, 이윤진 선생님은 이 책의 중요성에 깊이 공감하고 독자에게 레퍼런스로 활용하는 데 부족함이 없도록 충실히 번역하기 위하여 많은 노력과 논의를 거쳐 이제 한 권의 책으로 내놓게 되었습니다. 저희의 노력에도 불구하고 미흡한 점이 있을까 두려움이 앞서지만, 이 책을 통해 수많은 음악치료 연구자와 치료사가 GIM과 MI에 관심을 가지고 자신의 영역에 활용할 수 있을 것이라는 기대도 생깁니다.

이 책을 번역하도록 도움을 주신 학지사의 김진환 대표님과 편집부 백소현 차장님께 감사드리고, 함께 번역하느라 고생하신 다른 역자들께도 고마움을 전합니다. 또한 이 책이 한국에 소개되는 것을 기뻐하고 한국 독자를 위해 글을 보내 주신 Denise Grocke 교수님께 깊은 사의를 표합니다.

2018년

역자 대표

문소영

GUIDED IMAGERY & MUSIC

한국의 독자들께 드리는 글

덴마크 동료인 Torben Moe와 제가 편찬한 『GIM과 MI: 음악을 통한 개인치료와 그룹치료 기법』이 한국어로 번역 · 출간되는 것을 매우 기쁘게 생각합니다.

이 책을 편찬한 계기는, 심각한 정신적·신체적 건강 문제를 지닌 내담자에게 필요한 치료적 접근을 하기 위해 Bonny 방식의 GIM을 훈련받은 음악치료사들이 학술대회에서 발표하고 학술지에 게재한 논문들을 읽으면서 그 내용을 정리해 책으로 만들어야겠다고 결심한 것입니다. Bonny 방식의 GIM은 정서적으로 안정된 사람들에게는 개인적인 성찰과 성장을 할 수 있도록 도움을 주는 치료 형태로 잘 구축되어 있습니다. 반면에, 심각한 정신의학적 문제를 지닌 사람들이나 병원에 입원한 환자들을 대상으로 적용할 때는 차별화된 접근이 필요합니다. 이 책의 저자들은 이 문제에 대해 다양한 관점의 치료 기법을 제시합니다.

현재 Bonny 방식의 GIM 훈련 과정은 전 세계적으로 확산되어 있습니다. 한국에도 자격을 갖춘 전문 GIM 치료사들이 많고, GIM 훈련과 임상을 증진하기 위한 협회도 있습니다.

저는 이 책의 한국어 책임 번역자인 문소영 박사에게 감사를 표합니다. 이 책의 번역자들은 체계적인 전문성과 기술을 바탕으로 한국 독자들이 GIM을 접할 수 있도록 도울 것입니다. 각 장마다 아동기부터 임종의 순간에 이르기까지 다양한 치료적 접근을 기술한 이 책에서 독자 여러분이 영감을 받는 많은 사례가 발견되기를 바랍니다.

2018년

멜버른 대학교 명예교수

Denise Grocke, AO*, PhD

* 오스트레일리아 훈장(Order of Australia)

GUIDED IMAGERY & MUSIC

서문

1978년에 개최한 전국음악치료협회(National Association of Music Therapy) 학술대회에서 Helen Bonny가 많은 청중을 대상으로 강연한 세션을 경청하며, 당시 나이 어린 음악치료사였던 나는 현재 Bonny 방식의 GIM(Bonny Method of Guided Imagery and Music: 이하 BMGIM)이라고 알려진 훈련을 받는 것이 필연이라는 것을 깨달았다. 돌이켜 보면, 나는 Helen이 나누어 준 내용을 전적으로 이해하지 못했음에도, 그녀가 발전시킨 유도된 심상과 음악(Guided Imagery and Music: 이하 GIM)의 중요성을 감지했고, 이에 대해 더 알고자 하는 확신이 분명했다. GIM 훈련에 입문할 때 내 자신의 관심사와 더불어, 꿈에 대한 지식, 명상, 정신질환을 가진 개인 내담자에게 효과적인 치료를 제공하고자 하는 마음가짐으로 시작하였는데, 당시에도 이미 음악과 심상이 그룹과 개인 임상에 효용성이 있음을 실감할 수 있었다.

고대로부터 상상은 인간의 정신과 신체 건강에 영향을 주는 것으로 인정되었다(Achterberg, 1985; McKinney, 1994). 고대 이집트에서 발원한 헤르메스 철학은 인간이 심상을 통하여 정신 의식과 신체를 변화시킬 수 있다고 주장하였다(Samuels & Samuels, 1977). 고대 그리스인들은 꿈과 이상을 진단과 치료에 사용하였다(McMahon & Sheikh, 2002). 16세기 스위스 의사인 파라켈수스(Paracelsus)는 그의 저술에서 "상상이 지닌 힘은 의학에서 위대한 요인으로 작용한다. 상상은 병을 유발하기도 하고… 또한 이를 고칠 수 있다."(Hartmann, 1973, pp. 160-161)라고 언급하며 이러한 관점을 지지했다. 데카르트주의에서의 심신분리론이 서양의 사고를 지배하면서 상상이 정신과 신체 건강에 미치는 영향력에 대한 인식은 줄어들었으나(Achterberg, 1985; McMahon & Sheikh, 2002), 현대의 연구에서 정신과 신체는 불가분의 관계에 있으며 상상이 정신과 신체의 치유에 미치는 영향력은 확고해지고 있다(Antoni & Lutgendorf, 2007; Assagioli, 1965; Hyland, 2011; Kusnecov & Anisman, 2014).

음악은 고대로부터 치유와 매우 긴밀하게 결부되었다. 기원전 약 3500년경의 이집트 카훈 파피루스는 최초의 의학 자료로 알려졌는데, 아픈 이들에게 챈트(chant)를 이용하여 치료한 기록이 있다(Light et al., 1954). 고대 그리스인들도 음악을 치유에 사용하였다(Assagioli, 1965). 현대에 와서 음악이 신체와 정신 질환의 치료 기제로 사용된다는 것은 음악치료 전문 분야의 확립을 통해 알 수 있고(World Federation of Music Therapy, 2015), 다양한 필요와 질병에 효용성이 있다는 것이 연구를 통해 활발하게 입증되고 있다.

음악과 상상이 민감성과 감수성으로 결합될 때 이러한 복합적 비선형 시스템은 단지 두 개의 합보다 큰 시너지(synergy)를 양산한다. Joseph Chilton Pearce(1973)는 그의 저서 『The Crack in the Cosmic Egg』에서 창의적인 상상이 어떻게 현실 인식에 변화를 가져올 수 있는지를 언급하며 이러한 상상은 실재(實在)에 대한 새로운 관점을 부여한다고 했다. Helen Bonny(1976, 2002)는 신중하게 선곡된 음악 연주가 발휘하는 시너지의 조합에 의해 촉진된 의식의 탐색을 위한 기법을 발전시켰는데 이는 'crack'을 양산하였다. Helen의 업적은 음악에 의해 동력이 공급되고, 이전에는 좀처럼 품을 수 없었던 위대하고 의미심장한 변화를 가져다주는 인간 상상의 힘을 보여 주었다. Helen이 GIM 치료사 훈련을 시작한 이래로 많은 발전이 이루어졌다. 3년의 대학원 과정으로 이루어진 BMGIM 훈련을 수료한 치료사들은 현재 지구상의 인류가 거주하는 모든 대륙에 분포한다. BMGIM 치료사들은 다양한 임상 대상군을 포함하는 다각도의 세팅에서 여러 교과목과 임상훈련을 배경으로 가진다. 이러한 결과로, 이들은 BMGIM의 전문지식을 자신의 임상에 담아내었고, 이러한 통합은 적용과 변화의 집합체로 꽃을 피웠다.

이 중대한 작업을 통해, GIM 펠로우이자 훈련자인 Denise Grocke와 Torben Moe는 세계 각국의 GIM 치료사들을 초대하여 GIM의 사용과 방법의 적용을 서술하도록 하였다. 그 결과, GIM 치료사들의 창조성이 서술된 장(chapter)들로 책이 나오게 되었다. 각 장에서는 다양한 임상의 필요를 충족시키기 위한 목적으로 Bonny 방식에서 변형된 세션들이 서술되며, 다방면의 세팅과 임상 대상군을 위한 음악 심상의 적용이 제시된다. 여섯 명의 저자들은 새로운 음악 프로그램을 소개하는데 여기에는 서양 클래식을 넘어서 비서구적 문화의 음악 장르까지 포함한다. 그러한 다양성은 GIM 임상가들의 창조성, 그리고 치유를 위해 인간의 상상이 힘을 발휘할 수 있도록 하는 폭넓은 음악의 적용에 대한 증언이다.

이 책은 모든 GIM 치료사들과 학생들에게 필수적인 도서이다. 이 책은 BMGIM이라는 본래의 방식에서 도출된 성장의 풍요로움에 경의를 표한다. 편저자들은 용어에 명확성을 기했고, 각 장에서 GIM과 MI에서의 다양한 임상이 변별성을 갖도록 하였다. 덧붙여, 이 책은 다른 치료사들이 개인적이고 전문적인 수준에서 GIM을 탐구하고, 음악과 인간의 상상을 통한 변화의 시너지를 경험하도록 영감을 불러일으킬 것이다.

미국 노스캐롤라이나, 애팔래치아 주립대학교
Cathy McKinney

참고문헌

Achterberg, J. (1985). *Imagery and Healing: Shamanism and Modern Medicine*. Boston, MA: New Science Library.

Antoni, M. H. and Lutgendorf, S. (2007). Psychosocial factors and disease progress in cancer. *Current Directions in Psychological Science, 16*, 42-46.

Assagioli, R. (1965). *Psychosynthesis*. New York, NY: Penguin Books.

Bonny, H. L. (1976). *Music and psychotherapy: A handbook and guide accompanied by eight music tapes to be used by practitioners of Guided Imagery and Music*. Unpublished doctoral dissertation, Union of Experimenting Colleges and Universities, Baltimore, MD.

Bonny, H. L. (2002). *Music and Consciousness: The Evolution of Guided Imagery and Music*. Gilsum, NH: Barcelona Publishers.

Hartmann, F. (1973). *Paracelsus and the Substance of His Teachings*. London: Kegan Paul, Trench, Trubner & Co. Available at https://archive.org/details/paracelsusandthe017572mbp, accessed 29th January 2015.

Hyland, M. E. (2011). *The Origins of Health and Disease*. New York, NY: Cambridge University Press.

Kusnecov, A. W. and Anisman, H. (eds) (2014). *The Wiley-Blackwell Handbook of Psychoneuroimmunology*. Malden, MA: Wiley-Blackwell.

Light, G. A., Love, D. M., Benson, D. and Morch, E. T. (1954). Music in surgery. *Current Research in Anesthesia and Analgesia, 33*, 258-264.

McKinney, C. H. (1994). *The effect of the Bonny Method of Guided Imagery and Music on mood, emotional expression, cortisol, and immunologic control of latent Epstein-Barr virus in health adults*. Unpublished dissertation, University of Miami, FL.

McMahon, C. E. and Sheikh, A. A. (2002). Imagination in disease and healing processes: A historical perspective. In A. A. Sheikh (ed.) *Handbook of Therapeutic Imagery Technique*. Amityville, NY: Baywood Publishing.

Pearce, J. C. (1973). *The Crack in the Cosmic Egg: Challenging Constructs of Mind and Reality*. New York, NY: Pocket Books.

Samuels, M. and Samuels, N. (1977). *Seeing with the Mind's Eye: The History, Techniques, and Uses of Visualization*. New York, NY: Random House.

World Federation of Music Therapy (2015). *About WFMT*. Available at www.musictherapyworld.net/WFMT/About_WFMT.html, accessed 29th January 2015.

감사의 글

편저자들은 이 책이 마무리될 수 있도록 수고해 주신 이들에게 감사를 표하고 싶습니다.

우리는 Liz Moffitt, Gro Trondalen, Fran Goldberg와 Leslie Bunt가 이 책의 최종본의 각 장들을 검토해 준 것에 감사드립니다. 또한 각 장의 저자들이 자신들의 임상을 매우 명료하게 저술하고, Bonny 방식의 GIM 치료사들의 임상에 매우 유용한 정보를 제공해 준 것에 감사합니다.

우리는 제시카 킹슬리 출판사의 편집자들인 Lisa Clark, Sarah Minty와 Jane Evans의 꼼꼼한 편집에도 감사드립니다.

아울러 Torben Moe는 아내 Ida K. Hoffmeyer의 끊임없는 지지에 감사를 표합니다.

GUIDED IMAGERY & MUSIC

차례

도입

Denise Grocke and Torben Moe

이 책의 목적은 음악과 심상이 건강과 좀 더 폭넓게는 안녕(well-being)을 증진하기 위해 치료적으로 사용되는 접근방식의 스펙트럼을 명확히 제시하는 데에 있다. 유구한 역사를 통하여 고대 그리스의 철학자들로부터 극작가들, 시인들과 음악가들에 이르기까지 음악이 기분에 미치는 영향력에 대해 기술해 왔다(Davis and Gfeller, 1999). 근래에 연구자들은 우리의 정서에 영향을 미치는 음악의 구조와 척도를 규명하고자 시도했는데(Juslin, Sloboda, 2010), 이러한 연구에는 음악과 함께하는 강렬한 경험도 포함되었다(Gabrielsson, 2011).

음악의 힘은 많은 치료적인 접근이 이루어지는 데 있어 버팀목 역할을 한다. 음악치료에서 음악 감상을 주도적으로 이용하는 수용기법은 주로 이완된 상태에서 신생아, 아동, 청소년, 성인과 노인 등 전 연령대에 걸쳐 적용되며, 병원, 학교, 지역사회 프로그램, 요양시설과 호스피스/완화의료시설에서 사용된다. 임상의 목적은 특히 스트레스가 유발되는 상황에서 통증과 불안을 감소시키고, 이완과 진정을 하는 데 있다(Grocke and Wigram, 2007). 이 책에서는 음악과 심상을 이용하는 세 가지 주요 접근법이 세부적으로 규명되고 설명될 것이다.

1. 개인치료와 그룹치료에서 사용되는 음악과 심상(Music and Imagery: 이하 MI)
2. 개인치료와 때에 따라서는 그룹치료에서 사용되는 유도된 심상과 음악(Guided Imagery and Music: 이하 GIM)
3. 개인치료에서만 사용되는 짧은 Bonny 방식의 GIM(Bonny Method of GIM: 이하 BMGIM)

음악과 심상(MI) 접근법은 치료에서 음악 감상을 위한 초점으로 이완된 상태를 증진하고자 단일한 심상이나 심상의 전개를 유입할 때 사용된다. 전형적인 심상으로는 가장 좋아하는 장소, 또는 물가에 있거나 자연 속에 있는 심상 등이 있다. 이러한 심상들은 감상자에게 유입이 되고 모든 감각, 즉 시각, 청각, 심지어는 촉각과 후각을 통해 경험된다. 임상 작업에서 내담자는 이러한 심상을 수면을 유도하거나 통증을 관리하는 목적으로 낮이나 밤 시간 어느 때라도 떠올려 보도록 격려를 받는다. 어떤 경우에 심상은 그 자체로 생명을 가진다. 반면, 심상의 경험은 음악이 부과됨에 따라 증진되고 연장될 수 있다(Grocke & Wigram, 2007).

GIM은 MI와 동일한 원리로 기술된다. 반면에, 음악과 심상에 대한 경험이 치료사에 의해 언어적으로 서술된다. 치료사는 확언을 해 주거나 질문을 하여 내담자가 심상의 경험을 좀 더 온전하게 하고, 그룹원들이 자신의 경험을 이야기하도록 돕는다. 치료사가 언어적 중재로 함께하는 것을 '안내하는(guided)'이라는 용어로 정의하는데, 이는 언어적 중재가 없는 MI와는 변별이 되는 요소이다. 치료사는 그렇다고 하여 심상을 **지시하지** 않는다. '안내(guiding)'는 내담자의 경험을 지지하는 것을 의미한다. GIM 치료사들은 내담자나 내담자 그룹이 초점으로 삼은 최초의 심상으로부터 벗어나 새로운 심상으로 변경한다든가 또는 새로운 심상을 소개하지 않는다.

Bonny 방식의 GIM(BMGIM)은 특별한 형태의 GIM으로 1970년대에 고(故) Helen Bonny 박사에 의해 창안되었다. 이 방법은 여러 해에 걸쳐 발전되었으며, 초창기에는 볼티모어 정신의학 연구소(Baltimore Psychiatric Research Center)에서 진행된 알코올 중독자들을 위한 LSD 세션에서 의학적으로 모니터링을 하기 위한 목적으로 음악 프로그램이 개발되었다(Bonny, 2002; Clark, 2002). 1970년대 이래로 BMGIM은 치료와 임상 영역에서 국제적으로 발전해 왔으며, 효과성을 증명하는 연구의 기반이 이루어졌다. BMGIM은 개인치료 세션을 위해 고안된 정신역동적 형태의 치료이다. BMGIM 임상가들은 다음의 네 가지 요소로 이루어진 세션의 절차를 따른다.

1. **도입**(Pre-music discussion): 내담자와 치료사는 현재 내담자의 관심사에 대해 논의하며 세션의 초점이 결정된다.
2. **이완과 초점**(focus): 내담자는 깊은 이완의 상태로 들어가는데 '전환된 의식 상태(altered state of consciousness)'라고도 한다. 치료사는 심상 프로세스의 시작을 활성화하는 초점 이미지를 제안할 수 있다.

3. **치료사와의 대화 안에서 음악과 심상**: 치료사는 Helen Bonny 박사가 개발한 핵심 프로그램 중 하나인 음악 프로그램을 선택할 수 있고, 내담자의 주의력을 확보하는 초점에 적합한 프로그램화된 음악을 사용할 수 있다. Bonny 음악 프로그램은 25~45분 정도로 구성되며, 서구 전통적인 클래식이 주로 사용된다. 각각의 음악 프로그램은 정서적 강도(affective-intensity)의 윤곽을 가지며, 내담자의 감정에 부합하거나 자발적인 심상을 자극하도록 고안된다. 내담자는 심상과 동반되는 감정을 치료사에게 구술하고, 치료사는 언어적 중재를 통해 내담자의 심상과 감정을 확장하거나 명확하게 하여 풍부한 경험을 하도록 한다.
4. **프로세싱(통합)**: 음악 프로그램이 마무리 단계에 이를 때, 치료사는 내담자가 일상의 의식 상태로 복귀하도록 안내한다. 그리고 음악과 심상 경험을 통합하는 활동으로, 심상과 정서를 표현하는 만다라(원이 그려진 종이에)를 주로 그린다(Bruscia and Grocke, 2002; Ventre, 2002).

많은 임상가들은 BMGIM을 심리치료의 형태로 간주한다. 이는 연속적인 세션에서 내담자가 삶의 문제들을 다루며 이상적으로 해결해 가려는 의도를 가진다.

잠재력이 있는 내담자를 위해 GIM이 적절한 방법인가에 대한 진단평가는 신중하게 이루어진다. Summer(1988)는 내담자에게 GIM이 적합한가를 진단할 때 고려해야 할 네 가지 요인을 규명하였는데 다음과 같다.

1. 내담자는 상징적인 사고를 할 수 있어야 한다.
2. 내담자는 상징적인 사고와 현실을 구분할 수 있어야 한다.
3. 내담자는 자신의 경험을 치료사에게 이야기할 수 있어야 한다.
4. 내담자는 GIM을 통해 성장할 수 있어야 한다(p. 41).

내담자가 이러한 기준을 충족하지 못할 때, BMGIM은 금기시된다. 반면에, 최근 임상에서는 자격을 갖춘 GIM 치료사들이 다양한 사람들의 필요에 맞추어 BMGIM을 적용하고 변형하여 임상에 사용하고 있다.

또한 BMGIM은 초월 치료(transformational therapy)로서 Helen Bonny의 영감에서 발전되어 왔다. 이는 그녀가 젊은 바이올린 연주자로 기도 모임에서 연주하며 경험한 신비한 체험으로부터 비롯되었다(Bonny, 2002).

미국음악심상협회(Association for Music and Imagery)에 의하면 BMGIM은 다음과 같다.

> 음악-중심의 의식 탐색으로 특별하게 고안된 클래식 음악 프로그램이 사용되며, 개인의 완전성(wholeness)에 이르는 많은 가능성을 제공하여, 내면의 경험을 자극하고 유지시켜 역동적으로 표출하는 것이다. 이 방법의 근원적인 교리(教理)는 다음과 같다. 즉, 심상과 음악을 치료적인 동인(動因)으로 수용하며, 치료 여정에서 초월적이고 정신역동적인 양상을 인정하며, 확장된 인식 경험이 가지는 치료적 유의미성을 이해하고 탐색한다는 것이다(Association for Music and Imagery, 2014).

전통적인 Bonny 방식의 형태와 함께, 임상가들은 내담자의 필요를 충족시키기 위한 목적으로 BMGIM 세션의 요소들을 간소화하는 방식으로 세션의 형태를 적절하게 적용하거나 변형한다. **적용**(adaptation)은 "다른 상황에 맞추기 위해 변화를 가하는 과정"(Cambridge Dictionaries Online, 2013)이라고 정의되며, 변형(modification)은 "어떠한 대상을 향상시키기 위한 변화"(Cambridge Dictionaries Online, 2013)를 지칭한다. 적용은 그 순간에 이루어지는 것이며, 변형은 좀 더 전반적인 변화를 위해 더 영구적이고 의도적인 변화를 내포한다고 할 수 있다.

몇몇 초기의 적용은 외상 후 장애 환자들과 정신질환자들을 위해 채택되었고, 치료사에 의해 심상이 지시되고 음악의 길이는 짧았다(Blake, 1994; Blake & Bishop, 1994; Goldberg, 1994; Goldberg, Hoss & Chesna, 1988). Ritchey Vaux는 BMGIM을 50분의 형태로 적용한 최초의 치료사였고(Ritchey Vaux, 1993), Clarkson(1995)은 비언어성 자폐성인을 위해 활성화된 의사소통 기제를 이용한 변형된 방법을 발전시켰다. 최근에는 외상 후 스트레스(PTSD)를 겪는 이들을 위해 호흡을 활성화시키려는 목적으로 별도의 적용 방식이 개발되었다(Körlin, 2008). GIM을 적용한 PTSD 치료에 관한 연구에서 효과성이 입증되었고(Maack, 2012; 이 책 참조), 직무스트레스로 직장을 떠난 사람들에게도 치료 효과가 입증되었다(Beck, 2012; 이 책 참조).

Bonny 방식을 사용하는 치료사들을 대상으로 하는 몇 개의 설문지 연구에서 이들이 채택한 적용과 변형에 대한 정보가 수집되었다(Muller, 2010; 2014). 가장 흔한 '변형'으로 세션을 단축하는 방식이 있었는데, 짧은 이완 유도, 음악 프로그램 단축, 만다라 그리기 대신 언어적 처리방식 등을 사용하였다. 덧붙여서, 현재 임상가들은 새로운 음악 프로그램을 고안하고 있는데, 클래식이 아닌 음악과 특정 문화의 프로그램이 어느 정도 반영되고 있다.

적용에 관해서는 연구 문헌에서 제시되고 있으며, 사례 연구와 양적 연구에서는 참여자의 생리적 변화가 측정되었고, 질적 연구에서는 BMGIM의 치료 과정과 새로운 음악 프로그램이 고찰되고 있다.[1)]

이 책에서 저자들은 현재 이루어지고 있는 임상 내용을 제시하는데, 대다수의 GIM 치료사들은 내담자의 신체 상태와 그날의 정서 상태에 맞춘 세션을 적용하는 것이 일반적이다. '변형'은 조사 연구에서 좀 더 탐구되는데, 예를 들어 입원한 암환자들을 대상으로 하는 임상 연구나 외상을 경험한 내담자를 대상으로 하는 연구에서 이루어진다. 이 책의 몇몇 장에서는 이러한 적용과 변형 방식이 제시되어 있다.

따라서 이 책의 목적은 자격을 갖춘 전문적인 임상가들이 현재 임상에서 사용하고 있는 MI와 GIM의 적용과 변형에 대한 다양한 범위와 영역을 취합하는 데 있다. 이러한 접근법들을 설명하며 공통점과 차이점을 설명하는 것이 집필 의도이며, 임상가들과 GIM 교육자들에게 이러한 명확성을 제시하는 것은 중요하리라 사료된다.

〈표 1-1〉은 이 책에서 설명하는 MI와 GIM의 전 영역에 대한 적용과 변형된 방식을 보여 준다.

〈표 1-1〉 음악과 심상(MI) - 유도된 심상과 음악(GIM) 스펙트럼

	음악과 심상 (Music and Imagery), (개인 치료)	그룹 음악과 심상 (Group Music and Imagery)	그룹 GIM (Group Guided Imagery and Music)	짧은 GIM (Short GIM session), (개인 치료)	Bonny 방식의 GIM(Bonny Method of GIM), (개인치료)
약어	MI	그룹 MI	그룹 GIM	GIM	Bonny 방식의 GIM 또는 BMGIM
이 책의 장	1, 5, 11, 15, 16, 17	5, 6, 19, 20, 21, 22, 23, 24	18	2, 3, 4, 7, 8, 9, 10, 12, 13, 14, 15	7(Bonny 방식에 근접)

1) https://voices.no/index.php/voices/article/view/340에서 연구의 개요 참조

세션 소요시간	15~20분 또는 필요한 시간만큼 소요됨	대개 1시간~1시간 반 또는 길어질 수 있음	대개 1시간 반 또는 길어질 수 있음	50분에서 1시간	1시간 반에서 2시간
세션 적용 영역	학교, 병원, 클리닉, 완화치료, 노인요양시설	학교, 병원, 클리닉, 지역사회 세팅 및 기타	협력 또는 지역사회 세팅, 병원, 클리닉	개인 임상, 병원 및 기타	개인치료 임상
도입	대개 짧은 토의(5~10분)가 이루어지며 때때로 세션의 초점으로 이끌기도 함	토의(5~10분)는 그룹원 전체가 참여하며 그룹이 동의한 초점을 가짐	토의(5~10분)는 그룹원 전체가 참여하며 그룹이 동의한 초점을 가짐	대개 짧은 토의(5~10분)가 이루어지며 때때로 세션의 초점으로 이끌기도 함	삶의 문제에 대한 15~20분의 토의는 세션의 초점/의도로 유입됨
이완 유도	대개 짧음(3~5분). 좀 더 긴 세션(예를 들면, 음악치료 세션)의 요소가 될 수 있음	그룹원들의 신체 상태에 따라 약 5~10분	그룹원들의 신체 상태에 따라 약 5~10분	대개 짧음(5분). 필요 시 연장될 수 있음	10~15분. 내담자가 전환된 의식상태로 들어갈 수 있도록 함
초점	내담자의 상황과 연관된 특정한 초점. 예를 들어, 지지적인 이미지	특정한 초점(그룹에 의해 결정된)	특정한 초점(그룹에 의해 결정된)	내담자의 관심사나 이슈와 연관된 특정한 초점	특정한 초점이 될 수도 있고, 의도적으로 개방될 수 있음
음악 감상 시간	5~15분으로 내담자/환자의 신체 상태나 시간 여유에 따름	5~15분	5~15분 또는 길어질 수 있음	5~15분으로 내담자/환자의 신체 상태나 시간 여유에 따름	30~45분
음악 장르/스타일	클래식, '가벼운' 클래식 또는 선율적이며 편안하게 감상할 수 있는 스타일	클래식, '가벼운' 클래식 또는 구조적 형태를 갖춘 음악	클래식, '가벼운' 클래식 또는 구조적 형태를 갖춘 음악	주로 클래식 또는 구조적 형태를 갖춘 음악	주로 클래식 또는 구조적 형태를 갖춘 음악
치료사의 언어적 중재('안내'라고도 일컬음)	언어적 중재 없음	언어적 중재 없음	치료사에 의해 언어적 중재가 제시됨: 그룹원들은 차례대로 경험한 심상에 대해 이야기함	언어적 중재는 주로 세션의 목적에 의해 이루어짐. 지시적으로 이루어지는데, 예를 들어 통증을 감소시키는 차원(입원환자의 경우)	언어적 중재는 내담자가 음악과 이미지와 느낌을 충분히 경험하도록 지지함. 심상 속의 의미 있는 타인과의 대화도 포함됨

각성된 의식상태로 복귀	병원 세팅과 완화치료에서 침상에서 잠이 든 환자는 그 상태를 유지할 수 있음	그룹원들이 각성된 의식 상태로 복귀하는 것이 필수적임	그룹원들이 각성된 의식 상태로 복귀하는 것이 필수적임	입원 환자가 잠이 들고 이것이 의도된 경우를 제외하고, 대개 각성 수준으로 복귀함	내담자가 각성 수준으로 복귀하는 것이 필수적임
프로세싱	언어적 프로세싱만 진행됨 (즉, 그리기 없음)	그룹원들이 짧게 이야기하거나 시간 여유가 있을 경우 그려진 만다라를 공유함	그룹원들이 짧게 이야기하거나 시간 여유가 있을 경우 그려진 만다라를 공유함	프로세싱은 선택적이며 대개 시간의 제약을 받음. 내담자는 집에서 만다라를 그려 볼 수 있음	만다라 그리기나 찰흙 빚기 또는 세션 내용에 관한 언어적 토의
치료에서의 회기 수	다양함: 입원 환자의 경우 재원 기간에 따라 1~2회기 세션	다양함: 예를 들어, 지역사회 세팅에서는 4회기 세션이 이루어지고 학교에서는 학기 동안 진행됨	다양함: 예를 들어, 입원 환자와 1년간 진행할 수 있고 고등학교 학생의 경우 학기 동안 진행됨	다양함	최소 연속 6회기의 세션이 요청되고 10회기까지 선택적으로 연장됨
치료적 의도	전형적으로 단기 세션이므로 지원적인 초점이나 의도를 가짐	그룹 요인에 초점이 맞추어지는데 관계성 또는 개인 간의 초점 등이 있으며 주로 지원적임	그룹 요인에 초점이 맞추어지는데 관계성 또는 개인 간의 초점 등이 있으며 주로 지원적임	정신역동적인 과정으로 이루어지나, 시간과 상황의 제약을 받음. 지원적 또는 재교육적 초점과 의도를 가짐	정신역동적이고 심리치료적인 과정에서 재구조적인 초점을 목적으로 내담자의 이슈를 다룸

표에 대한 설명

2열: 음악과 심상(Music and Imagery: MI)은 개인 세션에서 치료사의 안내가 제시되지 않는 침묵 가운데 내담자가 음악을 감상하는 동안 이미지를 떠올린다. 음악이 종료되는 시점에서 심상 경험에 대해 치료사와 토의한다.

3열: 그룹 음악과 심상(Group Music and Imagery)은 그룹 세션에서 치료사의 안내가 제시되지 않는 침묵 가운데 내담자는 음악을 감상하고 이미지를 경험한다.

4열: 그룹 GIM(Group Guided Imagery and Music)은 치료사와 그룹원들 간의 구술과 안내 또는 그룹원 간의 대화와 함께 그룹 세션이 이루어진다.

5열: 짧은 GIM(Short GIM)은 BMGIM에서 이루어지는 네 개의 모든 국면이 포함되는데 일부 영역이 단축되어 진행된다.

6열: Bonny 방식의 GIM(Bonny Method of GIM)은 전통적인 Bonny 방식의 GIM을 지칭한다.

세션 소요시간: 세션 시간은 15분에서 2시간에 이르기까지 다양하다.

세션 적용 영역: 세션은 개인 임상, 병원, 클리닉, 학교, 지역사회와 협력 기관, 요양 시설과 완화치료 세팅에서 이루어진다.

도입(Pre-music discussion): 5분 동안의 짧은 대화로부터 20분의 심층 토의에 이르기까지 다양하다.

이완 유도: 3분 동안의 단기이완으로 내담자가 이완에 이를 수도 있고, 15~20분의 심층 이완을 통해 내담자가 전환된 의식 상태에 도달할 수 있다.

초점: 초점은 일반적으로 치료사와 내담자 간에 결정되며, 그룹 세팅에서는 그룹원들과 치료사가 논의하여 결정한다. 특정한 초점이 있을 수 있고, 의도적으로 초점을 개방하여 음악이 심상을 주도하도록 허용할 수도 있다.

음악 감상 시간: 5분에서 45분까지 다양하다.

음악 장르/스타일: 편안하게 들을 수 있는 음악에서부터 서구 전통의 클래식, 또는 가락, 화성, 리듬과 셈여림의 양상이 구조화된 음악까지 다양하다. 특정 문화가 반영된 프로그램(이 책 참조)도 개발된다.

치료사의 언어적 중재: MI 세션에서는 치료사의 언어 중재가 이루어지지 않지만, 짧은 GIM과 Bonny 방법의 세션에서 치료사의 언어적 중재는 내담자의 신체, 정서 상태와 함께하며 내담자의 구술과 신체 언어에 반응한다. 중재는 지원적이고, 때로는 심상에서 경험하는 의미 있는 타인과의 대화를 격려하기도 하며, 내담자가 보다 더 심층적인 차원에서 심상을 이해하고 탐색하도록 지지한다.

각성된 의식상태로 복귀: 이는 모든 임상영역에서 필수적으로 적용되는 사항이다. 단, 병원 세팅에서 환자가 잠이 들거나 세션에서 특별히 의도된 경우는 제외한다.

프로세싱: 간단한 언어적 토의(예를 들어, 그룹 세션)에서부터 약 20분간 심층 토의까지 진행될 수 있다. 만다라 그리기나 다른 예술 매체를 이용한 작업이 이루어질 수 있다.

치료에서의 회기 수: 단일 세션(예를 들면, 병원 세팅)으로부터 몇 년에 걸쳐 이루어지는 세션(심리치료 임상인 경우)까지 다양하다.

치료적 의도: 지원적 · 재교육적 · 재구조적인 의도를 가지며(Summer, 2009; 이 책 참조), 다양한 이론적 모델에 기반을 두기도 한다(각 장에서 서술됨).

앞서 나열한 요소들과 음악의 선정 및 치료 의도는 좀 더 추가적인 설명이 요청된다.

음악 선정

GIM 임상에서 적용과 변형이 가장 보편적으로 이루어진 영역은 음악 프로그램의 선정과 설계 방식이라고 할 수 있다. 임상전문가들은 자연스럽게 그 순간에 적합한 음악을 선곡하거나 자신들의 고유한 음악 프로그램을 개발하여 임상에서 시행해 왔다. 1973년에서 1989년까지 Helen Bonny는 18개의 GIM 음악 프로그램을 개발하였다. Bruscia와 Grocke(2002)가 편집한 전문 서적인 『Guided Imagery and Music (GIM): The Bonny

Method and Beyond』에는 임상전문가들이 개발한 66개의 음악 프로그램이 제시되어 있다. 2002년 이래 현대음악을 포함한 새로운 음악 프로그램이 제공되었는데, Arvö Pärt가 작곡한 음악과 노르웨이 작곡가 Geir Tveitt의 음악도 포함되었다. 음악 프로그램의 중요한 특색은 음악이 정서적이고 강렬한 전경을 가지느냐의 여부이다.

Bonny가 당시에 음악 프로그램을 개발할 때 음악 선정의 첫 번째 기준은 "의식적인 추론에 의하지 않고 직접적이고 즉각적으로 알아차릴 수 있는"(Bonny, 2002, p. 302) 직관에 의한 것이었다. Bonny는 능숙한 바이올리니스트였으며 교향악단의 악장이었고, 클래식에 대한 방대한 지식을 가지고 있었다. 그녀는 각각의 의도에 따라 자신의 음악 프로그램을 개념화하였는데, 새로운 내담자를 위한 '시작(beginning) 프로그램', 내면의 심층적인 탐색을 지지하기 위한 '작업(working) 프로그램', 분노와 같은 특정한 정서 상태에 초점을 맞춘 프로그램 등이 있다. 또한 절정 경험을 지지하기 위한 프로그램도 개발하였다.

인상주의 작곡가들(예를 들면, 라벨과 드뷔시)의 음악은 특히 BMGIM에서 첫 번째 악곡으로 유용하게 사용된다. 인상주의 음악이 지닌 성격적인 특성들(빛과 분위기를 조성하는 음색과 음악의 짜임새)은 심상을 자극하고 지지해 준다. 그다음 단계의 음악 프로그램은 내담자가 좀 더 깊은 수준의 경험을 하도록 안내한다. 악곡의 길이는 좀 더 길어지고, 좀 더 복잡한 음악 형식으로 구성되며, 더 강한 음색과 음조(音組)를 이룬다. 이러한 의도는 내담자가 좀 더 심층적인 심상을 경험하고 치료적인 이슈를 더욱 깊이 탐색하도록 지원하는 데 있다. 몇몇 악곡은 평평한 지대(地臺)를 제공하기도 하고 안정감 있는 기분과 강도를 제시한다. 악곡 중에는 클라이맥스를 형성하여 내담자가 절정의 순간을 경험하고 카타르시스적인 경험을 한 다음, 마지막 곡에서 본래의 평정한 상태로 돌아가게 한다 (Grocke, 2002).

Bonny는 GIM에서 사용되는 음악의 경우, 음악이 지닌 다양한 요소들(가락, 화성, 리듬, 음색, 셈여림)을 이용하여 반드시 심상의 흐름과 움직임을 자극할 수 있어야 한다고 하였다. 또한 음악이 긴장을 조성하거나 해결하면서 심상의 변화를 이끄는 촉매제의 역할을 해야 한다고 언급하였다(Bonny, 2002). 반면에, 음악은 안전감을 제공하여 갑작스러운 변화로 내담자의 심상 경험을 방해해서는 안 된다.

악곡에 담긴 분위기는 음악 프로그램을 선정하는 작업에서 매우 중요한 특성으로 작용하며 프로그램의 순서를 짜는 데에도 결정적인 역할을 한다. 분위기는 많은 요인들에 의해 결정되는데, 특히 화성 진행의 흐름, 조바꿈의 시점, 특정한 악기군의 음색 효과 등이 중요하다.

이 책의 각 장에서 저자들은 자신들의 음악 선정에 대한 논거를 제시하고 자신들의 접근법에서 사용한 악곡 시리즈를 제공한다. GIM 음악 프로그램에서는 독자적으로 클래식 음악만을 사용해야 한다는 논쟁은 최근 몇 년 사이에 변화가 있었는데, GIM에 적합한 음악 요소에는 무수히 많은 요인들이 있으며 이는 현대음악에도 적용된다는 것이다. 이 책의 4부에서는 최근에 개발된 새로운 음악 프로그램이 소개되어 있고, 책의 마지막에는 1장에서 4장까지에서 설명한 음악 선곡 모음집이 제시되어 있다.

심상 경험을 담아 주는 '그릇'으로서의 음악

이 책에서 저자들은 음악을 '작은' '중간' '큰' 그릇(container)으로 지칭하는데 이 개념에는 설명이 필요하다. 1989년에 Bonny는 음악의 구조에 대해 저술하였는데 음악을 "정서 경험을 편안하게 담아 주는 기제"와 "개인의 기반이 되는 생명 중추(vital center)"로 제시하였다(1989, p. 7). Bion(1962)은 정서를 담는 기제로 모아(mother-infant) 관계성을 연관 지었는데, 엄마는 신생아의 투사를 담아 주는 역할을 수행한다. 이와 유사하게 부모는 어린 아동의 감정 폭발(짜증과 같은)을 안전한 방식으로 담아 준다. 이러한 개념이 GIM 음악에서 적용될 때, 음악은 다양한 방식으로 경험하는 심상을 담아 주는 그릇의 역할을 한다. 내담자가 감정의 동요를 겪을 때(상실을 표현하는 경우) 사용하는 음악은 작은 그릇으로 작용한다. 선율(melody)은 예측 가능하고, 화성과 리듬의 구조는 지원적이며, 셈여림의 변화는 거의 일어나지 않는다. 이러한 구조는 감정을 표현하는 동안 내담자를 지탱해 준다. 비슷한 방식으로, 폭력이나 외상을 동반하는 사건으로 인해 회복 중에 있는 내담자에게 음악은 작은 그릇의 역할을 하는데, 이때 음악은 짧은 악곡으로 구성되며 예측 가능한 요소와 셈여림의 변화가 작은 특성을 가진다. 이와 대조적으로, 자의식이 매우 강한 내담자들과의 임상에서 초월적이고 영적인 요소들을 탐색하고자 할 때, 음악은 큰 그릇으로 작용한다. 음악은 다의성(多義性, ambiguity)을 내포하는데, 폭넓은 음정, 선법적(modal) 구조와 셈여림의 변화가 매우 커서 내담자가 자신의 영역을 넘어서는 경험을 하도록 이끈다. 강한 구조와 형식을 가진 음악(작은 그릇)은 감상자로 하여금 음악에 의해 포용되고 있다는 기분을 느끼게 한다. 반면에, 변화무쌍하고 셈여림의 변화의 폭이 큰 음악(큰 그릇)은 감상자의 탐색을 지지해 준다. 그러므로 임상가들은 GIM을 위한 음악을 선정할 때 음악 프로그램의 구조를 고려하고, 내담자의 경험을 '담아내는' 음악의 잠재력을 성찰해야 한다(Bonny, 1989; Goldberg, 1992; Summer, 1992, 1995, 2002).

치료적 의도

Wheeler(1983)는 음악치료 임상의 수준을 Wolberg(1977)의 이론에 근거하여 다음의 세 가지 수준으로 정의한 최초의 연구자이다. 첫 번째, 활동 중심의 치료, 두 번째, 재교육적 목적을 가지는 성찰 중심의 음악치료, 세 번째, 재구조적 목적을 위한 성찰 음악치료가 이에 해당한다. Summer(2009, 이 책 참조)는 이러한 수준을 MI와 GIM 임상에 다시 적용하여 지원적, 재교육적, 그리고 재구조적 수준으로 재정립하였다(Summer, 2009). 지원적인 치료적 의도에서 내담자는 의식적인 각성 수준에서 긍정적인 이미지나 기억을 떠올려 보도록 격려를 받는다. 이는 자원 중심 접근으로 내담자는 자신의 내적 자아를 연계하여 안전감과 역량이 강화되는 것을 느끼고, 자아 강점(ego strength)을 개발한다(Abbott, 2010). 다음 단계에서 내담자는 "초월적인 부조화(incongruence) 경험"을 각성 수준으로 가져온다(Abbott, 2010, p. 3). 이것은 "긴장 중심(tension-oriented) 음악과 심상" 또는 재교육적 MI의 과정이며(Abbott, 2010, p. 3), 내담자의 내적 자원을 강화하여 갈등 상황에 대처하도록 한다. 세 번째 수준의 재구조적 접근의 목적은 "내담자가 자신을 외부 세계와 연결하는 새로운 방식을 발견하고 탐색하는 것을 돕는 것"이다(Abbott, 2010, p. 3).

GIM 임상가들은 임상의 개념과 가치를 다양한 이론가들의 내용을 기반으로 하여 정립하는데 몇 가지를 언급하면 Wilber의 통합 이론, Jung의 이론과 마음챙김(Mindfulness) 이론 등이 있다. 다음의 장에서 저자들은 가능한 경우 임상에 관한 이론적인 동향에 대해서도 설명한다.

이 책의 개요

앞서 말한 바와 같이, 이 책의 의도는 현재 이루어지는 임상을 중심으로 하여 음악을 이용한 이완(Music-Assisted Relaxation), 개인치료와 그룹치료에서의 MI와 GIM, 그리고 집중적인 개인치료를 위한 짧은 BMGIM의 접근에 관한 스펙트럼을 제공하는 것이다.

이 책의 1부는 10세에서 청소년에 이르는 아동과 청소년을 위한 음악 심상에 초점이 맞추어져 있으며, 애도 반응, 섭식 장애, 행동 문제와 학령기 아동의 개인내적 성장을 다룬다. 몇몇 장에서 MI는 음악치료 세션을 구성하는 하나의 요소로 포함되는데, 즉흥연주를 통한 음악 만들기 세션에서 사용되기도 한다.

MI와 성인 개인치료에서의 GIM에 대한 내용이 2부에서 다루어진다. 이들 기법은 병원을 포함하는 수많은 임상에서 이용되는데, MI 세션은 특수한 접근이 필요한 정신건강의학과 환자로 하여금 이완유도가 되도록 한다. GIM 세션에서는 연주 불안(performance anxiety), 스트레스와 연관된 질환과 외상, 뇌 손상, 암 치료와 완화의료와 종말기 환자들과의 사례를 다룬다.

3부에서는 성인을 대상으로 하는 그룹 MI와 그룹 GIM 내용이 망라되어 있으며, 지역사회와의 협력체제에서의 임상, 물질 남용, 암 치료와 섬유근통증후군(fibromyalgia) 완화 및 정신질환 분야를 포함한다.

4부에서는 새로운 음악 프로그램이 소개되며, 특정한 문화가 반영된 음악 모음(중국과 에스토니아 음악 프로그램), 새로운 현대 예술음악과 재즈를 포함한 내용으로 구성된다.

마지막으로 5부에서 Summer와 Goldberg는 GIM과 MI 훈련과정에 관한 적용과 변형에 관한 함의를 언급한다.

임상에서의 제한에 관한 견해

이 책의 각 장을 서술한 저자들은 BMGIM을 이수한 치료사들로, 자신들의 일차적인 치료 교육과정(예를 들어, 음악치료, 사회복지, 상담에서의 학위)을 수료하고도, 3년의 부가적인 훈련과정을 마친 치료사들이다. 이 책의 독자들 가운데 이러한 접근법들을 임상에서 통합하고자 하는 경우에는 훈련을 받아 볼 것을 강하게 권고한다. 이러한 훈련과정에는 입문(Introductory), 중급(Intermediate), 고급(Advanced)의 세 단계가 있다.[2)]

각 장의 구조에 관한 주(註)

이 책의 1, 2, 3부에서 저자들은 자신들이 적용한 기법이 유일한 경우 여기에 제목을 붙이고, 내용, 세션의 길이, 이론적인 동향, 전형적인 Bonny 방식의 세션과의 변별성과 적용, 임상 사례와 소례(vignettes)에 사용된 음악 목록을 제시하도록 요청받았다. 저자들

---

2) for listings of trainings throughout the world. http://ami-bonnymethod.org 참조

은 이러한 세부 내용을 다양한 방식으로 서술하였는데, 부제를 이용하기도 하고, 본문의 흐름 속에서 대응하는 방식으로 구성하기도 하였다. 편저자들은 각 장이 고유한 형태를 유지하며, 단일한 틀을 고수하지 않고, 각자의 목소리를 낼 수 있도록 허용하였다.

전문용어와 약어에 관한 견해

오랫동안 GIM이라는 약어는 초창기 문헌에서 포괄적인 상위개념의 접근으로 사용되었는데, Bonny 방식의 GIM과 이를 간소화한 형태, 그룹 임상과 안내가 없는 MI 기법 등을 포함하였다. 1990년대에 미국음악심상협회(Association for Music and Imagery)는 GIM이라는 용어에 이 기법을 창안한 Bonny의 이름을 넣어 명명함으로서, 다른 형태의 GIM을 사용하는 임상전문가들과 변별을 기하고자 하였다. 전체 용어는 Bonny 방식의 GIM(Bonny Method of Guided Imagery and Music, 이하 BMGIM)이 되었고, 약어로 Bonny 방식(The Bonny Method)이 사용되었다. 몇몇 저자는 BMGIM을 사용하고, 다른 부류는 Bonny 방식이라는 용어를 선호한다.

이 책에서 GIM 용어는 포괄적인 상위개념으로 사용되며, 치료사와 내담자 간의 대화가 있는 기법과 치료사와 그룹원들 간의 언어적 중재가 이루어지는 경우에 사용된다.

참고문헌

Abbott, E. (2010). The Bonny Method: Training innovations at Anna Maria College. *Voices: A World Forum for Music Therapy, 10*, 3, article 8. Available at https://normt.uib.no/index.php/voices/issue/view/31/showToc, accessed 5th March 2013.

Association for Music and Imagery (2014). Available at http://ami-bonnymethod.org/frequently-asked-questions, accessed 9th December 2014.

Beck, B. D. (2012). *Guided Imagery and Music with adults on long-term sick leave suffering from chronic stress–a mixed methods study*. Unpublished PhD thesis. Aalborg University, Denmark.

Bion, W. (1962). *Learning from Experience*. London: Heinemann.

Blake, R. L. (1994). Vietnam veterans with post traumatic stress disorder: Findings from a music and imagery project. *Journal of the Association for Music and Imagery, 3*, 5-18.

Blake, R. L. and Bishop, S. R. (1994). The Bonny Method of Guided Imagery and Music (GIM) in the treatment of post-traumatic stress disorder (PTSD) with adults in a psychiatric setting. *Music Therapy Perspectives, 12,* 2, 125-129.

Bonny, H. L. (2002). *Music and Consciousness*. Gilsum, NH: Barcelona Publishers.

Bonny, H. L. (1989). Sound as symbol: Guided Imagery and Music in clinical practice. *Music Therapy Perspectives, 6,* 7-11.

Bruscia, K. and Grocke, D. (eds) (2002). *Guided Imagery and Music (GIM): The Bonny Method and Beyond*. Gilsum, NH: Barcelona Publishers.

Cambridge Dictionaries Online (2013). Available at http://dictionary.cambridge.org/dictionary/british/modification, accessed 5th March 2013.

Clark, M. (2002). The evolution of the Bonny Method of Guided Imagery and Music. In K. Bruscia and D. Grocke (eds) *Guided Imagery and Music (GIM): The Bonny Method and Beyond*. Gilsum, NH: Barcelona Publishers (pp. 5-27).

Clarkson, G. (1995). Adapting a Guided Imagery and Music series for a non-verbal man with autism. *Journal of the Association for Music and Imagery, 4,* 121-138.

Davis, W. and Gfeller, K. (1999). Music therapy: A historical perspective. In W. Davis, K. Gfeller and M. Thaut (eds) *An Introduction to Music Therapy Theory and Practice* (2nd edition). Dubuque, IA: WCB/McGraw-Hill (pp. 15-27).

Gabrielsson, A. (2011). *Strong Experiences with Music*. Oxford: Oxford University Press.

Goldberg, F. S. (1994). The Bonny Method of Guided Imagery and Music as individual and group treatment in a short-term acute psychiatric hospital. *Journal of the Association for Music and Imagery, 3,* 19-33.

Goldberg, F. S. (1992). Images of emotion: The role of emotion in Guided Imagery and Music. *Journal of the Association for Music and Imagery, 1,* 5-17.

Goldberg, F. S., Hoss, T. and Chesna, T. (1988). Music and imagery as psychotherapy with a brain damaged patient: A case study. *Music Therapy Perspectives, 5,* 44-46.

Grocke, D. (2002). The evolution of Bonny's music programs. In K. Bruscia and D. Grocke (eds) *Guided Imagery and Music (GIM): The Bonny Method and Beyond*. Gilsum, NH: Barcelona Publishers (pp. 85-98).

Grocke, D. and Wigram, T. (2007). *Receptive Methods in Music Therapy: Techniques and Clinical Applications for Music Therapy Clinicians, Educators and Students*. London: Jessica Kingsley Publishers.

Juslin, P. and Sloboda, J. (2010). *Handbook of Music and Emotion: Theory, Research, Applications*. Oxford: Oxford University Press.

Körlin, D. (2008). Music breathing: Breath grounding and modulation of the Bonny Method of Guided Imagery and Music (BMGIM): Theory, method, and consecutive cases. *Journal of the Association for Music and Imagery, 11,* 79-113.

Maack, C. (2012). *Outcomes and processes of the Bonny Method of Guided Imagery and Music*

(GIM) and its adaptations and Psychodynamic Imaginative Trauma Therapy (PITT) for women with complex PTSD. Doctoral dissertation. University of Aalborg, Denmark. Buchholz: Institut für imaginative Psychotherapie und Musik. Available at http://gimtherapie.de/Thesis.pdf, accessed 10th September 2013.

Muller, B. (2014). *Variations in Guided Imagery and Music: Taking a Closer Look*. University Park, IL: Barcelona Publishers.

Muller, B. (2010). *Guided Imagery and Music: A Survey of Current Practices*. Unpublished dissertation. Temple University, Philadelphia, USA.

Ritchey Vaux, D. (1993). GIM applied to the 50-minute hour. *Journal of the Association for Music and Imagery, 2*, 29-34.

Summer, L. (2009). *Client perspectives of the music in Guided Imagery and Music*. Unpublished doctoral dissertation. Aalborg University, Denmark.

Summer, L. (ed.) (2002). *Music and Consciousness: The Evolution of Guided Imagery and Music (Collected Works of Helen Bonny)*. Gilsum, NH: Barcelona Publishers.

Summer, L. (1995). Melding musical and psychological processes: The therapeutic music space. *Journal of the Association for Music and Imagery, 4*, 37-49.

Summer, L. (1992). Music: The aesthetic elixir. *Journal of the Association for Music and Imagery, 1*, 43-53.

Summer, L. (1988). *GIM in the Institutional Setting*. St Louis: MMB.

Ventre, M. (2002). The individual form of the Bonny Method of Guided Imagery and Music (BMGIM). In K. Bruscia and D. Grocke (eds) (2002). *Guided Imagery and Music (GIM): The Bonny Method and Beyond*. Gilsum, NH: Barcelona Publishers (pp. 29-35).

Wheeler, B. (1983). A psychotherapeutic classification of music therapy practices: A continuum of procedures. *Music Therapy Perspectives, 1*, 2, 8-12.

Wolberg, L. (1977). *The Technique of Psychotherapy* (3rd edition). New York, NY: Grune and Stratton.

1부

아동 · 청소년을 위한 MI와 GIM:
개인 및 그룹 치료

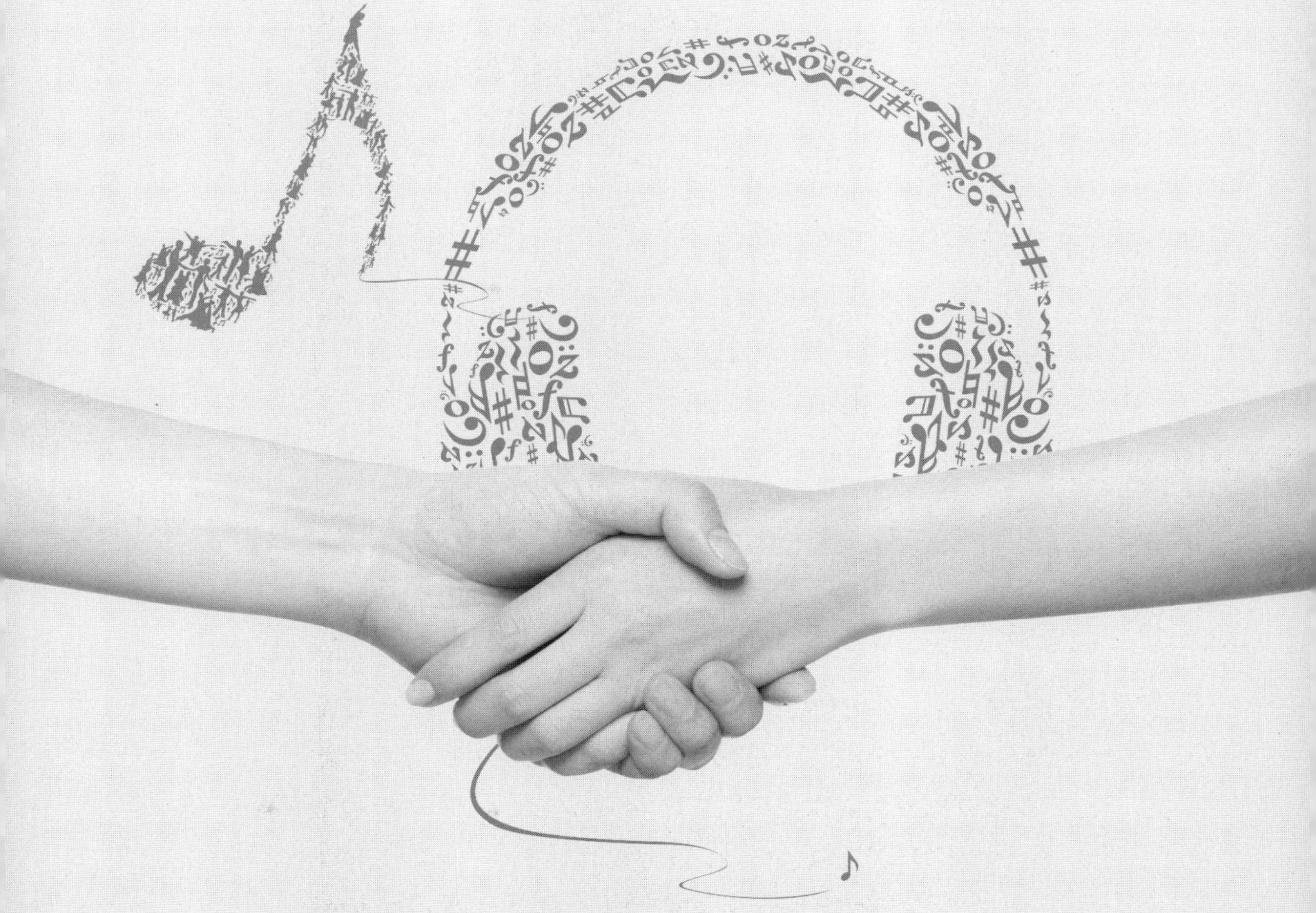

GUIDED IMAGERY & MUSIC

and Music Imagery Merhods for Individual and Group Therapy

제1장

아동 대상 GIM:
아동기의 상실 경험 탐색

Mary Reher

이 장에서는 아동을 대상으로 하는 Bonny 방식의 GIM(Bonny Method of Guided Imagery and Music: BMGIM) 접근법을 다루며 개인 음악치료 세션의 맥락 안에서 다양한 활동과 중재법을 다룰 것이다. GIM 활동을 가리키는 절대적인 명칭이 규정된 것은 아니지만 대개 '유도된 심상과 음악(guided imagery and music)' '이완과 감상(relaxation and listening)' 또는 '음악과 심상(music and imagery)'이라는 이름으로 사용하였다.

치료적 맥락

나는 교육청 소속의 음악치료사로서 다양한 조건과 이슈, 학습 수준에 있는 아이들을 지원하는 학생학습지원팀에서 근무한다. 음악치료 서비스는 교사들을 통해 혹은 교육청과 협업하는 다른 전문가들을 통해 의뢰된다.

세션은 대개 30분 길이로 진행하고 아이들은 연간 교육과정 안에서 약 12주 동안의 음악치료를 받았다. 대부분 개인치료로 진행되었다. 나는 GIM이 아동에게도 유용하다고 알고 있었기에 GIM을 격주로 포함시켰다. 그리고 나머지 시간은 다른 음악치료 활동으로 채웠다.

학교 세팅에서의 음악치료는 작업치료사, 언어치료사, 심리학자를 비롯한 학교 기반의 팀 구성에서 설정한 목적과 목표를 이룰 수 있도록 돕는 것을 목표로 한다. 종종 겉으로 드러나는 아동의 학습적 · 행동적 문제에는 근본적인 이슈나 상황이 있게 마련인데 치료 세션에서 크게 다루는 영역이 바로 여기에 해당한다. 나는 아이들이 자신의 깊은 영역과 만나고 그들 자신의 능력과 특별한 자질을 인식할 수 있도록 돕는다. 결국에는 학습장애든, 태아알코올증후군이든, 주의력결핍장애든, 자폐증이든, 그 무엇이든 간에 아이들은 그들 삶 전체에서 자신들의 환경을 직면하고 투쟁해야 할지도 모른다. 나는 아이들이 그들 내면의 중심에 흐르는 기본적인 가치를 이해하고 스스로에게 감사하고 사랑하는 것을 배우는 여정을 시작하기를 바란다.

성인을 대상으로 치료를 하다 보면 사람들이 겪는 많은 이슈가 어린 시절의 사건이나 상황들에서 비롯된 것임을 알게 된다. 아이들은 겉으로 괜찮아 보인다는 이유로 위기의 순간에 자주 무시되거나, 얼버무리고 넘어가며 어른들의 충분한 관심이나 도움을 받지 못한다. GIM은 인생의 사건들이 일어난 바로 그 시기에 방향을 제대로 잡고 앞으로 나아가는 법을 배울 수 있도록 사람들을 돕는 훌륭한 도구가 될 수 있다. 나의 바람은 외상이나 상실, 사회적인 이슈 혹은 정체성에 관한 이슈를 겪는 초기의 경험들이 미래의 어느 단계에서든 경험할 수 있는 위기를 다룰 수 있는 기술과 자양분을 주는 것이다.

이론적 방향성

나는 아동 대상의 세션에서 다양한 이론적 틀을 이용했는데 그중에서도 몇 가지를 예로 들자면 인본주의, 영적/자아초월심리학, 인지심리학, 융 심리학 같은 것들이 있다. 어떤 이론적 기반을 이용하는가는 전적으로 아동의 특성과 직면한 문제의 속성, 치료사와의 관계가 어떻게 전개되는가, 그리고 아동에게 무엇이 최선인가에 대한 판단에 따라 달라진다. 충분히 시간을 보내고 관심을 기울이는 것뿐 아니라 지속적인 실습을 통해 정보를 얻고 기술을 연마하는 치료사로서의 자질도 아이들과 상호작용하는 데 있어 매우 중요한 조건이 된다.

아동과의 GIM은 여러 면에서 전통적인 방식과는 다르게 접근하는데, 세션 시간이 짧으므로 모든 구성요소도 축소된다. 도입(pre-talk)이나 유도(induction)는 전형적인 GIM과 유사하다. 때로는 특정 주제나 상황(예를 들어, 사별과 같은 경우)에 대한 작업을 위해 구체적으로 초점을 맞추어 유도를 진행하기도 한다. '주도적인' 방식으로 세션을 이끌어 가는 것이 전통적인 GIM의 방식과 반대되기는 하지만 단기간의 세션에서 소재를 이끌어내고 다루기 위해서는 효과적인 방법이며 세션의 효율성을 높이는 데에 도움이 된다.

음악 선택

적용된 형태의 GIM 세션에서 사용하는 음악의 길이는 대개 2~4분 내외이다. 대부분의 아동들이 특별하게 선택된 음악에 반응하며 강력한 심상 경험을 한다. 음악 자체의 심미적인 바탕이 치료적 의도와 잘 부합하는지에 따라 음악을 선택한다.

특정 세션의 목적이나 상황에 맞게 뉴에이지나 이완 음악, 캐나다 원주민 음악, 또는 라이브 즉흥음악과 같은 음악들이 선택된다. 이 중 라이브 즉흥음악은 매우 개별적인 적용이 가능하고 아동이 필요로 하는 진심 어린 관계형성이 가능하기 때문에 음악치료 진단평가를 위해서 혹은 상실 경험이 있는 아동을 대상으로 자주 사용한다. 아동이 가지고 있는 독특한 특성이나 발달선상의 위치를 고려해 즉흥연주를 녹음한 후 이것을 이완 상태에서 들려주었고, 이 과정을 통해 아동들은 음악적인 창조 경험을 할 수 있었다. 여기에 대한 사례는 사례 연구의 마지막 부분에 제시하였다.

전형적인 GIM 접근법과는 달리, 음악 감상 중에는 안내를 하지 않는다. 음악이 끝나면, 아이들에게 그들의 여정으로부터 돌아오라고 말해 준다. 그리고 그 여정을 색깔과 모양으로 표현하여 그리게 한다. 아동이 그림을 그리는 동안에는 직전의 음악 감상으로부터의 심상을 감각적으로 회상시킬 수 있도록 음악을 다시 재생한다.

그림 그리기가 끝나면 아이의 심상과 그림에 대해 이야기하고 질문하는 시간을 가지는데 이때 안내의 요소를 도입한다. 아이들은 자신의 그림과 GIM 여정에 이름을 붙인다. 때로는 음악 즉흥연주를 통해 후속 세션에서 다룰 소재들에 대한 추가적인 전략이 만들어지기도 한다. 이 방법이 모든 아이들에게 적용되는 것은 아니지만 매우 효과적이었던 사례를 소개해 보고자 한다.

사례 연구: Kate

Kate는 5학년이 되었을 때 음악치료를 시작했는데, 그때의 나이가 열 살이었다. 심리상담사의 의뢰에 따르면 Kate는 유치원에 다닐 때부터 집중력 부족으로 인한 교육상의 어려움을 겪어 추가적인 지원을 받아 왔다. 심리상담사는 주의력 결핍 증후군이 외상 후 스트레스 증후군의 한 측면일 수도 있다(American Psychiatric Association, 2000)고 여겨 Kate의 학습문제 원인이 해결되지 않은 상실 경험과 정서적 이슈에 의한 것이 아닌지 궁금해했다. 음악치료 세션에 참여하는 동안 우리는 해결되지 않은 상실과 슬픔, 자기개념과 가족 강화의 이슈들을 다루었다.

위에서 언급했듯이, 나의 이론적 기반은 매우 다양한 요소들을 포함한다. 그중에서도 아동 대상의 음악치료에서 가장 주된 요소는 인본주의, 영적/자아초월심리학, 인지주의다. 그녀가 치료에 의뢰된 원인인 집중력 부족과 학업적 문제를 깊이 들여다본 후 아동들 각자가 보다 훌륭한 건강 및 균형 상태로 이끄는 자신만의 내적인 방향성과 지혜가 있음을 알게 해 주는 영적이고 인본주의적인 이론적 기반에서 치료가 시작되었다. 그런 다음 음악 감상, 함께 있어 주기, 안내를 효과적인 중재방법으로 포함시켰다.

치료를 진행하면서 Kate의 문제가 유치원 입학 직전에 있었던 아버지의 투병생활로 인한 것이었음을 발견했다. Kate의 아버지의 건강은 급작스럽게 악화되었다. 혼수상태에 빠지면서 돌이킬 수 없는 뇌 손상을 입었다. 이 사건이 Kate의 아버지를 영원히 바꾸어 버렸다. 그는 시내 근처의 요양원에서 지내야만 했다.

치료 목적

Kate와 치료를 진행하고 그녀를 알아 가기 시작하면서 나는 스스로에게 질문을 했다. '어떻게 하면 그녀의 감정에 접근할 수 있을까? 진심은 어디에 숨어 있을까? 어떻게게 속마음을 알 수 있을까?' 우리의 세션은 일정한 패턴으로 구성됐는데, 먼저 한 세션에서 GIM 방식의 경험을 했고, 심상을 그림으로 그린 후 대화를 나누었다. 그리고 다음 세션에서 지난 시간에서의 심상과 그림에 대한 추가 작업을 진행했다(이렇게 두 세션이 한 회기로 기록됨—역자 주). 그녀가 그렸던 그림을 표현할 수 있을 만한 악기들을 Kate가 선택했고, 그 악기들을 가지고 즉흥연주를 진행했다. 때로는 Kate의 그림을 우리 앞에 놓고, 마치 악보를 보듯 그림을 보면서 연주하기도 했다. Kate는 신중하게 악기를 선택했고 진지하게 연주했다.

함께 피아노를 연주하면서 연속적으로 유발된 연상 작용의 결과로 Kate는 두 번째 세션에서 아버지에 대한 말을 꺼냈다. 이후 학교 측의 치료팀장에게 그녀에 대한 이야기를 나누었다. 팀장이 말하기를 Kate는 여태껏 아버지에 대해 사무적으로 이야기했으며, 그에 대한 감정은 내색한 적이 없다고 했다. 나는 또다시 고민에 빠졌다. 어떻게 하면 그 감정에 다가갈 수 있을까. Kate가 표면에 감춰진 내면에 들어가도록 도와주는 것이 내 역할이라고 생각했다.

첫 해에 네 회기의 세션이 있었고, 그다음 해에 네 회기의 세션이 진행되었다.

■ **1회기**

유도 – 긴장/이완
초점 – 해변에서 놀고 있는 작은 소녀
음악 – Debussy: *Girl with the flaxen hair* (2:56)
세션 제목 – 영혼의 중심으로 향하는 여행(Kate가 만다라에 붙인 제목)

충분히 이완시키기 위해 주기적으로 이야기했음에도 불구하고 Kate는 세션 내내 눈을 뜨고 있으려 했다. 그녀는 놀라운 여행을 경험했고, 이를 만다라로 표현하기를 한 소녀가 누워 있고, 그 옆에 발레의상을 입고 발랄하게 서 있는 소녀를 그렸다(삽화 1.1). 두 소녀 사이에는 푸른빛의 소용돌이가 있었는데, 후에 Kate는 그것이 영혼이라고 말했다. Kate는 자신의 그림을 다음과 같이 설명했다. "나는 누워 있는 작은 소녀예요. 그리고 저한테서 영혼이 나와서 또 다른 소녀가 되었죠. 그리고 그 소녀는 음악이 흐르는 동안 춤을 추기 시작해요." 내가 물었다. "기분이 어떠니?" 그러자 그녀는 "새로운 존재가 만들어졌다는 것이 흥분돼요!"라고 했다.

Kate는 다음 세션에서 이 영혼을 표현하면서 피아노 검은 건반의 높고 낮은 음 사이에서 대조적인 즉흥연주를 즐겼다. 그리고 "[목재로 된 선율악기에서] 높은 음은 [누워 있는 옛 모습인] 그녀로부터 나타난 새로운 존재이고, 북의 낮은 음은 춤추고 있는 새로운 존재를 표현해요. [큰 소리와 부드러운 소리 사이의] 주고받는 연주는 영혼의 흐름을 의미해요."라고 말했다. Kate는 의사소통의 또 다른 형태로서 즉흥연주를 만들어 냈다. "그곳에서 당신이 미처 몰랐던 것들이 나타날 수 있어요." 그녀는 시를 쓰면서 비슷한 경험을 했는데, 마치 창조적인 자신에 대한 새로운 발견과도 같았다.

■ **2회기**

유도 – 담요
초점 – 사진 앨범
음악 – Debussy: *Beau Soir* (for cello/piano) (2:37)
세션 제목 – 마법의 물고기(Kate가 만다라에 붙인 제목)

다음으로 진행된 GIM의 도입부에서 Kate는 엄마가 완전히 달라져 버린 남자를 돌보고 있었다고 말했다. 이것은 6년 전 그녀의 아빠가 아플 때의 기억이며 당시 간호사가 그녀와 동생에게 "너희들은 다른 남자(아빠의 달라진 인격을 의미—역자 주)와 익숙해져야 할 수도 있어."라고 이야기했다. (Kate의 외상을 고려할 때, 나는 이 발언의 적절성에 대해 의문을 품을 수밖에 없었다.) Kate는 자꾸 깜빡하며 잊기를 반복하는 아빠를 보기가 힘든 시기였다고 말했다. 그리고 그 일은 Kate의 언니에게 더욱 힘든 일이었는데, 아빠가 자녀들을 알아보더라도 한 명은 딸로, 한 명은 아들로 혼동하여 이야기했기 때문이다.

Kate는 자신의 여정을 담은 그림에서 바다와 도시를 돌아다니는 물고기를 묘사했다(삽화 1.2). 세상에 하나밖에 없는 마법의 물고기였다. 바다를 무지개처럼 다채롭게 만들었다! 그 물고기의 새끼도 마찬가지였다. 안개가 짙어지더니 물고기가 다가와서 색깔을 바꾸었다. 그림은 분홍색, 보라색, 청록색, 파란색의 줄무늬가 있는 연보라색과 연파란색 바탕의 인상주의적인 담채화였다. 이 미묘한 색채의 바탕에는 노란색 윤곽의 물고기가 있었다.

Kate는 자신의 인생에서 겪어 보지 못했던 '통제감'을 느꼈다고 했다. "통제할 수 있다는 것은 어떤 느낌이니?"라고 내가 물었고, 그녀는 좋은 기분이라고 답했다. 그녀는 아름답고 다채로운 물고기를 만들어 냈다. 우리는 인생에서 사고하며 상황을 바라보는 관점을 통제하는 방법에 대해 이야기했다. 그리고 우리의 감정을 지나치게 통제하거나 강요하지 않으면서 그것들을 밖으로 표현하는 것의 중요성에 대해서도 이야기했다. 나는 GIM이 우리의 내면세계에 이르게 해 주며 삶의 사건들을 통합하고 치유하기에 유용하다고 이야기했다. 그녀는 "우리가 만나는 일상보다 훨씬 큰 세상이군요!"라고 말했다. 그녀는 이제 겨우 열 살이지만, 그 의미를 '발견한' 것처럼 보였다.

다음에 이어진 세션에서 Kate는 즉흥연주를 했다. 물고기 앞의 지루하고 재미없는 바다 부분은 실로폰으로 연주했다. 그리고 물고기가 퍼트리는 마법은 글로켄슈필로 표현했는데, 물고기가 지나가는 모습은 부드러운 글리산도로 묘사했다. Kate는 즉흥연주를 한 후에 이 표현들을 설명했고, 그 이야기를 마음에 새긴 채로 다시 연주했다.

■ 3회기

유도 – 해변에 누워서 온몸의 감각을 경험하기

초점 – 무언가를 팔로 감싸 안음

음악 – Dvořák: *Gypsy Melodies Op. 55,* No. 4, Songs my mother taught me (for cello/piano) (3:09)

세션 제목 – 물은 어디로 갔는가?(Kate가 만다라에 붙인 제목)

Kate의 심상에는 항상 해변에 가기를 좋아하는 소녀가 있었다. 하루는 소녀가 해변에 갔을 때, 물이 전부 없어져 버린 것을 보았다! 소녀는 무슨 일이 일어났는지 알아내려고 했지만 알아낼 수는 없었다. 그녀는 놀랐을 뿐 아니라 엄청난 충격을 받았다. 그녀는 다시 물을 볼 수 없는 것인지 궁금해 했다. 그녀의 어두운 그림 속에는 달이 떠 있었다.

Kate는 "행복하지 않은 날이에요."라고 말했다. Kate의 만다라는 절반으로 나뉘어 있었다(삽화 1.3). 바닥부분은 연한 황갈색을 띠고 약간의 진한 줄무늬가 있었다. 절반의 윗부분은 연파란색이었고, 둔한 진회색 원이 왼편에 떠 있었다. 반으로 나누어진 중간 부분에는 조그만 소녀가 자신의 엉덩이에 손을 올린 채 홀로 서 있었다. 그녀는 부스스한 금발머리에 밝은 분홍색 가운을 입고 있었다. 해안가에서 나온 듯한 그녀 외에는 배경에 아무것도 없었다.

이에 대해 나중에 이야기하면서 Kate는 그림을 바라보며 이번에는 다르게 느낀다고 말했다. 소녀가 마치 물이 어디로 갔는지 찾아내러 갈 만큼 '강인해' 보인다고 말했다. 우리는 이것을 Kate의 여러 모습이라고 동일시하면서 역경을 극복하고 통합할 능력을 가진 그녀의 강인한 면을 상기시켰다. 후에 나는 Kate에게 그날의 여정에서 얻은 심상이 자신의 삶에서 어떤 것을 상기시켜 주는지 물었다. 그녀는 곧장 세션에서의 심상과 아빠가 아팠을 때의 유사함에 대해 그녀가 사랑하고 알았던 아빠가 마치 바닷물처럼 그녀의 시야에서 사라져 버렸다는 통찰을 표현해 냈다. 그리고 '나는 거의 다 끝냈어요.'라고 말했다. 우리는 커다란 상실을 경험했을 때 다룰 수 있는 여러 수준의 작업에 대해 이야기 나누었다.

다음 세션에서 Kate를 만났을 때, 그녀는 전날에 언니와 엄마와 함께 아빠를 보러 가서 점심식사를 함께했다고 했다. 아빠가 언니를 보고 성별을 헷갈려 해서 조금은 불편했지만, 그래도 좋았다고 했다. 나는 그녀가 겉으로 보이는 모습 아래에 아빠의 본질이 여전히 함께하고 있음을 이해할 수 있도록 아빠의 존재를 보고 느낄 수 있는 방법으로 육체적 겉모습/장애 이면에 존재하는 영혼에 대해 이야기했다. 그런 다음 지난 GIM 경험에서 얻은 심상에 대해 다루고 함께 즉흥연주를 했다.

■ 4회기

> 유도 – 따뜻함, 밝음, 선명함을 가져오는 햇살
>
> 초점 – 해돋이를 바라봄
>
> 음악 – Massenet: Meditation from *Thais* (for flute) (4:08)
>
> 세션 제목 – 마법의 태양(Kate가 만다라에 붙인 제목)

Kate는 이 여정에서 자신을 보지 못했고, 할 말이 많지 않았다. 장엄한 해돋이를 본 것이 전부였다. 이후 그녀는 매우 오랜 시간 동안 굉장한 집중력으로 파스텔을 가지고 아름답게 그림을 그렸다. 그녀의 그림은 일부 어두운 그림자들을 한데로 섞으면서 부드러운 색감의 만다라를 만들었다(삽화 1.4). 바닥 부분에는 노란색 작은 원이 있다. 이번 세션은 마치 Kate의 휴식 같았다.

다음 주, 그녀는 센서리 하프와 트라이앵글을 선택하였고 참으로 아름답고 다채로운 태양을 즉흥연주로 표현했다. 그런 다음 한 해의 마지막 세션이라는 의미로 그동안 그녀가 그린 모든 만다라를 다시 살펴보았다.

새해가 되어 그녀를 만났을 때, 그녀는 6학년이 되었고 열 한 살이었다. 새로운 해에는 그녀의 아빠에 대한 직접적인 것보다는 정서적인 작업을 많이 했다. Kate에게 놓인 가장 중요한 이슈는 그녀가 사랑하던 고양이 하비가 강아지에 물려 죽은 것이었다. Kate가 하비와 가깝게 지내고 중요한 추억들을 많이 공유한 만큼 이 죽음을 매우 강하게 경험하고 있었다. 그녀는 "나는 가족을 잃었어요… 하비는 나의 가장 친한 친구였어요."라고 말했다. 이것은 또 다른 상실의 증거임을 알려 주었고, 나는 하비의 죽음에 대한 애도 세션을 진행하기로 결정했다.

■ 5회기

유도 – 땅에 잘 뿌리내린 나무가 되기

초점 – 음악이 흐름에 따라 어떤 생각이든, 기억과 감정이든 하비와 연관된 것들을 허용하고 음악이 가져온 것들을 확인함

음악 – Alto flute improvisation (3:30)

세션 제목 – 워터 슬라이드(Kate가 만다라에 붙인 제목)

이번 세션은 Kate에게 강력한 세션이었다. 그림에는 무덤 앞에 놓이기 전의 검은 구멍, 흙더미, 그리고 상자에 담긴 하비가 있었다. 그녀는 눈물을 흘리며 기도하는 자신의 모습을 매우 표현적으로 그렸다. Kate의 그림 뒷면에는 시의 일부를 적었다. "우리의 눈물은 워터 슬라이드 같아. 전에 올라갔던 곳으로 다시 올라갈 수는 없지." 그녀는 하비를 다시 보지 못할 것이었다.

Kate는 이번 세션을 '워터 슬라이드'라고 이름 붙였고, 나는 그녀의 엄청난 내면 작업에 벅차올랐다. 이후 대화에서 나는 Kate에게 어떻게 느끼는지 물었고, 그녀는 "기분은 여전히 별로지만 조금은 나아진 것 같아요."라고 답했다. 우리는 매우 아꼈던 동물과 이별하면서 슬픔을 겪는 '과정'이 의미하는 것이 무엇인지에 대해 이야기했다.

이어지는 세션에서 Kate는 만다라와 자신의 감정을 표현하는 단어를 적는 것을 포함하여 하비에 대한 그림 콜라주를 만들었고, 그림 안에 감정을 담아서 보냈다.

■ 6회기

유도 – 몸을 둘러싸고 있는 안개
초점 – 개울 혹은 강둑에 앉아 있음
음악 – Secret Garden: *Heartstrings* (3:22)
세션 제목 – 하비(Kate가 만다라에 붙인 제목)

Kate가 이번 GIM 경험을 하기 몇 주 전이었다. 커다란 줄무늬로 '하비'라고 쓴 글자가 만다라 중앙의 어두운 색상으로 얼룩진 배경 위에 있었다. 슬픔과 눈물을 느낄 수 있었다.

후에 이루어진 토론에서 Kate는 음악이 하비가 죽었던 날의 기억을 불러왔다고 말했다. Kate는 시간이 갈수록 점점 더 힘들어하고 하비를 그리워했다. 그리고 Kate는 아빠가 아팠을 때 자신은 네 살이었다고 말했다. 그 이후부터 하비는 그녀에게 매우 가까운 존재였다고 했다. Kate는 감정을 담아 "만약에 나에게 아빠를 예전처럼 돌려놓거나, 하비를 돌려놓을 수 있는 기회가 온다면 나는 주저함 없이 하비를 데려올 거예요."라고 말했다. 그녀는 아빠의 존재 변화에 적응되었다고 느꼈지만, 하비의 공백을 채울 만한 것은 아직 없었다. 그리고 "나는 내 존재의 일부가 죽은 것 같아요."라고 말했다. 그러나 Kate는 아직 그녀의 날들 중의 많은 부분에 있어서 행복을 느끼고 있다고 했다.

그다음 주에 하비 그림과 심상에 대해 진행하면서 Kate는 굉장한 음악적 감수성을 드러냈고, 예술적으로도 심미적인 완성도를 갖추었다.

그날에는 Kate에게 엄마를 사랑하는지 물었다. 그녀는 확실한 표현으로 고개를 끄덕이며 "네!"라고 말했다. 그녀의 가정은 함께 일련의 일들을 겪으며 훌륭한 팀이 될 수 있을 것이라는 대략적인 믿음이 내게 있었다. 나는 중요한 문제가 무엇인지 찾으려고 애쓰면서 동시에 남아 있는 가족을 강하고 단단하게 하는 중요한 기회를 놓치지 않으려 했다.

나는 Kate의 엄마를 며칠 전에 만났었다. 그녀는 Kate와의 의사소통에 우려를 표현했는데 Kate와의 다툼이 그녀에게 견디기 힘든 일이라고 고백했다. 그래서 이 상황을 해결하기 위한 방법을 찾고 있었다. 중요한 것에 집중하지 못하는 Kate의 문제가 학교에서와 마찬가지로 가정에서도 나타나고 있었다. Kate의 엄마는 Kate가 주의력 결핍 장애를 지닌 것인지 확인하기 위해 소아과 의사를 만날 계획을 하고 있었다.

나는 가족의 관심사에 집중하기로 했고 Kate의 심상 영역과 음악과의 관계를 통해 비언어적으로 접근할 방법을 모색했다. 나는 GIM이 일상의 갈등을 해결할 수 있도록 도와줄 것이라고 믿었다. 보다 큰 그림을 볼 수 있게 할 것이다. 초기면담을 통해 문제가 파악되고 어떻게 다루어야 할지 알 수 있을 것이다.

■ 7회기

> 유도 – 연필, 그리고 머리부터 흐르는 사랑과 빛으로 몸의 윤곽을 그리기
>
> 초점 – 가족에게 느끼는 사랑에 집중하고 그들과 함께 있음
>
> 음악 – Vaughan Williams: *Rhosymedre* (4:04)
>
> 세션 제목 – 함께 머물기(Kate가 만다라에 붙인 제목)

Kate는 몸을 흐르는 태양을 만다라로 그렸고, 만다라를 흐르고 있는 사랑을 빨간 점으로 나타냈다. 그녀의 무의식적인 자아가 유도를 심상에 활용하고 있는 것이 확실했다. "그것은 나를 강하고 힘 있게 만들어요."라고 말했다. "우리 가족은 나에게 사랑을 주고… 갈등이 일어난 후에도 서로를 사랑할 수 있어요." Kate의 심상은 그녀의 가족으로부터 얻고, 느낄 수 있는 사랑과 강점들을 나타냈다.

이 무렵, 나는 Kate에게 내가 관찰한 것과 내 신념을 이야기해 주었다. 나는 그녀가 가진 가장 큰 문제 중 하나인 '주의력'에 대해 반복적으로 들어 왔다. 그러나 Kate 자신이 예술적인 영역에서는 예술과 음악의 창조적인 차원과 삶의 사건들을 다루고 처리하는 차원에서 얼마나 깊이 집중하고 단단하게 고정될 수 있는지, 그 놀랄 만한 능력을 확실히 이해하기를 바랐다. 이러한 의견을 치료 경과 보고서에 기재했고, 다른 치료진들도 Kate가 이러한 영역에서 재능을 가지고 있음을 이해할 수 있도록 했다.

다음 세션에서 우리는 서로 다른 악기들을 사용하여 이전 주에 다룬 GIM에서 보여 준 사랑과 빛 심상, 그리고 그녀의 가족에 대한 사랑을 표현하는 세 번의 즉흥연주에 참여했다. 그리고 이 중 마지막 즉흥연주를 녹음했다.

그러고 나서 한 가지 생각이 떠올랐다. Kate의 창조적인 재능을 기념하는 것보다 어떻게 우리의 작업을 마무리 짓는 것이 좋을까? 그녀가 가장 좋아하는 악기는 센서리 하프였다. 마지막 GIM을 위해 우리는 하프와 플루트를 함께 연주하기로 했고 녹음으로 남겼다.

■ 8회기

> 유도 – 호흡
>
> 초점 – 손 안에 꽃과 함께 앉아 있음
>
> 음악 – Improvisation on flute and sensory harp (3:00)

세션 제목 – 물고기 세 마리(Kate가 만다라에 붙인 제목)

우리는 우리가 만든 음악을 들으며 함께 누워서 여행했다. Kate의 그림 속에는 평화롭게 물을 가로지르고 있는 초록, 주황, 빨강의 물고기 세 마리가 있었다(삽화 1.6). 꼭대기에는 전체를 비추고 있는 태양이 있었다. 그녀의 심상은 음악과 꼭 맞아 보였다. 내가 그린 것은 손 안의 흙, 꽃, 태양, 초록의 성장과 (Kate가 찾아낸) 만다라의 파란 테두리에 담긴 물이었다. 우리의 공통된 심상을 발견하는 것은 재미있었다. 우리 둘 다 물과 태양이 있었다.

Kate는 더 많은 세션을 기대했지만, 10개월 후 그녀가 열두 살이자 7학년에 되어 다시 만났을 때에는 더 이상 음악치료가 필요하지 않음을 알 수 있었다. 그녀는 자신의 상실 경험을 통해 성장해 나갔고 그 무렵에는 가장 중요한 요소인 친구들과의 관계도 회복되었다. Kate는 음악치료를 종결할 수 있었다. 나는 이것이 성공적인 사례라고 생각한다!

음악치료를 종결하면서 나는 Kate에게 그녀가 예술과 음악에 가지고 있는 강한 관계를 상기시켰다. 그것은 언제라도 그녀의 삶에서 상실감을 경험하게 되면 그녀의 곁에서 도와줄 것이다.

결론

이 특별한 사례를 통해 아이들도 어른들과 마찬가지로 삶의 사건들을 처리할 수 있다는 것을 알 수 있다. 아이들이 필요로 하는 것은 자신의 이야기를 듣고 인생이 주는 의미들을 분류해 낼 수 있는 기회를 제공해 주는 존재이다. 그런 주의 깊은 어른이 그들의 내면에서 일어나고 있는 일들을 바라보는 시각을 가질 수 있는 환경을 만들어 준다.

아이들은 반복되는 GIM 경험을 통해 그들이 느끼는 정서가 정상적인 것임을 알게 되고 내면을 발견하고 밖으로 표현하는 것이 긍정적인 것임을 알게 된다. 그리고 이것이 가능하도록 음악과 예술이 특별한 장치가 되어 준다는 것도 알게 된다. 아이들이 스스로 삶의 여정을 탐색하면서 주도권을 적극적으로 취하는 것을 보는 것은 기쁜 일이다. 평생에 걸쳐 자신을 도울 수 있는 기술과 이해를 얻게 되는 것이다.

치료사의 관점에서, 나는 아이들이 자신의 과정에 적극적으로 참여하고 있음을 보여주는 작은 단계들을 주시한다. 주의를 기울여 주는 역할을 하면서 나는 아이들이 취하는 작은 단계들을 인식하고 축하하는 법을 배워 왔다. 아이들은 깊은 단계의 인정과 지지를 받으며 마음으로부터 일어나는 유용한 심상들을 격려할 수 있게 된다. 음악이 나머지 역할을 담당하고 예술은 겉으로 드러나는 표현을 담당한다. 이는 어린 나이의 아이들을 대상으로 깊이 있는 치료를 하는 마법의 요리법이다.

참고문헌

American Psychiatric Association (2000). *Diagnostic and Statistical Manual of Mental Disorders,* Fourth Edition, Text Revision (pp. 85-93, 463-468). Washington, DC: American Psychiatric Association.

제2장

11세 소녀와의 즉흥연주, GIM, 만다라

Santiago Vilá

사설치료센터 음악치료사로서의 내 경험은 콜롬비아 보고타(Bogotá)의 일반 및 통합 유치원과 초등학교 교육과정에 직접적인 연관이 있다. 사설치료센터에서 일하면서 나는 예술치료와 음악치료에 대한 훈련을 받은 적이 있는 작업치료사 두 명과 일할 수 있는 행운을 얻었다. 우리는 주로 팀 치료의 일원으로 학습에 어려움을 겪는 아이들의 학교(학습장애 아동 대상 특수학교)로부터 의뢰를 받는다. 대부분의 경우, 아이들과 능동적 음악치료(active music therapy)를 진행한다. 그러나 나는 GIM의 요소들을 적용하고 포함시키는 차별화된 치료과정이 중요한 목적을 달성하고 새로운 방향성을 열어 줄 수 있다는 것을 발견했다.

치료적 맥락

음악치료 세션은 나의 사설치료센터 치료실에서 진행한다. 각각의 음악치료 세션들은 개인 세션으로 45분 동안 이루어지며 전자피아노, 기타, 드럼, 벨, 래틀(rattle)을 사용한다.

이론적 방향성

나의 음악치료 임상에 있어서 일반적인 이론적 방향성은 인본주의와 자아초월심리학(transpersonal psychology)에 기반하고, Rogers(1961)의 인간중심 심리치료(individualcentered psychotherapy) 개념과 Maslow(1976)의 욕구 이론(channeling of impulses), 잠재력의 자아실현(self-realization of potential), 내적 동기와 창의성의 성장 동기, 그리고 창의성(growth motivation and creativity) 개념을 포함한다. 이 개념들을 적용하며 치료의 목적을 설정하고 즉흥연주와 GIM 활동을 계획한다. 치료 활동들은 주로 다루어야 할 작업과 관련된 감정, 기억, 갈망, 생각, 사건, 상황들과 관련 있다. 즉흥연주는 "여러 단계에서 서로 다른 방법으로 표현하는 수단을 제공한다. 즉흥연주를 통해 욕구를 표출하고, 에너지를 풀어 내며, 생각과 감정을 표현하여 심상과 개인적 상상(fantasies)으로 이어지는 방법"(Bruscia, 1987)으로 세션 안에 통합된다. 즉흥연주는 아동의 경험과 그들이 경험에 의미를 부여하고 다루는 방법과 관련이 있다. 아동으로 하여금 집중해야 할 주제를 확인하게 한다. 그렇기 때문에 다양한 삶의 상황들이 개인 중심 접근으로 다루어 진다.

Maslow(1976)가 제시한 창의적 소질(creative talent) 개념은 모든 인간들이 삶의 경험들을 전환시켜 문제를 해결하고 자아실현을 이루어야 하는 내적 잠재력을 언급한다. 음악적 재능은 창의성이나 자아실현을 위한 전제조건이 아니다. 사실, 어떤 경우에서는 이전의 음악적 지식과 예술 분야에 대한 학습이 아동 내면의 창의적 존재(inner creative being)와 진정으로 연결되는 것을 막는 장애물처럼 보이기도 한다.

나는 아동이 창의적이고 더욱 진정성 있는 표현들을 할 수 있기를 바라면서 아동을 내면의 자아와 연결할 수 있는 보다 깊은 통로를 만들어 주는 방법으로 GIM의 요소들을 통합하였다. Bush(1995)가 언급했듯이, 심상은 "내면의 자아에 이르는 필수적인 연결고리를 만들 뿐 아니라 몸과 정신, 영혼 사이의 다리를 놓는다."(p. 48) 종종 음악은 아동의 내면세계를 투사하는 화면으로서의 역할을 한다.

아동의 정신세계 구조를 이해하기 위해 내가 사용하는 이론적인 체계는 Wilber(1989)의 초월 패러다임에 기초하여 제안된 의식의 스펙트럼(spectrum of consciousness) 모델로부터 비롯된다. 스펙트럼의 가장 높은 단계에서는 인간이 자신을 하나의 조화로운 전체로 느끼며, 중간 단계에서는 자신을 신체적 유기체와만 동일시한다. 그 아래 단계로 내려가면 자신을 신체 일부로서의 정신으로만 규정하여 자아 정체성은 보다 좁혀진다. 스펙트럼의 가장 낮은 단계에서는 자신의 그림자를 탄압하고 Wilber가 말한 가면(mask)으로 규정하여 더욱더 정체성을 축소시키게 된다. 이어서 언급할 Ximena의 경우에는 온전한 정신(whole mind)을 의식하지 못하고 그녀가 진정으로 느끼거나 생각한 것을 정확하게 의사소통할 수 없었으며, 항상 가면을 쓰고 타인을 기쁘게 하고자 노력하고 있었기 때문에 치료 단계가 종종 이 수준에 맞춰 있었다.

전통적인 형식으로서의 GIM은 상징적인 이해 수준에 깊이 참여할 수 있고, 자신들의 일상생활이나 치료적 이슈와 관련 있는 의미를 추출해 낼 수 있는 성인에게 추천된다. 성인기에 강하게 나타나는 상징들을 통해 삶의 심리적 차원을 분석하고 이해하는 데 추상적 사고의 발달이 요구된다. 그러므로 아동이나 청소년에게는 심리적 · 정서적 발달단계에 따라 다양한 방식으로 적용해야 한다. 지나치게 복잡한 심리적 역동과 직면하는 것을 막기 위해 상징적인 소재가 덜 부각되도록 하는 것도 중요하다.

치료 세션의 구조

전통적으로 GIM 세션은 도입(pre-session discussion), 유도(induction), 음악(music), 프로세싱(post-session integration)의 단계로 이루어진다. 나의 접근 방법에서는 두 가지 사항만 제외하고 이 구조를 유지했다. 첫째, 도입과 유도 사이에 이전 세션에서 규명된 주제와 관련된 음악적 즉흥연주가 있었다. 둘째, 각 단계의 시간은 전체 45분 세션에 맞게 조정되었다.

도입

이 토론 단계의 목적은 한 주간에 일어난 중요한 이슈들을 파악하고, 이를 정서적 상태, 관심사, 생각이나 기대하는 것들과 연결 짓는 것이다. 이 토론을 통해 세션에서 작업해야 할 주제 혹은 초점을 맞추어야 할 것들이 드러난다. 때로는 치료사가 의도를 가지고 진행하기도 한다. 이 부분은 약 5분이 소요된다.

음악 즉흥연주

이전에 규명된 주제들을 참고로 하여 아동이 음악적 즉흥연주를 한다. 나는 그 순간에 드러나는 치료 목적에 따라 아이와 함께 연주하기도 하고 하지 않기도 한다. 즉흥연주를 마무리하고 나면 아이에게 연주의 제목을 생각하게 했다. 세션에서 이 단계는 약 10분가량 소요된다.

이완/유도

짧고 가벼운 이완/유도가 약 1분간 이어진다. 아동은 눈을 감은 채로 덮을 것 없이 그대로 매트에 눕는다. 아이는 자신의 몸의 무게를 느껴 보고, 음악에 몸을 열고, 또는 외면과 내면의 소리를 듣는 동안 호흡에 집중하게 한다.

초점

음악을 시작하기 전에 아이가 초기 토론 단계에서 세운 주제에 주의를 기울일 수 있도록 상기시켜 준다. 그것은 즉흥연주에 대한 것일 수도 있지만, 가장 연관성이 높은 요소에 중점을 두는 것이 적절하다. 때로는 음악을 듣기 전에 즉흥연주의 주제에 집중해야 할 수도 있다.

음악

음악은 음악적 구조, 예측성과 정서적 안정성을 고려하여 음악치료사가 선택한다. 음악의 길이는 너무 깊지 않은 수준으로 탐색할 수 있는지 그리고 적절한 마무리를 할 수 있는지를 고려하여 조절된다. 음악은 약 10분 정도 소요된다.

중재

내면의 탐색 과정과 개입 수준을 자극하는 언어적 중재가 이루어진다. 아이에게 현재 경험하고 있는 것이 무엇인지 묘사하게 하고, 이미지와 연관된 감정이 무엇인지 찾아보게 한다. 아이가 음악과 깊이 연결될 수 있도록 언어적 중재는 짧고 단순해야 하며, 격식을 갖추지 않고 편안하게 이루어져야 한다. 예를 들어, 아이가 매우 일반적인 방식으로 풍경을 묘사하고 있다면, "너의 관심을 끄는 것이 있니?"라고 물어봄으로써 자신의 경험에 보다 집중할 수 있도록 도울 수 있다. 또한 분위기, 특정 악기, 또는 강도와 같은 서로 다른 음악적 특색에 집중을 유도하는 방식으로 중재가 이루어지기도 한다.

각성된 의식 상태로 복귀

음악이 끝나면 치료사는 잠시 기다린 다음, 아이에게 음악이 끝났음을 조용히 알린다. 그리고 아이가 자신의 몸을 느끼며 움직이도록 한다. 이 과정은 약 1~2분이 소요된다.

프로세싱

세션의 경험을 처리하고 통합하는 프로세싱에는 악기 즉흥연주, 만다라 그리기, 말로 표현하기와 같은 세 가지 방법이 있다. 각 방법들은 치료 목적, 세션 중에 부각된 특정 요소들, 아이의 정서 상태에 따라 선택된다. GIM 세션은 주로 만다라를 그리고 이에 대해 이야기하는 것으로 마무리된다. 그렇지만 다른 활동들 역시 통합을 위한 도구가 될 수 있으며, 즉흥연주도 종종 세션을 마무리하는 수단으로 사용된다. 또 다른 중요한 점은 우리의 작업이 항상 가족과 학교에 분명하게 전달된다는 것이다. 성인 대상의 GIM 세션에서는 내담자와 직접적으로 과정이 진행되지만 아이의 나이와 학교로부터 의뢰된 것을 고려할 때, 부모와 교사, 아이의 교육을 담당하는 이들과 소통이 이루어져야 한다.

음악 선택

음악의 길이는 약 10~15분이다. 단일 곡 또는 연속된 짧은 곡들이 사용된다(사용된 음악은 이 장의 부록에 제시되었다).

사례 연구: Ximena

배경 정보

Ximena(가명)는 노래, 춤, 피아노 연주를 좋아하는 11세 소녀로 학업에 대한 동기부여가 낮았고 학업성취도 또한 저조하여 학교로부터 작업치료 진단이 의뢰되었다.

초기 면담에서 그녀의 부모는 Ximena와의 의사소통이 어렵다고 보고했다. 이 어려움은 특히 딸의 행동에 높은 기대치를 보이고 있는 아버지와의 관계에서 명백하게 드러났다. Ximena와 아버지는 종종 언어적 공격이 포함된 논쟁을 해 왔다. 그녀는 학교 친구들과의 의사소통에도 어려움이 있었다. Ximena는 자신의 관점을 표현하는 것을 힘들어했는데, 특히 주변 그룹의 의견이 자신과 다를 때면 더욱 그랬다. 특히 아버지와의 관계에 있어서 Ximena는 과격하고 비이성적인 언어를 사용했다.

분명한 것은 Ximena가 학교생활과 가족 내에서 자신의 책임에 대해 고려하지 않고 있다는 것이었다. 어떻게 보면 음악과 예술과 관련된 활동을 제외하고는 광범위한 좌절의 시기를 살고 있는 것처럼 보였다. 그녀는 매주 뮤지컬 공연 수업에 참여했다. 치료를 시작하면서 아동의 부모, 담임교사, 관련 치료사들과 치료적 동맹이 이루어졌다. 그녀의 부모들은 우리의 추천사항들을 따를 것과 치료사들이 아이의 변화를 알 수 있도록 회의를 포함하여 주기적으로 확인해 줄 것을 약속했다.

Ximena는 매 세션의 후반부에 만다라 그리는 것을 좋아했다. 이 활동은 우리가 세션에서 작업했던 것들을 통합시키고 마무리하는 의미로 이루어졌다. 세션을 마무리하는 다른 방식으로 세션의 처음과 끝을 비교하는 즉흥연주를 짧게 하기도 했다.

진단평가

작업치료 진단평가에서는 그녀의 개인적 조직 능력과 실행 기능에 있어서 치료적 필요가 있음이 감지되었고 치료사들은 그녀가 가지고 있는 기술들에 기반을 둔 창의적인 접근을 치료 과정으로 추천했다. 그래서 음악치료의 지원이 정서 및 의사소통 문제에 도움이 될 것이라는 결론이 내려졌다. Ximena가 음악과 예술 분야에 강한 연결고리를 가지고 있는 것을 고려할 때, 그녀는 음악치료 과정을 시작하는 것에서 동기부여를 받을 수 있었다.

Ximena와 음악과의 관계의 역동성을 관찰하기 위해 두 회기의 진단평가 음악치료 세션이 진행되었고, 악기와 리듬 탐색, 즉흥연주, 노래 부르기, 음악, 만다라 그리기, 가사 분석, GIM과 같은 활동들이 이루어졌다. 이 활동들은 그녀가 가지고 있는 서로 다른 관계적인 측면들을 비추어 볼 수 있게 했다.

Ximena는 조용한 아이였고 수줍음이 약간 있었다. 그녀는 자신의 음악적 선호도에 대한 기본적인 정보들을 나에게 공유해 주었다. 그녀가 제일 좋아하는 가수는 Adele이었고, Freddie Mercury에게는 가수이자 피아노 연주자로 깊은 감명을 받았다고 이야기했다. 그녀는 '가정과 학교에서 부주의하고 반항하는 듯한' 모습들을 바로잡고 싶다며 자신의 목표를 표현했다.

Ximena는 단순한 음악적 구조로부터 자발적으로 창조해 내는 능력을 보여 주었다. 예를 들어, 치료사가 제공한 다양한 리듬 구조에 맞춰 피아노로 즉흥연주할 수 있었다. 그녀는 확실히 피아노에 대한 지식이 있었다. 그러나 치료사가 제안한 분노, 슬픔, 괴로움, 기쁨, 평화, 평온과 같이 서로 다른 정서를 악기를 사용하여 나타내는 능력은 보여 주지 않았다. 제시된 감정과 음악적 표현 사이에는 일관성이 없었고 그녀의 연주는 짧았으며 뜻을 충분히 전달하지 못했다.

Ximena는 노래의 간단한 가사를 이해하는 데 어려움이 있었다. 진단평가 세션에서의 GIM 활동에서 그녀는 자신을 숲을 탐험하는 존재로, 여러 동물들을 발견하고 폭포를 바라보는 심상을 경험했다. 폭포를 바라보며 풀밭에 앉아 있는 자신을 표현한 만다라를 그리는 과정을 즐겼다. 그녀의 그리는 모든 요소들은 원 안에 표현되었다.

그녀는 자신의 감정을 표현하는 데 어려움을 나타냈다. 자신감을 강화해야 할 필요와 함께 적극적으로 의사소통할 수 있는 방법들을 찾아야 했다. 자기 수용을 위한 역동이 필요했다.

음악치료의 치료적 목적은 다음과 같았다.

- 음악 활동을 통하여 개인적 자신감을 강화시키고 내면의 창의적인 재능을 인식한다.
- 투사적인 음악 활동을 통해 의사소통 기술을 향상시킨다.
- 학교생활을 살펴보고 표현하는 과정을 통해 자신의 역량 뿐 아니라 학생으로서의 역량을 강화시킨다.
- 부모 및 자매 관계와 관련된 정서를 살펴보고 표현하는 과정을 통해 가족과의 연대를 강화시킨다.

치료 세션은 2012년 4월부터 8월 사이에 진행되었고, 그녀는 14회기의 음악치료 세션에 참여했다. 아쉽게도 Ximena의 부모가 다른 도시로 이사를 계획하면서 치료 세션은 예상치 못한 방식으로 종료되었다.

치료 과정

초기 치료 세션 동안 Ximena는 음악치료 세션과 음악 수업의 차이를 이해하는 데에 공을 들였다. 그녀가 완성도를 높이는 것을 제쳐 두고 표현과 창조에만 집중하면서 자발적인 창조 과정에 참여하게 만드는 것이 필요했다. 이 단계에서는 모방이 필수 불가결했다. 여기서 또 다른 중요한 점은 그녀가 나와 함께하는 치료에 대해 긍정적인 연결고리를 형성했다는 점이다. 그녀는 시작부터 GIM과 매우 잘 맞았다. 다섯 회기 세션부터의 심상은 다음에 서술하였다.

■ **2회기**

이번 세션에서 Ximena는 학교 수업시간에 끊임없이 집중이 흐트러지는 것에 대해 언급했다. 그 주제에 대해 즉흥연주를 했지만 정서적 표현은 전혀 나타나지 않았다. 세션의 GIM 활동에서 나는 Respighi의 *Pines of Rome* 중에서 '자니콜로(Gianicolo)'를 선택했고 이어서 Pachelbel의 *Canon in D*를 들었다. 그녀는 벌목용 톱에 의해 파괴된 숲에 있는 자신을 상상했다. 슬픔과 분노를 느꼈다. 어떤 나무들은 타 버리기도 했다. 결국 그녀는 파괴의 장면에서 살아남은 단 하나의 작은 나무를 발견했다. 그녀는 그것을 집어 들었고 보살폈다. 모든 숲이 살아나기 시작했다. 심상의 마무리 단계에서는 토끼들과 나비들을 발견했다. 그녀는 매우 세심하고, 창의적이며, 의식적인 방식으로 피아노 즉흥연주를 했고, 자신의 예술적인 행동들이 종종 단절되는 느낌을 받는다고 말했다.

■ **5회기**

5회기에서 그녀는 최근에 아버지와 가졌던 대화를 회상했다. 그 대화는 아버지가 그녀에게 그녀의 방을 치우라고 하면서부터 시작됐는데, 그녀는 그렇게 하기까지 꽤 오래 걸렸다. 게다가 분기별 성적표가 나온 지 얼마 되지 않은 때였고 그녀의 부모는 그녀의 결과에 실망감을 감추지 못한 터였다. Ximena와 아버지의 대화는 결국 서로 소리를 지르는 것으로 끝났다. 그 사건에 대해 즉흥연주로 표현해 보라고 했을 때 그녀는 베이스 드럼을 매우 부드럽게 연주했다. 그녀는 아버지와의 사건과 자신의 즉흥연주 사이에 어떠한 연결고리도 만들지 않았지만, 어떤 점에서는 그녀가 사건을 회상하며 슬퍼하는 소리처럼 들렸다. 세션의 GIM 활동에서 Haydn의 *Cello Concerto in C* 중 'Adagio'를 듣는 동안 그녀는 매우 행복해하며 하얀 대저택에 있는 것을 상상했고, 자신이 아기였을 때에 대한 많은 기억들을 찾았다. 그녀는 자신이 행복함을 느끼며 장면 안으로 들어갔지만, 아기는 슬퍼하고 있었다. 그녀는 아기가 울음을 그칠 때까지 아기를 보살폈다. 아기가 주는 의미는 '그녀의 슬픈 감정을 멈추게 할 필요가 있다'였다. '행복한 세상'이라고 이름 붙인 만다라를 그린 후 그녀는 다시 아기가 되고 싶다고 말했다. 이번 세션이 끝난 후에 나는 그녀가 인생의 초기 아동기와 청소년기 사이의 전환기를 지나고 있다고 생각했다. 그녀는 독립적이기를 원했지만, 동시에 불안했고 아동기를 그리워했다. 아버지와의 관계는 빠르게 변하고 있었지만 내가 느끼기엔 둘 모두 다가오는 단계를 어떻게 직면하면 좋을지를 모르는 것 같았다.

■ **8회기**

이번 세션을 시작하면서 Ximena는 자신의 개인적인 불안감에 대해 작업해 보고 싶다고 말했다. 그녀는 잘 알려진 코드 진행을 피아노로 매우 느리게 즉흥연주를 했다. Ximena에게 자신의 이름을 넣어 노래 부르게 하자, 그녀는 자신의 이름을 좋아하지 않는다고 말했다. 음악은 Puccini의 *Madame Butterfly*에서 'Humming Chorus'와 Debussy의 *Dances Sacred and Profane*을 사용했다. Ximena는 GIM 활동에서 자신의 목소리가 자신의 몸에서 나오도록 노력하고 있는 것을 상상했다. GIM 경험 후, 나는 그녀에게 자신의 목소리가 나오게 허락하면서 북과 심벌즈로 즉흥연주를 해 보게 했다. 처음에는 조용히 노래했지만, 점차 목소리가 커졌고 노래에 많은 표현이 담기기 시작했다. 세션을 마무리하면서 그녀는 항상 자신의 목소리를 좋아했었다고 말했다.

■ **11회기**

이번 세션에서 Ximena는 자신의 가족 구성원 각각을 표현하는 악기들을 선택했다. 그래서 이 악기들을 가지고 서로 간의 관계를 표현할 수 있도록 배열해 보라고 요청했다. 그 과정에서 아버지와의 갈등이 드러났고, 드럼을 사용하여 그것을 표현해 보게 했다. 이번에는 8회기 세션에서보다 훨씬 많은 에너지를 사용하면서 보다 꾸준한 리듬으로 음량을 변화시키며 연주했다. 즉흥연주는 짧았지만 그녀에게 안도감을 주었다. 그녀는 드럼을 제자리에 놓았고, 그제야 자신의 언니로부터 얼마나 멀리 떨어져 있는지를 깨달았다. 그녀는 두 살 많은 언니와 가깝게 어울리며 어린 시절을 보냈다. 지난 몇 년 동안 그들은 소원해졌는데, Ximena에 의하면 그들은 더 이상 공통된 관심사가 없으며, 언니는 친구들과 어울리는 것을 더 좋아한다고 했다. 이번 세션에서는 GIM 활동이 이루어지지 않았다.

■ **14회기**

그녀는 자신의 가족들과 최근에 가졌던 점심식사와 연관하여 피아노 즉흥연주를 시작했다. GIM 세션 동안, Brahms의 *Concerto for Piano #2* 'Andante'를 들으며 자신의 생애 초기인 어린 시절에 대한 많은 기억들을 회상했다. 갑작스럽게 죽은 물고기도 기억해 냈다. 그리고 화가 난 커다란 개를 보았다. 이번 세션에서는 즉흥연주나 만다라 그리기는 진행되지 않았다. 그녀는 물고기가 그렇게 죽어야 할 이유가 없었다고 느끼면서, 자신이 마치 그 개처럼 느껴졌다고 말했다.

결론: 치료 결과 요약

치료 과정 동안, 음악치료 중재는 Ximena가 음악을 통해 그녀의 내적 세계(정서, 염려, 내면의 힘)를 개발할 수 있도록 공간을 제공하는 데에 초점을 두었다. 그녀의 표현들과 경험들을 도구로 사용했기 때문에 그녀가 환경 속에서 스스로 조절할 수 있도록 하는 것이 보다 쉬울 수 있었다.

처음에는 Ximena에게 있어서 자신의 관점을 표현하는 것이 어려운 일이었다. 특히 그것이 자신을 둘러싼 사회적 그룹의 의견과 같지 않을 때 그랬고, 그럴 때면 Ximena의 언어는 폭력적이고 짜증스럽게 변했는데 아버지와의 관계에서 특히 그랬다. 이러한 점들을 고려할 때, 즉흥연주의 역동은 그녀의 감정을 음악적 언어로 표현하는 것을 가능하게 했다. Ximena는 자신의 즉흥연주들을 들으며 스스로의 행동과 자세(Priestley, 1976)를 반영하여 이해할 수 있었다. 그렇게 함으로써 자신의 충동적인 행동이 너무 지나치다는 것을 이해할 수 있었다.

GIM 경험들은 그녀로 하여금 이러한 역동을 깊은 수준에서 발달시킬 수 있도록 해 주었고, 다른 이들의 감정과 연결될 수 있는 가능성을 열어 놓았으며, 결국 공감 능력의 발달을 이끌었다. 세션 초반에 우리가 작업한 즉흥연주는 그녀가 한 주간의 중요한 상황 및 관련된 기본적인 정서와 연결될 수 있도록 도와주기 위한 것이었다. 그리고 그것들은 GIM 활동을 통해 보다 깊은 탐색을 할 수 있는 여정의 출발점이 되었다. 내가 GIM을 선택한 것은 "정신(psyche)이 우리의 모든 문제들의 해결을 위한 무한히 풍부한 자원과 상상할 수 없을 정도의 풍요롭고 창조적인 바탕으로 가득 차 있기"(Bonny, 2002, p. 236) 때문이다.

치료를 통해 의미 있는 결과들이 나타났다. Ximena는 보다 진정성 있는 표현을 보였으며, 그 결과 자신감이 생겼다. 자신의 진짜 감정을 드러내는 것을 덜 두려워했다. 그녀는 자신이 성장하기를 두려워했다는 것을 깨달았고 동시에 결정을 내려야 한다는 것을 이해했다. 음악적이고 예술적인 표현이 자신의 삶에서 필수적인 요소인 것을 알게 되었고 이런 활동들에 보다 더 적극적으로 참여하기로 했다.

치료 목적들이 부분적으로 다루어지긴 했지만, 학생으로서의 역량강화와 아버지와의 관계를 돈독하게 하기 위해 작업해야 할 중요한 이슈들이 여전히 남아 있었다. 그녀는 학교생활과 관련된 자신의 감정들을 표현할 수 있기는 하지만, 그럼에도 불구하고 여전히 학교에 대한 맥락의 대부분을 거절하고 있었다. 또한 아버지를 향한 자신의 감정을 깊게 탐색할 수 없었기 때문에 이 이슈에 대해 다루어야 할 추가적인 치료 작업이 남아 있었다. 그녀의 부모들이 아직 도시를 떠나지 않았으므로, 음악치료와 GIM가 결합된 치료방식이 관계의 긍정적인 성장을 촉진할 수 있는 가능성은 남아 있다.

참고문헌

Bonny, H. L. (2002). *Music Consciousness: The Evolution of Guided Imagery and Music*. Gilsum, NH: Barcelona Publishers.

Bruscia, K. (1987). *Improvisational Models of Music Therapy*. Springfield, IL: Charles C. Thomas Publisher.

Bush, C. A. (1995). *Healing Imagery and Music: Pathways to the Inner Self*. Portland, OR: Rudra Press.

Maslow, A. (1976). *The Farther Reaches of Human Nature*. New York, NY: Penguin Books.

Priestley, M. (1976). *Essays on Analytical Music Therapy*. Gilsum, NH: Barcelona Publishers.

Rogers, C. R. (1961). *On Becoming a Person*. Boston, MA: Houghton Mifflin.

Wilber, K. (1989). *La Conciencia sin Fronteras*. Barcelona, Spain: Editorial Kairós.

부록: 언급된 음악 목록

클래식 음악

Bach: *Suite No.3 in D major*, Air

Beethoven: *Piano Concerto # 5*, Adagio

Brahms: *Concerto for Piano # 2*, Andante

Debussy: *Dances Sacred and Profane*

Haydn: Cello Concerto *# 1 in C major,* Adagio

Mozart: *Ave Verum Corpus*

Mozart: *Serenade No. 10,* for 13 Winds, 3rd movement

Pachelbel: *Canon in D*

Puccini: *Madame Butterfly*, Humming Chorus

Respighi: *Pines of Rome*, Giancolo

Saint-Saëns: *Carnival of the Animals*, Aquarium

Saint-Saëns: *Carnival of the Animals*, Aviary
Saint-Saëns: *Carnival of the Animals*, The Swan
Saint-Saëns: *Carnival of the Animals*, Turtles
Vaughan Williams: *Fantasy on Greensleeves*
Wagner: *Lohengrin*, Prelude to Act I
Warlock: *Capriol Suite*, Pieds en l'air

제3장

'괴물을 겁주는 리듬':
아동학대와 방임으로 인한 복합 외상 아동을 위한 음악과 심상

Gunn Karoline Fugle

이 장에서는 소아과 외래병동에서의 GIM의 응용에 대해 다룬다. 이 병동에 소속된 외상 아동들은 정서적 · 사회적 · 인지적 장애를 겪고 있다. 그들의 상당수가 해리(dissociation) 문제를 가진다.

치료적 맥락

이 장에서는 위탁부모 및 공중 보건/학교 체계와 협력하여 진행하는 아동의 개인치료를 다룬다. 때로는 아동과 부모/위탁부모 모두가 세션에 참여한다.

이론적 배경

여기에서는 아동이 일반적인 상황에서 보다 잘 기능하고, 안정적으로 해리 증상을 덜 경험하는 방법을 찾은 사례를 소개한다. 이 접근법에서는 능동적인 음악치료와 수용적인 음악이 결합하여 미시적 및 거시적 수준에서의 조절이 가능한 체계를 만들었다(Hart, 2009). 개인적인 경험과 자기 인식은 생애 초기에 가장 중요하게 일어나는 절대적이면서도 비언어적이고 감정적이며 상호 주관적인 발달과정에 뿌리를 둔다. 그러므로 이 시기에 대한 인식은 이미 만들어졌거나 혹은 무너져 버린 상호 주관적인 공존관계를 재구성할 수 있다. 초기 양육자와 아동 사이의 관계로부터 미시적 조절(micro-regulation) 과정을 아동과의 음악치료, 특히 GIM을 활용하는 심리치료 과정으로 전이시키는 것이 목적이다. 외상 아동과 만나고 상호 주관적인 상호작용을 통해 자기 자신과 놀이하고 스스로를 상징화하며 표현하는 방법을 찾도록 돕는다.

세션은 1시간가량 지속된다. 외상 아동과의 치료 세션에서는 아이들이 예측 가능한 구조로 안전한 틀을 구축한 짧은 세션으로 시작하며 치료사와 아동 사이의 관계가 발달함에 따라 세션을 확장시키는 것이 좋다. 복합 외상을 가진 아이들은 안전하지 않다고 느끼거나 혼란스러운 행동을 취할 수 있고, 통제가 필요할 수도 있으므로 세션의 길이는 아동의 필요에 따라 점진적으로 발전시켜 나가야 한다. 치료 과정은 대개 6개월에서 18개월 또는 그 이상에 이르는 일련의 세션으로 이루어진다.

GIM은 아동이 악기를 즉흥연주 하는 것을 치료사가 듣거나 반대로 치료사가 아동에게 연주를 해 주거나, 또는 둘이 함께 즉흥으로 연주하는 것과 같이 능동적인 음악치료와 결합하는 방식으로 응용되었다. 아동은 의자에 앉아 있거나 매트에 누운 채로 음악을 들을 수 있으며 혼자 또는 치료사와 함께 음악을 연주할 수 있었다. 이것은 아동의 상태에 따라 달라지며 치료사가 어떻게 음악 안에서 아동을 만나며 어떻게 라포를 형성할 수 있느냐에 따라 달라진다. 음악을 선택하고 만다라를 그리는 것이 아동과 치료사 간의 상호 주관적인 과정이다.

이론적 방향성

어린 시절의 복합 외상 경험(가정 폭력과 학대, 방임에 반복적 또는 장기간 노출)은 광범위한 정서적 · 심리사회적 결과를 일으켜 공중 보건에 커다란 위협이 된다(Lanius, Vermetten and Pain, 2010). 아동 외상학(traumatology) 분야는 복합 외상 증후군에 대한 통일된 개념이 여전히 부족한 상태이다.

최근 들어 외상심리학과 발달심리학 분야의 지식들이 통합되기 시작했다. 이것은 복합 외상에 노출된 아이들에게서 보이는 복잡한 어려움들을 이해할 수 있는 용어들을 새롭게 제공해 주었다(Nordanger and Braarud, 2011). 오늘날 발달심리학은 초기 상호작용이 신경계의 성숙과 아동의 사회정서 발달에 대한 이해의 중심이 된다는 것을 강조한다(Hart, 2009). 새로운 신경생리학 연구의 결과로 어린아이일수록 신경계가 빠른 발달을 겪는 동안 강하고 고통스러운 자극과 자극의 결핍에 더욱 취약하다는 것이 입증되었다(Perry, 1994).

여기에 가장 해로운 것은 그런 자극들이 생애 초기에 반복해서 발생하고 특히 일차적인 양육환경에서 일어나는 것이다(Herman, 1994). 이와 같은 다양한 자극은 복합 외상을 초래한다(Ford and Courtois, 2009). 아동기 복합 외상의 예로는 가정에서의 반복적이거나 지속적인 방임이나 학대, 성적 · 신체적 · 정서적 학대 경험, 양육자들 사이의 빈번한 별거 또는 폭력 경험을 들 수 있다(Stien and Kendall, 2004). 발달심리학과 외상심리학은 외상을 중요한 상호작용 경험의 결여 차원과 부정적인 상호작용 경험을 통합시켜 설명해 왔고, 외상 관련 장애들은 정상적이고 바람직한 상호 과정이 촉진시키는 기능들의 조절 불량으로 이해했다(Van der Kolk, 2005).

외상 관련 해리장애

외상 관련 장애들에 대한 이론은 신경생물학, 애착 이론, 정서치료, 서사(narrative), 신체 지향 이론과 기법(body-oriented theory and method)의 지식들을 통합한다(Diseth and Christie, 2005). 해리장애는 내담자가 갑자기 자신을 둘러싼 환경으로부터 단절되는 경험을 하면서 기억에 대해 강력한 재경험을 하거나 침묵과 감각상실이 일어나는 것이다.

복합 외상을 다룰 때 아동의 역사를 노출시키는 것이 중요한 건 아니다. 폭력과 학대 환경으로부터 발생하고 복합 외상으로 이어지는 조건들은 조절 기능의 장애로 인할 때가 많다(Diseth and Christie, 2005). 복합 외상을 입은 아동은 안전하기 위해 항상 자신을 방어하고자 하며 슬픈 일이 있을 때 편안함을 느끼기 어렵다. 또한 수면이나 식욕과 같은 신체 기능의 조절과 주의집중과 행동의 조절이 상호 주관적인 상호관계를 통해 이루어진다. 조절 기능은 정서 조율(affect attunement)로 이루어지는데 리듬을 찾고 순서 따르기를 가능하게 한다. 음악치료에 포함된 이런 활동들이 양질의 상호작용 조절이 일어나도록 한다(Van der Kolk, 2005).

Howard Bath(2008)는 복합 외상을 가진 이들 대상의 치료에서 살펴봐야할 '외상관련 지원'의 세 가지 축에 대해 서술했다. 관계, 안전, 정서 조절 등이 이에 해당한다. 주된 초점은 아이들로 하여금 안전하다고 느끼고 안정되게 하는 것에 있으며 관계를 형성하고 정서를 조절할 수 있도록 해야 한다는 것으로 외상 관련 기억을 축소시키는 것과도 연관이 있다(Van der Kolk, 2005).

공동조절

인간은 신경계를 타인과 동기화(synchronizing)하며 언제나 공동조절(co-regulating)하는 존재이다. 공동조절은 타인과 상호작용하면서 모방(mirroring)하며 같은 과정을 경험하는 것을 의미한다. 아이가 자신에게 정신적 외상을 입힌 양육자들로부터 스스로를 조절하는 법을 배우지 못한 경우에는 (치료사로서) 아이의 행동을 재빨리 모방해서 보여 주면서, 공동조절을 시작하는 것이 중요하다(Fecser and Long, 2000). 그 아이를 대하는 어른들은 쉽게 화를 내고 짜증을 내며 질책할 수도 있다. 그러나 조절의 두 번째 단계는 혼란스러워하며 방어적이고, 생존을 위해 애쓰는 이에게 도움을 주는 어른처럼 행동하는 것이다. 그리고 스트레스를 줄일 수 있는 접근을 통해 아이가 진정될 수 있도록 돕는다. 이 방법을 배우지 못한 채로 공동조절을 시도하면 어른들 역시 갈등을 경험하고 속을 태울 수 있으며, 아이의 불안 수준을 높이게 만들 수도 있다.

아동은 생애 시작부터 시각적 · 촉각적으로 동기화하는 법을 배운다. 동기화는 생애 초기부터 우리 안에 흐르는 '보이지 않는 음악'을 통해 이루어진다.

나는 미시적 조절 과정(micro-regulating processes)뿐 아니라 거시적(macro) 과정에서도 아동과 치료사 사이의 상호작용을 가리켜 '우리 안에 있는 리듬'이라는 은유를 사용한다. 거시적 과정에서 음악은 리듬과 틀, 안전과 흐름을 만들어 내고 관계형성을 위한 틀을 만들어 낸다.

외상 아동 대상 음악과 심상

나는 음악과 심상에서 사용하는 음악의 장르로 고전음악과 민족음악, 선율 재즈나 팝 재즈를 선택한다. 여기에 더해서 아이들이 직접 가정이나 학교에서 듣는 음악을 가져오기도 한다. 나는 세션을 유도, 짧은 GIM 여행, 만다라 그리기와 같이 세 부분으로 나눈다.

1. 유도

유도의 주요 목적은 아동의 이완과 휴식이며, 개인 세션으로 이루어진다. 아이 자신의 기분을 존중하고 만나기 위한 시간이다. 나는 주로 약간의 리듬감이 있는 조용한 음악을 선택한다. 세션의 시작 무렵에 가장 중요한 것이 무엇인지 파악하는 것이 중요하다. 지시

보다는 대화에 가까우며, 조용히 앉거나 누워서 음악을 듣고, 방 안에서 걷거나 움직일 수 있다. 어떤 방식을 선택하든지 놀이와 창조성에 대한 영감을 얻게 하는 리듬이나 역동에 대한 가능성도 열어 놓아야 한다. 음악의 길이는 2~4분 정도로 한다.

2. 짧은 GIM 여행

세션에서 가장 중요한 부분으로 음악이 춤과 언어적 대화를 자극한다. 음악은 대개 2~7분 정도의 길이이다. 아이가 음악에 드러난 주제를 탐색하고 더욱 확장시키기 원한다면 음악을 반복할 수 있다. 때로는 음악이 아이에게 충분한 도전을 주기 때문에, 아이를 움직이게 하고 춤출 수 있게 영감을 주는 음악을 선택하는 것이 중요하다.

짧은 GIM 여행을 위한 음악

음악은 활기 넘치는 음악부터 전투적인 음악, 신비로운 것 등 가벼운 음악에서부터 명곡에 이르기까지 다양하게 선택할 수 있다. 음악은 내면의 심상을 자극할 수 있도록 음악의 분위기, 역동, 음색, 편곡, 빠르기, 리듬의 변화를 비롯하여 새로운 음악적 요소들을 도입하여 변화를 줄 수 있다.

3. 만다라 그리기

아동은 만다라를 그리는 동안 음악을 듣는다. 음악의 길이는 이전 단계와 동일하거나 두 번 반복하게 되면 보다 길어질 수 있다. 이 단계에서 음악은 대개 새로운 주제를 만들어 낼 가능성을 주는 역동적인 선율 진행은 거의 없으며 안정적인 속도를 바탕으로 한다. 또한 음악이 아이를 압도하여 주제를 놓치거나 집중하지 못하게 된다면 음악을 전혀 사용하지 않을 수도 있다.

사례 연구: '괴물을 겁주는 리듬'

배경

Tor(11)가 처음 음악치료를 시작했을 때는 아홉 살이었다. 치료는 학교, 보육센터, 양부모, 병원의 외래 클리닉 동료들의 협력하에 이루어졌다.

Tor는 학대와 방임 경험 이후 외래 클리닉으로 의뢰됐다. 치료를 시작할 무렵, 그의 증상에는 불안과 우울, 주의력 결핍, 수면장애 및 섭식장애, 해리장애가 있었다. 또한 인지적 · 운동적 · 사회적 어려움도 겪고 있었으며 학교에서 친구들과의 관계와 전반적인 생활에 어려움이 있었다.

치료를 진행하면서 설정한 목적은 Tor가 스트레스 감소와 정서 조절을 경험하고 신체반응에 익숙해져서 수면이나 식욕과 같은 신체 기능을 조절할 수 있게 하는 것이었다. 내가 중요하게 다룬 것은 자기 조절을 이끌어 내기 위한 조절 기능에 있었다.

치료 과정은 20개월 동안 지속되었고, 전체를 세 개의 단계로 나누어 볼 수 있다.

1. 초기 3개월 동안 주 1회 세션을 진행하며 관계형성과 스트레스 감소를 주요 목표로 설정했다.
2. 중기 11개월 동안 월 2회 세션을 진행하며 음악 여행과 상호작용에서의 개인적 경험과 모험, 상징의 이해와 발달, 경험과 탐색을 목표로 했다.
3. 마지막 6개월 동안 3주에 한 번씩 세션을 진행하면서 과거의 경험부터 현재까지를 곱씹어 보며 감정이 동요되지 않고도 고통을 다룰 수 있도록 초기 정신적 외상과 관련된 기억과 신체 경험을 다루고 경험하는 것을 목표로 삼았다. 또한 음악 세션으로부터 경험한 정서와 생각, 경험을 언어로 표현하는 것도 포함했다.

1단계

1단계에서 음악의 구조와 세션의 체계는 관계와 신뢰의 형성을 이끌어 냈다. 한 세션에서 Tor는 춤추는 것을 멈추고 음악을 들으며 나를 보고 말했다. "음악이 점점 빨라지고, 가벼워지고, 멀어져요. 음악은 얼마나 '높이' 갈 수 있을까요? 천국으로 사라져 버릴 수 있을까요?" 춤을 춘 이후 그는 만다라를 그렸고, 만다라 안에는 공중에 떠 있는 풍선처럼 생긴 빨간 심장 모양으로부터 내려온 끈에 매달린 자신의 모습이 있었고, '감정'이라고 쓰여 있는 하트 모양으로부터 빨간색의 번개가 번쩍거리고 있었다.

이 주제는 이후 2, 3단계의 세션에서 그린 여러 그림들 속에서 다시 나타났다. 그러나 빨간 하트 모양으로부터 Tor를 매달고 있는 줄은 점차 짧아져서 결국 Tor는 자신의 커다란 하트를 몸 가까이에서 잡을 수 있었다. 그림 속에서 그는 종종 혼자였지만, 때로는 치료사와 함께 있기도 했고 때로는 한 면은 광택이 있고 한 면은 가시가 있는 뱀과 함께 있기도 했다. 2단계에서 그는 그림에 대해 서술하면서 치료사에 대해서도 표현했다. "선생님은 나의 표현 조력자예요." 3단계에서 Tor는 초기 외상과 관련된 기억과 신체 경험을 다루면서 1, 2단계에서 울퉁불퉁한 테두리와 고르지 않은 빨간색으로 그린 다양한 하트에 대해 부분적으로 부서지거나 파괴된 것이라 설명했다.

두 번째 주제는 2, 3단계에서 다루었던 '괴물'에 대한 것으로 치료 과정에 있어서 핵심적인 것이었는데, Tor의 해리 증상을 이해하는 데 있어서 중요하게 작용했다.

임상적 고려사항

'내면의 마음'을 키워 주면서 Tor와 *함께* 안전한 관계를 만들어 가는 것이 중요했다. 1단계에서의 음악은 그의 대처방법이 종종 혼란으로 나타난다는 것을 고려하여 그를 진정시키면서 자신감을 느낄 수 있도록 하는 음악을 선택했다.

2단계

미시적 과정에서의 음악과 치료사

2단계에서는 Tor를 안전하다고 느끼게 하고 정서 조절 능력을 발달시키는 데 중점을 두었다. 즉, 음악에 맞추어 움직임을 탐색하는 것과 음악 감상에 자신을 푹 담그고 스스로 주도권을 가지고 통제 상실에 대한 두려움을 감당할 수 있게 했다. Tor는 이 단계에서 문자 그대로 나를 춤으로 초대했는데, 한 사람이 춤을 출 때, 다른 이는 지켜보면서 번갈아 가며 춤을 추는 방식이었다. 이 사건은 중요한 전환점이 되었다. 안전감을 느낀 Tor가 나를 비파괴적인 공동조절 과정에 초대했고 그의 상징적 표현에 능동적으로 참여시킨 것이다. 또한 그는 내가 자신의 표현을 해석해 주길 원했다. 한번은 자신의 피아노 즉흥연주를 녹음한 것을 들으며 "내가 연주할 때 어떤 걸 들었어요?"라며 내게 물었다. 그리고 그가 선택한 음악에 맞추어 춤을 추고는 "내가 춤 출 때 무얼 봤어요?"라고 물었다. 나는 치료사로서 파악한 심상들과 그의 표현 안에 담긴 리듬, 그리고 그 리듬에 대해 내가 경험한 방식에 대해 이야기해 주었다. 춤에 대한 나의 반응은 다음과 같았다. "마치 아름다운 숲 속에서 가을 낙엽이 바람에 떠다니는 아름다운 하루를 보는 것 같았어. 그런데 그때 무언가가 나타나 방해했고 마음을 다치게 했는데, 점점 더 나빠지고 결국엔 끝이 났지." 이것은 타인이 왜 이러한 표현을 사용했는지 듣고, 지켜보며, 해석하는 정서 조절의 한 예가 된다. Tor는 내가 들은 것을 이해했다고 말했다. 이것은 신체적으로나 정신적으로 통제하는 능력이 향상되는 안정화 단계로 진입한다는 것을 알리는 신호탄이었다. Tor는 청취자가 존재하는 순간부터 자신을 표현할 수 있었다.

7~12회기 세션 2단계: Tor는 계속하여 적극적으로 질문을 했고, 질문들은 대부분 음악 여행 동안 경험하는 춤과 그림에 대한 것이다. 춤을 추는 동안에는 "선생님은 내가 하는 것처럼 이렇게 해 봐야 해요. 그러면 선생님이 느끼는 것을 이해할 수 있을 거예요."라고 말했다. Tor는 대화와 상호작용에 점점 열정적으로 적극적이 되었고 눈 맞춤에 관심을 보였고 자신감이 생겼으며 표현적으로 되었다. 그는 신체적, 정신적으로 보다 편안하게 표현을 했고 치료사를 음악 안에서의 여행 동반자로서 능동적인 방식으로 받아들였다.

화의 표출

14회기 세션 2단계: Tor는 E. Grieg, G. Tveitt, K. Seglem의 음악과 Helge Lien Trio의 음악(부록 참고)에 대한 능동적인 상호작용과 음악 감상, 춤과 그림을 통해 화와 마주하게 되었다. Tor가 세션 안에서 능동적인 음악치료의 일환으로 스스로 만든 음악(타악기 즉흥연주)의 여운이 치료실과 우리 사이에 오래 머물고 있었다. 그래서 우리는 만들어 낸 음악을 감상했다. 그가 연주한 음악은 규칙적으로 반복하는 박을 지니면서 어둡고 무거웠으며, 리드미컬하게 빠르면서도 계속하여 변화를 시도했다.

Tor는 녹음된 음악이 재생되기 시작한 순간부터 춤을 추기 시작했다. 나는 그의 초대를 기다리지 않고 바로 합류했고, 그는 나를 보고는 자신만의 표현방식으로 춤추기를 계속했다. 그는 화로 인해 앓는 소리도 내고 울다가 신음하기도 하면서 이전보다 훨씬 풍부한 언어적 표현을 보였다. 보다 크게 호흡하고, 숨을 들이마시며 말했다. "힘내, 나는 강해." "내 힘을 시험할 테면 해 봐!" "내가 여기 책임자라고!" 또한 Tor는 마구잡이로 발을 찼다. 무언가를 겨냥하며 하는 행동은 아닌 듯이 보였다. 나는 Tor와 그의 '가상의 도전'에 부합하는 음악에 감탄한 나머지 Tor에게 우리의 힘을 느낄 수 있는 가상의 싸움을 할 의향이 있는지 물었다. Tor는 폭발적인 신체표현을 했는데, 그도 가상의 상황임을 이해했다. 우리는 체중을 실어서 팔로는 밀고 당기고, 발로는 체중과 균형을 옮겨 가며 강하면서도 화를 담아낸 춤을 추었다. 음악이 멈췄을 때 공격적인 표현이 사그라졌고, Tor가 "내가 얼마나 강한지 느꼈어요?"라고 물었다. 그리고 "무서웠어요?"라고 말했다. 그는 안도하는 듯했고, 마치 방금 몸으로 경험한 것들을 소화시키려는 듯이 얇은 미소를 보이며 치료실을 어슬렁거렸다. 잠시 후 그는 "조금 피곤해요."라고 말했고, 나 역시 그렇다고 말해 주었다. Tor의 움직임과 신체표현/춤은 음악과 우리 사이의 상호작용에 의해 영향을 받았으며, 얼굴과 팔, 손가락, 발, 자세에서 화가 표현되었다.

괴물을 겁주는 리듬: 해리의 상징

18회기 2단계: Tor는 타악기 옆에 앉아 집중하고 있었다. 심각한 얼굴을 하고 고개를 숙이고 있었다. 세션은 이완에 집중하며 시작했으나 Tor는 여전히 신체표현이 활성화되고 강한 상태였다. 이 시점에서는 나의 언어적 개입을 원치 않는다고 그가 신호를 보냈으므로 리듬을 가지고 실험을 지속했다. 이후에 그가 말하기를 머릿속에 갇힌 것 같은 마음을 북으로 표현하고 싶었다고 했다. 조금 지난 후 Tor가 일어나 휴식을 취하며 설명했다. "제 발에서부터 리듬이 만들어지고 있어요. 점점 위로 올라가서 두 팔과 몸 전체로 향하고 있어요. 나는 이 리듬으로 괴물을 겁주게 할 거예요." 나는 외상의 상징적 표현과 관련해 돌파구라고 생각하거나 그가 의미한 바를 이해한 것은 아니지만 좋은 생각이라고 하면서 그에게 동조해 주었다. 계속 진행하면서 나는 약간의 거리를 두고자 노력했고, 결국 그는 내가 그의 언어적 · 신체적 의사소통을 존중했다는 것을 이해했다. 그는 타악기 옆에 앉아 하던 것을 계속했고, 멈추었다가 시작하기를 반복했으며, 결국 "그것[리듬]은 거의 다 왔어요."라고 말했다. 다시금 그는 피곤하다고 말하며 악기로부터 거리를 두었다. 나는 그에게 괴물을 그릴 수 있겠는지 물었다. 그는 그림을 그렸고, 그가 좋아하는 공놀이로 세션을 마무리했다. 그는 웃었고 활기차 보였다.

후속 세션들에서는 Tor가 그의 심상 속에서 그를 괴롭히고 파괴하는 괴물을 최소화할 수 있는 리듬을 충분히 표현할 수 있도록 안심하게 하는 것이 중요했다. 후에 그는 해리 증상의 이유인 상상의 괴물을 그림으로 상징화할 수 있었다. 그는 또한 괴물의 모습과 특징을 말로 표현할 수 있었다. 때때로 '악마'라고 부르기도 했는데, 위협을 느끼거나 Tor가 만들어 낸 리듬으로 위협을 떨쳐버리거나 하는 상황에 따라 달라졌다. 이제 이것이 많은 세션에서 다루게 된 주요 쟁점이 되었다.

24회기 2단계: 해리 증상에 대한 구체적인 표현을 가지게 되면서 Tor는 그것을 축소시키고 최소화하면서 그가 해리 증상에서 느끼는 힘을 통제할 수 있었다. Grieg와 Tveitt의 음악의 리듬을 통해 영감을 받은 그는 춤을 추면서 신체표현을 하고 그림을 그렸다. 이번 세션에서 Tor는 음악 안에 있는 트롤과 괴물들이 자신들의 약하고 불쌍한 면을 알게 해 주고 덜 위험한 존재가 되어 그를 도와주었다고 말하면서 음악에 맞추어 춤추는 것은 마치 그들과 전투를 하는 것 같다고 했다.

Tor는 큰 괴물에서부터 점차 작은 괴물까지, 그리고 피투성이에 섬뜩한 것부터 불쌍한 것까지 다양한 종류의 괴물을 그렸다. Tor는 괴물이 그에게 가장 큰 영향을 끼치는 것은 화장실 문턱이라는 것을 알아냈다. 그래서 그곳에서는 리듬을 사용하여 괴물에게 겁을 주었다. 그는 어릴

적에 종종 화장실과 지하창고에 갇혔다는 것을 기억해냈다. 절대 밖으로 나가지 못하고 죽어가고 있다는 생각과 공포, 두려움을 기억해 냈다. 그는 그 곳에서 여러 날을 지냈다고 이야기했다. 실제로는 우리가 알고 있는 한 그는 그 곳에 몇 시간동안 있었던 것이지만 Tor의 경험에 영향을 주지는 못했다. 그는 아마도 초기 아동기 때 또 다른 수치스럽고 무서운 경험에 노출되었을 가능성이 있었다.

3단계

과거의 경험을 묶어 버리고 현재의 자기조절과 언어표현

36회기 3단계: 이번 세션에서는 Tor의 자기조절 능력이 발달되었고 구두 언어가 보다 활성화되었음이 확연히 드러났다. Tor는 "오늘 우리는 산의 마왕(Grieg의 *Peer Gynt Suite* 중 '산의 마왕의 전당에서')을 듣지 않을 거예요. 만약 오늘 그 곡을 들으면 무서울 것 같아요."라고 말했다. 그는 날 보면서 덜덜 떨었고 빠르게 치료실 안을 걸어 다녔다. 나는 "오늘 그 음악이 너를 두렵게 만드는 특별한 이유라도 있니?"라고 물었다. Tor는 "소리가 계속되고 점점 강해지고 오싹해지면, 나는 꼼짝없이 얼어 버리고 아마도 숨어야 할지도 몰라요."라고 말했다. 나는 "알겠어. 듣지 말자. 오늘은 그 음악 안 듣기로 하자."라고 말해 주었다.

38회기 3단계: Tor가 "우리가 뿔악기 연주 음악을 들었을 때 제가 얼마나 슬펐는지 기억하세요?"라고 물었다. (그가 말한 뿔악기는 Karl Seglem의 민족음악에서 들은 부케호른[노르웨이 전통악기—역자 주] 소리였다.) "그럼, 기억하고 말고. 그때 네가 울었고 속상해했지. 무엇이 널 속상하게 만들었는지 기억하니?"라고 내가 대답했다. 그는 곧바로 대답하지 않았고 나는 Tor가 적절한 단어를 찾을 수 있게끔 추가로 질문했다. 지금 Tor는 그 당시에 그가 두려워하고 그를 슬프게 한 것이 무엇인지 회상했고, 마음을 진정시키면서 그 감정을 철회하기 위해 집중했다.

결론

변형된 GIM와 능동적 음악치료를 결합한 방식은 Tor에게 자신을 표현하고 상징을 이해하며 사회적 · 신체적 기능을 향상시키는 경험을 할 수 있는 기회를 주었다. Tor는 괴물과 같이 자신을 밖으로 드러내고, 자신의 내면의 것들을 묘사하며 상징화하여 그것들을 최소화하면서 싸워 이기는 방법을 찾았다. 음악과 치료사는 Tor가 보다 깊은 자신의 감정에 이를 수 있도록 도왔고 동시에 엄청난 정서적 혼란을 경험한 아이는 진정되고 자신을 조절할 수 있게 되었다. Tor에게는 즐겁고 행복한 경험과 웃음이 커다란 영역을 차지하게 하는 것이 중요했다. 치료사의 역할은 외상에 민감한 조절 과정에서 관계를 맺고 정서 대화의 미시적 과정에 민감하고 반응적으로 대응하며, 아이 내면의 혼란에 민감하게 반응하면서 치유를 위한 과정으로 이끌어 가는 것이다.

이제는 열한 살이 된 Tor는 친구들과의 관계를 발전시켰고, 학교에서의 학업 성취도 좋아졌으며 밤에 잠도 자고 섭식 문제도 좋아졌고, (어린 시절에 학대를 경험했던) 화장실 문턱을 넘을 때도 더 이상 해리 증상을 경험하지 않는다. 자신의 이야기에 대해 보다 많은 이해를 갖추게 되었고, (인지 기능이 향상되어) 사고하는 소년으로서 이전의 사건과의 만남이 가능해졌다.

참고문헌

Bath, H. (2008). Calming together: The pathway to self-control. *Reclaiming Children and Youth, 16*, 4, 44-46.

Diseth, T. H. and Christie, H. J. (2005). Trauma-related dissociative (conversion) disorders in children and adolescents—An overview of assessment tools and treatment principles. *Nordic Journal of Psychiatry. 59*, 4, 278-292.

Fecser, F. and Long, N. (2000). Life space crisis intervention. Available at http://cecp.air.org/interact/authoronline/april98/1.htm, accessed 23rd February 2010.

Ford, J. D. and Courtois, C. A. (2009). Defining and understanding complex trauma and complex traumatic stress disorders. In C. A. Courtois and J. D. Ford (eds) *Treating Complex Traumatic Stress Disorders: An Evidence-Based Guide*. New York, NY: The Guilford Press.

Hart, S. (2009). *Hjerne, Samhørighed, Personlighed: Introduktion til Neuroaffektiv Udvikling*. København: Hans Reitzel.

Herman, J. (1994). Coping with trauma—Theory, prevention and treatment. *Journal of Traumatic Stress, 7,* 151-152.

Lanius, R. A., Vermetten, E. and Pain, C. (2010). *The Impact of Early Life Trauma on Health and Disease: The Hidden Epidemic*. Cambridge: Cambridge University Press.

Nordanger, D. Ø. and Braarud, H. C. (2011). Developmental trauma disorder: En løsning på barnetraumatologifeltets problem? *Tidsskrift for Norsk Psykologforening, 48*, 11, 1086-1090.

Perry, B. D. (1994). Neurobiological sequelae of childhood trauma: Post-traumatic stress disorders in children. In M. Murberg (ed.) *Catecholamine Function in Post Traumatic Stress Disorder: Emerging Concepts*. Washington DC: American Psychiatric Press.

Stien, P. T. and Kendall, J. (2004). *Psychological Trauma and the Developing Brain*. New York, NY: Routledge.

Van der Kolk, B. A. (2005). Developmental trauma disorder. *Psychiatric Annals, 35*, 5, 401-408.

부록: 음악 목록(시간 포함)

클래식 음악

Brahms: *Ungarsk Dans (Hungarian Dance) #* 5 (3:21)
Chopin: *Prelude*, Op. 28 No. 7 (1:10)
Chopin: *Prelude*, Op. 28 No. 15 (5:55)
Debussy: *Children's Corner Suite*, Golliwogg's Cake-walk (2:55)
Grieg: *Holberg Suite*, Preludium (2:28)
Grieg: *Lyrical Pieces*, Op. 54, Troll Train (3:00)
Grieg: *Peer Gynt Suite*, In the hall of the mountain king, Op. 46 (2:28)
Mozart: *Clarinet Concerto in A,* Adagio (7:30)
Saint-Saëns: *The Carnival of the Animals*, Finale (2:10)
Saint-Saëns: *The Carnival of the Animals*, Aquarium (2:33)
Schubert: *Impromptu*, Op. 142, No. 7 (7:28)
Schubert: *Moments Musicaux*, Op. 94, No. 3 (2:53)
Tveitt: *Balder's Dreams, Meinvarnathur* (The invulnerable) from 'Balder's Dreams': Modèrè (5:40)
Tveitt: *Hundrad hardingtonar*, Velkomne med Æra, Op. 151 (3:37)

다른 장르

Helge Lien Trio: *Natsukashii* (5:54)
McFerrin: *Baby* (3:00)
Moldestad: *Ein sæl kyss* (A fond kiss) (5:06)

Rybak: *Fairytale* (3:00)
Seglem: *The Last Norwegian Troll* (5:44)
Spalding: *Fall In* (3:57)
Vamp: *Fuglane (The Birds)* (3:63)

제4장

섭식장애 청소년 치료에서의 짧은 GIM 세션

Evangelia Papanikolaou

섭식장애(eating disorders: ED)라는 용어는 먹는 행동, 몸무게, 신체에 대한 감정 및 음식 자체와 관련된 일련의 증상을 말한다. 신경성 식욕항진증(bulimia nervosa, 폭식증)은 폭식과 구토의 패턴을 수반하며, 신경성 식욕부진증(anorexia nervosa, 거식증)은 자발적 기아 상태가 되는 패턴을 수반한다. 현대 사회에서 젊은 여성들의 몸무게와 외모에 대한 관심이 증가되면서 청소년 인구의 폭식증 및 거식증 발병률 또한 증가함에 따라 최근 몇 년 동안 섭식장애는 과학적 연구 분야로 급부상하고 있다. 일반적으로 섭식장애는 13~17세 사이의 젊은 여성들에게서 발병하고 적은 규모이기는 해도 남성들에게서도 나타난다. 섭식장애는 심각한 발병률 및 사망률을 가지는 정신질환이 될 수 있다. 신체상(body image) 왜곡은 다양한 정신병리학적인 관점을 포함하여 사실상 다차원적으로 해석될 수 있다(American Psychiatric Association, 2013; Treasure, Caudino and Zucker, 2010). 섭식장애라는 용어에는 폭식장애(binge eating disorder: BED)[1]와 달리 분류되지 않는 섭식장애(eating disorders not otherwise specified: EDNOS)도 포함한다. 그러나 이 장에서는 (신경성) 폭식증과 거식증만을 다룰 것이다.

---

1) 역자 주: 『정신장애 진단 및 통계편람(DSM-5)』에 따르면 섭식장애는 폭식장애, 신경성 식욕부진증, 신경성 식욕항진증, 기타 특정 식이장애로 분류되며, 폭식장애는 신경성 식욕항진증(폭식증)에 해당되지는 않지만 폭식을 하는 경우가 이에 속한다.

치료적 맥락

이 장에서는 섭식장애를 앓고 있는 12~17세 사이의 젊은 여성 청소년들을 대상으로 한 짧은 GIM 세션을 소개할 것이다. 이 자료는 내가 과학 분야 협력파트너로 있는 아테네 대학교 의과대학 소아과의 청소년 건강센터의 협력기관이기도 한 나의 사설센터를 배경으로 한다.

그리스에서는 섭식장애를 대상으로 전통적인 방식의 심리치료를 제외하고는 어떠한 형태의 예술치료도 제공되고 있지 않다. 따라서 섭식장애 청소년들을 위한 적절한 음악치료 모델은 거의 없다. 내가 여기에서 설명하는 치료 모델은 청소년 건강센터 내의 모든 치료 절차에 대해 관찰자로 참여한 1년간의 경험을 토대로 다양한 임상적 고려사항들을 통해 발전시킨 것이다. 관찰자로 참여한 준비 과정은 섭식장애 청소년들을 치료하는 것이 어렵다는 것뿐 아니라 그들의 필요에 대해 상당히 잘 이해할 수 있게 해 주었다.

나는 청소년들이 지금까지 받아 온 모든 수준과 종류의 지원들을 고려했고 창의적 치료 과정에서의 주요 도구들을 최대한 활용하여 자율성의 촉진, 표현의 자유, 그리고 상상력의 발달에 주된 치료적 강조점을 두기로 했다. 청소년이 치료 옵션에 대한 선택권을 가지는 것이 중요하며, 하나의 치료법을 반대할 경우 대체할 또 다른 치료법이 있어야 한다.

나는 음악 심리치료 분야의 일대일 상호작용에서는 짧은 GIM 세션을 주요 치료 전략으로 세운다. 나는 청소년들이 창조성, 자신감 및 자기표현과 함께 효과적인 방법으로 감정에 대면할 수 있는 기회를 제공받으면 조기에 장애를 극복할 수 있다고 생각한다. 이런 방식으로 창조성은 단순히 질병의 한 측면만이 아닌 전체로서의 개인을 치료하기 위해 사용된다.

나는 모든 종류의 음악치료가 청소년을 대상으로 장점이 있다고 여기지만, 그중에서도 GIM을 주된 접근법으로 사용할 수 있다고 본다. 심상기법은 여러 전문가들에 의해 성공적으로 사용되어 왔지만(Kearney-Cooke, 1989; Richards, Hardman and Berrett, 2007), 심상에 음악이 더해졌을 때에야 이 내담자 그룹의 특별한 필요와 잘 어울린다고 생각한다. 심상과 음악이 인지 왜곡을 해결할 수 있도록 돕고 동시에 자아 기능의 손상되지 않은 영역을 이끌어 낼 수 있기 때문이다. 나의 접근법은 전형적인 GIM 전체 세션 형식과는 달리 50분 세션으로 짧은 음악이나 한 트랙의 음악을 선곡하는 수정된 GIM 모델에 기초한다.

이론적 방향성

정신역동 이론 및 정체성 형성 결핍

청소년기 섭식장애의 징후는 정체성 형성의 손상과 자아가 명확하게 정립되지 못한 것에 기인한다(Bruch, 1973). 치료는 부모-자녀 관계의 역동성과 안정된 자아감을 확립하는 과정에 초점을 맞추어야 한다. 자아감 확립이 실패하면, 성장기를 지나는 청소년들이 사회적 · 생물학적 도전과제에 직면했을 때 스스로를 무능하게 여기고, 의심하며, 통제력의 상실을 두려워하게 된다. 체중의 감량과 음식의 제한은 자아를 정립하고 통제감을 가지는 데 있어 부적절한 방법을 보여 준다.

섭식장애를 가진 이들에게 음식과 신체는 위협의 원천임과 동시에 위협에 대응하여 자신들을 보호하기 위한 방법으로 보인다. 이런 내적 갈등은 개인이 타인과 관계 맺는 능력과 관계, 분리, 자율성, 개인 정체성에 대한 이슈에 근본적인 영향력을 행사한다. 섭식장애를 겪는 십대들은 체중의 감소가 곧 신체와 감정에 대한 경험의 축소와 동일한 맥락으로 여기기 때문에, 이러한 '마법적인' 통제는 현실세계에 살아가는 것보다 중요한 것이 된다. 거식증을 앓고 있는 청소년의 정서적 박탈은 적극적인 식욕부진으로 이어질 수 있지만 폭식증을 앓고 있는 청소년의 경우에는 음식과 영양분을 상징적 동등시(symbolic equation)로 사용하여 부족한 것을 공급하려고 한다(Levens, 1995, pp. 1-15). Bruch(2002)는 심리치료적 맥락에서 섭식장애를 다룰 때 체중과 식이요법보다는 내적 자기 회의와 자아 정체감의 상실에 초점을 맞추어야 한다고 강조했다.

신체상과 자아

아마도 섭식장애와 가장 헷갈리는 증상은 핵심 진단 특징인 왜곡된 신체상(신체이형장애, body dysmorphia)이다(American Psychiatric Association, 2013). 섭식장애 대상으로 자기도식(self-schema) 모델을 자아개념 정립을 위한 치료적 접근법으로 사용하는 것은 임상적으로나 학문적으로나 여러 이점들이 있다(Stein, 1996). 인지적 구조로서의 '도식' 개념은 Piaget(1948)가 언급했으며, 후에 Kearney-Cooke와 Striegel-Moore(1997)가 섭식장애에서 '도식'이라는 용어를 적용했는데 개인에게 주어진 자극을 구별하고 가려

내며 부호화할 수 있는 기준이 되는 안정적인 인지패턴을 의미한다. 십대들은 도식의 영향에 따라 경험을 형성하기 때문에 부정적인 신체 도식(예를 들어, 살찌는 것)은 신체상 인식에 결정적인 역할을 한다. 도식은 경험에서 주목하고 집중하며 기억할 것들을 형성한다(Padesky, 1994). 섭식장애를 가진 이들과의 치료 작업에서는 부적절한 도식을 적절한 것으로 대체시켜 주는 것이 필수적이다. 짧은 GIM 치료와 같은 창조적 과정을 통해 이러한 왜곡된 현실감각을 수정하고 삶과 관계에 대한 새로운 기준을 알려 주는 것이 가능하다.

정신-신체 관계

실제적이고 구체적인 사물의 존재를 통해서만 경험을 인정할 수 있는 환자들에게 있어서 일차적 사고의 실패는 바로 상징화의 실패로 나타난다. 상징적인 공간이 부족하다는 것은 행동으로 즉각적으로 옮기고자 하는 필요와 사고과정을 분리하지 못하는 것을 의미한다. 즉, 그들은 감정, 신체 정서, 또는 감각을 인식할 수 없거나 원하지 않는다. 감정이 무시되거나 사고과정으로 포함되지 않는 것은 거식증 환자의 사고방식의 주된 특징으로 이러한 신체와 자아 사이의 분열을 인식하여 치료하는 것이 중요하다. Kearney-Cooke(1989)에 따르면 과거의 경험으로부터 형성된 신체에 대한 정신적 이미지에 기반을 둔 이런 불일치는 과거와 현재를 잇는 심상기법을 통해 효과적으로 재작업될 수 있다.

영성

흥미롭게도 섭식장애 환자들에게 있어서 구체적인 사고의 활용은 종종 문화적인 제재를 받는다(Richards et al., 2007). 섭식장애로부터 회복된 환자들은 그들의 신앙과 영성이 중요하다고 언급하면서 치료 과정 동안의 영적 탐구와 성장이 효과적인 치료 결과를 내는 데 긍정적으로 작용했다고 보고했다(Garrett, 1998; Smith et al., 2003).

Smith와 동료들(2003)은 건강한 심리적 기능뿐 아니라 영적 안녕 상태의 향상이 식사와 체형에 관한 태도의 긍정적인 변화에 유의미한 영향을 끼쳤다고 보았으며, 이는 치료를 시작할 당시의 환자의 종교적 방향성이나 소속과는 관계가 없다고 보았다. Richards와 동료들(2007)은 음악과 심상이 섭식장애 환자들을 대상으로 효과적인 치료법이 된다고 보고하였다.

> 치료에서 심상을 활용하는 것은 내담자로 하여금 과거의 경험과 현재의 삶, 미래의 계획을 말하도록 돕는 것뿐 아니라 이러한 것들을 보고 내면으로 느끼게 할 수 있다는 점에서 매우 강력한 방법이 될 수 있다… 종교 음악은 환자들의 정신건강의학과 마음에 강력한 방법으로 메시지를 전달하여 그들에게 희망과 평안, 방향성과 영감을 준다. 그들의 마음을 부드럽게 하고 영혼을 끌어올린다(pp. 135-136).

임상 실습에서 짧은 GIM의 목적과 효과

내가 섭식장애 환자들과의 치료에서 강조한 네 가지 주요 영역은 다음과 같다. 첫째, 내적 갈등의 확인, 둘째, 신체상과 자기와의 관계 탐색, 셋째, 정신의 통합을 위한 영적차원의 제공, 넷째, 상징적 사고의 발달을 통한 정신, 신체, 영혼의 격차를 줄이고 정확한 경험을 제공하는 것이다.

상상력과 짧은 GIM의 치료적 잠재력

상상력은 섭식장애 청소년들의 내면의 혼란 가운데서 의미와 감각을 창조해 내어 마음속에 새로운 구조와 관계를 형성할 수 있으며, 유도된 심상을 재구성적 변형 기술로 사용하여 부정적인 도식의 치료를 가능하게 한다.

치료를 시작할 때, 우리는 지각되는 신체 도식에 초점을 맞추고 다양한 치료 단계에서 내담자가 신체를 정의하고 인식할 수 있도록 점차적으로 기회를 제공해 나간다. 중요한 것은 심상을 통해 가져온 변화를 강화시키고, 발전적인 틀 안에서 신체 도식을 다시 검토하고 자신과 환경에 대한 새로운 방식의 심상 경험을 통해 보다 적절한 도식을 창조해 내는 것이다. 심상활동에는 감정을 풀어 주고 도식을 전체 맥락에서 개입하는 것을 가능하도록 부정적인 경험이 발생한 과거 아동기 심상을 탐색하고 다시 연결되는 것을 포함한다(Padesky, 1994). 예를 들어, 폭식증인 젊은 여성과 성적 학대 경험을 함께 놓고 본다면 본질적인 외상의 근원지로서 그녀의 신체가 연결되어 있음을 탐색할 수 있다. 그녀의 신체는 모든 수치를 지니고 있으므로 그녀에겐 원치 않는 것이 된다.

임상 소례(*Barber*: Adagio for strings)

난 다시 돌아간다… 이 끔찍한 매트 위에 여전히 누워 있는 소녀를 볼 수 있다… 이 '그림자'가 사라지는 것을 바라보며… 소녀는 공허함과 더러움을 느낀다… 그녀의 몸은 이 끔찍한 고문의 냄새를 맡는다… 역겨운 냄새다… 몸을 씻어 내야 하지만 그럴 방법이 없다… 그녀의 몸이 마치 쓰레기봉투처럼 느껴진다… 다른 사람들이 알기 전에 그녀를 도와 흔적을 없애야만 한다…

심상에서 정서적 · 인지적 · 행동적 요소들을 탐색하는 과정은 정신역동적 갈등이 파악할 수 있는 공간을 만들어 줄 가능성이 크다. 문제가 되는 영역이 규명 및 확인되고 이를 다루게 되면 보다 긍정적인 신체 도식의 형성과 강화를 도울 수 있다. 이 단계에서 우리는 이전에 그려졌던 부정적인 감정을 담아내고 통합과 자기 회복을 돕는 조력자의 심상을 부추길 수 있다.

임상 소례(*Dvořák*: Four Romantic *Pieces,* Adagio)

이 젊은 여성이 나에게 가까이 오고 있다… 그녀는 강하고 키가 크며 아름답다… 우리는 함께 춤을 추었고 나는 그녀가 나에 대해 감탄하고 있다는 것을 느낄 수 있다… 나는 흰색의 긴 드레스를 입었고 옷 속에 감춰진 내 몸은 훌륭했다… 나는 이제 성인이다… 여인이 나를 보고 미소를 짓는다… 그녀는 두 팔을 벌려 나를 안는다… 느낌이 좋다… 그리고 우리는 함께 춤을 춘다…

상징과 GIM

치료의 주요한 목적 중 하나는 청소년들이 건강한 신념 및 행동체계를 통해 경험하는 현실적인 통제 감각을 기를 수 있도록 돕는 것이다. 짧은 GIM은 내면 갈등과 외상으로 인한 영역에 접근하고 탐색할 수 있게 하며, 내담자의 존재에 위협으로 인식되는 본질을 확인할 수 있게 돕고, 추상적인 이해를 위한 틀을 제공하고 인지적 차원을 신체와 연결하는 중간 단계로 작용한다.

임상 소례(*Warlock*: Capriol Suite, *Pieds en l'air*)

나 자신을 좋은 사람이라고 인정할까 봐 두려워… 내가 저지른 실패에 대해 변명의 여지가 없어… 아무도 지금 날 돌보듯이 돌봐 주지 않을 거야… 나는 스스로 나를 돌보아야 해…

짧은 GIM은 능동적인 음악 심상 경험을 통해 다음에 제시된 사례처럼 환자 자신이 음식과의 관계를 탐색하고 그녀에게 음식이 어떤 의미인지 발견하도록 도울 수 있다.

임상 소례(*Finzi*: Eclogue for piano and strings)

식탁 위에 푸짐한 상이 차려져 있다… 나를 위한 것이다… 스테이크가 있다… 흠… 냄새도 좋고 매우 맛있게 보인다… 가까이 다가서니 훨씬 크게 느껴진다… 정말 크다… 더 이상 고기 한 점이 아니다… 하나의 동물이다… 나를 보고 있는, 크고 무서운 괴물이다… 내가 작게만 느껴진다… 괴물은 나를 쫓고 있다… 나는 도망가고 있다… 벌 받고 싶지 않다…

이 환자들은 대부분 심리적인 수준보다는 실제적인 수준으로 사고하기 때문에 치료 작업에서는 관계를 다루기 이전에 상징화하는 능력을 키우는 데 초점을 맞추어야 한다. 심상 과정에서 만들어진 사물과 표상들은 개개인의 신체 경험을 표현하도록 돕는 것으로써 조작되고 다루어질 수 있으며, 어떤 의미에서는 가장 기본적인 대상관계를 표현하는 놀이터가 된다(Pankow, 1981).

전이

치료적 관계의 또 다른 측면은 전이(transference)로 나타나는 치료사에 대한 내담자의 반응이다. 섭식장애 환자들은 치료사를 권위적인 대상으로 대하고 관계의 경계 설정에 어려움을 느끼기 때문에 제대로 작동하는 치료적 동맹관계를 맺는 것이 특히 어렵다. 이러한 관점에서, 짧은 GIM 과정은 두 사람 사이의 직접적인 작용에 관한 것이 아니라 둘 사이에 존재하는 (인간이 아닌) 대상, 곧 음악에 대한 것이다. 이 점은 이중 전이를 허용한다는 점에 있어서 단일 양식 치료기법보다 중요한 장점을 가진다. 내담자가 음악에 투사하는 것이 매우 유용한 중재 역할을 담당하며, 치료사와 내담자 사이의 거리를 조절하는 역할을 담당한다(Bruscia, 1998). 이렇게 음악은 치료사와 환자 사이의 중요한 정서적 · 관계적 경험을 통한 작업을 도우면서 전이대상(transitional object)으로서의 기능을 잘 수행할 수 있다.

임상 소례(*Bach*: Little Fugue in G minor (*orchestrated by Stokowski*))

나는 이 음악이 싫다… 더 이상 춤을 출 수가 없다… 이 악기(플루트)가 내 움직임을 통제하려고 하는 것만 같다… 갑자기 나는 마비된 것 같았고 한기를 느끼며 멈추었다… 움직일 수가 없었고, 이 음악은 나를 꼼짝 못하게 붙들었다… 꼭 우리 엄마의 목소리와 닮았다… 내 귀 주변을 끊임없이 윙윙 거리는…

섭식장애 내담자들이 음악 잠재력과 관계를 맺고 활용하는 방식은 영역과 통제, 경계와 같은 이슈를 다루는 방법을 탐색하고 이 이슈들이 그들의 신체와 다른 사람들과의 관계에 대한 것들을 이해할 수 있도록 도울 수 있는 방법을 탐색하는 데에도 사용된다.

통제

섭식장애 청소년들은 종종 치료에 저항적이다. 이것은 청소년기의 특성 때문인 것도 있지만, 그들에게는 보다 강한 치료적 동맹과 작업할 때 통제가 주요한 요소가 되기 때문이다(Bruch, 2002). 이것은 대개 십대가 자신이 음식을 통제하는 방식과 동일한 방식으로 치료를 신뢰하지 못하며 자신의 수단으로 통제하려고 하는 치료적 관계의 역동으로 반영된다. 새로운 치료 환경에 대한 두려움 때문에 그들은 자신이 음식과 몸무게를 통해 통제를 해 왔던 방식에 끊임없이 사로잡힐 것이다.

짧은 GIM은 음악을 비위협적인 접근으로 활용하여 청소년 환자들의 신뢰를 얻을 수 있다는 장점을 가진다. 음악은 강박적인 생각으로부터 주의를 점차 분산시킬 수 있다. 또한 신체를 통제하고 환자의 개인적인 자료들을 드러내는 것을 가능하게 한다. 그런 점에서 십대들에게는 음악 선택에 대해 서로 간의 동의를 거친 후 그들 자신만의 음악을 가져오고 그에 대한 여행을 하게 하는 것이 중요하다. 이것은 그들 스스로의 허용 수준에서 결정할 수 있도록 함으로써 어떻게 음악이 사용되는지에 대한 감각을 얻고 천천히 신뢰를 얻을 수 있게 도와준다.

짧은 GIM 세션의 구성요소

이완과 유도

음악을 듣기 전의 준비 과정에서는 신체 기반의 이완기법이 주로 사용된다. 매우 빈번하게 환자들은 잘못된 식습관으로 인해 내면의 감각과 근육조직에 대한 민감성 사이에 연결을 잃어 신체 긴장도의 변화를 인식하지 못하기도 한다. 신체 기반의 이완기법은 치료체계 안에서 전체 치료 과정의 일부로 십대들에게 자신의 몸 안의 긴장감을 인식하고 느낄 수 있게 가르쳐 준다(Ostroff, 2007, p. 122). 연속되는 스트레칭에 이어 깊은 호흡을 하는 것은 환자로 하여금 이완을 촉진하는 동안 신체 내부를 보다 의식할 수 있게 하면서 긴장과 이완이 점차 이동해 가는 것을 느낄 수 있도록 돕는다. 치료의 초반에는 대부분의 십대들이 바닥에 눕기보다는 의자에 앉는 것을 선호한다. 그렇게 하는 것이 덜 무섭고 안정적이며 안전하다고 느끼기 때문이다.

초점

주된 심상이나 주제에 구체적이고 단순하게 초점을 맞추고 음악을 짧게 유지하는 것이 이 소녀들에게는 필수적이다. 폭식증을 가지고 있는 소녀들은 완전히 자유롭게 여행하도록 허락되면 음악의 모든 공간을 활용해 가면서 '폭발적으로' 일화(episode)를 발전시키는 반면, 나의 몇몇 내담자들 가운데 거식증을 앓고 있는 대부분의 소녀들은 표현에 있어 제한된 자유를 지니고 있기 때문에 아무런 지시 없이 남겨지면 겁에 질려 어쩔 줄 몰라 한다. 이렇게 단순한 경계를 정함으로써 그들은 이전에는 갖지 못했던 감정들을 인식하고 다루면서 그에 상응하는 정신적 공간의 창조를 이끌어 가며 개인적인 공간에 대한 감각을 발전시킬 수 있다. 짧은 음악 감상에서는 환자들이 조용하게 심상에 집중하고 이후에 보고한다. 긴 음악을 감상할 때는 가능하다면 음악 감상과 동시에 보고하는 방법을 택할 수 있다.

치료의 첫 번째 단계인 이 과정에서는 환자가 자신에 대해 사고하는 능력을 다시 획득할 수 있도록 환자에게 제안을 하거나 환자가 자신의 심상이 가지는 상징을 이해할 수 있도록 돕는 방식으로 중재할 수 있다. 치료사는 전이를 돕는 통로가 되어 상징을 촉진할 수 있도록 보다 구체적인 수준에서 환자에게 다가가야 한다. 나는 대개 정신역동적 · 인지적 · 인본주의 · 영적 요소들을 섞어서 심상과 주제를 설정한다. 지시사항을 포함하는 가장 흔한 제안들을 열거해 보면 다음과 같다.

- 유의미한 타인, 특히 엄마나 아빠에 대한 이슈를 해결하는 데 특별히 초점을 둔 심상
- 그들 자신의 신체에 대한 심상을 그리고 신체를 관찰하는 데에 집중하여 비판하거나 좋은 점들을 찾아내면서 그것의 본질을 파악하기
- '살찌게' 하는 음식 그림 탐색
- 과거의 '작은 소녀'와 만나서 대화하고 이해하며, 그녀에 대한 연민 느끼기
- 치료 과정이 동기를 불어넣어 주고, 회복시켜 자기 조정이 가능해짐에 따라 그들 자신과 그들의 삶을 '새로운 시각'으로 바라보기
- '지혜로운 노인'을 방문하여 조언 구하기
- 지지를 받고 양분을 얻으며 보살핌을 느낄 수 있는 '안전한 장소'를 찾아내기
- 삶에서의 성공과 긍정적인 경험을 기억해 내기
- 자기를 넘어서 물질과 에너지, 현실 또는 자연과 연결되거나 경험하기
- 심상 여행에 영적인 장소나 사람, 메시지를 포함시키기
- 두려움, 수치, 하찮게 느낌, 성에 대한 죄책감, 정직하지 못함, 사랑하고 사랑받는 것을 허용하지 못하는 것들과 같은 부정적인 감정에 대해 다루기

짧은 GIM에서의 음악

음악을 치료적 도구로 활용하는 방식에 있어서는 유연하게 대처해야 한다. 그래서 증상이 행동으로 꾸준히 반복하여 발현될 수 있는 세팅을 단순히 제공하는 것 대신에 어떻게 음악이 사용되고 어떻게 공간과 경계, 의사소통이 이루어지는지의 관점에서 새로운 치료적 조건을 제안한다. 십대들은 종종 자신이 선호하는 음악을 가져오는데, 특히 치

료 초반부에 그렇게 한다. 그러다 보니 이 접근법에서는 단순히 GIM의 고전음악 레퍼토리에 바탕을 두는 것이 아니라 Manos Hadjidakis, Helen Karaindrou, Keith Jarrett과 같은 현대 관현악곡이나 그리스 혹은 세계영화음악, 밴드 음악, 뉴에이지 음악(예를 들어, Secret Garden)과 종교음악(예를 들어, Dead Can Dance)을 포함시키기도 한다.

치료의 첫 단계에서는 대부분 작거나 중간 수준의 그릇으로 음악이 짧은 것이 좋고(3~5분) 지시가 복잡하지 않아야 한다(음악 그릇의 설명은 책의 도입 부분을 참고하라). 치료의 중간 단계와 후반 단계에서 환자가 신념과 행동 패턴을 재구성할 준비가 되면 약 15분 길이의 보다 복잡한 음악을 소개할 수 있다. 독주 협주곡이나 강한 역동적 구조를 갖춘 음악이 정신역동적 갈등과 내면 인식, 동기부여와 변화의지에 잘 작용한다.

영적 주제에 대한 접근에서는 커다란 치료적 잠재력을 가지고 있고 특별히 희망을 주는 종교음악이 요구된다. 이런 종류의 음악에는 미사곡과 레퀴엠의 일부나 합창곡이 포함된다.

임상 소례(*Vivaldi*: Gloria, Et in terra pax)

음악이 나를 음악 속으로 데리고 간다… 나는 공기 중에 살짝 떠 있다… 목소리가 날 받쳐 주고 더 높이 밀어 준다… 목소리가 내게 노래를 부르고 있다… 그들은 천사다… 나에게 메시지를 준다… 신이 나를 사랑한다고… 나는 이 우주에 속해 있다… 그것은 축복의 메시지다… 사랑이 느껴진다…

짧은 GIM 과정에 대한 기록

짧은 GIM의 마지막 구성요소는 명확한 증거를 제공하는 것이다. 긴 세션이 아니어도 나는 음악이 끝난 후 환자의 보고를 글로 옮긴다. 세션 기록은 여행에 대한 기록과 문서이며 성장에 대한 실재하는 방식으로서의 증거가 된다. 십대들은 자신들의 감정을 타인과 공유했을 때 성취감을 느끼고 자부심을 가진다. 일기장에 세션에 대한 기록을 보관하면 스트레스를 경험할 때마다 관계의 긍정적인 면을 떠올릴 수 있게 하여 부적절한 생각과 행동으로부터 다시 벗어날 수 있는 큰 힘이 되어 준다.

결론

섭식장애는 여러 중첩되는 차원의 기능 장애를 포함한다. 짧은 GIM은 다차원적이고 감각적이며, 환자 중심적인 접근방식을 동시에 제공할 수 있기 때문에 독특한 역할을 수행할 수 있다. 통제, 현실감각, 자기 조직화와 같이 유사한 여러 치료 목적들을 동시에 혹은 순차적으로 초점을 두는 구조 안에서 광범위한 정신-신체적 경험을 제공할 수 있다. 그 결과, 대부분의 청소년들이 효과적으로 사용하는 치료적 도구인 생생한 상상력을 사용하여 정서적 · 심리적 성숙과정이 일어나 성인기로 전환할 수 있다. 짧은 GIM 세션의 형식을 통한 음악 심리치료는 종래의 치료법에 대한 중요한 대안이 되며 임상 진료팀 또는 다학제 간 전문팀에 의해 제공될 수 있다.

참고문헌

American Psychiatric Association (2013). *Diagnostic and Statistical Manual of Mental Disorders* (5th edition). Washington DC: American Psychiatric Press.

Bruscia, K. E. (1998). *The Dynamics of Music Psychotherapy*. Gilsum, NH: Barcelona Publishers.

Bruch, H. (2002). *Anorexia Nervosa*. Cambridge, MA: Harvard University Press.

Bruch, H. (1973). *Eating Disorders: Obesity, Anorexia Nervosa and the Person Within*. New York, NY: Basic Books.

Garrett, C. (1998). *Beyond Anorexia: Narrative, Spirituality and Recovery*. New York, NY: Cambridge University Press.

Kearney-Cooke, A. (1989). Reclaiming the body: Using Guided Imagery in the treatment of body image disturbances among bulimic women. In L. M. Hornyak and E. K. Baker (eds) *Experiential Therapies for Eating Disorders*. New York, NY: Guilford Press.

Kearney-Cooke, A. and Striegel-Moore, R. (1997). The etiology and treatment of body image disturbance. In D. M. Garner and P. E. Garfinkel (eds) *Handbook of Treatment of Eating Disorders*. New York, NY: Guilford Press.

Levens, M. (1995). *Eating Disorders and Magical Control of the Body: Treatment through Art Therapy*. London: Routledge.

Ostroff, V. L. (2007). *A New Approach to Outpatient Therapy for Women with Eating Disorders: The Integration of Psychotherapy and Dance/Movement Therapy*. ProQuest. Available at http://search.proquest.com/docview/304719667/ B9FCC65F70FA4202PQ/4?accounti=27422, accessed 31st May 2013.

Padesky, C. A. (1994). Schema change processes in cognitive therapy. *Clinical Psychology and Psychotherapy, 1*, 5, 267-278.

Pankow, G. (1981). Psychotherapy, a psychoanalytic approach: An analytic approach employing the concepts of the 'body image'. In M. Dongier and E. D. Wittkower (eds) *Divergent Views in Psychiatry*. Cambridge and London: Harper & Row.

Piaget, J. (1948). *The Moral Judgment of the Child* (M. Gabain, trans.). Glencoe, IL: Free Press.

Richards, P. S., Hardman, R. K. and Berrett, M. E. (2007). *Spiritual Approaches in the Treatment of Women with Eating Disorders*. Washington DC: American Psychological Association.

Smith, F. T., Richards, P. S., Fischer, L. and Hardman, R. K. (2003). Intrinsic religiosity and spiritual well-being as predictors of treatment outcome among women with eating disorders. *Eating Disorders: Journal of Treatment and Prevention, 11*, 15-26.

Stein, K. F. (1996). The self-schema model: A theoretical approach to the self-concept in eating disorders. *Archives of Psychiatric Nursing, 5*, 2, 96-109.

Treasure, J., Caudino, A. M. and Zucker, N. (2010). Eating disorders. *The Lancet, 375*, 9714, 583-593.

제5장

음악 안에서 숨 고르기:
가족중심 프로그램에서의 섭식장애 청소년을 위한 GIM

Marte Lie Noer

> 네모난 방이다. 내가 숨을 들이마시면 벽에 서리가 내려앉는다.
> 내가 숨을 내쉬면 새들이 오고 꽃과 여러 색채들이 찾아온다.
>
> Ravel의 *Piano Concerto in G*, Adagio를 들은 Lisa(14)의 이야기

우리가 음악으로 영감을 얻고 감동을 받으면서 잠깐 한숨을 돌릴 때 어떤 일들이 일어나는가? 이 장에서는 BMGIM을 변형시켜 이름을 붙인 음악 안에서 숨 고르기(Breathing Space in Music: BIM)를 통해 이와 같은 자기 경험의 가치를 이해하고자 했다. 나는 시간에 따른 과정보다는 현재의 순간을 고려하여 가치를 평가하고자 했다(Binder, 2011; Stern, 2004).

치료적 맥락

이 장에서는 북노르웨이 대학병원의 섭식장애 대상 지역센터에 머무는 섭식장애 청소년들과 주 1회, 그들의 부모들을 대상으로 주 1회씩 진행된 세션과 접근법에 대해 소개한다. 이 음악치료 세션에서 청소년들과 부모들은 서로 다른 그룹에 참여한다.

치료센터는 12~18세 청소년들을 대상으로 가족중심의 치료를 제공한다. 이 기관에서는 17세 이하의 아이들이 입원했을 경우 최소한 한 명의 부모가 함께 있어야 한다(The Royal Norwegian Ministry of Health and Care Services, 2000). 부모는 입원 환자가 아니지만 자녀의 회복과정에서 매우 중요한 참여자로 간주된다. 이 경우에는 부모 역시 치료

프로그램에 적극적인 역할로 참여하여 청소년들을 돕기 위해 힘을 다한다(The Cochrane Collaboration, 2010).

섭식장애

섭식장애는 신체적 존재와 밀접한 관련이 있다. 하나의 필수적인 생리과정인 음식 섭취에 문제가 생겼고 다른 신체과정 및 상호작용에 영향을 끼친다. 우리는 신체적인 감각을 통해 우리의 존재를 인식한다. 체중과 외모에 대한 선입견은 일상생활을 통제하는 요소가 되며, 음식과 신체는 실존적 삶을 표현하는 수단이 된다(Skårderud, 2000).

섭식장애는 "자존감이 낮고 감정을 전달하고 통제하는 데 어려움이 따르는데, 이것이 몸을 통해 드러나는 것"으로 이해된다(University Hospital of North Norway, 2014). 내적 혼돈, 긴장 및 신체적 불안이 밤낮으로 나타난다. 많은 경우에 외로움을 느끼며, 섭식장애가 사회적인 생활과 관심을 잠식시키기 때문에 가족들이 종종 고립되기도 한다. 게다가 대다수의 섭식장애 청소년들에게 동기부여의 상실과 변화에 대한 양가감정이 공통적으로 나타난다.

관계적 맥락

섭식장애를 바라보는 전통적인 견해로는 환자의 사회적 관계가 증상의 발병과 회복에 영향을 준다고 본다. 자기심리학, 정신화 치료(mentalization-based treatment), 가족체계 치료는 관계적 의존성을 통해 변화가 일어난다는 사실하에 가족 내 상호작용의 중요성을 강조한다(Thune-Larsen and Vrabel, 2004). 섭식장애는 가족들이 그들의 관계에 대해 스스로 처리할 수 있는 것 이상으로 발전할 가능성이 있다. 가족중심 치료에서 서로에 대해 발견할 수 있는 기회를 가지고 이것이 새롭고 건강한 관계를 만들 수 있는 기반을 조성하고 가족의 회복력을 강화시킨다.

음악 안에서 숨 고르기(BIM)

이 기관에서는 주별로 이완과 음악감상에 대해 지도한다. 숨 고르기 기법은 어떻게 호흡이 순간에 현존하는 경험을 지지하는지에 주의를 기울이게 한다. 신체를 환경과 함께 작용하는 물리적인 별개의 독립체로 인식하고 내적 공간(Körlin, 2010)과 외적 공간을 모두 지칭하는 은유가 사용될 수도 있다. 두 현실세계 사이의 작용은 호흡을 통해 일어난다. **호흡의 흐름**(wave of breathing)이라는 표현이 삶의 다른 역동적 흐름들에 대해 인식하는 것을 의미하는 은유적 표현으로 이해될 수 있다. 음악의 역동과 리듬이 함께 수반된다. 마지막으로, 숨 고르기는 이미 의미론적인 요소를 포함한다. 숨 고르기는 무엇보다도 휴식만을 의미하는 것이 아니라, 당사자가 매일 견딜 수 있는 힘과 용기를 모으는 시간을 제공한다.

호흡은 우리가 영향을 미칠 수 있는 무의식적인 신체 과정이다. 횡격막에 유도된 호흡은 인체의 브레이크 패드를 작동시켜 부교감신경계가 심장의 리듬과 맥박을 낮추고, 근육의 긴장을 풀며, 뇌 활동과 감정의 강도를 축소시키는 이완반응을 시작한다(Magelssen, 2008). 깊은 호흡과 함께 음악의 질이 고요함을 느낄 수 있게 돕는다.

치료적 목적

청소년과 부모 모두를 위한 BIM의 목적은 이완과 회복탄력성을 통해 현재 순간에 영향을 주는 것이다. 치료의 의도는 이완을 경험하고 깨어 있는 상태로 상황을 있는 그대로 견디는 것이다. 참가자들은 자신의 신체 안에서의 소통과 타인과의 상호작용에 관여하는 그들 자신의 신호와 관련하여 보다 주의를 기울이고 자신감을 갖도록 요구받는다. 신호는 시각적, 상징적, 언어적, 서술적일 수 있으며 신체화된 정서적 행동으로 나타날 수 있다.

BIM의 목적은 심미성, 창조성, 활력과 추억의 내면의 삶과 상호작용하는 자신의 몸을 인식하고 재탐색하며 경험하는 것에 있다. 그룹의 일부가 되는 것은 지지받을 기회와 공동체를 제공받는 것이다. 함께하는 것의 목적은 자신의 경험을 타인과 함께 인식하기 위한 것이다. 이런 방법으로 외로움과 고립감이 자립(aloneness)과 소속감으로 옮겨 갈 수 있다(Binder, 2011; Johnsen, 2000).

청소년을 위한 세팅

BIM 세션은 50분간 지속된다. 치료실에는 이완 자세에서 눕거나 앉을 수 있는 빈백(bean bag)과 담요, 베개를 비치한다. 나는 그룹 세션에서 자기소리 듣기(self-listening)에 초점을 두는 것을 강조한다. 잦은 눈 맞춤과 자발적인 의견 나눔은 그룹을 한데 모아준다. 대개 청소년들은 공유하기를 원하는 것이 있더라도 서로에 대해 민감하고 침묵을 유지한다. 유도는 녹음음악을 사용할 수도 있고 그렇지 않을 수도 있으며, 감각의 연속적인 흐름에 의해 일어난다. 12~14세의 아이들이 연주와 리드미컬한 움직임에 보다 쉽게 집중하고 이완되는 반면, 15~18세의 청소년들은 대개 언어로 지시할 때 보다 수용적인 특성을 보인다. 얼마 후 그들은 자신의 경험을 언어로 표현할 수 있을 만큼 마음을 열게 된다. 일부 특별한 경우 더 깊은 이완을 위해 바로 서거나 바닥에 앉는 것과 같이 별도의 좋은 자세를 찾아야 할 필요가 있을 수도 있다.

치료 세팅의 예

- 그룹 상황은 이끌고 모방하는 것이 교대로 일어나는 창조적 거울댄스와도 같다. 음악 선택과 신체부위에 대한 집중은 자신감을 증가시키면서 치료사로부터 참여자로 전달된다.
- 이완을 위한 시각적인 방법으로 종종 나비가 어깨 위에 내려앉는 것을 상상하는 것이 될 수도 있다. 나비가 날개를 접고 휴식할 때, 어깨도 똑같이 휴식을 하게 된다.
- 들숨과 날숨을 통해 내면의 숨 고르기를 안내하고 이 변화를 시각적으로 심상화하는 과정을 통해 숨 고르기의 흐름을 안내한다(Körlin, 2010).
- 마음챙김(mindfulness) 접근법에 바탕을 둔 신체 감각, 사고, 감정과 심상에 집중하도록 안내한다(Kabat-Zinn, 2003).

이 단계에서는 초점이나 시작하는 심상이 청소년으로부터 나오거나 "음악이 시작되면 나비를 따라가세요!"처럼 치료사로부터 제시될 수 있다. 유도는 그들의 손에 집중하게 하는데, 손을 둥글게 모아 내면의 방에 넣는다. 음악이 시작되면 참여자들은 이 내면의 방을 탐색하도록 초대받는다.

각각의 음악감상 프로그램은 평균적으로 세 곡의 음악이 치료사에 의해 선택된다. 나는 음악을 듣기 전이나 곡들 사이에서 간단한 중재를 통해 보다 순수한 음악감상이 이어질 수 있게 돕기도 한다. 음악감상 프로그램이 끝나면 그룹을 불러 실제의 현실인 지금-여기(here and now)에 완전히 깨어 있을 수 있게 한다. 때로는 그림을 그리도록 요청하기도 하는데 조용한 가운데 하기도 하고, 때로는 들었던 음악을 반복해 들으면서 진행하기도 한다. 그림과 그림의 제목, 설명을 함께 공유하고 나면 세션이 마무리된다.

숨 고르기를 위한 부모들의 필요

치료센터의 목적은 가족들이 스트레스를 다루는 것을 돕는 것이다. 회복탄력성은 회복 과정에 있어 가장 중요한 요소이다. 부모들의 주된 어려움들 중 하나는 스트레스의 강도를 견뎌 내고 오랜 시간 동안 지켜보던 것을 마무리하는 것이다. 치료센터에 오는 부모들은 대개 몹시 지쳐 보이고 걱정스러운 모습을 하고 있다. 그들은 전문적인 지원을 받게 되고 그들의 자녀를 이해하고 돕기 위해 보다 건설적으로 행동하는 방법을 배우게 된다. 그들은 자녀의 삶에 닥친 상황에서 특별한 역할을 부여받는다. 동시에 일상의 맥락과 흐름이 멈춘다. 삶의 경험들과 행동이 섭식장애라는 세상으로 흡수되어 버린다. 그러므로 주제에 초점을 둔 치료가 부모들의 회복탄력성에 영향을 줄 수 있다.

부모들을 위한 세팅

부모들을 위한 세션은 청소년과 같은 세팅에서 50분간 이루어진다. 부모들은 깊은 호흡이 가능한 이완 자세를 찾는다. 그들의 맥박, 깊은 숨소리, 혹은 기대사항 같은 것들에 대해 자유롭게 이야기 나눌 수 있으며, 이것이 그룹의 공통적인 주제를 찾아내는 데 도움이 된다. 나는 힘을 얻거나 이완되기, 내면의 소리에 집중하기, 또는 현재 순간의 필요 이해하기 등과 같은 일반적인 주제를 준다.

유도는 말로 안내하는데 심상과 내면의 창조성을 자극하기 위해 조금씩 변화를 준다. 안내하는 과정은 마음챙김 접근을 바탕으로 한다(Kabat-Zinn, 2003). 숨 고르기 하는 그 순간의 호흡의 흐름과 변화 가운데 나타났다 사라졌다 하는 심상, 감각, 생각과 감정에 집중한다. 치료사의 즉흥연주 음악이 수반되기도 한다. 시작 이미지는 세션의 일반적인 목표를 바탕으로 부모 혹은 치료사가 제공한다.

각각의 음악감상 프로그램에서는 평균적으로 세 곡의 음악을 치료사가 선택한다. 참여자들을 충분히 깨어 있는 의식 상태로 돌아오게 한 후 그들의 경험을 그룹원들과 나누게 한다.

음악

내가 청소년 및 부모 그룹을 위해 일반적으로 선택하는 음악 장르는 클래식 음악, 선율 재즈, 일렉트로니카, 영화음악이다. 나는 음악이 꺼진 후 감상자에게 지속적으로 공명하는 소리가 존재하는 적막 상태도 음악으로 이해한다. 그리고 내 목소리도 음악적인 특성으로 이용하는데 이것은 신생아가 엄마의 목소리도 음악으로 인식하는 차원과 비슷하다(Stern, 2000). 목소리가 이전 경험을 통해 사회적 의미를 포함하는 것이 가능할 때, 나는 내 목소리를 돌봄의 속성으로 경험이 가능한 '음악으로' 이해한다(Ruud, 1997). 나는 음악을 다음과 같이 세 가지 항목으로 분류한다.

1. 신체적인 상호작용을 위한 음악으로 분위기와 리듬, 역동이 대조를 이룬다.
   (a) Schumann: *Kinderscenen*, Op. 15, # 1
   (b) Britten: *Simple Symphony*, Playful Pizzicato
   (c) Spalding: *Chamber Music Society*, Inútil Paisagem
   청소년들은 자신들이 좋아하는 음악을 가져오기도 한다.
2. 호흡의 기본을 구성해야 할 필요가 있을 때는 조용하고 온화한 분위기에서 일정하고 느린 박, 반복적인 선율, 단순한 화성과 리듬 패턴을 가진 음악이 선택된다. 예를 들어, 청소년들에게는 Pärt의 *Spiegel im Spiegel* 같은 곡이 선택될 수 있다. 부모들에게는 산술라(Sansula) 악기 즉흥연주와 허밍 음악이 사용된다.
3. 짧은 GIM 여행을 위한 음악은 심상을 자극할 수 있도록 분위기와 역동, 조성, 리듬과 선율에 변화가 있어야 한다. 나는 다음과 같이 호흡의 흐름을 묘사할 수 있는 곡들을 선택하기도 한다.
   (a) Bach: *Piano Concerto in F*, Largo
   (b) Shostakovich: *Piano Concerto #2*, Andante
   (c) Massenet: *Orchestral Suite #7*

선택된 음악의 전체 목록은 이 장의 끝에 부록으로 제시하였다.

타인과 함께 공명하는 자아로서의 몸: 이론적 관점

우리는 기본적으로 타인들과 함께하는 몸을 통해 기본적으로 삶을 살아간다. 몸으로써 소통한다(Binder, 2011). 자아감은 타인과의 상호작용에 따른 신체적 반응을 통해 형성되고 발전한다(Stern, 2000). 우리는 구두 언어를 통해 은유와 상상, 단어와 서술을 통한 다양한 형태의 의사소통을 시작한다. 그러나 여전히 신체화된 정서와 공명하는(sounding) 신호를 사용하는 상호작용을 계속한다. Stern의 발달 이론에 따르면 자아감은 다양한 상호작용들을 만들어 낸다. 그리고 추가적인 상호작용이 이루어지는 동안에 발전되거나, 방해되거나, 꺼질 수 있는 상태에 있다. 주의와 의도, 정서적 상태를 공유하는 능력이 존재한다면, Stern이 상호주관성(inter-subjectivity)이라고 언급한 순간이 일어날 수 있다(Stern, 2004). 섭식장애 청소년과 그들의 부모가 상호작용할 때 어떻게 하면 이러한 현상을 표면으로 드러내게 할 수 있을까?

조절은 불안이나 긴장감, 새로운 혹은 다른 것이 시작되는 기분이나 어두움에서 밝은 무언가로 이동하는 기분들의 **움직임**으로 경험될 수 있다. 또한 타인과의 활동과 대화에서 **공유하지 않을 것을 공유**(share not sharing)하는 방법을 의미하기도 한다. 다시 말하면, 이 조절은 다른 사람들이 드러내 놓기를 원하지 않는 이슈를 건드리지 않는 것을 의미할 수도 있다(Sundet, 2000). 청소년들이 이완 자세를 찾아내는 것이 어렵다면 치료사의 신체와 선율 악센트를 통해 치료사로부터 정서조율(affect attunement)이 일어날 수도 있다(Stern, 2004).

다른 사람의 음악에 대한 즉흥적 움직임을 모방하는 것이 주제라면 창조적 거울댄스를 예로 들 수 있다. 참여자는 단순히 특정 동작의 **흉내**뿐 아니라 표현 속에 담긴 의도와 정서를 경험할 수 있다. 거울댄스를 이끌 차례를 넘겨받은 사람이 다른 동작을 통해 이전 사람이 가졌던 의도를 지속하게 되면 그들은 공통된 경험을 공유하는 상호 주관적인 영역에 합류하게 되는 것이다.

음악 안에서의 심상여행과 그룹의 분위기를 통해 새로운 이야기가 발견되고, 이미 알고 있던 이야기들은 보다 명확해지거나 발전되어 간다. 청소년들이 언어적 의사소통으로 어려움을 느낀다면 그림을 그리는 것이 개개인의 세계를 표현하는 데에 가장 적절한 방법이 된다.

음악과 관계 속의 현재 순간

창조성이 발현될 틈은 현재 상황이 어떤 것이든 간에 그로부터 움직이고, 경험하고, 참고 담아낼 가능성이 있을 때, 현재 순간에서 일어난다. 호흡에 주의를 기울이는 것은 현재 순간의 경험에 대한 지각을 촉진시킨다(Binder, 2011). 판단하지 않는 태도를 가지면 현재 순간에 존재할 수 있는 능력이 증가한다(Kabat-Zinn, 2003). 참여자들은 깊이 이완되는 것을 느끼는 동시에 현재 순간에 보다 깨어 있고 예민할 수 있도록 치료사와 음악으로부터 도움을 받는다.

돌봄의 분위기는 무엇이 중요한지 이해할 수 있는 공간을 제공해 주는 구조로 작용하는 음악과 호흡의 흐름을 통해 촉진된다. 실존주의 접근은 공동의 의구심으로 다루어지는 실존적 주제에 대한 민감성으로 이해된다. 죽음이나 외로움, 고독, 자유와 의미와 같은 기본적인 실존적 조건에 대한 대치상태에 초점을 맞춘다. 무의식적인 갈등 사이의 대치상태는 사고와 감정, 행동에 영향을 끼친다. 이러한 것들이 치료에서 영향을 끼쳐 대화와 함께 있는 이들을 통해 실존적 이슈들에 대한 민감성과 지각상태를 촉진한다(Yalom, 2003). 내면세계가 공유되고 누군가 들어 주게 된다. 반응은 언어적이 될 수도 있고 정서조율로 나타날 수도 있다. 구체적으로 드러나는 대화가 없더라도 내재된 중요한 경험들이 담겨질 수 있다.

참여자가 과감하게 주의를 집중시키는 것은 자신감이 영향을 준 것이다. 발견된 감정과 필요는 '내가 이런 감정을 느낄 때는 무엇을 필요로 하는가?'에 대한 정보를 제공한다(Binder, 2011). 음악과 지각은 참여자가 증가된 자신감과 자기 수용을 사용하여 감정과 사고를 조절할 수 있도록 돕는다. 내면의 대화, 그림 그리기, 타인과의 공유하기가 정신화에 기여한다. 정신화(mentalization)는 개인 자신 및 타인의 행동과 의도를 내면의 의미 있는 표현으로서 이해하는 것이다(Skårderud and Sommerfeldt, 2008). 순간들과 만남들이 일어나고 이야기의 일부가 되며, 새로운 관계적 맥락에 새로운 의미를 부여한다.

공명하는 자아에 대한 임상 소례

사례 연구: Tula

Tula(15)는 1.5주 동안 센터에 머물렀다. 그녀는 냉담해 보였고, 드러나는 몸짓도 거의 없었으며 눈 맞춤도 약했다. 그녀는 주치료사에게 자신이 음악을 좋아하고 전자기타를 연주한다고 말했다.

치료 그룹이 음악을 선택했는데, 그중 두 명의 아이들이 Bon Iver를 좋아한다고 말했다. 혹시 좋아하는 다른 음악이 있는지 묻자 Tula는 고개를 끄덕였다. "나는 조용한 음악을 듣지 않아요. 짜증만 나거든요." 유도는 언어로 진행되었고 나는 그룹원들에게 그들의 몸이 주는 평화를 느끼며 몸의 소리를 들어 보라고 요청했다. Wesseltoft의 *Moon River*와 *Chicken Feathers*, Sibelius의 *Scaramouche*을 들으며 짧은 GIM 여행을 한 후 그녀는 검은 연필을 잡고 그림을 그리기 시작했다. 세션시간이 끝나갔지만 Tula는 그림 그리기에 깊이 심취해 있었다. 그래서 나는 다른 구성원들이 경험을 공유한 후 다시 그릴 수 있게 기회를 주었다. 그녀는 대화가 시작되고 난 후에도 '그림을 그리는 중'이었다. "나는 선생님의 목소리에 정말로 이완되고 말았어요. 내 안에는 불평하는 목소리만 가득하거든요." Tula는 왜 다음 주에 BIM 세션이 없는지 물었고, 내가 어디로 여행을 가는지 물었다. "선생님께서 여행 가실 때 저도 데려가실 수 있나요? 이곳에서는 모든 것이 돌고 돌 뿐이에요. 너무 오랫동안 기타를 연주하지 않았어요. 음악에 대해 굶주림을 느낄 때조차도요. 내가 사랑하는 음악을 들을 때 모든 것이 잘못되고 있었어요." 나는 궁금했다. "음악에 대한 경험은 때마다 다르지 않니? 우리의 내면세계와 함께 연주되지 않니?" Tula는 그림을 그리며 고개를 끄덕였다. 나는 그녀에게 "내가 돌아오면 함께 음악 안에서 우리의 모험을 계속하자."라며 약속했다. 그녀는 나에게 그림 '그들의 벽'(삽화 5.1)을 보여 주었다. 그녀는 그림에서 한 사람을 가리키며 그가 앞을 쳐다보고 있지만 동공이 없다고 말했다. 그녀는 Pink Floyd의 'The Wall' 뮤직비디오를 언급했다.

다음 BIM 세션: Tula는 '은빛 댄서'(삽화 5.2) 그림을 그리며 Plant의 *Silver Rider*를 제안했다. 이전 시간처럼 그녀는 대화하는 동안 그림을 계속 그렸다. "제가 고른 음악에 대해 어떻게 생각하세요?" 음악은 여전히 내 몸 안에 머물러 있었는데, 이에 대해 말할 수 있어서 기뻤다. 나는 내 경험을 말해 주고 그녀의 의견을 물었다. "우리가 같이 연주해 볼까?" 그림을 그리며 그녀가 말했다. "내가 이미 확인해 봤는데요, 너무 어려워요. 우리만의 버전으로 다시 만들어 보면 가능할지도요."

세 번째 BIM 세션: Tula는 Ravel의 *Piano Concerto in G,* Adagio를 듣고 그림 '사막'(삽화 5.3)을 그렸다. "그는 걷고 걷고, 또 걸어요. 마른 땅이었고 음식은 어디에도 없고 황량하죠. 그의 눈은 David Bowie처럼 하나는 파랗고 하나는 검어요. 그는 백열전구에 사용할 에너지를 찾고 있어요. 태양에서나 가능할까요? 그는 백열전구를 어디에도 연결할 수 없어요. 이상한 일이지만 까마귀와 남자는 함께해요. 아직은 서로를 잡아먹지 않았죠. 그의 동반자는 커다란 입과 작은 눈밖에 없어요."

치료사 의견: Tula는 '다른 목소리들'에 비해 내 목소리를 들으면 쉽게 이완된다고 말했다. 음악이 만들어 낸 신체화된 고요한 분위기와 내 목소리가 그녀와 잘 연합하는 것으로 보였다. 그녀의 몸은 한 시간 동안 차분함을 유지했다. 그녀의 신체 주위를 빈백이 둘러싸고 있는 것처럼 느껴졌다. 아마도 이것이 그녀가 나에게 '기대도' 된다는 자신감을 주었을지도 모른다. 그림을 그리고 이야기하는 동안 그녀는 자신을 표현할 때 내가 그곳에 있어 주기를 원하는 듯 행동했다. 우리는 함께 이야기를 나누었지만, 그녀는 모든 것을 공유하지는 않았다. 내가 음악이 만들어 낸 것에 비추어 궁금한 것들을 공유했을 때 그녀는 우리의 상호 주관적인 영역을 확인하는 방법으로 나에게 기대어 눈 맞춤과 몸짓을 하고 있었다. 음악과 그림을 통해 은유와 이야기를 위한 공간은 점점 확장됐다. 그녀는 자신이 고립되어 있던 것, 예를 들어 음악적 경험과 다시 관계를 맺기 시작했다. 악기 연주와 새로운 음악적 경험 탐색을 향한 욕구에는 자신에 대한 새로운 이야기를 원하는 보이지 않는 갈망이 있었을 수도 있다.

사례 연구: Emily

Emily(13)는 센터에 온 지 반년이 되었다. 입원 기간 동안 강박적인 행동이 증가했다. 그녀는 앉아 있고, 글씨를 쓰고, 물건을 만지고, 자신의 경험과 소통하는 것과 같은 것들을 힘들어하고 있었다.

창조적 거울댄스에서 그녀는 종종 미소를 보였다. 그녀의 움직임은 표현적이었고 창조의 질이 높았다. 그녀는 Jazz and Art의 *Vals från Råssbyn*을 들으면서 양손으로 자유롭게 날아다니는 새를 만들어 보였다. 새는 우리가 새로운 것을 탐험하기 위해 여행을 시작했음을 보여 준다. 앉을 곳을 찾고, 보다 멀리 탐험할 곳을 찾는다. 나는 그녀의 동작으로부터 영감을 얻었고, 때로는 함께 웃음을 터뜨리기도 했다. Pärt의 *Für Alina*와 Ravel의 *ma mère l'oye* (Pavane), Tormis의 *Lullaby*를 들으며 그녀는 서서 창밖을 바라봤다. 나는 그녀에게 내면의 모습을 그릴 수 있겠는지 물었다. 그러자 그녀는 웃으며 고개를 끄덕였다. 그러고 난 후 자신의 내면을 그린 것을 그룹원들과 공유했는데, 그림 속 그녀의 손에는 유리 크리스털이 있었다. 그녀는 눈 위에 그것을 내려놓고 있었다. 내면의 그림을 보며 그녀는 유리 크리스털이 아름답다고 말했다.

치료사 의견: BIM에서는 내담자가 상호 주관적인 영역 안에서 창조적이 되고, 움직이고, 만지며, 그림을 그리고 자신을 표현하는 것이 가능하다. 지금이라는 순간(Stern, 2004)은 그리기가 불가능하다고 느껴졌을 때 수면 위로 떠올랐고, 만남의 순간은 그녀가 자신의 경험을 그림으로 그리는 것이 가능하도록 치료사가 조율했을 때 일어났다. 나는 그녀의 심미적인 상상의 내면세계를 알아챘고 공유할 수 있는 형태로서 그림을 제안했다. 만남의 순간은 우리의 관계를 변화시켰다. 자신의 내면 그림에 대한 그녀의 표현은 풍부했고 상호 주관적인 영역을 확장시켰다. 그녀의 예술적 재능이 발견되었다.

사례 연구: Anna

Anna(16)는 Debussy의 곡을 듣고 자신의 심상들을 공유했다. (1) The snow is dancing: 비눗방울, (2) Valse Romantique: 많은 얼음으로 덮인 장소, (3) Reviere: 겨울이 희망으로 가득한 봄으로 변하고 있다. 변화가 생기고 있고, 새와 꽃들이 있다. 이후 그녀는 음악을 들으면서 자신의 내면이 어떻게 밝아졌는지 이야기할 수 있었다.

치료사 의견: 그녀의 활력의 형태(Stern, 2004)는 움직였다. 정서의 변화 속에서 심상이 그녀에게 희망을 주었다. Anna는 치료센터에 음악치료에 더 참가해도 될지 문의하기도 했다.

사례 연구: Sara

Sara(17)는 Bach의 *Prelude in B minor*와 Shostakovich의 *Piano Concerto #2, Andante*를 들었다. 그리고 그림 '산불'(삽화 5.4)을 몇 개의 단어로 공유했다. "내가 눈을 감자마자 심상이 나타났어요. 왜 그런지는 모르겠어요." 그룹은 침묵했고 공기만이 우리를 감싸고 있었다. 나는 좀 더 많은 언어 표현이 필요하다고 느꼈지만 Sara는 후속 BIM 세션에서 내면세계와 음악적 경험에 대한 새로운 그림을 공유했다.

치료사 의견: 감정과 이야기, 자신의 세계를 표현하기 위한 의사소통으로서 그림을 그렸다.

부모 그룹에서 발췌된 반응

한 어머니가 BIM 경험에 대해 다음과 같이 이야기했다.

> 모든 것이 텅 비었고, 낯설고, 잿빛과 흰색으로 이루어져 있었다… 아무런 생각이 들지 않았다. 안전한 장소를 찾아 나섰고 나는 새둥지와 비슷한 것을 발견했다. 넓게 퍼진, 얇고 부드러운 실 같은 것이 마치 거미줄처럼 있었다. 그리고는 그것이 변했다. 좀 더 눈처럼 변했고 동시에 공기처럼 변했다… 결국 아무것도 보이지 않았다… 뾰족한 것도, 날선 것도 없는, 마치 자궁과 같다고나 할까? 색깔도 없었다. 마구잡이로 쏟아지던 생각들이 사라져 버렸다. 대개는 폭격 당할 정도인데, 양털과 같은 둥지 안에 적막이 흘렀다. 나는 짜여 있는 음악을 저 실들로 분리시킬 수가 없다… 나의 둥지를 그림으로 그려야만 했다….
>
> 음악: Pärt의 *Spiegel im Spiegel*, Tveitt의 *Velkomne med Æra,* Durand의 *Chaconne in A ♭ minor.*

치료사 의견: 어머니는 부드러운 실로 만들어져서 마치 눈처럼, 혹은 공기와 같은 것으로 변하는 그녀의 둥지를 경험한 것으로 보인다. 그녀는 매일 자전거를 타는 것과 같은

자신의 일상적인 숨 고르기들을 재탐색했다. 그녀는 휴식의 강점에 대해 놀랐고 이제는 자신이 숨 고르기가 더 필요하다는 사실을 인식하고자 했다. 그녀가 찾아낸 둥지에 대한 은유를 통해 영감을 받은 것이다.

한 아버지는 딸과의 관계에 회복할 만한 것을 찾았다. BIM 세션 후에 그는 "나는 꽤 집중하고 있었어요. 선생님이 노래를 부르고 연주할 때, 내 딸이 갓난아기였을 때 노래 불러 주던 느낌이 되살아났어요. 그것은 강하고 아름다운 추억이죠."라고 말했다. Satie의 *Gymnopédie #1*과 Johansson의 *Leksands Skänklåt*을 들은 후 그는 소리쳤다. "어떻게 '열매'를 구할 수 있을지 좋은 생각이 떠올랐어!"

한 어머니는 그녀의 심상을 새로운 에너지를 향한 사고와 변화의 과정으로 이해했다. "나는 집 앞에서 서성였다. 생각할 것이 많았다. 음악이 돌고 돌았다. 음악이 바뀌었을 때, 나는 숲으로 가서 호수에서 수영했고, 아이디어를 얻었다. 봄이 여기에 있다. 나는 그것이 주는 에너지를 느낄 수 있다."

음악: Shostakovich의 *Piano Concerto #2,* Andante,
Bartók의 *An Evening at the Village,* Corigliano의 *Voyage,* Tormis의 *Lullaby*

치료센터에 머무는 마지막 날에 그녀는 BIM을 평가했다. "부모들을 위한 생존키트예요. 여기에 도착한 날부터, 선생님이 안 계신 날이면 나는 부산해졌어요. BIM으로 인해 잘 머무를 수 있었죠."

부모들의 이완 경험

"굉장히 이완됐어요. 기쁘고요. 그전에는 마음속에 먹구름이 떠다니는 기분이었죠."

음악: Debussy의 *Valse Romantique* and *Reverie,*
Durand의 *Chaconne in A♭ minor*

"기뻐요. 마지막에 오로라를 봤어요, 그리고 등의 통증이 사라졌어요."

음악: Vivaldi의 *Trio for Violin, Lute (Guitar) and Bass Continuo in C,*
Vivaldi의 *Gloria*

결론

여기서 다룬 BIM 경험은 참여자들이 자신들이 누구인지, 무엇을 필요로 하는지에 대한 자신감이 생길수록 함께 존재할 수 있음을 보여 준다. 사람들이 보여 준 반응들은 그들이 보다 내적인 또는 타인과의 소통에 대한 그들 자신의 기여도에 대해 관찰할 수 있게 하고 자신감이 생겼음을 알려 준다. 청소년들 사이에서는 창조성, 심미성, 활력이 추억, 은유, 그림, 신체적 상호교류를 통해 표현된다. 비밀로 간직해야 할 것은 그렇게 하는 반면, 그들 자신에 대해 공유할 수 있는 새로운 이야기들을 찾아낸 것처럼 보인다.

부모들의 반응은 보다 구체적이었고 BIM이 가족 내에서 보다 깊은 상호작용에 도움을 주었음을 보여 주었다. 그들은 보다 집중할 수 있게 되었고, 새로운 해결방법에 대해 생각할 수 있게 되었다고 말한다. 그들 자신만의 창조적인 숨 고르기에 대한 책임이 있다고 여기게 되었으며 보다 많은 에너지를 얻었다. 음악은 그들의 자녀와의 이전 상호작용에 대해 직시할 수 있게 했다. 그들을 누르고 있는 두려운 감정과 무거운 압박감은 음악 안의 공간에 내려놓았다. 부모들은 그들이 함께 공유하고 있는 지원체계와 공동체에 대해 솔직하게 이야기했다. 두 그룹 모두에게 BIM은 고립되어 있던 것으로부터 무언가를 찾아낼 수 있도록 도와주었다. 그들은 긍정적인 감정의 변화를 경험하고 불안으로부터 이완상태로 이동했다. 그들은 음악과 음악치료사의 목소리를 통해 보호와 돌봄을 받고 있다고 느꼈다.

마치 BIM에 의해 회복탄력성이 강화된 것처럼 보였다. "겨울이 희망으로 가득한 봄으로 변하고 있어요."라고 언급한 소녀처럼 말이다. 그리고 새로 합류한 한 아이의 아버지에게 "이것은 부모들을 위한 생존키트예요."라고 말한 어머니처럼 말이다.

참고문헌

Binder, P-E. (2011). *Et Oppmersomt Liv*. Bergen: Fagforlaget.

Johnsen, A. (2000). Sammen eller alene: en både og tilnærming i arbeidet med spiseforstyrrelser. In A. Johnsen, R. Sundet and W. V. Torsteinsson (eds) *Samspill og Selvopplevelse-nye Veier i Relasjonsorienterte Terapier*. Oslo: Tano Aschehoug.

Kabat-Zinn, J. (2003). Mindfulness-based interventions in context: Past, present and future. *Clinical Psychology: Science and Practice, 10*, 2, 144-156.

Körlin, D. (2010). Music Breathing: Breath grounding and modulation of the BMGIM: Theory, method and cases. Notes, Seminar 1, GIM Advanced Level III: Music Programs, Music Analysis and GIM in Psychiatry, October 22, Oslo.

Magelssen, M. (2008). *Pust for Livet. Det Viktigste Helsegrepet du Kan ta*. Oslo: Arneberg Forlag.

Ruud, E. (1997). *Musikk og Identitet*. Oslo: Universitetsforlaget.

Skårderud, F. (2000). Sterk Svak. Oslo: Aschehoug.

Skårderud, F. and Sommerfeldt, B. (2008). Mentalisering: Et nytt teoretisk og terapeutisk begrep. *Tidskrift for den Norske Legeforeningen, 128*, 1066-1069.

Stern, D. N. (2004). *The Present Moment in Psychotherapy and Everyday Life*. New York, NY: Norton.

Stern, D. N. (2000). *The Interpersonal World of the Infant: A View from Psychoanalysis and Developmental Psychology*. New York, NY: Basic Books.

Sundet, R. (2000). Selvopplevelse og samspill som metafor for terapi med ungdom. In A. Johnsen, R. Sundet and W. Torsteinsson (eds) *Samspill og Selvopplevelse-nye Veier i Relasjonsorienterte Terapier*. Oslo: Tano Aschehoug.

The Cochrane Collaboration (2010). *Family Therapy for Anorexia Nervosa* (Review). New York, NY: John Wiley and Sons.

The Royal Norwegian Ministry of Health and Care Services (2000). *Forskrift om Barns Opphold i Helseinstitusjon*. Oslo: LD.

Thune-Larsen, K. B. and Vrabel, K. (2004). Spiseforstyrrelser—Hvordan arbeide med familien? *Tidskrift for den Norske Legeforeningen, 124*, 2254-2257.

University Hospital of North Norway (2014). Department of Child and Adolescent Psychiatry, Regional Center for Eating Disorders, Clinical Information. Available at www.unn.no/doegnbehandling/category28059.html, accessed 15th December 2014.

Yalom, I. D. (2003). *The Gift of Therapy: Reflections on Being a Therapist*. New York, NY: HarperCollins.

부록: 음악 목록

클래식 음악

Bach: *Piano Concerto in F*, Largo (3:15)

Bach: *Prelude in B minor* (4:15)

Bartók: *An Evening at the Village* (2:49)
Britten: *Simple Symphony*, Playful Pizzicato (3:03)
Bizet: *Carmen Suite Entr'acte #1* (3:31)
Boccherini: *Cello Concerto in B♭*, Adagio (5:52)
Corigliano: *Voyage* (8:14)
Debussy: *Children's Corner Suite 4*, The snow is dancing (2:15)
Debussy: *Reverie* (3:46)
Debussy: *Valse Romantique* (3:33)
Durand: *Chaconne in A♭ minor* (4:04)
Massenet: *Orchestral Suite #7* (4:57)
Mozart: *Clarinet Concerto in A*, Adagio (7:21)
Pärt: *Für Alina* (2:15)
Pärt: *Spiegel im Spiegel* (10:24)
Ravel: *Ma mère l'oye*, Pavane del a belle au bois dormant (1:40)
Ravel: *Piano Concerto in G*, Adagio (9:23)
Satie: *Gymnopédie #1* (3:11)
Schumann: *Kinderscenen*, Op. 15, No. 1 (1:40)
Shostakovich: *Piano Concerto #2*, Andante (6:36)
Sibelius: *Scaramouche* (4:10)
Tormis: *Lullaby* (2:42)
Tveitt: *Velkomne med Æra* (3:38)
Vaughan Williams: *The Lark Ascending* (14:12)
Vivaldi: *Gloria (Et in terra pax)* (5:19)
Vivaldi: *Trio for Violin, Lute (Guitar) and Basso Continuo in C* (4:12)

재즈/일렉트로니카/영화음악/팝음악

Jazz and Art: *Vals från Råssbyn* (6:12)
Johansson: *Leksands Skänklåt* (3:00)
Myers: *Cavatina* (3:34)
Plant: *Silver Rider* (6:06)
Spalding: *Chamber Music Society*, Inútil Paisagem (4:38)
Wesseltoft: *Chicken Feathers* (6:57)
Wesseltoft: *Moon River* (5:53)

짧은 GIM 여행을 위한 음악 프로그램

1. Vivaldi: *Trio for Violin, Lute (Guitar) and Basso Continuo in C* (4:12)

2. Boccherini: *Cello Concerto in B♭*, Adagio (5:52)
3. Vivaldi: *Gloria (Et in terra pax)* (5:19)

1. Mozart: Clarinet *Concerto in A*, Adagio (7:21)
2. Tveitt: *Velkomne med Æra* (3:38)
3. Durand: *Chaconne in A♭* minor (4:04)

1. Bach: *Piano Concerto in F*, Largo (3:15)
2. Shostakovich: *Piano Concerto #2*, Andante (6:36)
3. Massenet: *Orchestral Suite #7* (4:57)

1. Pärt: *Spiegel im Spiegel* (10:24)
2. Ravel: *Piano Concerto in G*, Adagio (9:23)
3. Bizet: *Carmen Suite Entra'cte #1* (3:01)

1. Vaughan Williams: *The Lark Ascending* (14:12)
2. Myers: *Cavatina* (3:34)

1. Bartók: *An Evening at the Village* (2:49)
2. Corigliano: *Voyage* (8:14)
3. Tormis: *Lullaby* (2:42)

1. Wesseltoft: *Moon River* (5:53)
2. Wesseltoft: *Chicken Feathers* (6:57)
3. Sibelius: *Scaramouche* (4:10)

1. Debussy: *Children's Corner 4*, The snow is dancing (2:15)
2. Debussy: *Valse Romantique* (3:33)
3. Debussy: *Reverie* (3:46)

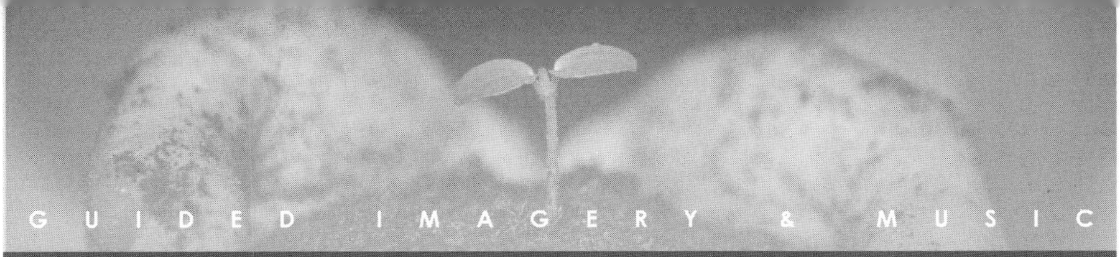

제6장

교실에서의 BMGIM 적용

Linda Powell

도입

이 장에서는 이미 책으로 출판된 바 있는 8~12세 아동 대상의 GIM 프로그램을 간략히 설명할 것이다. 이 프로그램은 교실 상황에서 아동 그룹을 대상으로 한다.

공립학교 시스템에서 가르치는 동안 나는 아이들이 자신들에 대한 긍정적인 관점을 가질 필요가 있음을 알게 됐다. 자존감(self-esteem)이 낮은 아이들은 학업에서 낮은 성취도와 부정적인 행동들을 보이며 나락으로 빠지곤 했다. 나는 아이들이 신뢰를 얻고 수용받기 위해 자신의 내면이 아닌 밖으로 주의가 향해 있는 것을 보았다(Bonny, 1978, p. 45). 나는 아이들이 자기 내면의 지혜를 경청할 수 있도록 격려하여 자신이 누구인지, 가치 있는 것이 무엇인지 발견할 수 있게 도울 독특한 방법을 모색했다. 음악이 가지는 힘은 학교와 일상생활에서의 성공을 향상시키고 지원할 수 있도록 긍정적인 관점을 키워 주는 관문이 될 수 있다(Bonny and Savary, 1990, p. 137). 나는 교사로서의 경험과 BMGIM(이하 GIM) 훈련, 심상의 중요성에 대한 스스로의 자각, 아동 대상으로 기고했던 글들로부터 영향을 받았다. 나는 아이들을 참여시킬 수 있으면서 그들의 개인적인 삶과 연관된, 그리고 교실에서 활용할 수 있는 방법들을 찾았다. 이런 근거들을 바탕으로 『Stories, Music, and Imagery: A Doorway to a Child's Self-Esteem』(Powell, 2007)이라는 책을 저술했다.

이 책은 미국의 조지아 주 애틀랜타 시의 공립학교들의 음악 수업에서 10년 이상 발전해 온 GIM의 적용(Clark, 2002, p. 17)에 대한 것이다. 20개 이상의 이야기(stories)와 이완, 지시(direction)가 담겨 있으며 각 사례에 해당하는 음악 20곡이 담긴 CD, 성인을 위한 치료 안내 자료가 포함되어 있다. 이것은 교사들이 학생들과의 활동에 활용할 수 있도록 쓰인 것으로 방과 후 프로그램, 여름 프로그램, 그 외 다양한 세팅에서 활용되어 왔다. 교사와 부모를 위한 활용서로 만들어졌지만 상담자와 치료사 또한 치료에 사용할 수 있다.

치료적 모델

아이들이 자신을 인식하는 방법은 세상을 바라보는 방법과 세상에서 자신을 표현하는 방법을 형성한다. 자기가치에 대한 감각(sense of self-worth)이 높은 아이들은 자신에 대한 가능성을 볼 수 있으며 그들을 둘러싼 세계에 자신들의 자리가 있을 것이라고 믿는다. 자기가치에 대한 감각이 높으면 아이들이 스스로에 대한 믿음과 신뢰를 잃지 않고 일상의 도전과제에 직면할 수 있다. 자기가치에 대한 감각은 자존감과 자신감으로 드러난다.

사용된 이야기들은 아이들이 자기가치에 대한 감각을 발견하고 자존감을 키울 수 있도록 격려하기 위해 쓰였다. 심상 경험을 통해 아동은 내면의 자기가치감을 발견할 수 있다. 한번 자기가치에 대한 내면의 경험을 하게 되면 일상에서 긍정적인 방식으로 표출될 수 있다.

내가 제시한 모델에는 다섯 가지 구성요소가 있다. 이야기들을 유도로 사용하고, 이완, 지시, 짧은 음악, 공유의 과정이 이어진다. 이야기들은 학생들이 일상에서 마주치는 상황들을 포함한다. 우정, 보살핌, 신뢰, 친절, 감사와 같은 특성들을 배우는 아이들에 대한 이야기다. 이야기의 의도는 어린이들이 자신과 다른 사람들을 존중하는 방법으로서 이러한 자질들을 탐색하도록 유도하는 것이다. 음악에 대한 심상은 아이들로 하여금 자신을 알 수 있게 하는 도구가 된다. 이러한 치료적 적용은 아이들이 심상과 내면의 지혜를 탐색할 수 있도록 안전한 장소를 제공한다(Merritt, 1996, p. 22).

이야기들은 부모와 교사가 사용할 수 있다. 이 모델의 다섯 가지 구성요소가 각 이야기의 지침에 포함되어 있다. 이 모델을 사용하는 어른들은 각 이야기와 이완 부분을 읽고 아이들이 이야기의 의미에 집중할 수 있도록 방향을 제시할 수 있다. 그런 다음 이야기에 대한 음악을 들려준다. 음악의 끝 부분에서 아이들 자신의 경험을 글로 적고, 그림으로 그리고, 구두로 공유하게 한다.

이 모델은 이야기의 힘, 이완의 이점, 집중의 명확성, 음악의 아름다움, 아동의 지혜, 그리고 어른의 지지를 함께 모은다.

치료적 맥락: 고등학교 세팅

이 적용법은 교실 상황, 학교 일정, 교육적 목적, 대그룹 활동이라는 고등학교 세팅에서의 특징들을 반영한다. 중요한 것은 아이들에게 치료적 세팅에서 자아인식을 확장할 수 있는 공간을 제공하는 것이다. 교장, 상담가, 그리고 교사들은 내가 음악과 심상의 가능성을 탐색할 수 있도록 지지하고 격려해 주었다.

교실에서의 활동은 교육적 목적을 지원해야 한다. 음악과 심상의 과정은 이러한 교육적 목적을 강화시킬 수 있다. 예를 들어, 듣기 기술과 주의집중 능력은 학습에 필요한 기술들이다. 마음과 몸을 이완시키면서 조용하게 하는 능력은 모든 과목 영역에서 학생들을 지원한다. 학생들이 자신의 심상 경험을 글로 표현할 때 그들의 언어 예술을 지원한다. 음악을 듣는 네 번의 시간은 역사에 대한 인식과 음악의 아름다움과 역사에 대한 학생들의 인식을 향상시켜 준다.

교실의 물리적 상황은 다양했다. 대부분의 교실은 책상이나 탁자가 있었고 일부는 깔개가 있었다. 이완 시간에는 아이들이 책상 위로 엎드리거나 바닥에 누울 수 있었다. 종종 나는 베개나 동물인형을 가져왔다. 아이들이 누울 수 있는 용도로 체육시간용 매트를 활용하기도 했다. 갑자기 전화가 울리거나 예기치 않은 방문객과 같은 방해물을 사전에 예방하고 공간을 마련하는 것도 중요했다. 학생들에게는 밖의 소음들을 무시하게 했고 아이들은 듣기 싫은 소리들을 잘 조정해 나갔다.

경계가 설정되었고 아이들에게 다른 아이의 공간을 방해하지 않게 했다. 여기에는 물리적 차원에서 조용히 하는 것과 말하지 않는 것, 자신이나 다른 친구들을 만지거나 주의를 혼란시키지 않는 것이 포함되었다. 아이들은 이렇게 조용한 공간에서 다른 이들을 존중하는 법을 배웠다. 아이들은 서로 협조했으며 이런 조용하고 사색적인 공간을 필요로 하는 것처럼 보였다. 아이들에게 이 시간이 그들 스스로에 대한 새로운 것들을 발견할 수 있는 시간이라고 말해 주었다.

쉼 없이 움직이는 신체와 활동적인 마음들을 어떻게 조용하게 만드는지 모르는 아이들에게 이완은 중요했다. 십대 아이들은 이 시간을 '노는 시간'으로 여겼고, 학교 정규 수업시간에 놀 수 있다는 것을 기뻐했다. 아이들은 눈을 감거나 편안하게 눈을 뜨고 있는 것을 선택했다. 지시는 짧고 분명하게 했으며 아이들이 이야기의 개인적인 의미를 발견하도록 격려했다. 명확한 안내를 위해 유도(induction) 대신에 '지시(directions)'라는 단어가 사용되었다.

음악 작품의 길이는 3~4분이며, 20명의 바로크, 고전, 낭만주의 및 20세기 작곡가들의 작품들이었다. 아이들의 짧은 주의 집중 시간을 고려하여 작은 음악 그릇으로 구성되었다.

아이들은 구두 언어로 공유할 수 있었다. 시간이 충분할 때는 글로 쓰기도 했다. 시간이 더 남았을 경우에는 그들의 경험을 그림으로 그렸다. 필요할 때 바로 사용할 수 있도록 종이, 연필, 크레용, 마커들이 마련되어 있었다. 이러한 방법으로 음악과 심상의 그릇이 구성 및 정의되고 집중되었다. 교사는 30~45분의 시간 동안 이야기, 음악과 심상을 사용할 수 있다.

단계 설명

이 적용법은 다음의 단계를 따른다.

1. 이야기를 읽는다.
2. 이완 부분을 읽는다.
3. 지시 부분을 읽는다.
4. CD의 음악을 재생한다.
5. 아이들에게 눈을 뜨고, 음악을 듣는 동안 그들이 경험한 것을 글로 쓰거나, 그림으로 그리기, 또는 구두 언어로 표현하여 묘사하게 한다.

이야기

이야기는 개인의 관점을 확장하고 세계에 대해 더 큰 그림을 가질 수 있게 한다. 이 부분에서 각 이야기는 아이들이 자신에 대한 긍정적인 것들을 배우게 한다. 아이들은 이야기에 연결될 수 있다. 이야기는 아이들이 스스로의 내면을 경험하면서 개인적인 새로운 자각을 탐색할 기회를 준다. 상징과 은유를 포함하고 있어서 아이들 각자가 자신의 방식대로 적용시켜 볼 수 있다. 그리고 음악은 아이들이 내면의 탐험여행을 계속할 수 있도록 기회를 준다.

이완

이완은 건강과 안녕(well-being)에 중요한 요소이며 스트레스를 해소해 준다. 스트레스는 학습을 방해하는데, 이완은 아이들의 두려움을 완화시키고 학습에 대한 수용성을 증가시킨다. 나의 저서 『Stories, Music, and Imagery』(Powell, 2007)에는 12가지의 이완이 소개되어 있다. 몸의 근육이 이완되면 호흡이 느려지고, 우뇌의 경험과 관련된 관문이 열린다. 아이는 외적 세계에서 내적 세계로 이동할 수 있게 된다.

이완은 뇌파에 영향을 준다. 눈을 뜬 채로 외적 세계에 집중하고 있는 사람은 빠른 베타파가 나타난다. 논리적인 좌뇌 반구가 보다 활성화되고 언어를 사용한 사고가 증가한다. 그러나 눈을 감고 깊은 호흡을 취하면 몸이 이완하게 되는데, 이때 뇌파의 움직임은 느려지고 알파파가 더 많이 보인다. 우뇌가 관여하는 내적 세계에 접속할 수 있는 것이다. 자각, 느낌, 통찰, '아하(A-ha)' 효과가 나타날 때 심상의 언어가 활성화되고 그들 사이의 연결을 경험할 수 있다(Bush, 1995, p. 48). 방대한 내면세계에 닿을 수 있고 마음의 소리를 들을 수 있다.

지시

세 번째 요소인 지시(directions)는 아이들의 주의를 집중시키는 것에 대한 부분이다. 이 단계는 이야기가 아이들에게 의미하는 것에 아이들이 집중하도록 돕는다. 만약 이야기가 아름다움에 대한 것이라면, 아이들은 그들 자신 내면의 아름다움을 발견하는 데에 초점을 맞춘다. 만약 건강한 선택을 하는 것에 대한 이야기라면 아이들은 자신이 할 수 있는 건강한 선택이 무엇인지 발견할 수 있을 것이다. 만약 낙천적이 되도록 배우는 것에 대한 이야기라면 아이들은 긍정적인 자기대화(self-talk)를 발견할 수 있다.

음악

짧은 클래식 음악들은 각 이야기와 관련되어 있다. 아이들이 내면의 심상과 창조성에 닿도록 도울 수 있는 기악 편성의 고전음악들이 사용된다. 수 세기 동안 음악에 대한 포괄적인 청각 경험을 제공해 왔던 작곡가 20명의 음악 20곡이 포함되었다.

선택된 음악은 이야기의 정서적 분위기와 일치한다. 음악은 진동하는 그릇과 같다. 그리고 시작과 중간, 끝이 있다. 이 방법으로 아이가 이야기의 본질에 관련될 수 있는 관문을 제공하며, 음악이 끝날 무렵에는 자신에 대한 새로운 인식을 가지고 일상생활로 복귀할 수 있다.

공유

다섯 번째 구성요소는 공유이다. 음악이 끝나면 아이들에게 눈을 뜨게 하고, 자신의 경험을 기억할 수 있도록 부드럽게 격려한다. 이 과정에서 내부 경험이 외부 경험으로 변화한다. 공유는 아이들이 일상 속에서 내부 경험들을 쌓을 수 있도록 돕는다. 말로 표현하며 경험을 공유하는 것은 단어를 통해 상호작용하는 것이다. 글로 쓰는 것은 아이들이 그들의 경험을 표현할 만한 단어들을 찾게 도우며, 그림으로 그리는 것은 색과 모양, 디자인을 사용하는 예술 기법을 수단으로 하여 표현하는 기회를 갖게 한다.

통찰과 심상이 실제 일상에 뿌리내리기 위해서는 좌뇌와 우뇌가 통합되는 것이 중요하다. 교사는 판단이나 해석 없이 아이들의 경험을 듣고 인정한다. 그리고 그것들이 무슨 의미를 가지는지, 어떻게 실제적인 방법으로 적용할 수 있을지 질문할 수 있다. 돌봐 주는 어른의 지도하에 아이들은 자신의 경험을 존중하고 새롭게 발견한 인식을 일상에 적용할 방법을 찾을 수 있다.

다섯 개의 이야기와 아이들의 반응 사례

이어지는 다섯 개의 이야기들과 아이들의 반응은 자기발견(self-discovery)의 과정을 보여 준다.

물고기

이 이야기는 자신이 머무는 작은 연못보다 훨씬 큰 세상이 있다고 믿는 작은 물고기에 대한 것이다. 작은 물고기는 비눗방울에 담긴 자신이 그를 둘러싼 세상의 경이로움을 탐색하는 것을 상상한다. 이 이야기는 아이들이 새로운 것들을 탐색하는 심상을 일으키기 위해 쓰였다.

이 이야기는 어린아이들이 심상을 탐색하게 하는 데 좋은 출발점이 된다. 이완 과정은 10에서부터 1까지 거꾸로 세어 나간다. 지시는 다음과 같다. "안전하고 아름다운 비눗방울 속에 들어가 있는 자신을 상상해 보세요. 비눗방울이 공기 중에 떠오릅니다. 음악이 시작하면, 비눗방울 안에서 여행을 시작하고 무엇을 경험하는지 살펴보세요." 선택된 음악은 Dvořák의 *Serenade for Strings in E major,* Op. 22, Moderato이다. 이 이야기를 듣고 3, 4학년 아이들은 상상력이 풍부한 여행을 묘사했다.

청바지

이 이야기는 비싼 디자인의 청바지를 입으면 자신이 아름다워지고 인기가 많아질 것이라고 생각하는 어린 소녀에 대한 것이다. 그녀는 거울을 들여다보면서 자신의 내면과 대화를 나누게 되고 결국 내면의 아름다움을 보는 법을 배우게 된다.

이완은 신체적 인식 과정이다. 음악은 Mascagni의 *Cavalleria Rusticana*, Intermezzo가 사용된다. 다음은 아이들이 스스로의 단어로 표현한 것들을 나열한 것이다. 문법적인 수정 없이 그대로 실었다.

1. 10세 남아: 이 이야기가 나에게 가르쳐 준 것은 내가 보고자 노력만 한다면 나의 내면을 볼 수 있다는 거예요. 그리고 결정을 내릴 때는 항상 신중해야 하고, 그 결정이 개인적으로나 정신적으로 어떤 영향을 끼칠지를 생각해야 하는 거죠. 또한 이 이야기는 다른 누군가 뭐라고 말하는가는 상관없이 내면의 아름다움을 가지고 있음을 보여 주었어요.
2. 12세 여아: 음악을 듣고 거울 속 깊은 곳을 들여다볼수록, 내 자신의 또 다른 면을 볼 수 있었어요. 나는 평화와 기쁨이 있고 상처나 아픔, 위험이 없는, 기쁨과 행복, 모두를 향한 사랑밖에는 아무것도 없는 또 다른 세계에 있었죠. 나는 보도블록을 걸으며 더 깊은 내면을 탐색하고 주위를 날고 있는 멋진 나비들에게 노래를 부르려고 하는 자신을 발견했어요. 그리고 내 모든 친구들이 행복해했고 나를 [아이의 이름]이 아닌 사랑하고, 돌보며, 함께하는 존재로서 인식하는 것을 느꼈죠. 그리고 마음속 거울을 들여다보면 또 다른 세계를 보게 되고 인생의 다른 부분을 바라보는 것을 즐길 수 있다는 것을 알았어요. 그것이 내가 나의 멋진 거울을 바라봤을 때 본 거예요.

3. 11세 여아: 음악을 듣는 동안 나는 환상 속에 있었어요. 나의 환상은 친구들과 가족들 사이에 사랑으로 가득 차 있는 것이었어요. 나는 내 거울을 들여다보았고 삶에 존재할 수 있는 많은 것들을 보았어요. 나는 내가 목표를 따라 노력하면 원하는 것이 어떤 것이든 이룰 수 있다는 음성을 들었어요. 그 음성이 말하기를 의미 있는 누군가가 되는 것은 행복한 것이지만, 아무것도 아닌 사람이 되는 것은 삶의 목표에서 결코 성공할 수 없을 것이라고 했어요. 그러므로 언제나 의미 있는 누군가가 되어 목표를 향해 있으며, 아무것도 아닌 이가 목표를 뺏어 가도록 내버려두면 안 돼요. 목표를 생각하고, 부정적인 단계가 아닌, 긍정적인 단계를 따라야 해요.
4. 10세 남아: 나는 거울을 바라보며 내면의 자아를 볼 수 있었고, 내면의 자아가 말하기를 언젠가는 내가 되고 싶은 존재가 되고 원하는 것들을 가질 수 있을 것이라고 했어요. 학교에 다니는 동안 배울 수 있는 것들을 모든 것을 배우고 나면 되고 싶은 존재가 되고, 원하는 모든 것들을 가질 수 있을 것이라고요. 나중에 또 이야기해 줄게요. 안녕히 계세요.

피칸 넛

이 이야기는 좋은 성적의 중요성을 배우고 농구 팀에서 연습하는 어린 소년에 대한 것이다. 그는 훌륭한 경기를 펼치지만 팀은 경기에 패배한다. 코치는 그에게 공부하고, 열심히 노력하면서 계속해서 운동하라고 조언했다. 소년은 코치가 말한 것을 숙고하면서 미래의 자신과 만나게 된다.

여기서의 이완은 신체를 인식하는 것이다. 의자에 앉고 미래의 자신을 맞은편 의자로 초대하라고 지시한다. 선택된 음악은 Haydn의 *Cello Concerto in D,* Rondo, Allegro 이다. 다음에는 아이들의 반응들 몇 가지를 옮겨 적었다.

1. 11세 남아: 나는 앉아서 미래의 나는 어떻게 될지 생각하고 다른 의자에 미래의 나를 초대했어요. 우리는 학교에서 좋은 성적을 얻고 똑똑해지는 방법과 나 자신을 성장시킬 수 있을 많은 것들에 대해 이야기를 나누었어요. 우리는 노스사이드 고등학교에 입학하여 로스쿨에 합격하고 결백한 이들을 돕는 변호사가 되는 것에 대해 이야기했어요. 그런 이야기들을 나누고 나니 Powell 선생님이 나를 깨웠죠. 미래의 나는 앞에 있는 의자에 앉아 있는 그림자처럼 보였어요. 미래의 내 목소리

는 마치 내 목소리처럼 들렸고요.

2. 9세 여아는 미래의 자신을 트리플 악셀 동작을 하고 있는 전문적인 스케이트 선수로 그렸다.
3. 12세 여아는 미래의 자신을 무대 위에서 "노예가 되기 전에 무덤에 묻히리라, 그리고 주 계신 고향으로 돌아가 나는 자유하리라."(흑인영가 Oh, Freedom의 일부-역자 주)라고 노래하는 모습으로 보았다.

볼트

어린 소녀가 놀이터에서 제일 좋아하는 그네가 망가졌다. 선생님은 관리인을 불렀고 수리를 요청했다. 소녀는 그네를 다시 탈 수 있었고 높이 날아오르면서 고장난 존재들을 한데 모으는 사랑의 수호자(Custodian of Love)를 만날 수 있었다.

이완 과정에서는 심박동에 집중한다. 지시는 삶에서 사랑이 필요한 공간들을 찾는 것이다. 음악이 시작하면 사랑이 필요한 곳에 사랑을 가져오라고 한다. 선택된 음악은 Manfredini의 *Concerti Grossi,* Op. 3, #12, Largo이다. 아이들의 반응 몇 가지를 여기에 소개한다.

1. 9세 남아는 망토를 두르고 있는 슈퍼 하트를 그렸다. 그 슈퍼 하트는 하트들을 한 곳에 모은다. 그리고 말한다. 용기를 내. 걱정하지 말고 행복하렴.
2. 9세 여아는 하트들의 거룩한 세계를 그렸다.
3. 12세 남아: 그것은 당신이 사랑하는 사람이 문 앞에 다가오는 것을 의미해요. 그리고 미래의 당신을 보는 거예요. 당신은 문 옆에 앉아서 그와 이야기를 할 거예요. 문을 통해 내 마음에 이르는 것은 천국에 가는 것과 같아요. 나는 내가 해 왔던 많은 것들과 하기 원했던 것들을 기억해 냈어요. 내 마음으로 들어오는 첫걸음은 매우 조용하고 달콤했어요. 문은 두 개가 있었는데, 그중 한 문은 내가 어릴 때 일어났던 모든 슬픈 일들을 보여 주었어요. 그리고 다른 문은 내가 했던 멋지고, 사랑스럽고, 달콤하고, 재미있는 많은 것들을 보여 주었죠. 내 마음이 매우 활동적이고 건강하다는 것을 알게 되는 것은 매우 좋은 일이예요.
4. 13세 여아: 마치 작은 아기로 돌아가는 것 같았어요. 재미있는 경험이기도 했죠. 내 마음의 문에 머물 수 있으면 좋겠어요. 나는 좋은 것뿐 아니라 나쁜 것들까지

모든 것을 보았어요. 처음으로 마음속에 걸어 들어갔을 때, 그것은 마치 천국 같았어요. 밝은 빛이 내 몸을 비추고 있었고 병원의 307호실에서 엄마의 오른쪽에 있었고, 엄마는 나를 팔로 감싸고 있었어요. 왼쪽 편에는 우리 집이 있었고 내 침대 주위에 모든 사람들이 있었죠. 나는 길고 좁은 길을 걸어서 엄마의 품으로 들어갔어요. 내 자신을 들어 올리려고 시도했는데 그것은 마치 홀로그램 같았어요. 나는 12년의 인생을 뛰어넘었고 여기에 열세 살로 존재하고 있어요.

퓨즈

이 이야기는 몸을 건강하게 유지할 수 있는 선택을 하는 어린 소년에 대한 것이다. 이야기 안에서 퓨즈는 끊어지고 방 안의 불이 꺼진다. 소년의 어머니는 퓨즈가 에너지를 흐르게 하는 안전한 장치임을 알려 준다. 소년은 그의 몸에도 전기 에너지가 흐르는 전선을 가지고 있다고 상상한다. 그리고 "누가 이 에너지를 지휘하나요?"라고 묻는다. 그리고 "내가 그렇게 한다."라는 대답을 듣는다. 그것은 소년 몸의 책임자였다. 몸의 책임자와 대화를 나누면서 소년은 건강한 몸을 유지하기 위해 해야 할 것들을 배우게 된다.

이완 단계에서는 호흡에 집중한다. 지시는 다음과 같다. *깊게 숨을 쉬고 그 호흡을 몸의 책임자에게 데려다 주세요. 음악이 시작하면 몸의 책임자로부터 들리는 메시지를 인식해 보세요.* 선택된 음악은 Pachelbel의 *Canon in D*이다. 다음에 아이들의 반응을 소개한다.

1. 12세 남아: 나는 색색깔의 동굴 안에 있었고 내 몸의 책임자는 말했죠. "당신의 몸과 기관에서 여행을 합시다." 그래서 내가 말했어요. "당신은 정말 중요한 일을 하고 있어요." 그리고 내 몸의 기관들이 말했어요. "감사합니다."
2. 11세 남아: 내 몸의 책임자는 이름이 Debbie예요. 그녀는 내 몸에 대해, 그리고 몸의 작용에 대해 이야기했어요. 그리고 내 몸의 약한 곳들에 대해서도 말해 주었어요. 그중의 하나는 약한 천식을 앓고 있는 가슴에 관한 것이었죠. 그리고 어떻게 혈액이 심장을 통해 펌프질 되어 폐에 공기를 전달할 수 있는지와 같이 내가 이전에 미처 몰랐던 것들을 이야기했어요.
3. 12세 여아: 나는 내 몸의 책임자를 만났는데 그녀는 내 꿈에서 나왔던 사람과 같았어요. 그리고 내가 하는 모든 활동에서 몸의 에너지를 지시하는 방법에 대해 이야

기했어요. 내 몸의 책임자는 이름이 Trina였는데, 작은 그녀는 매우 친절하고 친근하게 느껴졌어요. Trina는 나에게 건강을 유지하는 것이 중요하다고 말했고 내 몸에 문제가 생겼을 때 그녀가 내 건강을 유지할 수 있도록 도와준다면 언제나 내 몸의 책임자가 되어 주겠다고 했어요. Trina는 운동을 많이 하는 것이 좋지만 무리하지 말라고 했어요. 그리고 물을 많이 마시라고 말한 후 사라졌죠. 현실세계로 돌아오자마자 나는 마치 지구에 되돌아온 사람처럼 내 다리를 움직이는 방법을 기억해 냈어요. 또한 내 스스로에 부여한 에너지를 내 몸이 작동시키는 것을 볼 수 있었어요.

4. 12세 여아: 음악이 흐르면서 나는 내 몸의 책임자에게 걸어가는 모습을 상상했어요. 그는 책상에 앉아 있었고 그를 향해 빛이 비추고 있었어요. 나는 그의 책상 앞에 앉았고 그는 내게 건강을 지키는 것이 미래의 나를 돕는 것이라고 이야기했어요. 그런 다음 그는 나를 어두운 방으로 데리고 가 앉혔죠. 밝은 빛이 커다란 무대를 비추기 시작했어요. 그리고 몸의 책임자는 보여 줄 것이 있다고 속삭였어요. 무용수들이 글자가 새겨진 의상을 입고 무대 위로 뛰어올라 갔어요. 그들은 발레 공연을 펼쳤고 그 글자들은 신체 기관들의 이름이었어요. 무용수들은 우아하게 춤을 추었어요. 그리고 더 많은 무용수들이 과일을 뜻하는 단어들을 새긴 의상을 입고 무대에 올랐어요. 모든 무용수들이 다 함께 춤을 추었고 과일 무용수들이 무대 뒤에서 춤을 추었어요. 그리고 얼마 동안 더 많은 무용수들이 무대 위로 나왔어요. 이들은 나쁜 질병들이었는데 건강한 몸이었으므로 신체 부분들이 질병들을 물리칠 수 있을 만큼 충분히 힘이 셌어요. 춤이 끝난 후 조명이 모두 꺼졌고 몸의 책임자는 내 손을 잡고 밖으로 데리고 갔어요. 다시 그의 책상 앞으로 돌아왔을 때 그가 말했죠. "너의 몸을 돌볼 때 어떤 일이 일어나는지 봤니?"
5. 11세 여아: 그가 나에게 왔을 때, 나는 걷고 있었어요. 그는 내가 건강한 몸을 돌보지 않을 때 어떤 일이 일어나는지 보여 주었어요. 그것은 끔찍했어요. 내가 가진 것은 뼈밖에 없었는데 생쥐들보다 약했어요. 그리고는 내가 건강한 몸을 유지하면 어떻게 되는지도 보여 주었어요. 나는 강했고 어느 정도의 살집이 있었어요. 그러면서 그는 좋은 운동을 계속하라고 당부했는데, 그런 후 선생님이 나를 깨웠어요.
6. 10세 남아: 기억하기로는 내 심장이 빠르게 뛰고 있었고 강한 사람이 다가왔어요. 그는 몸의 책임자였는데 나를 한 공간으로 데리고 갔고 우리는 몸에 대해 이야기를 나누었어요. 우리는 몸이 얼마나 놀라운 것인지에 대해 이야기했고, 그것이 삶

의 소중한 선물이라고 말했어요.

이야기, 음악, 그리고 심상은 아이들에게 내면의 지혜와 만나고 그들 자신의 통찰을 얻을 수 있는 공간을 제공한다. 이러한 내면 여행은 아이들이 자신의 자존감을 기를 수 있게 하고, 이것이 그들의 일상생활에서 긍정적인 방식으로 표현할 수 있도록 돕는다.

참고문헌

Bonny, H. (1978). *Facilitating GIM Sessions: GIM Monograph #1*. Baltimore, MD: ICM Books.

Bonny, H. and Savary, L. M. (1990). *Music and Your Mind: Listening with a New Consciousness*. Barrytown, New York, NY: Station Hill Press.

Bush, C. (1995). *Healing Imagery and Music: Pathways to the Inner Self*. Portland, OR: Rudra Press.

Clark, M. F. (2002). The evolution of the Bonny Method of Guided Imagery and Music BMGIM. In K. E. Bruscia and D. E. Grocke (eds) *Guided Imagery and Music: The Bonny Method and Beyond*. Gilsum, NH: Barcelona Publishers.

Merritt, S. (1996). *Mind, Music, and Imagery: Unlocking the Treasures of Your Mind*. Santa Rosa, CA: Aslan Publishing.

Powell, L. (2007). *Stories, Music, and Imagery: A Doorway to a Child's Self-Esteem*. Tarentum, PA: Word Association Publishers.

부록: 이야기에 따른 음악 목록

Dvořák: *Symphony No. 1*, Legend, Op. 59, # 5 (물고기 이야기)

Haydn: *Cello Concerto in D*, Rondo and Allegro (피칸 넛 이야기)

Manfredini: *Concerti Grossi*, Op. 3, # 12, Largo (볼트 이야기)

Mascagni: *Cavalleria Rusticana, Intermezzo* (청바지 이야기)

Pachelbel: *Canon in D* (퓨즈 이야기)

보다 자세한 이야기는 다음의 저서를 참고할 수 있다.

Powell, L. (2007). *Stories, Music, and Imagery: A Doorway to a Child's Self-Esteem*. Tatentum, PA: Word Association Publishers.

2부

성인을 위한 MI와 GIM: 개인치료

GUIDED IMAGERY & MUSIC

and Music Imagery Merhods for Individual and Group Therapy

제7장

치료 시간에서의 GIM:
섭식장애 성인 내담자의 사례

Annie Heiderscheit

Bonny 방식의 GIM(Bonny method of guided imagery and music: BMGIM)의 적용방식은 45~50분의 치료 시간에 맞추어 계획되었고 환자의 건강보험에서 지불하는 치료서비스로 제공되었다. 이 장에서는 이와 같은 접근방식이 어떻게 적용되었고 전통적인 BMGIM의 개인치료 양식과 어떻게 다른지 자세히 설명할 것이다. 사례는 내담자가 세션 이후에 그들의 이미지, 감정과 경험을 지속적으로 탐색하기 위해 만다라, 일기 쓰기, 그리고 노래의 사용이 어떻게 치료 과정에 포함되는지 보여 줄 것이다.

BMGIM 치료 시간

접근방식의 설명

이 접근방식은 본질적으로 임상 환경의 구조 안에서 치료의 필요성에 따라 개발된 BMGIM의 단축된 또는 축약된 버전이다. 이것은 치료 세션 이후에도 그들의 경험을 지속적으로 처리하고 통합하도록 내담자를 돕는 다양한 방법의 사용을 포함하면서 청구가 가능한 치료 시간 내에 맞도록 세션을 단축시켰다. 이것은 만다라, 그림 그리기, 콜라주, 일기 쓰기, 창조적 글쓰기, 노래, 또는 다른 창조적 방법의 사용을 포함하였다.

세션 상황

세션은 미네소타 주 미니애폴리스의 파크 니콜릿 헬스 시스템(the Park Nicollet Health System)의 멜로즈 센터(Melrose center)의 임상 환경에서 섭식장애 내담자들에게 제공하였다. 멜로즈 센터는 다양한 단계의 개인치료를 제공하였는데 입원환자(하루 24시간, 주 7일, 집중적인 단기치료), 거주 외래환자(하루 24시간, 주 7일, 몇 주에서 몇 달의 범위), 그리고 집중 외래환자(개인치료를 위한 의사, 정신건강의학과, 등록된 영양사의 주간 방문 치료)가 포함되어 있다.

멜로즈 센터는 8세에서 70대에 이르기까지 폭넓은 연령대의 거식증, 폭식증, 달리 분류되지 않는 섭식장애, 과식장애를 포함한 범주성 섭식장애 내담자에게 개인치료를 제공한다(American Medical Association, 2013).

여기서 나는 공인된 음악치료사로서, 또 부부 가족치료사로서 심리치료 서비스를 제공할 수 있다. 이는 내가 공인된 자격을 가지고 환자의 보험(청구가능 서비스라고도 함)으로 지불될 수 있는 개인 심리치료를 제공할 수 있는 것을 의미한다. 어떤 내담자에게는 나는 그들의 주치료사이고 다른 내담자들은 다른 주치료사가 있을 수 있는데, 나는 특별히 그들의 외상을 다루도록 요청받았다.

나는 이 접근방식을 입원환자와 중환자, 그리고 외래환자에게 사용했는데, 입원환자들은 치료를 시작하거나 견디기에 가끔 의학적으로 매우 불안정하거나 증상을 나타내었다.

세션 길이

이와 같은 임상 환경에서 허락된 치료 시간은 미국의 보험회사와 보험 가입 조건에 사용되는 최근 절차 용어(Current Procedural Terminology: CPT) 코드에 의해 결정되었다. 대부분의 보험 계획은 45~50분의 개인 심리치료 세션의 특정 회기 수를 승인하고 추가 세션을 승인하기 전 사례를 검토한다. 따라서 세션이 허용된 시간 내에 맞춰지고 내담자의 보험에 의해 보장되기 위해 접근방식이 45~50분 시간 안에 치료할 수 있도록 적용되었다.

치료적 목적

섭식장애 치료 프로그램이 적용되는 많은 환자들은 섭식장애 자체의 근본적인 문제를 이해하고 해결하기 위해 노력한다. 많은 경우, 환자는 섭식장애 증상에 의존하는 근본적인 이유가 무엇인지 모르거나, 상담치료에서 문제를 해결하기 위해 노력을 했지만 문제의 핵심에 도달하지 못했다는 것을 알 수 있다(Heiderscheit, 2008). 이 같은 문제는 잠재적이고 억압적인 감정, 슬픔, 상실, 완벽주의, 무력감, 두려움, 그리고 외상을 포함할 수 있다(Heiderscheit, 2012, 2013b). 또한 치료적 목적은 치유과정에서 마음, 신체, 그리고 정신이 함께 작동되도록 허용하는 것이다(Heiderscheit, 2013a). 환자가 섭식장애로 고통받을 때 마음, 신체, 정신은 전쟁에서 서로 대항하듯 작용한다. 마음은 신체를 통제하고 짓밟고 무시하며, 개인의 정신을 부정하는 데 사용된다.

접근방식에 대한 이론적 방향성

이 접근방식은 전통적인 BMGIM의 여러 측면이 적용되지만, 이 과정에서 나의 치료는 주로 Jung과 인본주의적 관점에서 정보를 얻는다. Jung의 관점에서 나는 내담자가 무의식에 접근하고 거기에 있는 것을 의식으로 가져오도록 한다(Jung, 1962). 이는 개인의 모든 측면을 인정하고 이러한 인식과 통합이 전체 감각을 촉진하게 하는 것이다. 감정을 완화하고 억제하기 위한 장소나 공간을 제공하는 것은 치유과정에서 중요하고 융이 생각한 창조적 과정의 촉진을 돕는다(Jung, 1960). 개인은 무의식을 탐색할 수 있고 이것을 의식세계와 통합하므로 변화를 경험한다(Greening, 2006; Jung, 1962). 또한 내담자가 그들의 상처를 치유할 수 있고 전체 감각을 발견함으로써 힘을 얻고 삶에 대처할 수 있다고 느끼게 된다.

또한 이 접근방식은 치료 과정에서 내담자와 동맹관계를 맺는다는 점에서 인본주의적 관점도 적용된다. 이 접근방식의 본질은 내담자가 치료에 가져오는 그리고 치료 과정 전반에 걸쳐 지속적으로 발전되는 자기 이해이다. 또한 이것은 치료사와 내담자의 협력을 촉진시키는데, 이러한 촉진은 내담자가 자신의 지식(삶의 경험)(Schneider, Bugental and Pierson, 2002)을 치료 과정에 가져올 수 있게 하며 치료사의 치료에 대한 지식과 협력하게 한다. 또한 이 과정은 그러한 가능성을 탐색하고 달성하기 위한 개인의 바람을 강조한다(Goldstein, 1995).

이 접근방식과 전통적 BMGIM의 개인치료 형식과 다른 점

전통적 BMGIM의 개인치료와 다른 점은 세션 시간이 단축되고 음악이 적용된 시간의 틀에 맞추어 적용된다는 것이다. 이것은 제한된 세션 시간 안에서 내담자의 경험 과정을 지속하게 하기 위해 다른 방법이 요구된다.

세션의 음악 길이는 전형적으로 20~30분인데, 그 외 세션의 다른 부분들, 즉 내담자 등록, 토의, 이전 세션에 대한 추가 논의, 현재 세션을 진행하기 위해 20~25분이 소요된다. 음악 장르와 양식은 클래식 음악을 사용하는 전통적 BMGIM과 동일하게 사용한다. 치료를 위해 나는 바르셀로나(Barcelona) 출판사의 심상을 위한 음악 CD 모음집을 사용한다.

사례 연구: Alli

Alli는 외래 담당 치료사에 의해 멜로즈 센터에 의뢰되었다. 지난 몇 달 전에 그녀는 섭식장애 증상들이 다시 나타났고 그것들을 중단시킬 수 없었다. Alli는 27세에 진단을 받았고 기혼이었으며 1세인 아들이 있었다. 그녀는 수도권 큰 병원의 정규직 외과 간호사로 일했다. 그녀는 남편과 아들, 그리고 일을 사랑했다. 그녀는 자신의 삶에 매우 만족했고 그녀가 왜 섭식장애 증상이 지속되는지에 대해 이해하려고 노력했다. 그녀는 섭식장애와 더불어 주요 우울장애와 범불안 장애가 함께 진단되었다.

Alli는 고등학교 때 섭식장애가 발병했고, 그때 집중적 외래치료를 받았다. 증상을 항상 느끼는 것은 아니지만, 증상을 느낄 때 그것을 말로 표현하기 어려웠다. 그녀는 자신이 느끼고 있는 것이 무엇인지 잘 몰랐고 심지어 감정이 보통 수준의 강도로 느껴질 때마다 대처할 수 없었으며 섭식장애 증상은 더 나빠지는 듯했다. 그녀는 항상 그녀의 증상을 섭식장애의 한 부분으로 보지 않고 '건강한 선택'을 한다는 것으로 합리화하였다. 이것은 지방과 특정 음식을 제한하는 것이 포함됐지만, 결국 그녀가 하루에 섭취해야 하는 양을 제한하거나 만약 먹었다면 다 토해 내었다.

세션에 들어가면서 Alli는 그녀가 어렸을 때 성적 학대를 당했다고 했다. 그녀는 몇 년 전 그

부분을 다루었고 그것은 치료가 되었다고 말했다. 또한 그녀는 자해를 했었는데, 최근에 그러한 충동이 강해지고 있다고 보고했다. 그녀는 자해를 멈출 수 없었다고 인정했는데, 세션에서 그러한 행동을 보고하지 않을 것이라 했다. 그녀는 그러한 행동이 치료에서 인정하기에 너무 부끄럽다고 말했다.

Alli는 1년 정도 섭식장애 증상에서 벗어났는데, 아들을 임신했다는 것을 알았을 때 증상이 없어졌고 몇 달 동안 나타나지 않았었다. 섭식장애 증상이 재발한 원인은 확실하지 않지만, 그녀는 아들의 첫 생일 직후, 체중 조절을 시작하였고 서서히 하루 섭취량을 제한하게 되었고 먹으면 모두 토했다.

만다라 그리기

Alli는 집중 외래치료로 의뢰되었는데(주 5일, 하루 8~12시간, 몇 주간의 치료), 집중치료를 받으면서 섭식장애로 인해 나타나는 행동과 감정으로 힘겨워했고 그것을 표현하기 어려워했다. 따라서 그녀의 감정을 담아내어 표현하는 수단으로 만다라 과정을 소개하였고, 만다라 그리기는 중요한 수단이 되었다. 그녀는 제어할 수 없는 강한 감정이 느꼈을 때 만다라를 그렸다. 그녀는 감정을 물리적으로 물리치는 것에 자동적으로 의존하기보다 만다라에 자신의 감정을 표현하는 연습을 시작했다.

Alli는 만다라 그리기가 자신을 위해 매우 가치 있는 도구이자 과정이라고 생각했다. 그녀는 자신의 감정을 인정하고 수용했으며 더 나아가 새로운 관점에서 감정을 바라보았다. 이와 같은 과정은 그녀가 강한 감정을 표현하고 자해 행동으로부터 그녀를 지키는 수단으로 제공되었다. 그녀의 첫 번째 만다라 중 하나는 그 중심에 그녀의 슬픔, 두려움, 화, 격분의 강한 감정을 표현한다(삽화 7.1 참조). 그것은 '너는 누구인가?'라는 질문과 함께, '가짜'라는 단어가 빼곡히 적혀 있다. 그녀는 이 부분에서 내면적으로 느끼는 것과 보이는 것이 일치하지 않는다는 것을 인정할 수 있었고 자신의 정체성에 대해 의심하기 시작했으며, 이것은 또 다른 만다라로 이어졌다(삽화 7.2). 그것은 얼굴인데 자신의 내면에 대한 느낌으로 덮여 있고 얼굴 밖에는 자신에 대해 어떻게 느끼고 싶은지, 그러나 아직 할 수 없다고 생각하는 느낌으로 덮여 있다. Alli는 만다라에 자신의 감정을 표현하자마자 자신의 두려움에 접근할 수 있었다. 다음 만다라는 외상을 다룰 때 느끼는 두려움과 여전히 남아 있는 질문들에 접근하였다(삽화 7.3). 만다라의 중앙에는 큰 글씨로 '아니오'가 씌여 있고, 그 주변에는 '왜'와 '멈춤'으로 둘러싸여 있었다. 만다라 원 밖에는 '들어오지 마시오'라는 단어들이 있었다. 이것은 두 가지를 의미하는데, Alli가 가해자에게 말하고 싶은 것, 즉 가해자가 했던 것에 대한 질문이었고, 외상을 둘러싼 감정과 경험에 접근하고 다룰 때 느껴지는 원치 않는 두려움을 표현하는 것이었다.

세션에서 만다라의 이미지들은 강한 감정과 경험으로 차 있었고 앞으로 탐색이 필요하다는 것이 명백해졌다. Alli와 함께 음악과 심상을 통해 어떻게 이미지를 탐색할 수 있는지에 대한 가능성을 논의한 후, Alli는 GIM을 시작할 준비가 됐다고 느꼈다. 이러한 것은 치료팀과 의논했고 승인되었다. Alli에게 한 주 동안 1회기의 GIM 세션과 음악과 심상을 통합하기 위한 두 번째 세션이 계획되었다. 이는 약 다섯 달 동안 진행되었다. 우리는 강한 교감을 가졌고 Alli는 세션에서 더 깊은 감정과 이슈 탐색을 원하였다.

세션에서 발췌한 내용은 사용된 음악뿐만 아니라 각각의 세션의 본질을 파악하기 위해 도움이 된다. 세션들은 그녀가 집중 외래치료를 받을 때부터 연속된 GIM 세션에 따른 것이고 이것은 외래환자 치료(주간 외래 진료)로 전환되었다. 음악과 심상 세션을 통해 Alli는 치료를 받지 않을 때도 자신의 감정을 표현하고 진행하고 담기 위한 수단으로 만다라를 지속적으로 그렸다. 그녀는 경험을 탐색하고 진행하기 위해 그녀의 세션에 만다라를 들고 왔다.

다음 세션 기록은 바르셀로나 출판사의 『심상을 위한 음악(Music for Imagination)』 CD에서 세션 동안 사용된 음악 프로그램을 포함한다. 각각의 부분은 세션에서 일어난 대화를 포함하고 이 대화는 내담자의 심상과 경험의 표현과 괄호 안에는 가이드로서의 질문을 포함한다.

GIM 세션 1

유도: 심호흡, 문의 이미지 소개

프로그램: 돌봄(Caring)

■ HAYDN: *CELLO CONCERTO 1번 C장조* (ADAGIO)

(경험하고 있는 것이 있나요?) 문 앞에 서 있어요. 여기는 어둡고 문에는 빛이 거의 들어오지 않는 다이아몬드 형태의 창문이 있어요. (느낌이 어떤가요?) 속이 뒤틀리고 있어요. 나는 내가 하는 것을 말하기 위해 당신을 기다리고 있어요. (문을 만질 수 있나요?) 네. 그 문은 부드럽고 무거워요. 나는 문을 열기 위해 기다리고 있어요. (열 수 있나요?) 몰라요. 시도는 해 보겠지만, 열리지 않을까 봐 두려워요. 무슨 일이 일어날지 몰라 여기 머물고 싶지 않아요. (하고 싶은 것 있나요?) 문을 열어요. 그것이 길을 열어 주네요. (알 수 있는 게 있나요?) 잃어버린 느낌이요. 나는 내가 가야 할 길을 결정하기 위해 길에 서 있어요. 그냥 잃어버린 느낌입니다. (지금 음악이 당신과 함께 있습니다).

■ DEBUSSY: *STRING QUARTET* (ANDANTINO)

걷기 시작했어요. 나는 내가 어디로 가는지 몰라요. 그러나 걷고 있어요. (걸으면서 무엇이 보이죠?) 내 주변의 모든 것이 메마르고 황량해요. 흙길이에요—길의 모든 것은 흙과 모래로 되어 있어요. (걸을 때 느낌이 어떤가요?) 공허하고 슬퍼요. (당신의 몸 어디서 느끼나요?) 나의 배에서 느껴요.

■ DVOŘÁK: *SERENADE FOR STRINGS E장조* (LARGHETTO)

나는 벽을 볼 수 있어요. (그것에 대해 무엇을 알 수 있나요?) 그것은 매우 높고 철조망으로 둘러싸여 있어요. (그것을 보면서 어떻게 느끼나요?) 나는 이곳을 알아요. 내가 그것을 지었어요. 나 자신을 안전하게 지키기 위해 이곳을 만들었고 그래서 누구도 나를 해칠 수 없어요. (이곳에 있는 느낌이 어떤가요?) 여기서 편안함이 느껴지는데 그러면서도 외롭고 슬프네요.

■ WARLOCK: *CAPRIOL SUITE* (PIEDS EN L'AIR)

나는 벽에 기대어 앉아 있어요. 철조망을 볼 수 있습니다. (무엇을 알 수 있나요?) 나는 이 장소가 얼마나 공허하고 추운지 알아요. 그러나 편안함을 느낍니다. 나의 등에서 단단한 느낌을 느낄 수 있어요. 여기 있는 것은 혼자라는 것을 의미하지만 편안한 느낌입니다.

■ 토의

이어지는 세션에서 Alli는 벽 뒤에서 어떻게 안전하게 느끼고 편안한지에 대해 말했다. 그녀는 벽과 철조망 뒤에 너무 오래 박혀 있어서 그것을 벗어나는 것이 무서웠고 그 장소에서 움직이는 생각을 하는 것만으로도 두려웠다. 우리는 그녀가 만다라 그리기와 일기 쓰기를 통해 이미지들을 탐색하기 원하거나 필요할지도 모르는 것에 대해 이야기했다.

Alli는 이번 세션 이후에 두 개의 만다라를 그렸다. 그녀가 잃어버린 느낌의 공허한 길과 벽돌로 된 벽이었다. 길에 대한 만다라는(삽화 7.4) 길을 잃어버리고 어디로 가야 할 길을 모르는 그녀의 느낌을 설명한다. 주변 모든 것은 어둡고 공허함으로 둘러싸여 있다. 그녀는 이러한 이미지를 다루기 위해 이것들을 세션에서 언급했다. 이러한 이미지를 탐색하는 것은 벽 뒤에 있는 그녀가 두려움에 어떻게 사로잡혀 있는지에 대해 드러나게 하였다. 다음 과정에서 Alli는 다음과 같은 주제에 대해 일기를 썼다. "당신이 두려움을 느꼈을 때 무슨 일이 있어나는지 기술하라." 그녀는 다음과 같이 썼다.

- 나는 극도로 혼자라고 느낀다.
- 소비되는 모든 강한 감정
- 어떤 것도 할 수 없을 것 같은 느낌
- 마비된
- 극도의 절망
- 내가 원하는 모든 것은 죽는다.
- 나는 할 수 없다.
- 나는 공황상태에 빠지다.
- 자살 생각이 강하게 든다.
- 나는 삶을 원하지 않는다.

Alli는 두려움을 표출하는 만다라 그리기를 통해 앞으로의 과정을 지속하였다. 그녀는 다음 세션에 만다라를 가져왔다. 만다라는 다음 세션에서 심상의 중요한 부분으로 제시되었다. 이 만다라는(삽화 7.5) 계단과 문(붉은색 X로 표시된) 그리고 '거짓말, 기만, 비밀, 쉿'의 단어들에 의해 표현되었다. 계단과 만다라 밑의 부분에 있는 기초는 그녀의 두려움이었다. 가해자가 그녀를 성추행할 때 침실로 걸어 올라가는 계단이 있었다. 붉은 색 X로 표시된 문 뒤에는 그녀가 지켜야 할 비밀이 있었다. 만다라의 위쪽 반은 그녀의 수치심이었다. 만다라 그리기는 외상을 접근하게 하였고 심상 안에서 그것을 탐색하게 해 주었다.

GIM 세션 2

> 유도: 계단에 서 있음
>
> 프로그램: 관계(Relationships)

■ CHOPIN: *PIANO CONCERTO 1번* (ROMANCE)

(무엇을 경험하나요?) 주간보호 제공자 집의 계단 밑에 서 있어요. 나는 계단 맨 위에 문을 바라보고 있어요. 나는 그 문 밑으로 새어 나오는 빛을 볼 수 있어요. (그것을 보면서 무엇을 느끼나요?) 두렵고 떨리네요. 나는 이 계단을 알아요. 여러 번 이 계단으로 끌려갔어요. 그 문 뒤에서 무엇이 일어났는지 알아요. 나는 천천히 그 계단을 올라가요. (무엇을 알 수 있지요?) 나의 손이 벽에 닿는 것과 한 계단 한 계단이 너무 두렵다는 것을 느낄 수 있어요.

■ **RACHMANINOFF: *SYMPHONY 2번* (ADAGIO)**

(지금 무슨 일이 일어나죠?) 나는 문 앞에 서 있어요. 소리를 낮춘 목소리를 들을 수 있어요. 나는 문고리를 잡고 문을 열고 싶으며, 그에게 하던 것을 멈추라고 말하고 싶고, 작은 소녀를 돕고 싶어요. (할 수 있어요?) 손이 문에 닿지 않아요. 나는 얼어 버린 것 같아요. (무엇을 느끼나요?) 문을 열면 더 나쁘게 만들 것 같아 두려워요. 아마도 그가 다른 방법으로 그녀를 해칠 것 같아요.

■ **RESPIGHI: *FOUNTAINS OF ROME* (VILLA MEDICI)**

(지금 무슨 일이 일어나죠?) 나는 여전히 문 앞에 서 있어요. 도와줄 사람이 아무도 없어요. (어떤 느낌인가요?) 두려워요. (신체의 어디서 그것을 느끼나요?) 배에서요. 그녀를 도울 힘이 없어요. 아무도 도와줄 사람이 없어요. [Alli는 울기 시작했고 흐느껴 울었다.]

■ **토의**

Alli는 작은 소녀를 구하기 위한 힘이 없음을 어떻게 느끼는지 설명했다. 그녀는 그들이 부모의 친구이며, 가해자가 누구에게든 말한다면 부모와 자매를 해칠 것이라고 위협했기 때문에 부모님에게 주간보호 제공자의 남편이 그녀를 성폭행한다고 절대 말할 수 없다고 했다. 이 같은 모든 이유는 그녀를 침묵하게 만들었다. Alli는 자신의 무기력함에 실망했다. 우리는 그녀에게 이 이야기가 어떻게 마치길 원하는지에 대해 이야기했다. 그녀는 엄마가 주간보호 제공자의 집에 나타나 그녀를 구해 주길 원한다는 것을 인정했다. 우리는 이것이 어떻게 그녀의 이야기인지, 그리고 그녀가 원한다면 다시 쓸 수 있다는 것에 대해 논의했다.

그날 저녁, 그녀는 그 경험을 다시 구성했다. 그녀는 자신의 이미지로 돌아갔고, 심상에서 그녀는 문 앞에 서 있는 소녀였고 문 뒤에서 학대당한 소녀였다는 것을 알고 있었다. 그녀는 4살의 작은 소녀로서 그녀가 그 남자에게 자신을 보호할 수 없었음을 인정하기 시작했다. 그녀는 자신의 경험과 이야기를 계속했다. 이것은 그녀가 쓴 것이다.

> 나는 문 앞에 서 있습니다. 나는 무슨 일이 일어나는지 압니다. 그리고 그것에 대해 슬픔을 느낍니다. 나는 그것을 멈출 수 없는 나 자신에 대해 슬픔을 느낍니다. 그리고 문 뒤에 있는 작은 소녀에게 슬픔을 느낍니다. 현관문을 두드리는 소리가 들립니다. 나의 주간보호 제공자가 대답을 합니다. 나는 나의 엄마이길 바라나 그녀가 나를 보호할 수 없음을 압니다. 문이 열릴 때 나는 어른으로서 나를 볼 수 있습니다. 나(어른인 나)는 주간보호 제공자에게 "무슨 일이 일어났는지 알고 있어요… 그녀와 나는 여기서 무슨 일이 일어났는지 당신이 안다는

것을 알아요."라고 말합니다. 나는 나와 함께 Alli를 데려가고 그녀는 여기에 절대 다시 돌아오지 않을 것입니다. 나는 경찰에게 신고할 것입니다. 나(어른인 나)는 가서 Alli를 문 뒤에서 구출하고 그녀를 안아 주고 그녀에게 "나는 너를 너무 사랑해. 이런 일이 일어나서 정말 미안하고, 너를 돌봐줄게."라고 말합니다. 나는(어른인 나) 나 자신을 꼭 붙잡고 집을 떠납니다.

Alli는 다음 세션에 그녀의 이야기를 가지고 왔고 나에게 큰 소리로 읽어 줬다. 다 읽었을 때 그녀는 울었다. 그녀의 엄마가 그녀를 보호하지 못함을 알게 됐을 때 그녀가 얼마나 슬펐는지 말했다. 그녀는 자신의 이야기를 어떻게 공유하는지 또한 그것을 공유함으로써 어떻게 강해지고 있는지 알 수 있었다. 다시 구성한 버전에서 그녀는 자신이 맞서서 보호할 수 있었을 때 힘을 느낄 수 있었다. 이러한 깨달음은 그녀가 어떻게 자신과 자신의 아들을 세상에서 안전하게 지킬 수 있는지 생각했다는 것으로 매우 중요하다.

결론: 치료 결과 요약

Alli는 연속된 12회기의 GIM 세션을 통해 치료를 받았는데, 내가 정규직 약속을 받아들이고 멜로즈 센터에서 임상이 중단될 때까지 계속되었다. 그녀는 멜로즈 센터에서 언어 심리치료사들과 함께 치료를 지속했다.

Alli가 완전히 회복되지 않았던 동안 나의 퇴임 당시 회복과정에서 머물기 원했던 곳에서 외상을 다루는 것은 섭식장애 행동을 결정짓는 문제였기에 섭식장애 치료의 핵심이었다. 그녀는 GIM 세션, 만다라, 일기 쓰기에서 외상을 다루는 것은 상담치료만으로 할 수 없었던 깊은 감정과 경험을 다루는 것이라 규명했다.

그녀가 '다시 쓴' 경험과 자신을 구출한 세션 후, 그녀는 자해행동을 그만둘 수 있었고 이뇨제와 완화제 사용을 멈췄다. 그녀의 감정이 더 깊어졌을 때, 그녀는 이러한 행동들에 대해 충동을 느꼈을 것이다. 그러나 그녀는 이러한 충동을 조절할 수 있었으며, 섭식장애 증상은 현저하게 줄었다. 그녀는 여전히 체형과 살찐 느낌으로 고통스러울 때 섭식장애 관련 행동에 대한 충동을 느꼈다. Alli는 몇 주 동안의 집중 외래치료 후 일을 다시 할 수 있었다. 그녀는 지속적으로 식사량을 늘리고 목표로 하는 몸무게와 이상적 체질량 지수(BMI: body mass index) 수준을 회복했으며 식사량 제한과 구토를 줄였다. 그녀는 전반적으로 자신의 삶을 더 즐기고 삶에 더 관여함을 느낀다고 보고하였다. 그녀는 심지어 수

영복을 입고 아들을 수영시킬 수 있었다. 그녀는 처음처럼 불편함을 느꼈으나 참을 수 있었고, 일을 할 수 있었으며, 하고 싶었던 일을 할 수가 있었다.

참고문헌

American Medical Association (2013). *Current Procedural Terminology* (CPT). Chicago, IL: American Medical Association.

Goldstein, K. (1995). *The Organism: A Holistic Approach to Biology Derived from Pathological Data in Man*. New York, NY: Zone Books.

Greening, T. (2006). Five basic postulates of humanistic psychology. *Journal of Humanistic Psychology, 46*, 3, 239 – 239.

Heiderscheit, A. (2013a). GIM: Deprivation and its contribution to pain in eating disorders. In J. Mondanaro and G. Sara (eds) *Music and Medicine: Integrative Models in the Treatment of Pain*. New York, NY: Satchmo Press.

Heiderscheit, A. (2013b). *The Bonny Method of GIM and Mandalas: Addressing the Complex, Comorbid, and Underlying Issues of Eating Disorder Patients*. 9th European Music Therapy Congress, Oslo, Norway.

Heiderscheit, A. (2012). *Qualitative Analysis of Imagery Themes and Client Perceived Benefits of the Bonny Method of Guided Imagery and Music* (BMGIM) *with Eating Disordered Clients*. Presented at the International Association for Music and Medicine II Conference in Bangkok, Thailand.

Heiderscheit, A. (2008). Discovery and recovery through music: An overview of music therapy in eating disorder treatment. In S. Brooke (ed.) *The Creative Arts Therapies and Eating Disorders*. Springfield, IL: Charles C. Thomas Publisher.

Jung, C. G. (1962). *Symbols of Transformation: An Analysis of the Prelude to a Case of Schizophrenia* (Vol. 2, R. F. C. Hull, trans.). New York, NY: Harper and Brothers.

Jung, C. G. (1960). *Psychology and Religion*. Princeton, NJ: Princeton University Press.

Schneider, K., Bugental, J. and Pierson, J. (2002). *The Handbook of Humanistic Psychology*. London: Sage Publications.

부록: 음악 목록

음악 목록은 바르셀로나 출판사의 『심상을 위한 음악』으로부터 음악 프로그램을 위한 발췌곡이다. 이는 50분의 세션을 위해 전체 프로그램에서 몇 개만 발췌되었다.

'돌봄(Caring)'의 발췌곡

Debussy: *String Quartet* (Andantino)
Dvořák: *Serenade for Strings E 장조* (Larghetto)
Haydn: *Cello Concerto 1번 C 장조* (Adagio)
Warlock: *Capriol Suite* (Pieds en l'air)

'관계(Relationships)'의 발췌곡

Chopin: *Piano Concerto 1번* (Romance)
Rachmaninoff: *Symphony 2번* (Adagio)
Respighi: *Fountains of Rome* (Villa Medici)

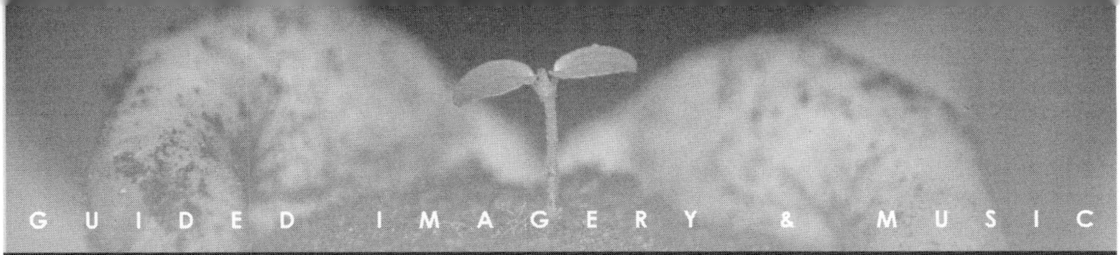

제8장

GIM과 동화: 정신건강의학과를 위해 변형된 GIM 모델의 사례 연구

Line Brink-Jensen

도입

이 장은 변형된 GIM(Guided Imagery and Music)을 다룬다. 나는 이것을 정신건강의학과 영역에서 개발된 치료방법으로 'GIM과 동화(fairytales)'라 한다. GIM을 다음과 같은 과정으로써 정의한다.

> 심상에 접근하기 위해 클래식 음악을 사용하는 자기 탐색이다. 이것은 이완 상태에서 클래식 음악을 듣고, 의식적 인식에 접근하기 위해 심상을 허용하며, 가이드와 함께 의식에서 발견한 것을 나누는 것이다. 감상자, 음악, 그리고 가이드의 상호작용은 GIM의 독특한 방식이다(Bruscia & Grocke, 2002, p. 17).

GIM은 음악과 함께하는 경험을 통해 내담자의 문제 해결을 목적으로 한다. GIM은 음악에 대한 반응으로 치료 효과를 위한 충분한 인식과 수용 능력을 가진 내담자에게 효과적이다(Bruscia, 1998). 그러나 내담자가 심상에 접근할 수 없고 내적 음성을 자유롭게 심상할 수 없다면, 적용할 때 변형이 필요하다.

치료적 맥락

나는 2012년 사회적 정신장애 시설에서 Bonny 방식의 GIM(Bonny Method of GIM:

BMGIM)을 적용하기 너무 어렵고 내면의 목소리와 대면하고 있는 조현병 환자와 함께 변형된 'GIM과 동화'를 개발하였다. 나는 GIM과 동화가 외상 환자, 특히 강렬하고 무한한 내적 심상 경험을 두려워하는 조현병이나 정신장애를 가진 내담자를 위한 치료에서 가능한 모델로서 적용될 수 있다고 믿었다. GIM과 비교해서, 내담자가 더 참여할 수 있도록 했고 외적으로 가시화할 수 있도록 도왔다. 정신장애 내담자와의 치료에서 치료사는 종종 내면아이와 성인을 접촉하게 해야 했다. 이때 GIM과 동화는 동화 읽기를 통해 아이로서의 내담자에게 접근하고, 어른으로서 내용과 유사점을 반영할 때 치료가 효과적이었다. 자신의 삶을 내적 시각으로 관련지을 때 일반적 GIM을 위한 긴 시간은 어떤 내담자에게는 자극적일 수 있다. GIM에서 치료적 음악 듣기를 하는 반면, GIM과 동화의 주요 중재 형식은 내담자가 자유롭게 연관 짓고 시각화할 수 없기 때문에 동화 읽기를 결합하여 음악 듣기를 체계화한다.

GIM과 동화의 모델

GIM과 함께함으로써 이 방법은 내담자와 치료사의 사전 대화로 시작하는데, 현재 내담자와 관련된 주제를 정하게 된다. 이것은 예를 들어, '버려진 느낌' 혹은 '환상으로서의 사랑' 경험과 관련된다. 치료사는 내담자에게 주제와 관련된 동화를 선택하게 한다. 그것은 내담자가 동화로부터 제시되는 다른 이미지들을 탐색하게 돕는데 이것은 내담자가 하나의 지지적 이미지에 머무르도록 안내되는 Lisa Summer에 의해 개발된 접근법인 MI 모델과는 다르다(Montgomery, 2012). GIM과 동화에서 치료사는 분리된 부분을 전체로 결합하기 위해 선택된 동화와 사용하는 프로그램 혹은 음악 작품을 잘 알아야 한다. 유도에서 내담자는 호흡에 집중하여 언어적 GIM 유도(앉거나 누워서)를 통해 목, 어깨 등을 스트레칭 하는 것과 같은 적극적인 신체적 이완을 시작한다. 아마도 시각적 시작점은 내담자의 심상이 시작되고 전환된 의식상태가 될 때 제공될 수 있다. 음악 듣기와 동화 읽기(이후 '여행'이라 함) 동안, 내담자와 언어적 상호작용은 중요하다. 이를 통해 치료사는 내담자가 어디를 느끼는지, 어떻게 동화를 경험하는지 알 수 있다. 여행은 내담자의 필요와 자원에 따라 약 5분에서 20분간 지속된다. 음악 작품은 GIM 프로그램에서 선택되어 사용되는데, Bonny(혹은 다른 이들)에 의해 분류된, 혹은 동화와 관련되어 치료사에 의해 합쳐진 순서로 연주된다. 나는 담을 수 있고 예측 가능한 특징의 비교적 중립적인 음악으로 시작되는 것을 권한다. 일반적으로 느낌이 있는 바로크 음악과 *Adagio in G major*와 같은 Bach 음악이다.

반복이 권장되는데, 이것은 의식적 · 무의식적 과정을 심화하고 강화의 순간에서 확실한 안정을 조성할 수 있기 때문이다(Summer, 2009 참조). 치료사는 동화의 역동성을 반영하는 음악 작품을 선택하고 사전 대화에 따른 최상의 선택을 한다. 이는 내담자의 주제, 동화와 음악의 일관성을 확보하므로 내담자에게 더욱더 의미 있는 과정이 되게 한다. 여행 동안 음악치료사는 내담자와의 상호작용에 도움을 받을 수 있다. 예를 들어, Andersen의 『인어공주』를 읽을 때 다음과 같다.

> [⋯] 가장 깊은 곳에 바다왕의 성이 있다. 벽은 산호로 되어 있고 긴 고딕양식의 창문은 가장 깨끗한 호박색으로 되어 있다. 지붕은 물이 흐를 때 열고 닫는 조개껍질로 되어 있다. 모습은 매우 아름다운데, 각각 빛나는 진주가 놓여 있기 때문이며 이것은 여왕의 왕관에 적합할 것이다. [⋯][1)]

치료사에 의해 간단히 '바다왕의 성을 상상할 수 있는가?'라고 중재할 수 있는데, 치료사에게 내담자가 어디에 어떻게 있는지에 대한 정보를 제공하는 동안 내담자의 경험을 강화할 수 있다.

토의에서 내담자와 치료사는 어떻게 내담자가 동화에 관련지었고 자신의 삶과 유사점이 있는지 여부에 대해 전체 경험을 나눈다. GIM과 동화의 세션 기간은 내담자가 방법에 적응함으로써 긴 시간을 구축할 수 있지만, 하나의 짧은 음악 작품으로도 시작할 수도 있다. 다음 부분은 GIM과 동화를 적용한 Jill의 사례 연구이다.

사례 연구: Jill

배경

Jill은 서른네 살로 정신장애 사회시설에 거주한다. 스물세 살까지 Jill은 정상적 삶을 살았다.

1) http://hea.gilead.org.il/li_merma.html

그녀는 결혼했고 아이 하나를 낳았다. 아이의 두 번째 생일 이후 몇 년간 조현병으로 발전된 산후 정신질환을 경험했다. 초기 몇 년 동안, 어린 시절의 기억이 떠올랐고 Jill은 정신질환을 치료하기 위해 정신건강의학과 의사와 물리치료사를 만나기 시작했다. Jill의 기억은 일곱 살에서 아홉 살까지 동안의 성적 학대의 외상 경험이 포함됐고 그것은 지금까지 억압되어 묻혀 있었다. Jill의 질환의 일환으로 현재 선명하게 느껴지는 학대의 재경험, 즉, 외상 후 스트레스 장애로 발전되었다.

GIM 세션에서 Jill의 두 아이들은 열한 살과 열두 살이었고 전남편과 전남편의 여자친구와 함께 살고 있었다. Jill은 아이들과 2주에 한 번씩 좋은 관계를 유지하며 주말을 보냈다. 그녀는 가끔 그들에 대해 성적인 생각을 했는데, 이에 대해 극도의 수치심을 느꼈고 절대로 행동하지 않았다. Jill은 자신의 조현병이 어렸을 때 고통받았던 성적 학대의 결과라고 확신했다.

GIM과 Jill

나는 2012년 초반, 그녀가 살았던 곳에서 음악치료를 할 때 Jill을 알게 되었다. 우리는 GIM이 어떻게 그녀를 위해 유용하게 적용될 수 있는지에 대해 이야기를 나누었다. 무엇보다도 Jill은 내면의 소리를 가졌고 공개적으로 음악을 들을 때 너무 많은 공간과 힘을 가진다는 것이 두려웠다. 그 소리는 Jill에게 유익한 일을 하지 못하게 하였고 시도할 때마다 항상 그녀의 무가치함을 상기시키며, 그녀가 겪었던 학대를 받을 만했다고 말했다.

나는 너무 자극적이지 않지만 너무 부드럽지 않고 내면의 목소리에 너무 많은 공간이 있기에 음악 선택에 신중해야 했다. Jill이 성과 마법의 시와 이야기를 좋아한다는 것을 알고 나는 음악을 듣는 동안 동화를 읽는 것을 제안했다. 나는 동화가 그녀의 집중과 외적 시각화를 돕고, 내적 심상에 보다 좀 더 쉽게 접근할 수 있도록 한다고 생각했다. Jill은 Andersen의 동화에 관심을 보였고 우리는 그녀가 들어는 봤지만, 어렸을 때 읽지 않았던 것이라는 걸 알게 되었다.

우리는 동화의 세상이 Jill에게 그녀 자신의 삶 이외의 것에 집중하게 함으로써 내면의 목소리를 피할 수 있는 시간을 제공한다는 것을 알게 되었다. 그러나 내면의 반영은 Jill이 자신의 삶을 동화 속 등장인물들과 관련지을 때 빠르게 과정의 일부가 되었다. 그러한 과정을 그녀는 이해했고 또한 더 궁금증을 자아내기도 했다. 동화는 Jill이 학대 전 나이에 접근할 수 있도록 하였는데, 이것이 그녀가 안전함을 느낄 수 있게 한 이유일지도 모른다.

나는 동화가 메시지를 전했다는 것을 잘 알고 있는 Jill에 의해 선택된 동화와 함께 GIM의 추가 단계를 개발하였다. 나는 '옛날 옛적에… 성장에 대한 동화'인 또 다른 부분을 추가하였다.

이는 치료사에 의해 읽혀진 자전적 동화를 통해 내담자가 자신의 삶과 성장에 공감하는 것이다.

Jill의 동화는 다음과 같이 시작하였다. "옛날 옛적에 사랑받지 못한 작은 소녀가 있었다. 매우 드물지만, 그녀가 사랑스러운 포옹을 받았을 때 너무 사랑받는 느낌을 받아서 이미 다음의 포옹을 갈망했다…"

내담자는 치료사와 함께 자신의 동화를 쓴다. 이와 같은 확장을 위한 아이디어는 구조를 가지고 내적 심상을 돕는 도구로서 제공된다. 또한 내담자는 외부화 과정의 일종으로서 자신의 삶에 자신을 투사하고 관련시키는 기회를 가진다. 예를 들어, 내담자의 삶이 실제로 어떻게 되는지 혹은 되었는지, 그리고 어떻게 되기를 원하는지 추가적으로 동화를 만들 수 있다. 이러한 단계는 준비가 될 때까지 내담자에게 제공되지 않는다는 것이 중요하다. 이것은 도전적인 과정이며 매우 가치 있는 과정이다.

Jill의 세션 개요

〈표 8-1〉은 음악 선택, 사용된 동화와 중요 장면, 그리고 반영과 비교를 메모한 각 세션의 개요다. GIM과 동화 치료는 2012년 8개월 동안 11회기 세션으로 진행되었다. 우리는 신뢰 관계 구축을 위해 천천히 시작했다.

〈표 8-1〉 세션 개요

No.	음악 프로그램과 작품	동화와 중요 장면	반영과 비교
1	Bruscia의 승화(Sublime) 1: Bach의 *Piano Concerto F단조 BWV 1056,* Largo	*인어공주* 바다의 왕과 미녀의 성	바다의 왕과 아이들 〉〈 Jill과 그녀의 아이들
2	Bruscia의 승화 1: Bach의 *Piano Concerto F 단조 BWV 1056,* Largo와 Chopin의 *Piano Concerto 2번 F단조,* Op. 21-2, Larghetto	*인어공주* 상승하기 안전함	멋지게 상승함-Jill은 보통 내면의 목소리를 회피하기 때문에 하지 못함
3	Bruscia의 어린 시절의 경험(childhood experience): Ravel의 *Ma mère l'oye – Pavane de la belle and Ma mère l'oye – Petit poucet,* Barber의 *Capricorn Concerto,* Op. 21, Allegretto와 Dubinsky의 *Sweet Dreams*	*인어공주* 햇살 아래 왕자의 머리	왕자는 옮겨졌고-Jill은 옮겨졌고/돌봄받고

4	Bruscia의 어린시절의 경험: Ravel의 *Ma mère l'oye-Pavane de la belle and Ma mère l'oye-Petit poucet,* Barber의 *Capricorn Concerto,* Op. 21, Allegretto와 Tchaikovsky (arr. Dubinsky) *Sweet Dreams*	*인어공주* 조용한 목소리와 음악	Jill은 잠이 들고 비교를 반영하지 않은 것이 슬픔
5	Bruscia의 어린시절의 경험: Saint-Saëns의 Tortoises, The Aquarium and Cuckoo in the Heart of the Wood와 Ravel의 Ma mère l'oye-Le jardin féerique	*인어공주* 인어공주의 필요	인어공주는 어떤 것을 원함-Jill이 그러하듯
6	Bruscia의 어린시절의 경험: Saint-Saëns의 *Tortoises, The aquarium and Cuckoo in the heart of the wood,* Ravel의 *Ma mère l'oye-Le jardin féerique*	*인어공주* 어린 인어공주는 자신을 희생함	목소리를 잃어버림〉〈Jill은 그녀의 질환 때문에 어떤 것을 잃어버림
7	Bonny의 바흐 프로그램(Mostly Bach): Bach의 *Adagio G장조, Partita in B* and Sarabande. 돌봄(caring): Bach의 *Hirtenlied*	*어린 Ida의 꽃* 지치고 시든 꽃들	Jill의 환상이 자극되고 그녀는 동화를 매우 선명하게 경험함
8	Bonny의 바흐 프로그램: Bach의 *Adagio G장조, Partita in B* and *Sarabande*. Bonny의 돌봄: Bach의 *Hirtenlied*	*어린 Ida의 꽃*	Sophie는 다른 사람들에게 보여지기 원함-Jill이 그러하듯
9	Skaggs의 중심(Centering): Vivaldi의 *Trio for violin, lute (guitar) and basso continuo C장조 R.82/II,* Larghetto, Vivaldi의 *Guitar Concerto D장조,* Bach의 *Sonata 2번 in E^b장조 BWV 1031-2,* Siciliano	*장난스러운 소년* 시인의 순수함과 Amor의 교활함	당신의 삶의 도전은 그것을 최소한으로 기대할 때 일어남
10	Bruscia의 승화 1: Bach의 *Piano Concerto F단조 BWV 1056,* Largo. Frohne-Hagemann의 Beruhigend: Bach의 *Air Ouvertüre D장조, BA152 Orchestersuiten BWV 1068-1069*	*여행하는 동반자* Johannes의 선함	만약 당신이 선한 일을 한다면 그들은 잘 돌아갈 것임.
11	Bruscia의 승화 1: Bach의 *Piano Concerto F단조 BWV 1056,* Largo. Frohne-Hagemann의 Beruhigend: Bach의 *Air Ouvertüre D장조,* BA152 Orchestersuiten BWV 1068-1069	*여행하는 동반자* 둘이 되는것	신뢰는 일반적 감정을 만들며 어떤 이들이 당신을 이해하는 데 중요함

■ 세션 설명

1. 첫 번째 세션 동안 Jill은 앉아 있었다. 우리는 함께 동화를 선택하고 나는 그것을 읽었다. 그리고 적절한 음악을 선택했다. 나는 Bach의 *Piano Concerto in F minor BWV 1056,* Largo를 선택했는데, 이 음악이 경험을 담아내고 예측할 수 있으며 인어공주 동화의 시작과 연관시켜 상상할 수 있기 때문이다.

2. 두 번째 세션에서 Jill은 누울 준비가 됐다고 말했으나 이것은 도전이었다. 나는 첫 번째와 같은 음악을 선택했고 Chopin의 *Piano Concerto No. 2 in F minor,* Op. 21–2, Larghetto를 추가하였다. 나는 Jill이 동화와 함께 누운 자세로 GIM을 처음으로 받았던 사실에 기반하여 음악을 선택하였다. 이 경우에 내담자가 음악을 안다면 더 유리할 수 있다. Chopin 추가는 동화의 흥미로운 반영을 위해 선택되었는데, 이는 긴장을 촉진한다. 잠시 후 나는 물었다.

   치료사: "당신이 인식하는 특별한 것이 있나요?"
   내담자: "안전함을 느껴요."
   치료사: "그것에 대해 더 말할 수 있나요?"
   내담자: "상승하는 느낌이예요"

   이후 Chopin 작품의 강렬한 부분에서, Jill은 뒤에서 공격받는 경험을 했다. 세션 후 대화에서 Jill의 날아오르는 느낌은 바다의 인어공주의 가벼움 때문이며 그것이 공격받는 감각으로 변화되는 것은 상승되는(유체이탈 경험) 기억 때문이라고 결론지었는데, 이는 어린 시절 학대를 기억하게 했다. 그녀의 내적 목소리는 감각의 변화도 못하게 했다. 우리는 방어기제로서 해리에 대해 이야기를 나누었다. 어린 시절 그녀는 안전한 곳으로 피하기 위해 상승했지만, 세션에서 사실상 그녀의 머리를 식힐 수 있어서 즐겁기도 했다. 그것은 Jill에게 전환된 의식 상태에서 알려지지 않은 자원을 제공했고 통제하지 못하게 했다.

3. 세 번째 세션에서 나는 Jill에게 순수함과 안전함이 있는 어린 시절을 기억하게 하기 위해 4개의 음악을 선택했다. 그것은 Ravel의 *Ma mère l'oye–Pavane de la belle*와 *Ma mère l'oye–Petit poucet*과 Barber의 *Capricorn Concerto,* Op. 21, Allegretto 그리고 Tchaikovsky의 *Sweet Dreams*(arr. Dubinsky)이다. 나는 Jill이

두 번째 세션에서 경험한 해리와 내면 목소리에 의해 방해받는다는 점을 기반으로 이러한 음악을 선택했다. 그녀는 음악에 긍정적으로 반응했는데, 인어공주 동화와 음악으로부터 언어를 경험했다. Jill은 동화를 이어 갔고 어떤 이 혹은 어떤 것(자신, 타인, 혹은 신)이 그녀를 옮기고 보호하는 것을 경험했다. 이것은 인어공주가 물에서 왕자를 옮기는 것과 같고, 이후 태양을 향해 얼굴을 드는 것과 같다고 했다. 세션 후 대화에서, 그녀 자신을 옮기는 것은 동화를 통해 강화된 자원, 내부에서 비롯된다는 것을 알았다.

4. 이 세션에서 나는 Jill이 반응을 잘한 세 번째 세션과 같은 음악을 선택했다. 나는 동화 읽기를 지속했으나 이때 Jill은 거의 잠에 빠졌다. 그 후 그녀는 나의 목소리와 음악이 너무 조용해서 빠져들게 했으나 이야기를 따라가고 관련짓는 것을 놓쳤는데, 그녀는 부끄러움을 느꼈다. 그녀는 각 세션이 어떤 방식으로 기여했다는 것을 이해했다.

5. 이 세션에서는 Saint-Saëns의 *Tortoises, The Aquarium and Cuckoo in the Heart of the Wood*와 Ravel의 *Ma mère l'oye—Le jardin féerique*를 선택했는데 이것은 동화의 등장인물이 바뀌었기 때문이다. 인어공주가 내가 예측하는 갈망으로 가득 차 있고 음악에 그것을 반영할 수 있었다. Jill은 인어공주의 갈망을 느꼈고 공간과 자유에 대한 갈망을 표현했다.

6. 여섯 번째 세션에서 나는 음악의 역동성이 효과적으로 동화와 일치하고 더 나아가 안전함을 만들었기에 다섯 번째 세션의 음악을 반복했다. 동화는 전개됐고 인어공주가 갈망으로 가득 차 있을 때와 같은 긴장의 요소를 포함했다. Jill은 인어공주의 상황을 반영했고 유사점을 발견했다. 인어공주는 그녀가 언니들을 다치게 하기 원치 않았기에 희생했다. Jill도 희생했는데, 그녀의 가족들이 슬퍼하고 자신을 다시는 똑같이 보지 않을 것이기에 가족에게 모든 것을 이야기할 수 없다고 느꼈다. 인어공주는 그녀의 목소리를 잃었기에 왕자에게 말할수 없었다. Jill은 이것과 관련하여 그녀의 질병이 그를 제한하게 했다고 생각했다.

7. 이번 세션에서 우리는 새로운 동화인 어린 Ida의 꽃을 시작했다. 나는 Bach의 4개의 음악을 선택했다(Adagio G장조, Partita in B^{b}장조, Sarabande 그리고 Hirtenlied). Jill은 꽃과 멋진 춤의 밤에 대한 이야기를 이어갔고 그런 환상을 즐겼다.

8. 나는 음악을 반복했고 우리는 어린 Ida의 꽃이라는 동화를 마쳤다. Jill은 인형, Sophie를 연관지었는데, 타인에 의해 보여지고 받아들여지길 간절히 원했다. 그녀의 일상에서 Jill은 필요성을 느꼈지만, 다루기 어려웠다. Sophie는 군중 가운데 뛰어내렸고 그녀가 갈망하는 주목을 받았는데, Jill은 이것을 목표를 달성하기 위한 위험을 감수해야 하는 징후로써 인식했다. 그녀는 자신의 생각을 자유롭게 하는 자유와 환상적 느낌이 그녀가 GIM과 동화를 하는 동안 포착할 수 없었던 느낌이었다고 강조했다.

9. 우리는 3곡의 음악과 함께 '장난스러운 소년'이라는 동화를 읽었다: Vivaldi의 *Trio for violin, lute (guitar)*와 *basso continuo C장조 R.82/II,* Larghetto, Vivaldi의 *Guitar Concerto D장조*와 *Bach의 Sonata 2번* E^b*장조 BWV 1031–2,* Siciliano. Jill은 동화와 관련짓기 어려워했고 이상한 것을 발견했다. 세션 후 대화에서 우리는 동화의 메시지가 어떻게 변화할 수 있는지 논의했는데, 이 경우에는 적어도 기대할 때 영향을 미칠 수 있다는 것이다. Andersen은 Amor를 부정적으로 묘사했으나 인어공주에서 볼 수 있는 무자비한 사랑의 경험에 의해 영향을 받았을 수도 있다. 이러한 관점은 동화에 대한 Jill의 이해를 넓혔다.

10. Jill은 스트레스를 받고 내면의 목소리와 환각과 같은 정신질환을 경험했기에 만약 GIM과 동화가 좋은 아이디어인지를 의심했다. 그러나 그녀는 시도하기로 결심했다. 우리는 '여행하는 동반자'라는 동화를 시작했다. 나는 Bach의 *Piano Concerto F단조 BWV 1056,* Largo와 the *Air Ouvertüre D장조, BA152 Orchestersuiten BWV 1068–1069*를 선택했다. Jill은 전에 듣고 친근한 지지적 음악이 필요하다는 것을 발견했다. 음악 여행 중, Jill은 정신질환자가 되었고 그녀의 내면 목소리 때문에 편안할 수가 없었다. 나는 그녀를 동화의 특정 장면에 집중하게 했고 그것을 매우 평화로운 장면이었다.

> [···] 그는 주위에 달빛에 춤추는 예쁜 어린 요정들을 볼 수 있었는데, 그들은 나무들을 비추었다. 그들은 그의 외모로 방해받지 않았는데, 사람들 사이에 그가 선하고 악의가 없다는 것을 알았기 때문이다. 그들은 요정을 절대 엿볼 수 없는 사악한 사람들이다. 그들 중에 어떤 이는 손가락 폭보다 크지 않았고 그들의 길고 노란 머리카락은 황금색 빗을 입었다. 그들은 나뭇잎과 높은 풀에 뿌려진 큰 이슬방울 위에서 함께 흔들고 있었

다. 때로는 이슬방울이 굴러 떨어지면서 긴 풀의 줄기 사이에 떨어졌다. 그리고 다른 작은 사람들 사이에서 큰 웃음과 소음을 일으켰다 […][2)]

나는 Jill에게 요정들을 보면서 상상할 수 있는지 물었다. 그녀는 가능했고 그것이 그녀가 초점을 바꾸는 계기가 되었다. 그 참여는 긍정적 효과가 있었지만, 그것은 Jill에게 여전히 도전이었다.

11. 마지막 세션에서 Jill이 누운 자세였다면 내면 목소리가 그녀를 압도할 수 있다고 느껴서 앉았다. 나는 안전함을 주기 위해 열 번째 세션과 같은 음악을 선택했다. 이번 음악 여행에서 Jill은 신뢰와 차분함을 경험했다. 그녀는 동화보다 그것에 초점을 맞추기로 결심했지만, 동반자를 가지고 함께 만다라는 메시지를 반영했다. 그녀는 아이들과의 관계에 대해 생각했다.

방법의 발전적 가능성

Jill의 사례에서 나는 동화와 함께한 GIM의 가능성을 설명하려 했다. Brun(2006)은 치료적 중재보다 덜 침투적이라고 주장했다. 그녀는 심리치료에서 동화 읽기를 사용했고 내담자가 시각화하는 데 어떻게 돕는지 경험했다. 그것은 과거와 미래를 연결했다(Brun, Pedersen and Runberg, 1993).

어린 시절 Jill의 환상은 외적 수단에 의해 자극되지 않았고 그녀는 감히 기억에 접근하지 못했다. 심상을 위한 용기의 부족은 무의식적 두려움의 결과였고, 그 심상은 학대로부터 비롯된 수치심과 무가치에 통로를 제공할 수 있었다. Jill은 동화 듣기와 심상을 즐겼고 동화를 통해 경험하는 동일시는 이해와 구속을 제공했다. GIM과 동화는 내담자에게 치료 과정에 참여할 수 있는 기회를 제공했고 그 과정은 그녀에게 삶을 통제하고 참여하도록 상기시키는 역할을 했다. 이것은 그녀의 심상을 자극했는데, 창의력을 다시 발휘하도록 동기를 부여하였다.

2) http://hca.gilead.org.il/travelng HJML

결론

GIM은 다양한 접근으로 변형될 수 있는 방법이고 각각의 개인 내담자에게 적용된다. 가능한 새로운 변형이 GIM과 동화이고 이는 정신건강의학과에서 효과적 접근법이 될 수 있다. 정신과에서 일을 하는 동안 나는 경계 없는 내면세계에 접근하기 위한 자원이 부족한, 그러나 동화의 세계와 연결하면서 치료 효과를 가져올 수 있는 내담자를 위한 방법이 필요했다. 목적은 내담자가 충분한 진전을 보일 때 이러한 중재 전략을 내면 수준으로 전환하는 것이다. GIM과 동화는 외부와 내부 세계 사이의 연결을 만들었고 내담자가 경험, 감정, 그리고 심상을 조절하기 위한 방법을 제공했다. GIM과 동화는 개인 내담자에게 적용하기 적합하며, 더 광범위한 내담자에게 접근할 수 있는 방법이다.

참고문헌

Brun, B. (2006). Det er vigtigt ikke at spilde tiden. *Journal of the Danish Association of Psychology, 8*, 26.

Brun, B., Pedersen, E. W. and Runberg, M. (1993). *Symbols of the Soul: Therapy and Guidance Through Fairy Tales*. London: Jessica Kingsley Publishers.

Bruscia, K. E. (1998). Defining Music Therapy. 2nd edition. Gilsum, NH: Barcelona Publishers.

Bruscia, K. E. and Grocke, D. E. (2002). *Guided Imagery and Music: The Bonny Method and Beyond*. Gilsum, NH: Barcelona Publishers.

Montgomery, E. (2012). An interview with Lisa Summer: Discussing GIM and its adaptations. *Voices, 12,* 2. Available at http://hca.gilead.org.il/vt/traveling.txt, accessed 15th December 2014.

Summer, L. (2009). *Client Perspectives on the Music in Guided Imagery and Music (GIM).* Unpublished PhD dissertation, Department of Communication, Aalborg University, Denmark. Available at www.mt-phd.aau.dk/phd-theses/, accessed 24th November 2014

제9장

음악 연주불안을 위한 유도된 음악 심상

Rachael Martin

음악 연주불안(Music Performance Anxiety: MPA)은 기술 수준이나 준비와는 관계없이 많은 음악인들을 괴롭히는 상태를 의미한다. 학생과 전문가들은 대중과 때로는 평가를 받는 상황에서 피할 수 없이 높은 수준의 신체적 · 정신적 각성을 일으키는 연주를 위한 연습을 위해 홀로 많은 시간을 할애한다(Reid, 2002). 만약 그러한 각성이 긍정적인 정서의 질과 관련된다면 연주가는 흥분이나 기대로 그 느낌을 인식한다. 그러나 위협으로 인식되는 각성은 신체적 불안으로 이어진다(Kenny, 2011, p. 27). 그러한 불안의 결과는 음악 공연의 회피와 그에 대한 만족감과 자긍심의 감소를 포함한다(Nagel, 2004).

작가는(이후 치료사라 함) 석사학위 논문을 위한 연구로서 연주불안을 경험하는 음악인에게 Bonny 방식의 GIM(Bonny Method of Guided Imagery and Music: BMGIM)을 변형하여 적용하였다(Martin, 2007). 음악연주불안을 경험한다고 진술한 5명의 3개의 음악연주 전공자들(남자 2명, 여자 3명)이 모집되었다. 대상자 선별기준으로는 18세 이상으로 현재 공연과목에 등록되어 있고, 솔로 연주자로서 연말 시험을 마친 자였다. 참여자들은 19~42세의 연령이었고 성악을 포함한 다양한 악기를 전공하였다. 6회기의 개인 세션이 제공되었는데, BMGIM의 초기 표준 연속 세션 수를 기반으로 제공되었다(Bonny, 1999/2002). 세션은 치료사의 집에 마련된 개인 임상 치료실에서 실시되었다.

치료적 목적과 이론적 방향성

인지행동, 약리학 및 기타 접근들을 통한 음악연주불안 증상 완화에 대한 많은 연구들이 있다. 그러나 증상만을 치료하게 되면 해결되지 않은 연주자의 삶과 무의식적 갈등이 남아 있게 된다(Nagel, 2004). 음악연주불안 상태와 성격 특성의 관련성은 문헌에서 광범위하게 연구되어 왔는데, Kenny(2009: Kenny, 2011에 의해 인용)에 의한 최신 정의는 음악연주불안의 진행 안에서 "근원적인 생물학적 또는 심리적 취약성, 혹은 특정 불안상태 경험"의 조합이다(p. 61). Nagel(2004)와 Montello(1992)는 음악 연주불안의 이론적 이해와 치료에 대한 그들의 글에 정신역동적 관점을 포함하였다. 이것은 음악연주불안의 환자를 위해 통찰력 중심의 심리치료적 접근이 증상을 해결하는 것 이상의 치료 효과를 높일 수 있음을 나타낸다. Nagel(2004)이 말했듯이 "치료가 외적 자원으로 이루어질 때 완화의 주요 자원으로 음악가의 내적 자원과 강점은 개발되지 않거나 강화되지 않는다."(p. 41)

이 연구의 치료적 목적은 음악연주불안을 위한 치료방법으로 변형된 BMGIM의 효과를 조사하는 것이었다. 심상과 이완의 기술은 음악연주불안의 치료에 성공적으로 사용되었다(Esplen and Hodnett, 1999; Montello, 2010; Montello, Coons and Kantor, 1990; Naparstek, 1994). BMGIM 요소를 사용하면서, 프로그램은 어릴 때부터의 음악적 영감과 연주에 대한 기억과 느낌을 탐색하는 정신역동적 접근을 사용했다. 또한 참여자의 음악연주불안이 특정 사건에서 부분적으로 발전했는지에 대한 여부를 생각하는 기회를 제공했다. 치료의 간단한 특성으로, 세션은 자기에 대한 건강한 감각을 키우는 데 긍정적 이미지를 사용하여 증상을 조절하고 그에 대한 통찰력을 제공하는 데 중점을 두었다. 이러한 중점은 치료의 목적과 예상되는 길이를 고려하여 심리치료적 맥락 안에서 BMGIM 형식을 변형할 때 Meadows(2002)에 의해 논의되었다. 적용된 BMGIM은 음악연주불안을 감소시키기 위해 성공적으로 사용되어 왔다(Grocke, 2005). 따라서 음악가들의 불안 경험에 중점을 두고 개인적 자원과 창조적 해결을 찾기 위해 시행하는 것은 언급된 치료적 접근법과 같다(Martin, 2007).

유도된 음악 심상-BMGIM의 변형

이 연구에서 사용된 치료적 접근은 유도된 음악 심상(Guided Music Imaging: GMI)으로 명명한다. Bruscia(1998)는 "전환된 의식 상태에서 치료사와 대화를 하는 동안 음악에 대한 자유로운 심상"(p. 125)으로 이 용어를 정의했다. 비록 이 정의는 BMGIM을 포함함에도 불구하고 이 접근의 여러 부분들이 변형되었다. 세션에서 음악 심상의 구성을 줄이고 각 세션을 위해 특정 초점을 소개하기 위해 슈퍼바이저와 함께 결정을 내렸는데, 이것은 (a) 참여자가 전환된 의식 상태에서 여행을 하는 깊이, (b) 나타날 수 있는 치료적 요소의 내용(즉, 연주불안에 초점을 유지), 그리고 (c) 최대 90분의 세션 길이를 포함한다. BMGIM을 50분 세션으로 압축한 Vaux(1993)는 짧은 형식으로 통합하는 것은 "짧은 심리치료가 일반적으로 효과적이다라는 한계를 넘는 수준에서 적용하는 능력"을 제공하면서 진행과정을 가속화한다는 것을 발견했다(p. 29). 중점적 이미지의 선택과 GMI 세션에서 사용되는 음악의 변형사항들은 다음과 같이 설명했다. 전통적 BMGIM의 형식과 일치하는 이완 유도 역시 세션에서 그들의 역할을 설명하기 위해 이 부분에 포함된다.

중점적 이미지

참여자의 음악연주불안 경험을 세션에서 집중하기 위해 세션 내용에 대해 초점을 제공하는 세션 주제들이 고안되었다. 사전 설정된 주요 주제는 Salter(2001)와 비슷한 아이디어에 기반을 두었고 BMGIM의 과정 동안 내담자의 경험과 유발된 주제의 범위에 의해 나타나는 것처럼 중재의 효과성을 감소시키는 것으로 나타나지 않았다. 음악연주불안 연구의 주제를 선택하면서, GMI 세션에서 사용된 변형된 접근은 사전 논의로부터 음악 심상 시작을 위한 주요 이미지를 가지는 전통적 BMGIM과는 달랐다. 참여자들은 한 주에 주제에 대해 이야기했고 그래서 그들은 치료를 위한 강한 기억과 이미지를 선택해 세션을 준비할 수 있었다. 사전 음악 논의는 세션을 위해 주제를 분명하게 했고 가장 선명한 주요 이미지는 심상 시작과 함께 선택되었다.

음악 연주불안 연구의 참가자가 이전에 BMGIM을 경험하지 않았으므로 첫 번째 세션에 선호하는 장소를 심상하게 했다. 세션 2~5는 다음의 주제에 중점을 두었다.

- 세션 2: 참가자가 음악을 시작한 계기가 무엇인가?
- 세션 3: 음악 연주에서 가장 좋은 경험 하나를 기억하라.
- 세션 4: 음악 연주에서 가장 나쁜 경험 하나를 기억하라.
- 세션 5: 음악 연주에 대한 느낌과 참가자가 어떻게 연주하고 싶은지 표현하라 (Martin, 2007, p. 48~49).

세션 6은 이전 세션으로부터의 중요한 이미지를 재검토하였고 전통적 BMGIM으로 마무리를 제공하였다. 주제 2, 3, 그리고 5는 음악연주불안을 다루기 위한 자원을 유발하기 위한 목적이었고 긍정적 연주 심상을 시연하는 기회를 제공하였다(Martin, 2007). 반대로, 주제 4는 불쾌한 기억을 탐색하는 안전한 방법을 제공하였다. 즉, Naparstek(1994)은 어려운 장면을 상상하는 것은 기억을 치유하고 그에 대해 단련될 수 있다고 언급하였다. 또한 참가자들은 Carlyle와 Saunders(1981)가 논의한 것과 같이 세션 안에서 치료 효과를 향상시키기 위해 중요한 이미지를 기억하도록 요청하였다.

음악 선택

음악 구성은 전통적 BMGIM에서 변형하여 음악 지속시간을 줄이고 각 주제별로 음악을 미리 결정하였다. 완전한 프로그램은 전형적으로 30~45분 동안 4~6개의 음악이 포함된다. 이와 같은 수정을 위한 프로그램은 BMGIM 프로그램으로부터 하나 혹은 두 개의 음악으로 구성되어 세션 별 약 10분으로 단축되었다. 성악곡은 복합적 반응을 일으킬 수 있으므로 피하였다(Bonny, 1978/2002). 기악의 콘체르토 역시 만약 참여자가 자신이 독주자의 역할을 한다고 상상하게 된다면 불안을 야기할 수 있는 가능성이 있기에 피하였다(Martin, 2007). 대부분의 음악은 내담자가 심상을 할 수 있도록 권장하기 위한 연속된 초기 세션에 자주 선택되고 치료로서 이 방법을 생산적으로 사용하는 내담자의 능력을 치료사가 평가하기 위해 *진단적 프로그램*(Grocke, 2005)으로부터 선택하였다. 음악의 정서적 윤곽은 심상을 자극하고, 경험을 감정적으로 깊게 하며, 해결을 제공하는 능력에 의해 고려되었다(Bonny, 1978/2002; Grocke, 2005; Vaux, 1993).

음악은 참여자 심상의 예측되는 특성을 반영하기 위해 그들의 분위기나 적합성을 기반으로 특정 주요 주제를 위해 미리 선택되었다(Martin, 2007). 음악 선택은 적절한 정서적 윤곽과 지속시간을 가진 한정된 음악 때문에 이와 같은 방식을 일관되게 유지했고 5명의 참여자에게 같은 음악을 사용해서 연구의 변수를 줄였다. 이 방식에서는 전통적 BMGIM의 형식과 다르게 음악을 논의된 이슈와 그날의 내담자의 기분과 조화되는 것을 치료사에 의해 세션 전 대화 이후 선택했다(Grocke, 2005). 하지만 Summer(1995)는 음악이 안아 줌으로써 내담자의 내적 상태를 반영하고, 심상여행을 위해 자극을 제공하여 폭넓은 음악적 공간을 탐색하게 하는 '충분히 좋은' 음악적 공간의 개념을 주장했다. 세션 1~3 그리고 5를 위한 음악 선택은 다음과 같다.

- 세션 1: Debussy: *Dances Sacred and Profane.*
- 세션 2: Ravel: *Introduction and Allegro for harp, flute, clarinet and string quartet.*
- 세션 3: Debussy: *Afternoon of a Faun.*
- 세션 5: Delius: *Koanga Suite,* La Calinda and Bizet: *Carmen, Intermezzo* (Entr'acte # 1).

부정적 경험의 기억이 유발된 네 번째 세션에서는 강한 음악이 요구되었다. 따라서 분위기와 집중, 그리고 특정 정서가 요구되는 **작업을 위한 프로그램**을 선택했다(Grocke, 2005). Martin(2007, p. 50)에 따르면, 표현된 주요 감정이 분노인지 불안인지 혹은 슬픔인지 여부에 따라 이 세션에서 세 가지 음악 중 하나를 선택할 수 있었다. 세 가지 음악은 각각 이 같은 감정과 어울렸다.

- Holst: *Planets Suite,* Mars.
- Debussy: *String Quartet,* Op. 10, Andantino
- Dvořák: *Serenade in E major,* Larghetto.

이 음악들은 전체(약 6~8분의 지속시간)를 사용하거나 감정적 변화가 있다면 끝나기 전에 소리가 점점 작아지게 되도록 했다. Warlock의 *Capriol Suite,* Pieds en l'air는 해결을 제공하고 경계상태로 돌아가는 것을 돕기 위해 각각의 선택에 대해 마무리로 사용되었다.

이완 유도

이완 유도는 **자연발생적 이완** 기술에서 다양성을 포함한 전통적 BMGIM 형식과 동일하게 사용했다(예를 들어, Grocke and Wigram, 2007 참조). 세션 1~3은 '긴장감 인식' '긴장 완화' 또는 '긴장감 호흡'과 같은 주요 구문이 유도에 사용되었다. 이것은 참여자가 신체의 특정 부위에서 긴장을 인식하거나 목이나 어깨에서 느껴지는 긴장을 이완하도록 도왔다. 최악의 기억을 유발한 네 번째 세션을 위해서 간단한 색깔 유도를 사용하였는데 이는 참여자를 이완 상태로 유도하기보다는 표현한 기분이나 에너지를 유지하도록 사용하였다. 다섯 번째 세션을 위한 유도는 참여자의 몸을 여행하는 빛의 공 이미지를 통합했는데, 이는 빛이 '필요한 것을 운반'하는 기회를 추가적으로 제공하였다.

다음은 GMI 과정을 설명하는 사례 연구다(자세한 내용은 Martin, 2007, pp. 62~70 참조).

사례 연구: Nick

배경정보

Nick(가명)은 열아홉 살로 팝음악을 작곡, 편곡, 녹음, 제작하는 데 관심 있는 음악과 1학년 학생이다. 그는 다섯 살 때 피아노를, 여섯 살 때 노래를 배우기 시작했다. 그는 다양한 장르와 앙상블에 광범위한 연주 경력이 있으며, 현대음악과 재즈음악을 연주할 때 흥분됐다는 것을 기억하지만, 그의 엄마와 피아노 선생님은 팝음악에 관심 있는 그를 지원하지 않았다. '심각한 문제'는 열두 살 때 일어났는데 공연 중 Bach의 서곡에서 즉흥연주를 한 것에 대해 피아노 선생님에게 호되게 야단을 맞았다. 그 이후로 그는 클래식 레퍼토리를 연주할 때마다 연주의 질을 떨어뜨리는 불안을 경험했다. Nick은 고등의 음악 과정에 입학하기 위해 여러 번의 오디션을 봤지만, 재즈에 대한 정규 교육 없이는 즉흥연주과정에 합격하지 못했다. 대신, 서양 클래식 음악(재즈에 영향을 받은 20세기 음악 제외)에 중점을 둔 교육기관에 입학했는데 그는 그의 전문적인 부분을 뒤로 하고 공부를 시작하기로 결심했다. 그는 음악을 사회적인 표현적 출구로 보았기에 음악연주불안이 걱정되었고 너무 기교에 집중함으로써 '실제 연주의 특성'을 잃어버렸다고 느꼈다. 연구의 시작에서 Nick은 연주 학위과정을 그만두기를 원했다.

세션

주요 부분을 설명하기 위해 각 세션의 사전 대화, 심상, 그리고 과정으로부터 발췌가 제시될 것이다. 치료사의 중재는 괄호 안에 표시되고 그려진 두 개의 만다라가 설명된다.

■ 세션 1 – 선호하는 장소

자연발생적 유도는 상징적 벽이 무너질 때 Nick이 어깨와 목의 긴장 이완을 자발적으로 상상하도록 제공되었다. 그의 중점 이미지는 학생으로 일한 녹음 스튜디오였고 음악을 상상하면서 그는 행복한 장소로 그곳을 언급하였다. 그의 멘토인 주인이 나타났고 Nick은 스튜디오에서 긍정적 시간을 기억했고 친구와 즐거운 시간을 가졌다.

■ 세션 2 – 음악을 시작한 계기가 무엇인가?

세션 주제로 '음악을 시작한 계기가 무엇인가?'에 대한 반응에서 Nick은 몇 년 전 유명했던 Train'의 노래인 *Drops of Jupiter*를 선택했다. Ravel의 *Introduction and Allegro*가 시작되면서 그는 다음과 같이 말했다.

> 나는 비디오를 봤어요. 뒤의 그랜드 피아노, 밴드의 중간에 현악기, 그리고 앞에 가수. 나는 생각하고 있어요, '피아노의 멋진 연주.' (무엇과 같은가요?) 이전에 경험하지 못한, 사각형을 벗어난 새로운 어떤 것. (사각형을 벗어난 것은 무엇과 같은가요?) 흥분되고, 변화… 새로운 환경, 인식, 그리고 사람들.

그는 미소를 짓고 그를 칭찬하면서 학교 친구를 위해 노래하는 기억을 회상했다. 그는 음악 경력을 쌓기 위해 노력하면서 수상 경력을 있는 자신의 노래를 작곡하고 녹음하기 위해 영감을 얻었다.

심상 후 Nick은 그가 경험한 세 가지 유형의 음악을 만다라로 표현했는데 그것을 군청색을 가지고 주로 사용하지 않는 손으로 그렸다. 첫 번째(왼쪽에서 오른쪽으로 중앙을 가로질러 휘갈겨 그은 선으로 표현된)는 멈추기 전 '완전히 미친' 클래식 음악, 두 번째(첫 번째 줄 밑에 휘갈겨 그은 선과 오른쪽 아래 사분면에 블록이 합쳐짐으로 보여지는)는 나중에 시작되어 계속되는 팝/록 음악과 자신과의 관계를 나타내었다. 세 번째(오른쪽 위 사분면의 블록에 합쳐진 첫 번째 위의 작은 선)는 현재 재즈 음악에 대한 그의 관심을 상징하였다(삽입 9.1 참조).

■ 세션 3 – 연주 중에 최고의 경험 하나를 기억하라

Nick은 오케스트라, 합창 및 댄서가 함께하는 작년 학교 연설의 밤에서 John Farnham의 히트송인 *You're the Voice*를 불렀다. 그는 이 경험을 좋아했고 이 세션에서 주요 심상으로서 이 노래를 부른 기억을 선택하였다.

> [이것은] 꿈이 이루어졌어요… 나는 TV 모니터에 나의 얼굴을 봤습니다… 학교에서 마지

막 공연이었기에 나는 최대한 활용했어요… 무대 중앙, 댄서 주변을 뛰고 있는. 정상적, 현상 유지. (더 말할수 있나요?) 자연스러운, 수천 번의 공연. (몸을 통해 그것을 느껴라) 나는 내가 보여 주고 있는 것을 느꼈으나 오직 한 사람[나의 여자친구]에게 공연하는, 그녀에게 선물을 주는 것처럼… 그 자신을 위해 [기관]에서 연주하는 연주가, [그들은] 음악이 무엇에 대한 것인지 잊었어요.

Nick은 심상 후 만다라를 급하게 그렸는데 어두운 강당을 그리기 위해 검은색을 사용했다. 세 개의 직사각형 블록을 세 개의 섹션에 앉은 관객을 표현하면서 만다라 원 안에 그렸다. 중앙 블록에는 작은 원이 있는데, 연주 동안 여자 친구가 앉아 있는 곳을 가리켰다. 원형 바깥쪽은 (별과 함께) 연주를 위해 중앙 무대에 서 있는 것을 설명했고, 다른 가수를 나타내기 위해 별 각 면에 하나의 십자가를 그렸다(삽화 9.2 참조).

■ 세션 4–연주 중에 최악의 경험 중 하나를 기억하라

Nick은 그 해 밴드에서 첫 번째 재즈 연주의 기억을 선택하였다. 그는 신이 났으나 익숙하지 않은 키보드를 연주하여 연주가 잘못되기 시작함으로써 그의 손과 발의 떨림을 경험하였다. 색깔 유도는 사람과 얼굴의 흔적이 있는 진한 파란색과 보라색으로 하였다. 치료사는 음악 프로그램 시작을 Debussy의 *String Quartet in G minor*, Op. 10, Andantino로 하였다.

밴드를 보고 있어요… 나는 모니터 스피커를 통해 피아노 소리를 들어요. 그 소리는 끔찍해요. 소리는 자신이 무엇을 하는지 몰라요. 나는 청중이 듣고 있는 것이 걱정이 되고요… 그것은 독주하는 내 차례예요. 난 여전히 화음을 배우고 있구요. 나 자신에 대한 높은 기대감으로 불편해요… 가장 큰 문제는 내가 할 수 있는 모든 것을 해도 최선을 다할 수 없다는 걸 알기에 불편합니다. (몸에서 어떻게 느껴지나요?) 원하지 않지만 어깨, 목과 가슴이 죄어드는 듯하고 심장 박동이 빨라져요. 진정하려고 노력 중이에요. (도움이 필요한가요?) 그날 밤이 아닌. 공연 후… 진지한 재즈 연주자가 얼마나 재즈를 좋아하는지 말했어요. (그것은 무엇과 같은가요?) 좋아요. 드디어 재즈를 좋아하는 어떤 사람. 술집 사람이 우리가 다시 돌아오는지 물었어요… [밴드] 가능성을 보여 주었어요. (그것은 당신한테 어떤가요?) 좋아요. 낙천주의, 흥분 그리고 가능성의 감각.

■ 세션 5 – 음악 연주와 어떻게 연주하고 싶은지 표현하라

Nick의 이상적 연주는 청중과 연주자 간 양방향의 상호작용을 말한다. 그는 특별히 그가 시험의 요구사항을 준비하는 바로크 레퍼토리에 정서적 교감이 어려웠고 '행동'해야 하는 것처럼 느꼈다. 그는 소리에 집중하고 기술을 뛰어넘는, 좋은 연주 뒤에 있는 공간, '영역'으로 가기 위해 주먹으로 벽돌로 된 벽을 두드리는 것(고전음악 표현)과 같이 이를 묘사했다. 빛의 공 유도가 사용되었다.

음악이 시작되면서 Nick은 전경을 차지하는 그의 앞의 벽을 보았다. 그는 어린 시절 살던 집과 같은 갈색 벽돌을 느낄 수 있었고 벽 왼쪽과 위로 날아다니는 카메라 조망을 보았으며 그것은 그리 크지 않았다. 그러나 카메라는 그것 주위를 돌아다닐 수 없었고 그도 그럴 수 없었다. 그가 시도할 때 벽은 더 커졌다. 카메라는 다른 쪽의 거대한 공간, 건조한 시골 풍경을 볼 수 있었다. 치료사는 물었다, "어떻게 벽을 통과할 수 있었나요?" Nick은 벽을 치려고 했으나 "많은 시간과 고통이 따라요."라고 말했다. 만약 어떤 것이 도울 수 있는가에 대한 치료사의 물음에 Nick은 만약 도구를 사용했다면 그것을 하지 않았을 것이라고 했다. 그는 그가 유령처럼 투명하게 벽을 통과할 수 있다고 생각했다. 치료사가 만약 강한 음악이 도왔으면 어땠을까라고 물었을 때 Nick은 시도했지만, 벽을 밀쳤음에도 불구하고 벽은 계속 서 있었다라고 말했다. 비록 그의 손이 다치고 재즈 음악 연주를 위해 손이 필요했음에도 불구하고 Nick의 유일한 방법은 주먹으로 치는 것이었다고 말했다.

치료사는 음악을 Holst의 *Planets Suite*, Mars로 바꿨다. 그러나 Nick이 그 음악을 원치 않는다 말했고 따라서 치료사는 Bizet의 *Carmen*, Intermezzo으로 음악을 바꿨다.

> 그것을 하는 오직 하나의 방법은, 투명하고, 단지 영적/마음적으로 할 수 있는 것처럼 하는 것이에요… 강한 음악은 뇌가 아닌 야만적인 힘을 사용하는 것과 같아요. 긴장 이완을 했을 때 나는 침착히 생각했어요. (그것은 무엇과 같은가요?) 나는 너무 멀리 갈 수 없어요… (무엇이 유령과 같죠?) 진짜가 아니라, 죽은, 침묵하는. (유령이 필요한 것은 무엇인가요?) 침착해진 나, 심호흡, 논리적으로 보는 것… 더 통제하는. (몸에서 그것이 느껴지나요?) 폐, 가슴, 횡격막에서. (느낌이 어떤가요?) 손톱, 갑옷과 같이 단단한, 어떤 것도 침투할 수 없고 상처 입을 수 없어요. 영혼이 나갈 수 있어요. 몸이 할 수 없음에도 가장 어려운 방해물을 통해 투명성은 통과할 수 있다고 내게 말해요. (어떻게 느껴지지요?) 싸움에서 일부분을 잃어버린 것처럼, 자아는 거기에 갈 수 없어요. 나는 치명적인 손상을 입었지만 그것의 부분을 차지했어요.

■ 세션 6 – 마침

세션을 재검토하면서, Nick은 특별히 세션 5의 심상을 해석하는 데 관심이 있었다. 카메라 관성은 자신의 높은 인식을 나타내었고, 침착하게 그리고 논리적으로 상황을 보면서 통제할 수 있었다. 그는 자신의 가슴을 덮는 갑옷의 느낌을 경험했는데, 이와 같은 느낌은 그가 평온하고 안정적으로 느낄 수 있도록 돕는 외적인 부정적 영향으로부터 자기 보호였다. 그는 연주의 목적을 달성하기 위한 '잘할 수 있는 척하는 것'에는 창의력이 필요하며 열두 살 때 Bach의 작품을 즉흥연주 했던 것은 건방졌다라고 느꼈다. 그가 언급한 '치명적 손상'은 권위에 대한 도전과 같이 느꼈었다고 언급했는데, 치료사는 클래식 음악이 음악 연주불안의 촉매제가 되었던 사건을 재검토하는 것으로 보았다. 또한 Nick은 이후 클래식 음악의 연주에서 실제로 떨리지 않았었다고 언급하였고 치료사는 모든 클래식 음악과 관련된 어린 시절의 부분으로부터 벗어난 것으로 보았다. 더 나아가, 그는 기술과 표현을 숙련하기 위한 기회로서 음악 학위를 위한 연주 과정 지원을 고려하고 있었다.

결과

GMI 프로그램의 질적 결과는 세션 노트, 대화 기록과 사후 검사의 면담 자료 분석을 통해 결정되었다. 면담은 참여자의 프로그램에 대한 경험과, 그의 삶에서 음악 연주불안 경험에 미치는모든 영향과 다른 영역에 미치는 모든 영향에 대해 프로그램이 얼마나 유용했는가에 초점을 맞추었다. 변형된 현상학적 접근은 개별적 본질에 대한 각 참여자의 데이터를 감소시켰는데 Nick의 본질은 다음과 같다.

> GMI 프로그램은 매우 유익했는데 Nick이 어떻게 음악 연주불안에 대처했는지에 대해 확실한 변화를 가져왔다. 그는 처음으로 연주를 즐겼고 긴장하고 떨기보다는 흥분하고 집중했다. 프로그램의 중요한 부분에서 과거 이슈를 해결할 수 있었다고 말했다. 증가된 평온과 통제의 감각 안에서 이루어진 이슈 해결은 연습에 집중할 수 있는 능력을 향상시켰고 따라서 시험 준비가 잘 되었다. 심상에 대한 논의는 자아에 대한 인식과 연주 능력을 향상시켜 떨림을 감소시켰다. 막힌 부분을 나타내는 벽돌로 된 벽의 중요한 이미지는 일상을 생각하는 자기 철학이 되었고 이는 그의 다른 삶의 영

역에도 큰 영향을 미쳤다. 가족과 독립하고 성숙해지는 것과 같은 다른 요인들이 음악 연주불안에 변화를 주었고 전체적으로 관점과 전문성을 향상시켰다. GMI 접근에 대한 의견은 음악이 때로는 그의 심상과 충돌하였고 그것을 그림으로 자연스럽지 않았다고 했다(Martin, 2007, pp. 69~70).

치료 결과에 대한 논의

Nick에게 GMI 프로그램은 음악연주불안의 경험을 많은 단계에서 다루었다. GMI 요소의 결합은 '긴장되고 떨리기보다 신나고 집중하는' 연주 경험을 가져왔는데, 이는 상황이 위협적이기보다 긍정적인 정서로 인식될 때 각성 경험에 대한 Kenny(2011)의 의견을 뒷받침한다. 정신역동적 접근법은 근본적 이슈와 과거사에 대한 언어적 탐색을 허용했고 특정 주제에 집중된 자발적 심상은 강력한 핵심 이미지를 가져왔다. Carlyle과 Saunders(1981)는 심상이 세션에 언급된 의도에 집중될 때 종종 핵심 이미지가 나타나는 것을 관찰했다. 또한 핵심 이미지는 원하는 변화를 촉진하기 위해 시각화할 수 있는데, 이는 적극적인 느낌과 책임감을 갖는 것, 그리고 개인 능력을 발견하는 것을 돕는다(p. 122). Nick의 심상을 불러일으킨 벽은 매일 시각화를 통해 강화된 통찰력과 관점에서 핵심 이미지로 볼 수 있다. 전통적 BMGIM과 다른 GMI 접근의 요소는 논의될 것이다.

음악

세션에서 사용된 음악들은 초기 BMGIM 작업의 진단 프로그램에서 가져왔음에도 불구하고 Summer(1995)가 언급하듯이 효과적으로 심상을 자극하는 음악 요소의 충분한 전개를 가지고 있다. Nick은 클래식 음악이 가끔은 자신의 이미지, 특히 그가 대중음악을 연주하는 것과 같은 이미지와 충돌을 일으켰다고 언급했는데, 그럼에도 불구하고 그는 효과적으로 심상에 관여하였다는 것에 매우 흥미롭다고 말했다.

프로세싱

Nick은 오직 두 번의 세션에서 만다라를 그렸다. 그리고 그는 그림 그리기가 자연스럽지 않다라고 말했다. 그러나 이것은 그가 접근법의 다른 구성요소 경험과 전반적인 프로그램에 대한 피드백에 의해 입증되는 바, 치료 결과의 가치를 떨어뜨리는 것으로 나타나지 않았다. 비언어적 처리에 중점을 덜 두는 것은 더 중점을 두는 전통적 BMGIM와 차이점일 수 있다.

중재

이미지 구성요소 중 치료사에 의해 계획된 적은 회기 수의 중재는 다섯 번째 세션의 벽을 통해 방법을 발견하도록 Nick을 돕는 것과 같이 전통적 BMGIM에서 수행하는 것보다 더 지시적이었다. 이것은 음악연주불안의 증상을 감소하기 위해 세션의 목적 지향 의도, 시간 제한, 당시 치료사의 경험 수준을 포함한 많은 요인들에 기인했다.

음악 심상을 위한 자세

내담자가 누워서 진행하는 전통적 BMGIM과 달리 Nick의 모든 세션은 앉아서 진행되었다. 그러나 깊고 효과적인 치료가 진행된 것으로 나타났다.

결론

GMI 변형은 음악 연주불안과 관련된 근본적 이슈를 탐색할 수 있는 기회를 제공하면서 긍정적 연주와 이를 위한 미래의 열망에 대한 심상을 불러일으켰다. BMGIM 요소의 조합은 짧은 음악 프로그램과 단축된 시간, 그리고 한정된 세션의 회기 수의 형식으로 구성되는데, 이는 Nick의 음악 연주불안을 감소시켰으며 치료 효과가 지속될 수 있다는 것을 확인하였다. 수정된 GMI의 앞으로 사용은 세션 회기 수, 음악 프로그램의 길이, 그리고 연속된 세션의 후반부에 솔로 연주에 대해 내담자의 느낌을 평가할 수 있는 독주 연주가 있는 곡(기악 혹은 성악)을 포함하는 음악의 선택으로 확장될 수 있다. 마지막으로 결과는 특정 주제에 대한 세션에 집중하기 위해 규정된 주제를 사용함으로써 특별한 초점을 가지고 BMGIM에 적용하는 것을 보여 준다.

참고문헌

Bonny, H. L. (1999/2002). Facilitating Guided Imagery and Music (GIM) sessions. In L. Summer (ed.) *Music Consciousness: The Evolution of Guided Imagery and Music* (pp. 269-298). Gilsum, NH: Barcelona Publishers.

Bonny, H. L. (1978/2002). The role of taped music programs in the Guided Imagery and Music (GIM) process. In L. Summer (ed.) *Music Consciousness: The Evolution of Guided Imagery and Music* (pp. 299-321). Gilsum, NH: Barcelona Publishers.

Bruscia, K. E. (1998). *Defining Music Therapy* (2nd edition). Gilsum, NH: Barcelona Publishers.

Carlyle, C. and Saunders, M. (1981). The transformation of key images as indicators of change. In J. E. Shorr, G. Sobel-Whittington, P. Robinand and J. A. Connella (eds) *Imagery. Volume 3: Theoretical and Clinical Applications* (pp. 303-320). New York, NY: Plenum Press.

Esplen, M. J. and Hodnett, E. (1999). A pilot study investigating student musicians' experiences of guided imagery as a technique to manage performance anxiety. *Medical Problems of Performing Artists, 14*, 127-132.

Grocke, D. (2005). A case study in the Bonny Method of Guided Imagery and Music (BMGIM). In D. Aldridge (ed.) *Case Study Designs in Music Therapy* (pp. 97-117). London: Jessica Kingsley Publishers.

Grocke, D. and Wigram, T. (2007). *Receptive Methods in Music Therapy*. London: Jessica Kingsley Publishers.

Kenny, D. T. (2011). *The Psychology of Music Performance Anxiety*. New York, NY: Oxford University Press.

Martin, R. (2007). *The effect of a series of guided music imaging sessions on music performance anxiety*. Unpublished Master of Music thesis. Melbourne: University of Melbourne.

Meadows, A. (2002). Psychotherapeutic applications of the Bonny Method. In K. Bruscia and D. Grocke (eds) *Guided Imagery and Music: The Bonny Method and Beyond* (pp. 187-204). Gilsum, NH: Barcelona Publishers.

Montello, L. (2010). The performance wellness seminar: An integrative music therapy approach to preventing performance-related disorders in college-age musicians. *Music and Medicine, 2*, 2, 109-116.

Montello, L. (1992). Exploring the causes and treatment of music performance stress: A process-oriented group music therapy approach. In R. Spingte and R. Droh (eds) *Music Medicine* (pp. 284-297). St. Louis: MMB Music, Inc.

Montello, L., Coons, E. and Kantor, J. (1990). The use of group music therapy as a treatment for musical performance stress. *Medical Problems of Performing Artists, 5*, 49–57.

Nagel, J. J. (2004). Performance anxiety theory and treatment: One size does not fit all. *Medical Problems of Performing Artists, 19*, 39–43.

Naparstek, B. (1994). *Staying Well with Guided Imagery*. New York, NY: Warner Books.

Reid, S. (2002). Preparing for performance. In J. Rink (ed.) *Musical Performance: A Guide to Understanding* (pp. 102–112). Cambridge: Cambridge University Press.

Salter, C. (2001). *A study using GIM to explore: The experience of nursing staff in caring for oncology patients and their families*. Unpublished manuscript, University of Melbourne, Victoria, Australia.

Summer, L. (1995). Melding musical and psychological processes: The therapeutic musical space. *Journal of the Association for Music and Imagery, 4*, 37–47.

Vaux, D. R. (1993). GIM applied to the 50-minute hour. *Journal of the Association for Music and Imagery, 2*, 29–34.

제10장

스트레스 병가 내담자를 위한 GIM

Bolette Daniels Beck

오랜 세월 동안 GIM(Guided Imagery and Music) 치료는 스트레스와 관련된 신체적 이상(Jacobi and Eisenberg, 2001; McDonald, 1990)과 외상 후 스트레스(Blake and Bishop, 1994; Körlin, 2010; Maack, 2012)를 가진 내담자들을 포함한 건강한 내담자의 스트레스 완화를 위해 이루어져 왔다(McKinney et al., 1997). 직무 스트레스로 장기 병가 상태인 내담자 치료를 위한 특정 GIM 접근법의 개발은 1999년 개인 임상에서 시작되었고 2007년에서 2012년까지 박사학위 연구의 일부였다(Beck, 2012). 연구 환경은 병원의 직업 보건 병동의 사무실이었다. 연구 종료 후 스트레스 병가 중인 내담자를 위한 GIM 세션은 연구자와 이 치료법에 관심을 가진 다른 GIM 치료사에 의해 개인치료실에서 시행되었다.

치료 기간

스트레스만으로 진단 받은 병가 상태인 내담자를 위하여, 현실적 치료의 범위는 6회기의 세션이며 되도록 조기 중재로 실시되는 것이 바람직하다. 처음 세 번의 세션은 매주 실시되어 방법을 소개하여 좋은 작업 동맹을 맺고 이후 세 번의 세션은 격주로 진행되어 내담자에게 매일의 삶에 세션의 내용이 통합될 수 있는 시간을 제공한다. 이 접근법은 단기 치료 과정이라 할 수 있다.

최소 10회기의 장기 치료는 우울증, 소진 및 심리사회적 문제와 같은 추가 합병증 때문에 장기(1~4년) 스트레스 관련 병가를 낸 내담자를 위해 권장된다. 6회기보다 긴 치료 과정은 내담자가 치료에서 알게 된 이슈와 관련된 심도 깊은 개인적 변화를 시작할 준비가 되어 있다면 효과적이다. 각 GIM 세션은 2시간 동안 지속되지만 세션의 시간은 내담자가 집중력 문제나 피로감을 가지고 있다면 1시간 30분으로 단축시킬 수 있다.

치료적 목적

직무 관련 스트레스 치료에서 GIM의 목적은 회복과 재활인데, 그것은 스트레스 증상을 감소시키고 일에 대한 행복, 에너지 및 능력을 증가시키는 것이다. 목적은 내담자에게 감정 표현과 신체의 자발적 자기 조절 과정을 위한 안전하고 지원적인 공간을 제공하는 것이다. GIM 접근법은 스트레스와 직무에 관련된 여러 가지 이슈를 구체적으로 다룬다.

- 스트레스 증상 감소
- 신경계 재균형
- 병가 전 직장에서 특별히 불쾌한 일화 처리
- 대처 능력과 자기관리 향상
- 자신과 직업에 관한 새롭고 건강한 태도와 신념의 탐색과 통합
- 직업에 관련된 사회적 역량 강화
- 직업 복귀 지원

덧붙여, 스트레스 증상에 대한 '메시지'를 탐색하고, 내담자에게 바람직한 직무 특성과 경력을 창출하기 위한 행동을 촉진시키는 가치, 목적, 그리고 꿈을 연결할 수 있는 통찰력과 변화를 시작할 수 있는 가능성을 제공하는 것이다. 개인 삶의 문제는 직무관련 스트레스와 얽혀 있고 또한 함께 작업할 수 있다.

접근법의 이론적 배경

스트레스에 초점을 맞춘 GIM 접근법은 신체적 경험과 같은 외상 치료 기법의 원리뿐만 아니라 광범위한 스트레스 이론으로부터 기인하여 발전하게 되었다(Levine, 2010).

스트레스와 자율신경계

'스트레스'라는 용어는 일반 적응 증후군 이론에서 내분비학자 Selye에 의해 1930년대에 만들어졌으며, 위협 또는 스트레스 요인이 경계상태(투쟁과 도피 반응)를 일으키고 다음으로 저항과 적응하려는 시도(저항 상태)를 일으킨다(Selye, 1974). 적응 에너지가 제한적이므로 지연된 혹은 실패한 저항은 결국 붕괴 또는 질병(소진 상태)으로 이어질 수 있다.

스트레스는 자율신경계의 조절 장애와 관련되어 있다. 일반적으로 신경계의 교감신경절(빠른 반응 동원 시스템)은 부교감신경절(이완과 휴식)의 완화 효과와 교대로 나타난다. 다중 미주신경이론에 따르면, 부교감신경의 제동장치의 일부는 사회 참여와 관련이 있고, 그것은 어떻게 인간의 의사소통과 지원이 스트레스를 감소시킬 수 있는가를 설명한다(Porges, 2003). 만성 스트레스를 받는 동안 교감신경계는 체내를 동원하여 일정한 경계상태(투쟁과 도피를 위한 준비)가 되도록 하는데, 이때 스트레스 호르몬 코르티솔의 과다생성, 감소되는 식욕과 소화작용, 근육 긴장, 소리에 대한 과민반응, 그리고 인지 손상(기억과 집중 문제)은 상승하는 맥박, 혈압 및 호흡 리듬의 원인이 된다. 장기간의 스트레스 반응에 대응하기 위해 부교감 신경계는 만성 스트레스 혼합 증상에서 관찰되는 활동과 휴식 사이에서의 불균형을 발생시키고 증가시킨다. 이것은 과도한 경계가 피로감과 직결되는 것으로 종종 관찰된다(Doctare, 2000).

직무 관련 외상 일화의 재협상

스트레스가 많은 직무 상황이나 딜레마에서 투쟁과 도피의 행동을 취하지 못하거나 방법을 찾지 못하면 사람은 외상과 비슷한 부끄러운 상황에 꼼짝없이 처할 수밖에 없다. 이러한 상황에서 동결, 졸도, 붕괴/위장 죽음, 혹은 복종 반응(복종 행동)이 발생할 수 있다(Ogden, Minton and Pain, 2006). 만약 동결 반응이 나타나면, 사람은 움직일 수 없지만, 내면은 투쟁과 도피를 위해 준비된 높은 에너지가 활성화된다. Levine(1997)에 따르면, 그것은 외상 혹은 오래된 스트레스 반응을 일으키는 고정된 에너지 혹은 동결 상태의 축적된 에너지이다. Levine(2010)은 인간은 포식동물에 비해 동결된 투쟁과 도피 에너지를 방출하는데 어려움을 가진다고 주장하지만, 그러한 것은 공명(치료적) 관계에서 신체의 느껴진 감각과 함께 작업함으로써 할 수 있다. 이 과정은 풍부한 자원의 상태를 확인하는 것을 포함한다(예를 들어, GIM에서 안전한 장소에 있거나 조력자와 있는 심상을 통해 일어남). 신체 이미지에 주의를 기울이고 풍부한 자원의 상태와 스트레스 경험 사이에 존재하는 내적 이미지들을 자극시킴으로써 동결 반응의 '재협상'이 수행될 수 있다. 투쟁과 도피 에너지는 심상 행동을 수반하는 민감한 신체 반응에 의해 방출되며 이로써 내담자는 적극적 역할을 하고 조절감을 회복한다. GIM에서 음악은 심상 과정과 정서적 에너지의 방출을 지지하면서 이와 같은 과정을 담는 그릇으로서의 역할을 한다. 동결된 반응이 풀어짐에 따라 투쟁 반응은 분노와 힘의 느낌으로 나타날 수 있다. 그리고 자율신경계가 활성화되면서, 내담자는 깊은 휴식과 에너지를 경험한다. 미래 계획에 시간과 열의의 감각이 돌아오고 사회 활동을 위한 동기가 나타난다.

GIM과 대처

음악은 내담자를 지지하고 격려하기 위한 자원으로서의 역할을 하며 동결 상태를 중화하는 움직임과 정서적 삶을 만든다. 음악의 변형은 내담자가 각성과 이완을 번갈아 가며 움직이도록 자극하고 신경계의 유연성을 증가시킨다. 스트레스가 있는 내담자에게 적용된 GIM의 관찰을 통해 음악 역동성의 범위와 신경계[소위 '내성의 창'(Siegel, 1999)이라 함]의 유연성 정도의 민감한 초기 일치가 내담자가 음악을 안전하게 느끼고 음악을 신뢰하도록 돕는다. 내성의 창의 '가장자리'에 대한 치료는 내담자가 소량의 도전적 요소에 대한 대처를 배우도록 한다. 심상 과정에서 휴식과 활성화 사이를 자극함으로써 생기는 유연성 증가와 함께 내담자는 점차적으로 역동적 음악을 수용할 수 있게 된다.

GIM 과정은 일상생활에서 새로운 대처 전략을 선택하고 사용할 수 있는 힘과 능력을 강화한다. Goldberg(2002)는 방어기제 개념을 GIM 과정의 감정적 반응과 관련지었다. 감정은 내적 혹은 외적 사건의 평가 과정과 연결될 수 있는데, 상황에 대한 적응 또는 숙달로 이끄는 행동과도 연관되어 있다. "방어기제는 GIM 경험 동안 스트레스나 위협의 대처를 도울 뿐만 아니라 현재의 문제에 더 깊이 관여할 수 있는 숙달과 힘을 키울 수 있도록 돕는다."(Goldberg, 2002, p. 364) 방어기제는 감정적 경험, 그리고 심상이나 음악의 경험 강도의 조절로서 여겨질 수 있다. 조절 과정 자체는 감상자가 요구하는 상황이나 감정을 성공적으로 다루는 경험만큼 강력한 효과로서 제시된다.

결론적으로, GIM은 신체적 · 정서적 조절과 인지적 재구성을 일으키는 내적 자원과 연결하도록 공간을 제공함으로써 적응과 대처 능력을 향상시킬 수 있는 잠재력을 가진다.

스트레스 병가 내담자를 위한 Bonny 방식의 변형

스트레스 치료를 위해 사용되는 GIM 접근법은 원래의 Bonny 방식과 유사하나 스트레스/외상 이론과 스트레스 병가 내담자의 특정 필요를 고려한 변형과 제안이 있다. 일부 변형은 내담자들이 병가나 치료 상황에서 증상의 정도나 단계에 따라 다양한 필요를 가지므로 선택된다. 변형된 옵션은 다음과 같다.

1. 단기 치료(6회기 세션)
2. 긴 도입
3. 첫 세션 중 하나에서 음악 호흡 소개(Körlin, 2010 — 다음 설명 참조)
4. 과정에 중점을 두기보다는 스트레스와 직무 관련 문제에 특별한 초점
5. 신체 이미지와 자율신경계에 특별한 초점
6. 단기 음악 세션(15~30분)
7. 일반 GIM 레퍼토리 외의 음악 작품(다음 참조)
8. 외상 혹은 문제적 일화나 관계의 유도된 재협상
9. 세션과 세션 사이의 과제(음악감상)

내담자가 특별히 쉽게 영향 받는 특수한 경우, 변형을 위한 옵션은 조용한 음악, 앉은 자세에서 짧은 시간의 청취 혹은 음악 호흡과 함께 연장된 유도 이완을 포함한다.

도입

도입의 시간은 종종 길고 45분까지 길어진다. 도입에서는 음악여행의 초점을 결정할 뿐만 아니라 내담자의 현재 상태와 회복 과정의 진행을 평가한다. 직장, 질병 수당을 관리하는 사회복지사 또는 기타 기관과의 접촉을 통해 경험할 수 있는 추가 압력을 다룰 필요가 종종 있다. 스트레스 증상과 대처에 대한 정신 교육도 대화의 일부가 될 수 있다.

음악 호흡(음악감상 중 심호흡의 특정 형태)은 음악감상 동안 외상을 가진 내담자가 내면에 집중하도록 돕는 방법으로 만들어졌다(Körlin, 2010). 심호흡은 부교감신경을 자극하고 스트레스를 받는 내담자가 이완과 평안을 얻도록 돕는 매우 유용한 방법이다. 음악 호

흡은 신체 감각을 일으키고 세션과 세션 사이에 집에서 시행할 수 있도록 스트레스 관리를 위한 도구로서 치료 중 짧은 활동(3~5분)으로 통합된다.

유도

이완은 부교감신경의 반응을 자극하는데, 내담자가 신체에 집중하여 느낄 수 있도록 돕는다. 머리에서부터 시작되는 최소 10분의 점진적 이완 또는 '긴장시키고 풀어 주는' 이완 과정이 적절하다. 내담자가 상처받기 쉽거나 몇 날을 잠들지 못했을 경우 이완은 부드러운 음악으로 연장되거나 동반되어 질 수 있다.

음악감상시간

일반적 GIM 중재 레퍼토리와 비교해서, '신체 감각과 느낌'에 대해 신체 심상과 질문에 특별한 초점이 있다. 이것의 목적은 동결 반응이 머리/몸을 분리시키므로 내담자에게 신체와 더 통합하게 하며, 역량강화와 조절의 경험이 구체화되는 것을 허용하게 하는 데 있다. 또한 지속되는 자기 조절 과정을 지원하고 평가하는 데 사용된다.

앞서 언급된 외상 작업 일화 또는 문제적 관계에 대한 세션은 매우 직접적인 방법으로 진행된다. 내담자는 이완 전 하나 이상의 지원적 이미지를 찾도록 요청되고 음악이 시작되면 자원을 다시 기억하며, 외상적 일화에 집중하게 한다. 스트레스와 자원적 이미지 사이에서의 자극은 외상의 재발을 막거나 과정을 조절하기 위해 치료사에 의해 진행된다. 내담자는 '가능하다면 상황에 필요한 것은 무엇이든 하라'라는 요청을 받고 치료사는 행동(투쟁과 도피)과 동반하는 감정과 신체 느낌을 확인하고 지원한다. 음악은 내담자에게 '음악이 당신이 상황을 해결하는 것을 돕도록 해라'라고 요청함으로써 재협상 과정을 지원하기 위해 사용된다. 내담자가 신체에서 안도의 느낌을 가졌을 때, 재협상은 끝낼 수 있다.

토의

음악이 끝난 후 내담자는 만다라 그리기를 하였고 여행의 과정은 구두로 진행된다.

음악 길이

음악감상의 길이는 일반적 세션에 비해 15~30분 정도 짧으며 내담자가 준비가 된다면 45분까지 늘어날 수 있다.

음악 장르/스타일

스트레스와 관련된 심리적 문제를 해결할 필요와 이완의 필요의 균형을 맞추기 위해 문제는 사용하는 보통의 GIM 레퍼토리를 스트레스 내담자에게 언제 그리고 어느 정도 사용해야 하는지에 대한 것이다. 스트레스 내담자에게 적용된 186세션의 분석에 따르면, 약 40퍼센트의 세션은 일반 GIM 프로그램에서 제공하는 음악보다 덜 자극적인 음악을 필요로 했다(Beck, 2012). 같은 GIM 연구 프로젝트에서, 클래식, 뉴에이지, 영화음악의 30곡은 개인 음악 프로그램을 현장에서 편집한 기본 프로그램으로서 수집되었다. 음악은 안아 주는 그리고 담아내는 음악이라는 두 가지 범주로 나뉘었다.

안아 주는 음악

이것은 매우 작은 역동적 변화, 반복적인 짧은 선율 주제, 단순한 화성, 긴 음, 드론 또는 오스티나토, 매우 느린 템포, 신디사이저, 플룻, 기타, 현악기, 혹은 피아노의 부드럽고 확산되거나 따뜻한 소리, 그리고 어떤 경우에는 자연의 소리가 특징이다. 예를 들어, Arvo Pärt의 *Spiegel im Spiegel*과 Bliss의 *Blissful Moment* from the CD *Afterlife*이다. 안아 주는 음악은 자유롭게 하고, 이완하고, 호흡하며, 신체와 그 순간에 나타나거나 부정적 생각에서 벗어나게 할 필요가 있을 때 사용된다. 이것은 압도당하거나 매우 스트레스를 받은 내담자를 달래고 돌보는 것을 도울 수 있으며 신체가 부교감신경계를 자극하게 돕는다.

담아내는 음악

이것은 조금 더 많은 활동과 역동성이 특징이기에 이런 종류의 음악에 대한 은유는 멈춰야 할 곳이나 따라가야 할 길이 있어야 한다는 것이다. 또한 이런 음악은 긍정적 심상을 자극하고 불쾌한 신체 감각이나 느낌을 관리하는 데 사용된다. 이것은 약간의 다양성과 역동성, 오케스트라나 혹은 합창에 의해 반복적으로 지원되는 선율을 연주하는 독주자, 부드럽고 선명한 소리, 느린 템포, 그리고 ABA 양식을 특징으로 한다. 예를 들어, Mozart의 *Serenade 10번 for 13 wind instruments* B^b*장조*, *K* 361과 Rolf Lövland의 'Song from a Secret Garden' from Secret Garden의 CD *Dreamcatcher*이다.

기본 GIM 프로그램을 사용하는 단계는 다른 프로그램(확장되고 시작하는 음악)으로부터 음악을 편집할 수 있다. 짧은 프로그램(약 22분)은 다음의 음악을 포함할 수 있다.

1. Bizet: *Intermezzo from Carmen*.
2. Brahms: *Violin Concerto* (Adagio).
3. Bach: *Concerto for 2 violins* (Largo).
4. Vaughan Williams: *Prelude on Rhosymedre*.

Brahms의 *Violin Concerto* (Adagio)는 작업을 위한 음악으로 돌봄 프로그램(Caring program)의 Haydn의 *Cello Concerto 1번 C장조* (Adagio)로 변경할 수 있다(Bruscia and Grocke, 2002, p. 131). 내담자의 신경계를 조절하는 방법으로서 음악의 볼륨은 음악의 절정 순간에 줄일 수 있다. 재협상 유도를 위한 음악은 안아 주는 동시에 힘과 인내의 느낌이 있어야 한다. 제시되는 음악은 Pachelbel의 *Canon D장조*와 Rodrigo의 *Concierto de Aranjuez*, Adagio가 있다.

과제

내담자에게 중요한 자원이 풍부한 이미지 재심상 혹은 이완을 위한 음악감상, 그리고 취침 전 수면을 촉진하기 위한 음악 호흡 혹은 감상과 같은 과제를 요구한다. 치료사는 내담자에게 음악 선곡을 하도록 제공한다.

사례 연구

두 개의 사례 연구를 제시하는데, 하나는 직장 따돌림의 유도된 재협상이며, 다른 하나는 스트레스가 많은 근무 일정 조절에 대한 것이다.

사례 연구: Tina

Tina는 30세로써 HR 컨설턴트였는데, 회사의 급여 관리자였다. 그녀는 보건 분야의 직무에서 전일제 스트레스 병가를 냈다. 대대적 구조조정은 혼란과 당면 과제를 위한 직원 수의 부족을 초래했다. 동시에 그녀는 세 번째 아이를 임신했다. Tina는 매일 많은 전화 불편신고로 인해 힘들었고 종종 화장실에 숨어 울었다. 병가와 임신 기간 동안 그녀는 컴퓨터에 앉아 있거나 전화를 받을 수 없었고 우울했으며 긴장했다.

4회기의 GIM 세션 후 그녀는 집에서 컴퓨터로 일할 수 있었고 전화를 받기 시작했으며 직장에 대해 생각할 수 있었다. Bach의 *Concerto for Two Violins*를 듣는 동안 그녀가 매우 유능하다고 느꼈던 이전 직장에서의 그녀 자신을 상상함으로써 내적 자원을 발견하였다. 그녀는 마음에 깊은 평온함을 느꼈다. Tina가 시간을 현재의 직장으로 거슬러 올라가자 그녀는 즉시 두통과 눈 깜빡임을 경험했다. 그녀는 그녀가 폭군으로서 묘사한 나이 든 동료를 기억했다. 그 동료는 Tina의 전문 분야인 어려운 급여지급 대장 사례를 다루었다. Tina는 동료의 사례 중 하나에서 실수를 발견했고 도우려고 했으나 그 동료는 화를 냈고 핍박했다. Tina는 이것이 긴장과 불안감의 시작임을 인식했다. 나는 음악의 지지와 함께 나이 든 동료에게 말하고 싶은 것을 말하도록 했다. Tina는 그녀에게 '나쁜'이라고 말했고, 그녀가 숨긴 사례를 줄 것을 지시했으며 실제로 그녀는 자신의 일을 잘했다고 말했다(투쟁 반응). 그녀는 동료가 직장을 그만둔다고 생각할 때 승리했다고 느꼈다. 그러나 그녀는 그녀의 매니저가 직장의 문제에 대해 어떤 식으로 지원하지 않았거나 듣지 않았는지 기억했다. 그녀는 그녀의 손으로 이마를 만졌다. 나는 그녀가 지원과 관심을 느꼈던 직장의 내적 자원 심상으로 돌아가 집중하도록 유도했다. 잠시 후 Tina는 이야기를 요약하며 말했다. "나는 시작부터 비판을 당했고 좌절을 겪었어요. 한 사람이 나를 뒤쫓았어요. 그래서 긴장했어요." 지금 그녀는 모든 것을 중요하지 않은 것으로 보았다. 나는 그녀가 음악을 듣고 어떻게 끝났다고 느꼈는지 알려 달라고 했다. Warlock의 *Pieds en l'air*를 듣는 동안 그녀는 "지나간 5년을 지나 보내야만 한다고 생각해요."라고 말하고, 학교 비서로서의 새로운 직업에 대해 상상했다.

'좋은'직장과 '나쁜' 직장 사이를 오가며 감정을 표현함으로써 Tina는 외상 스트레스 일화의 이야기 풀어 내고 재구성할 수 있었다.

사례 연구: Marianne

Marianne은 방과 후 학교 시설의 52세 관리자이다. 그녀는 시간제 스트레스 병가를 냈는데, 아버지를 잃은 후 깊은 슬픔으로 인해 전일제 병가를 냈다. 그녀는 압도적 행정 스트레스와 불안정한 느낌으로 엄청난 업무 스트레스를 받았다. 여섯 번째 세션에서 그녀는 전체 창의성 1 프로그램(Creativity 1 program)을 듣는 동안 직장에서 회전목마에 있는 듯한 느낌에 집중했다(Bruscia and Grocke, 2002, Appendix H). Sibelius의 *2nd Symphony* (Allegretto)를 듣는 동안, 음악의 일부가 그녀에게 공기같이 가벼운 느낌을 주었으나 음악은 빨리 작업해야 한다는 요구를 했으며 "너는 그것을 달성하지 못하고 있어."라고 내적 판단을 말하고 있었다. 그녀는 책상 위에 종이 뭉치를 보았고 '그것을 할 수 없다라는 비참한 느낌'을 느꼈다. Vaughan Williams의 *In the Fen Country*를 듣는 동안 음악이 그녀에게 휴식과 '나는 그것을 당연히 할 수 있어'라고 믿도록 허락했다. 또한 음악이 배와 가슴의 매듭을 풀어 주는 느낌을 느꼈으며 얼굴은 빨갛게 되었고 깊은 한숨을 쉬었다(부교감신경의 활성화). 그녀는 모든 행정적 일이 어떻게 '그녀를 죽이는지', 그리고 인간관계를 위한 시간을 빼앗는지 느꼈다. 그런 다음 음악은 의미 있는 소통과 행복한 아이(작은 소녀 그림)의 상황을 상상하게 하여 '선하고 현대적인 지도자'로서 역량에 대한 느낌과 올바른 장소에 있다는 감각을 갖도록 이끌었다(재협상, 긴장, 그리고 해방). 그녀는 직장에서 음악을 사용해서 가볍고 의미 있는 것을 상기시키고 희망의 느낌으로 여행을 끝내려고 했다.

이 사례에서 음악은 확실하게 스트레스 관리 도구로서의 역할을 했으며 내담자가 자신의 직업을 위해 내면의 가치와 목적을 연결할 수 있게 하고 두려움과 압박에서 해방되게 하였다.

치료 결과의 요약

GIM 치료의 마지막에서 Tina는 자기관리에 대한 인식을 향상시켰다. 그녀의 수면의 질은 향상되었고 혈압과 불안감이 줄어들었다. 그러나 여전히 우울했고 아직 일할 준비가 되지 않았다. 스트레스 병가 후 Tina는 직장으로 돌아갔지만 새로운 관리자가 있는 다른 부서로 갔다. 그녀는 근무시간을 줄여 일을 시작했고 스트레스 상담자가 그녀를 지원했다.

Marianne의 정서 상태는 GIM 치료 후 매우 향상되었고 인지된 스트레스 수준은 줄어들었다. 그녀는 '아니오'라고 말할 수 있게 되었고 자신의 필요에 대해 책임질 수 있었다. 그녀에게 긍정적 감정을 상기시켜 주는 음악을 듣는 것과 직업에 만족했다.

스트레스 병가를 낸 내담자 20명의 무선통제연구(Beck, 2012)는 대기자 명단 통제집단에 비해 GIM 그룹에서 코르티솔, 불안, 혼란스러운 기분과 신체적 스트레스 증상에 현저한 감소를 보였고 행복과 수면의 질을 향상시켰다(Beck, 2012). 전체 참여자 중 83%는 이후 9주 추적관찰에서 더 이상 병가를 내지 않았다. 혼합방법 연구의 결과는 다음과 같다. GIM은 신체적 스트레스 증상을 감소시켰고 에너지와 행복을 증가시켰으며, 내적 · 외적 갈등에 대한 대처 능력을 향상시켰다. 또한 외상적 직무 경험을 극복하게 했고 새로운 관계적 역량을 제공했으며 기분 향상과 미래의 직장 생활에 대한 희망을 가지게 했다.

참고문헌

Beck, B. D. (2012). *Guided Imagery and Music with adults on long-term sick leave suffering from chronic stress—A mixed methods study*. Unpublished PhD thesis. Aalborg University, Denmark. Available at www.intern.aau.dk/ digitalAssets/42/42919_phdbolettebecksmall.pdf, accessed 21st March 2014.

Blake, R. L. and Bishop, S. R. (1994). The Bonny Method of Guided Imagery and Music (GIM) in the treatment of post-traumatic stress disorder (PTSD) with adults in the psychiatric setting. *Music Therapy Perspectives, 12*, 2, 125.

Bruscia, K. and Grocke, D. (eds) (2002). *Guided Imagery and Music: The Bonny Method and Beyond*. Gilsum, NH: Barcelona Publishers.

Doctare, C. (2000). Hjärnstress: Kan det Drabba Mig? Stockholm: Liber. Goldberg, F. (2002). Holographic field theory. In K. Bruscia and D. Grocke (eds) *Guided Imagery and Music: The Bonny Method and Beyond*. Gilsum, NH: Barcelona Publishers.

Jacobi, E. and Eisenberg, G. (2001). The efficacy of the Bonny Method of Guided Imagery and Music in the treatment of rheumatoid arthritis. *Journal of the Association for Music and Imagery, 8*, 57-74.

Körlin, D. (2010). *Music Listening, Imagery and Creativity in Psychiatry*. Saarbrücken: LAP Lambert Academic Publishing.

Levine, P. (2010). *In an Unspoken Voice: How the Body Releases Trauma and Restores Goodness*. Berkeley, CA: North Atlantic Books.

Levine, P. (1997). *Waking the Tiger: Healing Trauma*. Berkeley, CA: North Atlantic Books.

Maack, C. (2012). *Outcomes and processes of the Bonny Method of Guided Imagery and Music and its adaptations and Psychodynamic Imaginative Trauma Therapy for women with complex PTSD*. Unpublished PhD thesis. Aalborg University, Denmark.

McDonald, R. (1990). *The efficacy of Guided Imagery and Music as a strategy of self-concept and blood pressure change among adults with essential hypertension*. PhD thesis, Walden University, Minneapolis.

McKinney, C., Antoni, M., Kumar, M., Tims, F. and McCabe, P. (1997). Effects of Guided Imagery and Music (GIM) therapy on mood and cortisol in healthy adults. *Health Psychology, 16*, 1-12.

Ogden, P., Minton, K. and Pain, C. (2006). *Trauma and the Body: A Sensorimotor Approach to Psychotherapy*. New York, NY: W.W. Norton and Company.

Porges, S. W. (2003). Social engagement and attachment: A phylogenetic perspective. *Annals of the New York Academy of Sciences, 1008*, 31-47.

Selye, H. (1974). *Stress without Distress*. Philadelphia, PA: J.B. Lippincott Co.

Siegel, D. J. (1999). *The Developing Mind: How Relationships and the Brain Interact to Shape Who We Are*. New York, NY: Guilford Press.

제11장

떠다니는 잎: 뇌 손상 음악가에게 적용된 Bonny 방식[1)]

Nicki Cohen

이 사례 연구는 Jodie라는 뇌 손상 음악가를 위한 Bonny 방식의 GIM(Bonny method of guided imagery and music: BMGIM)의 변형을 설명할 것이다. Jodie는 전문적 음악가로서의 기능과 연주하는 데 손상을 입어 Bonny 방식의 치료를 요청했다. 그녀의 최초 진단은 '상세불명의 신경장애'이다. Bonny 방식에 대한 더 많은 정보는 이 책의 도입 부분을 참고하길 바란다. Bonny 방식의 적용은 특별히 이 장의 후반부에 기술된 Jodie의 사례에 있다.

내담자

목적

그녀가 Bonny 방식의 세션을 받는 4년 동안, Jodie는 평균 한 달에 한 번의 세션을 받았다. 자신이 치료를 의뢰한 초기 이유는 (a) 신경적 상태에 의해 야기되는 감정적 영향을 다루기 위해, (b) 음악과 자신의 관계를 다시 다루기 위해, (c) 이완/스트레스 관리 도구로써, (d) 신과 가까이 머물기 위해, 그리고 (e) 장애를 대처하기 위한 대안을 탐색하기 위해서다. Jodie는 Bonny 방식이 신경학적 상태, 결과적 말하기 및 언어장애, 그리고 음

---

1) 이 장의 자료는 Barcelona 출판사의 『성인의료에서 음악치료 임상을 위한 가이드라인』(2013)에서 출판되었으며, Barcelona 출판사의 승인을 받아 새로운 자료로 복제되었다.

악과의 이력 때문에 전통적 심리치료보다 더 잘 다룰 수 있다고 생각했다. 나는 1978년부터 음악치료사가, 2001년에는 GIM 펠로우가 되었다. 주요 관심 분야 중 하나는 신경재활에서 음악치료의 적용이었고 Jodie는 나의 치료가 익숙하였다(Cohen, 1994).

배경

Jodie는 미국 그레이트 레이크 지역에서 세 자녀 중 첫째로 성장했다. 그녀의 아버지는 76세로 사망했고 어머니는 은퇴한 간호사이며, 아직도 Jodie의 고향에 살고 있다. Jodie는 성인 성서 수업에서 남편을 만났다. 그들에게는 두 딸이 있었다. Jodie와 가족은 미국남서부 지역에 살며, 루터교 신자였다.

Jodie에 따르면 종교적 신앙은 항상 그녀의 삶에 중요한 부분이었다. 그녀의 부모와 조부모는 모두 독실한 루터교 신자였다. 그녀는 어린 시절과 청소년기에 루터교 학교에 다녔으며 항상 교회에서 활동했다. 그녀의 주요 신앙적 표현 중 하나는 음악을 통해서였다, 그녀는 기악 연주자였고 종종 교회 앙상블에서 공연했다. 그녀는 "신은 최근에 격렬한 삶의 변화 속에서 나를 위해 바위와 피난처, 요새가 되었어요."라고 말했다.

Bonny 방식의 정신역동적 특성과 뇌 손상 환자의 잠재적 취약성 때문에, Jodie가 이 접근법에 적용될 수 있는지 신체적 · 정신적 건강을 입증하는 것이 중요했다(Cohen, 2002). Jodie의 서면 동의를 얻어 나는 그녀의 배경정보와 그녀를 치료한 다른 전문가들로부터 보고를 받았다. 문서들을 검토하고 첫 세션을 수행한 후 나는 Bonny 방식의 변형된 형태나 Kenneth Bruscia(2002)에 의해 '짧은 GIM 개인 세션'(p. 59)이라고 분류된 것을 사용하였다. 이러한 결정은 유창하게 말하기와 전통적 방식의 이미지 처리가 Jodie에게 어렵다는 것이 전통적 Bonny 방식에서 금기가 될 수 있다는 나의 걱정에 기반된 것이다. 나는 Bonny 방식 세션에서 사용된 전형적 음악 프로그램의 자극적 특성이 Jodie에서 너무 강력하고 너무 길다는 알았다. Jodie는 나의 결정에 동의했다. 이 장의 나머지 부분에서는 Jodie에 대한 나의 접근방식이 '적용된 Bonny 방식의 세션'으로서 언급되 었다.

세션을 위한 나의 치료 목적은 Jodie를 위해 지원적이고 안아 주는 환경을 제공하는 것이었다. 중재를 위한 우리의 상호 목적은 다음과 같이 설정되었다. (a) 지원적이고 안아 주는 음악 공간 제공, (b) Jodie의 부족한 언어기술을 보안하기 위한 방법의 마련, (c) 건강에 접근하고 신앙을 탐색하는 창조적 입구 허용, (d) 자기 성장과 자기 인식을 위한 기회 제공, 그리고 (e) Jodie가 깊은 수준에서 음악과 관계 맺을 수 있는 방법 제공

등이다. 마지막 목적은 Jodie가 더 이상 음악을 연주할 수 없었고 그러한 관계를 잃어버린 것을 슬퍼했으므로 특히 중요했다.

초기에 Jodie는 그녀의 배경, 음악적 선호도 그리고 이전 협회 때문에 금기시 되었던 음악 선택을 공유했다. 예를 들어, Jodie가 강한 루터교 배경을 가지고 있고 앙상블에서 정규적으로 Bach의 음악을 연주했기에 이것과는 강한 감정적 연결을 담고 있었다. 그러한 이유로 Bach의 음악은 우리의 세션에서 드물게 사용되었다. 자기 의뢰를 시작으로 Jodie는 전자적 의사소통(예: 스캔한 문서, 전자 메일)을 사용하여 세션 받는 당일에 자기 자신을 지나치게 자극하지 않도록 세션 간에 나와 연락하고 진행하도록 하였다. 각 세션의 목적(예: 지지, 치유)은 이메일을 통해 세션 며칠 전 설정되었다.

신경장애

Jodie의 주요 진단은 상세불명의 신경장애였다. 적용된 Bonny 방식 세션에 참여하는 기간 동안 Jodie는 신경과 전문의에게 수많은 2차 진단을 받았다. 진단 순서대로, 비우세 편마비, 중추 실조, 연하곤란, 대뇌피질 실어증, 그리고 구음장애가 포함되었다. Jodie의 편마비와 운동 실조증은 걷는 동안 그녀의 걸음걸이와 균형의 장애로 나타났다. 그녀의 대뇌피질 실어증과 구음장애는 조음장애, 단어기억의 어려움, 비정상적으로 느린 속도의 말하기 및 구절 사이에 긴 멈춤으로 특징지어졌다. Jodie는 인지 과정과 단어 형성을 위해 대화 중 더 오랜 시간의 일시적 중지가 필요했고 대화할 때 쉽게 지쳤다. 비록 이러한 장애가 Jodie의 의사소통, 시각적 · 인지적 처리 기술에 영향을 미쳤지만, 그녀는 뛰어난 지능 수준, 향상된 자기 인식 및 신체적 결함을 극복하고자 하는 강한 의지를 가지고 있었다.

적용된 Bonny 방식의 접근법

Jodie의 독특한 필요 때문에, 나는 그녀를 치료했던 전문가들뿐만 아니라 다른 Bonny 방식 임상가와 음악치료사로부터 조언을 구했다. 당연히 Jodie 자신은 자신의 필요를 충족하는 방법에 대해 최고의 선생이 되었다. 나는 그녀의 소중한 도움과 창의력을 가지고 적용된 Bonny 방식 세션을 제공하기 위해 임상적 기술을 개발했다. 이 부분은 내가 세션을 준비한 방법, 세션 중 사용된 절차 및 Jodie의 필요를 충족하는 몇 가지 사항에 대해 다룰 것이다.

준비

일단 이메일 의사소통을 통해 Jodie의 세션 목적이 설정되면 다음과 같은 단계가 뒤따른다. (a) 구조화되고, 반복적이고, 신뢰할 수 있는, 그리고 급격한 변화가 거의 없는 음악적 특성을 가진 각각 약 2~3분의 길이의 최소 세 개의 녹음된 디지털 음악을 미리 선택해 준비했다. 나는 처음에 Jodie를 위해 낮은 음조의 기악과 좀 더 가벼운 느낌을 가진 호모포니의 현악 챔버 음악을 사용하였다. 그녀의 집으로 가기 전, 세션 당일 동안 잠정적으로 선택한 음악을 들었다. (b) 나는 클립보드에 빈 종이와 굵은 연필을 가지고 가서 Jodie가 음악 세션 동안 혹은 음악 세션 이후 말하거나(내가 쓰는 동안) 쓸 수 있게 하였다. (c) 우리는 침입, 방문 및 주의 산만이 없는 치료 환경을 만들었다. 예를 들어, Jodie는 사람들이 지나갈 때 짖기를 좋아하는 매우 다정한 개를 키웠는데 우리는 그러한 방해를 막기 위해 세션 전 개를 울타리 밖에 두었다. (d) Jodie는 자기 머리를 베개에 얹고 침대 위에 반듯이 누운 자세를 취했고 나는 그녀가 그 자세에서 편안한지 확인했다. Jodie는 라운지 의자 위 침대를 선택했다. (e) 나는 리모콘이 있는 휴대용 디지털 음악 장치를 가져갔고 스피커 근처, Jodie 머리 뒤에 놓았다. 또한 리모콘의 작동여부를 확인하였다. 그리고 (f) 나는 Jodie와 함께 음악이 편안한 수준으로 들리는지 확인했다. 치료사가 선호하는 음악 크기는 뇌 손상 환자에게 너무 강할 수도 있다(Wong, 2004).

절차

준비가 완료된 후 나는 Jodie와 잠시 만나서 세션의 목적을 재확인했고 유도와 음악 듣기를 시작하기 전 짧은 휴식 기간(예: 5~10분)을 제공했다. 녹음된 음악 시간 선택 횟수는 세션에서 증가했지만, 세션은 결코 최대 6분을 넘지 않았다. 나는 침대 가까이 앉아 Jodie를 대면했고 빈 종이, 연필, 리모콘을 가까이 두고 언어적 이완 유도를 이끌었다. 나는 천천히 그리고 조용히 말했고 그녀가 처리에 필요한 시간을 가질 수 있도록 지시 사이에 긴 멈춤을 포함했다. 나는 Jodie가 분명한 이완 상태(예: 호흡 속도가 느려지고 얼굴 근육이 이완됨)가 될 때까지 한 번 이상 지시를 반복했고 음악이 시작될 것을 Jodie에게 알리면서 세션 목적에 집중할 수 있도록 다시 말했다. 나는 리모콘을 사용하여 음악을 시작했고 음악이 끝났을 때 장치를 중단했다. 음악이 끝났을 때 나는 음악이 멈췄으므로 각성 상태로 돌아오도록 유도했다. 나는 간단하게, 천천히, 침착하게 말했고 Jodie가 깨어나도록 하기 위해 긴 시간을 제공했다. 깨어난 후 나는 그녀가 심상 경험을 공유하게 하고 소통을 위한 선택을 제안했다(예: 언어로, 글쓰기, 그림 그리기).

적용

Jodie의 신경학적 상태로 인해 예측 불가능성이 발생하기 때문에 나는 필요에 따라 다음과 같은 적용을 했다. (a) 세션의 음악 부분 동안 나는 Jodie의 반응을 지속적으로 관찰했다. 만약 그녀에게 피로나 흔들림(예: 떨림, 경련, 찡그림)의 징후가 나타나면 나는 Jodie에게 왜 음악을 멈추는지 알리고 음악을 멈췄고 Jodie는 쉬는 동안 앉아 있었다. Jodie는 각성 상태 동안 운동 근육 문제로 인해 어떤 식으로든 자신의 피로감이나 고분분투하는 것을 나에게 알리는 것이 너무 어렵거나 불가능했을 수 있다. (b) 나는 필요에 따라 개별적인 기록 부분 사이에 쉬는 간격이나 시간을 제공했다. Jodie는 종종 음악을 들은 후 구두로 말하기가 매우 어려웠다. 이때에 Jodie와 나는 그녀가 다른 음악 혹은 같은 음악의 반복이 필요한지, 혹은 더 이상 음악이 필요 없는지에 대해 소통하기 위한 시스템을 만들었다. 이것은 세션마다 다양했고 Jodie는 신체적 제스처, 단일 단어 단서, 혹은 CD 케이스를 가리켜 자신의 선호도를 알렸다. (c) 어떤 날은 Jodie가 너무 피곤해서 말하거나 쓰지 못했다. 이런 일이 발생할 때 나는 조용히 떠나고 있고 떠났다고 말했고 우리는 이후 이메일을 통해 심상 경험을 진행했다. 비록 Bonny 방식의 세션이 보통 음악 세션 후 그림 그리기를 포함하고 있지만, Jodie는 종종 그림 그리기를 너무 힘들어 했다. 그녀는 종종 세션 후 몇 시간 동안 그림을 그렸다. 그녀는 그린 것을 스캔한 다음 며칠 후 전자 형식으로 그림과 세션의 서술된 개요/해석을 보냈다. 나는 이메일을 통해 답변했고 그 과정은 계속되었다.

Jodie의 사례 이야기

이 부분에서는 모든 세션이 논의되지는 않았지만, 20회기의 적용된 Bonny 방식의 세션을 통해 Jodie의 치료 과정에 중점을 둘 것이다. 정보는 치료의 첫해로 시작하여 4년 후 끝나는 연대순으로 나타날 것이며, 몇 개의 만다라를 특징으로 이루어질 것이다. 만다라는 Bonny 방식의 음악 부분에 대한 가장 일반적 예술 작품이다. 만다라를 그리기 위하여 종이에 원을 그려야 한다. Fincher(1991)에 따르면, "만다라는 중심, 원주, 혹은 마법의 원을 의미한다."(p. 1) Carl Jung은 만다라를 자아와 그 사람의 존재에 관련시켰다(Fincher, 1991, p. 2).

시작

Jodie가 처음 적용된 Bonny 방식 세션을 시작했을 때 그녀는 전문 음악가로서 일하고 있었다. 그녀는 의학적 문제를 다루기 위해 그녀의 일 중에 일부분을 그만두었다. 우리는 Bach의 *Christmas Oratorio* 중 Shepherd's Song을 들었다. 첫 번째 세션 후, 그녀는 그녀의 손상된 부분을 대체할 수 있는 '다른 감각을 개발하는' 가능성을 경험했다.

네 번째 세션에서는 인지적 · 운동적 기능을 상실하게 한 또 다른 뇌졸중 유사 일화를 다루었다. Jodie는 일 하나를 더 그만두었다. 네 번째 세션 동안 그녀는 Ralph Vaughan Williams의 *Fantasia on Greensleeves*에서 *Greensleeves*의 선율을 들으면서 노래의 단어와 자신을 관련시켰다. 그녀는 마치 음악이 "무례하게 그만두게 했어요."라고 느꼈다. 또한 "음악은 너무 빨리 움직이고 있어요."라고 덧붙였다. 여섯 번째 세션에서 Jodie는 나머지 직장도 그만두기로 결정했다.

그녀는 10~15분 동안 편안하게 음악을 듣고 있었다. 그녀는 자신의 상태를 받아들이는 것을 느꼈을 때 이 시간 동안 제자 Paul과 그의 전환 과정에 친밀감을 느낀다고 했다. 그녀는 일곱 번째 세션 전 일련의 발작을 겪었으며 6개월 동안 운전이 허용되지 않았다. 이 시간 동안 그녀는 만족하지 못한 신경학자를 해고했고 새로운 사람을 찾기 시작했었다. 그녀는 본능을 신뢰하는 것에 대해 기분이 좋았다.

부활

두 번째 해의 휴일 즈음에 Jodie는 '외면적으로 수척해지는' 느낌을 묘사했다. 그녀는 삶과 부활을 언급하기 시작했다. Jodie는 새로운 신경학자와 더 강한 신뢰관계를 가졌다. 그녀는 또한 독립성을 높이기 위해 보조 보행기를 샀다. 아홉 번째 세션에서 Jodie는 기억에 남는 Beethoven의 *Piano Concerto 5번 C단조*, 느린 악장과 Vaughan Williams의 *Prelude on Rhosymedre*라는 두 개의 음악을 들었다. *Rhosymedre*는 작곡가가 오르간 전주곡으로 편곡한 찬송가였으며 Neville Marriner경은 나중에 현악 오케스트라로 옮겼다. 이것이 Jodie가 들은 버전이었다. 그녀는 두 음악에 즉각적 친밀감을 느꼈고 특히 찬송가 선율을 즐겁게 인식했다고 설명했다.

열 번째 세션에서 Jodie는 '음악하기'에 대한 자신의 능력 상실에 대해 슬퍼하고 있었다. 그 세션 동안 그녀는 '음악과 함께한 느낌'을 경험했다. 그녀는 세션에서 나타난 더 많은 정서적 심상을 허용하는 듯했다. 처음에는 흐릿하게 보였던 보라색이 점점 응집력이 있는 형태로 되어 갔다. Jodie는 세션 동안 양육되고 지지되는 경험을 시작했다. 열두 번째 세션의 심상은 존재와 동시에 수행 상태가 모두 포함되었다. 이것은 Jodie가 이전에 매우 적극적이고 생산적인 자신을 스스로 확인했던 것처럼 그녀를 위한 중요한 돌파구였다. 그녀는 깊은 관계 안에서 음악과 함께 '재탄생'을 경험했다고 느꼈다.

3년째 봄, Jodie의 부활 중심의 심상에 자연스럽고 신성한 형태가 포함되기 시작했다. 그녀는 심상과 함께 살면서, 자연스러움과 신성함 사이에 본질적 관계를 이끌어 냈다. 예를 들어, 그녀의 눈에 띄는 이미지들 중 하나는 물 위의 나뭇잎에 담겨 바람을 느꼈으며 보라색을 보았다. 그녀는 바람이 성령, 물이 거룩한 세례, 잎이 하나님의 성육신, 잎의 줄기가 모든 힘과의 연결, 보라색이 새로운 삶의 태아였다고 느꼈다. 이 심상은 너무 중요해서 Jodie가 신체적 취약성으로 어려움을 겪는 것에 대해 지속적 믿음과 용기를 표현하기 위해 이 장 전체에 '떠다니는 잎'이라는 이름을 붙이기로 했다(삽화 11.1: Jodie의 만다라 1 참조).

생명력으로서 음악

3년째 여름, Jodie는 전문적 요소들을 내려놓기 시작했다. 그녀는 음악감상으로부터 더 많은 힘과 재개발을 경험했다고 보고했다. 그녀는 생명력으로서 음악을 묘사했는데, 그녀가 *Greensleeves*를 듣는 동안 1년여 만에 음악을 '그녀를 버렸다'라고 관련지은 중요한 단계였다. 열네 번째 세션에서는 Chesnokov의 *Salvation is Created*에 강하게 반응했는데, 그것은 러시아의 남성 목소리의 풍부한 합창 편곡이었다. 그녀는 Dvořák의 *New World Symphony*의 2악장을 듣기 시작했고 매우 위로를 받았다. 이 시점까지 Jodie는 독립적으로 느끼기 시작했고 필요한 음악을 제공하기 시작했다. 열다섯 번째 세션 전에 Jodie는 신체 기능이 약간 재발했다. 그녀의 심상에서 그녀는 아직 빛이 들어오지 않는 많은 사람들을 감지했다. 그녀의 신체적 어려움은 계속 되었고, 그녀는 말하기와 쓰기가 어렵고 걸음걸이는 불안정하게 되었다고 생각했다. Jodie는 이 시간 동안 많은 생각과 아이디어가 있었으나 그것들을 표현하는 능력은 좌절되었다. 열다섯 번째 세션에서 그녀는 무서움과 좌절감을 이야기했지만, 평화의 장소로서 음악을 기억했다. 그녀는 '사랑 안에서 안심하라'라는 목소리를 들었고 위로 받았다. 그러한 기쁨에 Jodie는 그해 12월 크리스마스 캐롤의 금관악기 편곡을 들을 수 있었다. 이전에 그녀는 이런 유형의 음악을 견디지 못했다.

종결

열여섯 번째 세션에서 Jodie는 피아노와 첼로의 부드러운 음악으로 Schumann의 *Fünf Stücke*를 들었다. 그녀는 새로운 소명을 느꼈고 '그녀가 음악에서 벗어나기 위해 음악에 참여해야 했다'고 인식했다(삽화 11.2: Jodie의 만다라 2 참조). 열일곱 번째 세션에서 Jodie는 완전한 죽음/부활의 경험을 했다. 이것은 강력한 자기 성장의 절정 이후 나타났다. 그녀는 걷고, 가면을 벗고 빛이 떠오르는 심상을 했는데, 그녀가 영혼의 변화와 오래된 영혼과의 연결로 해석하였다. 그 변화와 떠오르는 빛은 열여섯 번째 세션의 만다라에 실제로 묘사되었다(삽화 11.2 참조). 열일곱 번째 세션의 만다라가 분명히 보여 주듯이 Jodie는 신과 항상 연결되어 있는 보라색이 실제로 그녀와 함께 있었음을 인식했다.

Jodie는 전문 음악협회에서 활동하지 않았는데 4년만에 함께 일할 것을 결심했다. 그녀는 그녀 삶의 일부가 폐쇄되는 것을 경험해야 했다. 그녀는 다음 가을에 가까운 도시에서 있을 예정인 협회의 전국 학회에 발표 계획서를 제출하였다. 그 계획서는 받아들여졌고 Jodie는 그녀가 신경학적으로 무엇을 경험했는지, 음악가로서 그녀의 삶에 어떻게 영향을 주었는지에 대한 강의를 준비하기 시작했다. 동시에 그녀는 '나는 괜찮아질 거야'에서 '나는 괜찮아'로 변화되었다. 다양한 음악(Vaughan Williams의 *Rhosymedre*, Mozart의 *Clarinet Concerto*)은 Jodie의 변화를 강화했고 Bonny 방식의 여행이 끝나갈 것이라고 말했다. 그녀는 자신감이 증가했다고 보고했다. 다음 달 Jodie는 "비록 음악이 더 이상 나의 삶에 방향이 될 수는 없지만, 삶의 방향을 보여 줄 수 있다."라고 말했다.

그해 여름, Jodie는 자신을 위한 짧은 음악 프로그램을 만들었고 그녀는 *GIM Journey* 또는 *Four-Piece Combo*라고 이름을 붙였다. 이 프로그램은 Vaughan Williams

의 *Prelude on Rhosymedre*, Mozart의 *Clarinet Concerto*에서 느린 악장으로, Chesnokov의 *Salvation is Created*와 Beethoven의 *Piano Concerto 5번 C단조*, 2악장으로 구성되었다. 2004년 가을, Jodie의 시급한 목적은 삶의 한 단계(음악)에 대해 작별인사를 하고, 다른 단계에 와서 그녀의 딸에 대한 지지와 용기의 근원이 되는 것이었다. 그녀는 자신이 만든 프로그램을 계속 들었고 이제 프로그램에서 더 지지적인 음악(Vaughan Williams와 Mozart)과 더 움직이는 음악(Chesnokov and Beethoven)을 구별할 수 있었다.

비록 그녀를 위해 Bach의 *Air on a G String*로 강한 추가 음악적 연결이 있었지만, Jodie는 강력한 치유를 갈망했기에 열아홉 번째 세션에서 이것을 요청했다. 그녀는 Bach와 Schumann의 *Fünf Stücke*를 짝지을 것을 요청했다. 그녀의 심상은 십자가의 행렬, 아이를 안고 있는 어머니의 강력한 이미지, 그리고 엄마의 어깨 너머로 세상을 바라보는 아이를 목격하는 것을 포함하였다. 그녀의 심상과 연관된 느낌은 '기대하며 안전을 지키는' 것이다. 세션 후 그녀는 음악감상의 레퍼토리에 Bach를 추가하고 Bach와 Schumann의 *Fünf Stücke*로 짧은 음악 프로그램을 만들었다(삽화 1.4: Jodie의 만다라 4 참조).

가을에 Jodie는 전문 학술대회에서 발표를 했다. 말하는 것에 대한 어려움 때문에 그녀는 행사 이전에 발표의 절반을 미리 녹음하였고 말하기와 녹음 재생하기를 번갈아 가며 했다. 그녀는 참석자를 위해 정보 시트와 핸드아웃을 준비했다. 나는 강연에 참석할 수 있는 특권을 가졌으며 매우 유익하고 감동적이고 아름다운 발표였음을 증명할 수 있었다. Jodie는 후에 학술대회를 참석하고, 발표를 하고, 오래된 친구들의 만남은 그녀가 은혜의 시간과 마무리를 경험하도록 도왔다고 말했다.

Jodie는 함께 작업을 한 지 5년째 1월 적용된 Bonny 방식의 마지막 스무 번째 세션을 하였다. 그녀는 '완벽히 따뜻한 집에 안전하게' 있는 심상을 표현했다. 그녀는 그 세션을 '내적 따뜻함'이라 했다(삽화 11.5: Jodie의 만다라 5 참조).

Jodie의 심상

〈표 11-1〉은 Jodie의 두드러진 이미지와 주제를 나타낸다. 세션 번호, 연주된 작곡가의 음악, 이미지 혹은 주제, 그리고 경우에 따라 그녀의 이미지에 대한 통찰력이 나열되었다.

〈표 11-1〉 Jodie의 심상

세션	작곡가(들)	이미지 혹은 주제	이미지에 대한 통찰력
1	Bach	• 등대	안전과 보안
2	Beethoven	• 베이스 캠프/텐트 • 통로들/산 탐색	휴식처, 안전한 관점 탐색
4	Vaughan Williams, Warlock	• 물과 해 • 멀리 흘러내림과 떨어짐	더 적극적인 심상
5	Dvořák, Warlock	• 어딘가에 가는 느낌 • 절삭 • 해변/승마 • 행동과 적용 • 각성과 재배치 • 영광스러운 마무리	여행
7	Elgar, Secret Garden	• 예수와 손 잡고 걷기 • 예수와 춤추기	분명한 성스러운 심상
9	Beethoven, Vaughan Williams	• 펼쳐지는 그림 • 힐끗 보임	
10	Beethoven, Puccini	• 편안함의 자원으로의 음악 • 통합과 변형	음악과 새로운 관계
11	Mozart	• 물위의 떠다니는 잎	부활의 시작
13	Shostakovich, Warlock	• 이중 나선(doublehelix) • 자궁/종자/핵심으로 잎	
14	Debussy, Chesnokov	• 모든 것을 밝히는 신성한 빛	
15	Massenet	• 자궁/산도	부활을 위한 준비
16	Puccini, Schumann	• 물방울 • 물위의 잎 • 뮤직 박스 댄서	통합의 시작
17	Fauré	• 죽음/부활 사건 • 걷기/가면 벗기/빛의 상승 • 영혼의 변화 • 오래된 영혼과 연결	중요한 세션-부활
18	Beethoven	• 롤러코스터	
19	Bach, Schumann	• 십자가 행렬 • 아이를 안고 있는 엄마 • 엄마 어깨너머의 바라보는 세상	안전한/계속되는 기대
20	Massenet, Beethove	• 내적 따뜻함	

결론

Jodie는 총 20회기의 변형된 Bonny 방식의 세션을 받았다. 세션 사이의 이메일 연락을 통해 그녀는 이미지와의 지속적 반향뿐만 아니라 세션의 이익에 대해서도 언급하였다. 다음은 Jodie의 말로 서술된 그녀가 경험했던 혜택의 개요이다.

- Bonny 방식은 내가 여전히 존재하고 하나님의 음성을 들을 수 있게 한 강력한 도구였다.
- 나는 내 자신의 판단, 본능, 그리고 직감에 대한 자신감을 회복했다.
- 나는 방향성을 발견했다.
- 나는 감정적 · 영적 지지를 받을 수 있다.
- 나는 음악과 연결할 수 있는 방법을 찾았다.
- 나는 나에게 필요한 모든 지혜를 가지고 있다. 내가 해야 하는 모든 것은 보는 것이다.
- 나는 하나님의 사랑과 현존에 대한 확신을 느꼈다
- 나는 내가 만든 음악 프로그램을 사용하여 평안함과 휴식을 찾을 수 있다.

앞선 진술을 보면, Jodie의 과정은 거의 기적이었다. 그녀는 자신의 신체를 약화시킨 내면의 신체 힘에 의해 떠다니는 잎처럼 세션을 시작하였다. 그 시점에서도 Jodie는 자신의 힘과 의지를 알았고 그녀를 도울 성령의 임재를 인식했다. Jodie는 심상, 과정, 내적 힘과 그 힘의 원동력, 음악의 힘을 통해 엄청난 변화를 경험했다. 창의력을 발휘할 수 있는 능력 때문에 그녀는 변형된 Bonny 방식의 세션에서 할 수 있는 많은 이익을 얻었다. Jodie와 음악과의 관계는 그녀의 결손을 고통스럽게 상기시키는 데서부터 사랑스럽고 신뢰하는 친구가 되는 것으로 이어졌다. Jodie는 나에게도 매우 훌륭한 선생이었다. 그녀로부터 나는 천천히 하는 법, 휴식을 취하는 법, 인내하는 법, 주의를 기울이는 법, 그리고 가장 중요하게는 음악을 신뢰하는 법을 배웠다.

참고문헌

Bruscia, K. (2002). The boundaries of Guided Imagery and Music (GIM) and the Bonny Method. In K. Bruscia and D. Grocke (eds) *Guided Imagery and Music: The Bonny Method and Beyond* (pp. 37-61). Gilsum, NH: Barcelona Press.

Cohen, N. (2002). Ethical considerations in guided imagery and music. In K. Bruscia and D. Grocke (eds) *Guided Imagery and Music: The Bonny Method and Beyond* (pp. 483-496). Gilsum, NH: Barcelona Press.

Cohen, N. (1994). Speech and song: Implications for therapy. *Music Therapy Perspectives, 12*, 10-16.

Fincher, S. (1991). *Creating Mandalas*. Boston, MA: Shambhala Publications.

Wong, E. (2004). *Clinical Guide to Music Therapy in Adult Physical Rehabilitation Settings*. Washington, DC: American Music Therapy Association.

부록: 음악 목록(시간 포함)

Bach: *Christmas Oratorio*, Shepherd's Song (9:31)
Bach: *Orchestral Suite 3번*, Air (5:36)
Beethoven: *Piano Concerto 5번*, Adagio un poco mosso (7:12)
Chesnokov: *Nynye otpushchayeshi* (*Salvation* is *Created*) (3:10)
Debussy: *Suite Bergamasque*, Clair de lune (4:30)
Dvořák: *New World Symphony*, Largo (12:26)
Elgar: *Enigma Variations* 8 and 9 (5:38)
Fauré: *Requiem*, In Paradisum (3:17)
Massenet: *Scènes Alsaciennes*, Sous les Tilleuls (4:02)
Mozart: *Clarinet Concerto in A*, Adagio (7:42)
Puccini: *Madam Butterfly*, Humming Chorus (2:58)
Schumann: *Fünf Stücke im Volkston*, Op. 102, Langsam (4:44)
Secret Garden: *White Stones*, Home (3:24)
Shostakovich: *Piano Concerto 2번*, Andante (6:37)
Vaughan Williams: *Fantasy on Greensleeves* (4:28)
Vaughan Williams: *Prelude on Rhosymedre* (3:55)
Warlock: *Capriol Suite*, *Pieds en l'air* (2:21)

제12장

외상 관련 장애의 치료에 GIM의 적용

Carola Maack

외상이 정신장애의 원인일 때마다—외상 후 스트레스 장애에 의해 야기될 수 있는 장애 혹은 우울과 같은 다양한 근본 원인을 가질 수 있는 장애가 되는—치료는 그것에 적용되어야 할 필요가 있다. 적용은 GIM(Guided imagery and music)의 사용과 심리치료의 기본 이론을 모두 참조한다. 이 장의 첫 번째 부분에서 외상 관련 장애의 치료가 다른 이유로 발생한 장애와 어떻게 다른지 설명할 것이다. 또한 두 번째 부분에서는 그것이 GIM과 어떻게 관련되어 있고 치료에 특별히 유용한 GIM 적용에 대해 설명할 것이다.

외상과 외상치료에 대해 자세히 설명하는 것은 이 장의 범위를 벗어날 수 있다. 외상과 해리의 개념과 그것의 치료에 대한 기초에 익숙하지 않은 독자는 Herman(1998), van der Hart와 동료들(2006), 그리고 Traumaprojekt Hamburg(2014)를, 외상치료에서의 GIM은 Geiger와 Maack(2010), 그리고 Maack(2006, 2012)을 참조하길 바란다.

외상 관련 장애

주요 진단 매뉴얼에서 정신질환이 증상 모음으로 나열되지만, 정신역동적 심리치료에서 치료는 근본적 원인을 목표로 한다. 진단을 위한 올바른 치료를 찾는 것은 어려울 수도 오해하게 할 수도 있다. 예를 들어, 만약 불안장애 환자에게 치료를 제공한다면 두려움에 직면하고 환자가 불안감을 유발할 수 있는 상황에 직면하도록 요청할 수도 있다. 나는 불안이 상징하는 것을 찾아볼 수도 있다. 만약 신경장애가 있는 경우엔 문제가 없지만, 만약 불안장애가 외상으로 인해 발생되었다면 그것은 도움이 되지 않는다. 심각하고 복합적인 외상은 다루기에 너무 많은 증상이 있기 때문에 치료사가 너무 많은 진단에 대해 당황할 수 있다. 병원에서 퇴원한 새로운 환자가 나의 사무실로 왔다. 그녀의 진단은 경계성 인격장애, 조직성 인격장애, 신경성 식욕부진, 강박장애, 초기 완화의 물질 의존성, 우울증, 불안장애 및 공황장애였다. 근본적인 문제는 어린 시절부터 시작되어 심각하고 연장된 외상이었음이 명백했다. 그것은 무엇이 치료를 인도하는가였다. 개별적인 증상은 일종의 외상이나 대처 방법으로 이어질 수 있으나 외상의 경우 유용한 치료가 아니며 나의 환자의 경우처럼 외상이 무시되는 경우 특히 그렇지 않다.

외상 관련 장애는 외상 사건의 상징화 부족에 의해 특징지어지는데, 이는 일상생활에 외상 요소에 대한 회피와 침입, 다소 분명히 구분되는 내면으로 구성된 성격 구조, 그리고 내사된 것이 외상과 연결되는 것으로 인한 것이다(예를 들어, Körlin, 2002; Traumaprojekt Hamburg, 2014; van der Hart, Nijenhuis and Steele, 2006 참조). 〈표 12-1〉는 Traumaprojekt Hamburg(2014)의 외상 반응의 강도 수준에 대한 설명이다.

〈표 12-1〉 외상 반응의 강도 수준

강도	설명
0	외상 반응 없음.
1	외상 반응이 숨겨져 있고 종종 성격 특성으로 나타남. 삶은 가능한 유발 요인을 중심으로 구성되지만, 알려져 있고 피할 수 있으므로 외상 반응은 명백하지 않음.
2	가벼운 갑작스러운 두려움, 메스꺼움, 해리 등과 같은 명확하지만 관리 가능한 외상 반응. 생존자는 여러 해 동안 이미 이러한 증상들을 알고 있었으며 그녀는 그것을 어떻게 다룰지 알고 있음. 이러한 반응은 종종 생존자에서 '정상'으로 보임.
3	급성 공포증이 매우 명백하고 혼란스러울 수 있음. 생존자는 위협을 느끼고 그것에 심리적 · 신체적으로 반응함. 생존자는 이러한 반응을 알고 있음. 이 수준에서 일반적인 대처 방법은 실패함.
4	심각한 외상 반응이 경계성 인격장애와 같이 평온한 기간과 번갈아 나타남. 다소 다르게 해리된 내면이 표면에 나타날 수 있음. 자해 행동 혹은 타인에 대한 공개적 공격이 이 수준에서 보일 수 있음.
5	급성 단기 정신병 일화는 심각한 계기 후 나타남. 생존자 주변은 보통 지지적이지 않음. 생존자는 술, 마약, 혹은 심리적 고통으로 약화될 수 있음.

출처: Traumaprojekt Hamburg(2014).

치료의 첫 번째 단계는 종종 외상 반응의 강도 수준을 최소한 2등급으로 낮추는 것이다. 외상 기억의 상징화에 대한 작업 후, 내사를 제거하고 내적 시스템의 재구성을 시작할 수 있다. 이것은 차례로 외상 반응의 높은 강도 수준이 나타나는데, 치료 단계 동안 몇 번이고 감소되어야 한다. 이 작업이 완전히 끝난다면 더 이상 외상 반응이 일어날 수 없다. 그러나 환자가 완전히 새로운 내적 구조를 직면하기 때문에 일반적으로 치료는 여기서 끝나지 않는다. 성인으로서 처음으로 외상을 입은 환자는 외상 전 내적 구조를 구축할 수 있고 다시 접근할 수 있다. 그러나 이 사례의 경우는 거의 없다. 환자는 더 자주 어린 시절부터 상처를 입고 있다. 그들은 자극을 어떻게 피하고 침입에 대처하기 위해 조직되지 않은 삶을 어떻게 이끌어 가야 하는지에 대해 전혀 모른다. 나의 환자 중 한 명이 치료를 시작했을 때 그녀는 몸에 대한 느낌이 전혀 들지 않았다. 그녀는 너무 많은 신체적 · 성적 폭력을 겪었고 그래서 어린 시절에 이미 완전히 무감각해졌다. 치료하는 동안 그녀는 신체를 느끼기 시작했고 그것에 안도감은 전혀 없었고 매우 무서워했다. 치료에서 우리는 그녀가 그것을 알게 하고 병으로 인해 신체에서 느끼는 것을 구분하기 위해 많은 세션이 필요했다. 그녀는 신체에서 어떤 것을 느꼈을 때마다 의사를 찾아가기 시작했다.

외상은 사람에게 압박과 두려움을 느끼게 하는 것을 통해 직접적으로 유발될 수 있으나 그것은 다양한 세대에 걸쳐 나타날 수 있다. 내사, 대처 방법, 외상 구조 그리고 외상 반응은 중요한 타인으로부터 아이에게 전달된다. 혹은 이것은 문화 또는 사회에 내재될 수 있다.

GIM 사용과 외상 관련 장애의 치료에 적용

원래 형태의 Bonny 방식의 GIM(Bonny Method of GIM: BMGIM)은 무의식에서 의식으로 숨겨진 부분을 가져오기 위해 개발되었다. 이것은 외상 반응 등급 0~2의 외상 생존자에게 유익할 수 있다. 높은 수준의 외상 반응을 가진 생존자는 일반적으로 무의식의 침입 요소로 고통받는다. 만약 원래 형태의 GIM이 이러한 환자에게 사용된다면, 아마도 더 많은 기억이 유발될지도 모르며 외상 반응 수준이 올라갈 것이다. 목적 중 하나는 침입에 대한 통제력을 높이는 것이고 이것은 생존자에게 더 많은 이완을 가져다줄 것이다. 다른 목적들은 내적 시스템의 다른 부분을 파악하는 것인데, 이것은 시스템의 변화, 외상 내사의 제거, 그리고 외상적 심상을 상징적 심상으로 변형하는 것이다. 이것은 외상 사건에 대한 인지적 기억과 이해를 가능케 하고 유추적 기호와 영향을 주는 다양한 상징을 통합하는 것이다(Körlin, 2002; Maack, 2012; Traumaprojekt Hamburg, 2014). 이러한 목적 중

많은 부분으로 미루어 보아 원래의 형태는 환자에게 너무 압도적이고 환자를 약하게 할 수 있으므로 GIM의 변형은 필수적이다. 앞에서 언급한 바와 같이, 3등급 이상의 외상 반응으로 고통받는 환자들은 원래 형태의 GIM은 금지되어 있다. 이와 같은 환자는 GIM의 변형이 항상 필요하다.

과거에는 GIM 변형의 두 가지 형태가 외상 생존자를 위해 특별히 고안되었다. 이것은 Körlin(2008)에 의해 개발된 음악 호흡(Music Breathing: MB)이고 Blake와 Johnson (Blake, 1994)에 의해 개발된 지시적 심상과 음악(Directed Imagery and Music: DIM)이다. MB는 다음 부분에 설명한다.

DIM에서

> 초점은 각 세션에서 나타나는 하나의 특정 외상 기억이다. 목적은… 특정 외상 기억의 회상과 연관된 감정의 재연결이다. DIM 세션의 구성은 도입, 이완 유도, 선택된 음악과 동반된 심상, 그리고 토의가 포함된다(Blake, 1994, p. 11).

DIM은 1994년 한 논문에서 설명했다. Blake는 참전 용사에게 DIM을 사용했다. "어떤 사람들은… 타인이 혼란에 빠져 있을 때 DIM이 그것을 완화시킨 것을 발견했다." (Blake, 1994, p. 13) 그녀는 그때 간단한 심리치료에서 그것을 외래환자에게 사용하는 것에 대해 경고했다. 그러나 나는 외상의 직면 중 하나의 모드로서 DIM이 음악의 변화와 함께 1등급 혹은 2등급의 외상 반응을 나타내는 환자에게 유용하다고 보았다. Blake는 "외상 배열의 기본적 감정을 반영하기 위해" 음악을 사용했는데(Blake, 1994, p. 11), 나는 강한 외상 반응을 일으킬 위험이 높다고 생각한다.

담아내는 자발적 심상(Contained Spontaneous Imaging: CSI)은 외상 생존자를 위해 유용한 또 다른 GIM 변형이다. 그러나 이것은 특별히 그룹을 위해 개발되지 않았다. Bruscia(2002)에 의해 처음으로 설명되고 정의되었는데, 다른 사람들은 명시적으로 정의하지 않고 전에 사용했다(예를 들어, Blake, 1994; Vaux, 1993 참조). 외상 생존자에게 사용된 것은 다음에 설명되어 있다.

음악을 듣는 동안 치료사와의 대화를 사용하지 않은 GIM 변형은 외상 생존자에게 권장하지 않는다. 외상 환자는 치료사를 인식하지 못하고 음악을 감상하는 동안 압도적인 외상 요소에 빠질 수 있다. 해리는 환자가 어떤 것도 특별하지 않은 것처럼 보이게 할 수 있고 환자는 치료사에게 더 이상 도움이 되지 않는 것을 알릴 수 없을지도 모른다. 이 같은 GIM의 적용은 음악과 심상(Music and Imagery: MI)(Geiger and Maack, 2010; Goldberg, 1994; Summer, 1990, 2009에 의해 설명됨), 그룹 GIM과 적용(Geiger and Maack, 2010; Goldberg, 1994; Summer, 1990, 2002에 의해 예가 설명됨)을 포함한다. 예를 들어, 음악 감상 동안에 대화하기 대신에 예를 들어, 그림 그리기 혹은 움직임과 같은 또 다른 표현이 사용된다면 예외가 발생할 수 있다. 그러나 세심한 주의가 필요하며 외상 반응의 등급은 3등급 이상이 아니어야 한다.

음악 호흡(Music Breathing: MB)

MB는 Körlin에 의해 개발되었다. 그리고 그것은 심각한 외상 반응(3등급 이상)를 보이는 환자를 위해 특별히 고안된 것이다. 이것은 진정작용과 외상 반응에 대한 더 많은 통제력을 갖게 한다(Geiger and Maack, 2010; Körlin, 2008). MB는 4개의 단계로 구성된다.

1. 기반다지기(grounding)와 센터링(centering)을 위한 음악이 없는 호흡
2. 기반다지기와 센터링을 위한 음악에 따른 호흡
3. 음악과 함께 호흡 조절
4. 호흡과 음악에 의해 지지되는 심상 작업

1단계와 2단계는 환자가 자신을 진정시키고 부교감신경계를 활성화하는 것을 배우게 된다. 1단계에서 환자는 호흡에 대한 인식과 함께 이완 자세로 앉거나 눕는다. 호흡은 덜 하지만 그러나 더 깊게 해야 한다. 비교적 짧게 공기를 배꼽 아래에서 들이마시고 즉시 내뿜는다. 내뿜은 후 공기가 다시 자동적으로 들어오기 전에 멈춰야 한다. 이런 호흡 방식은 잠을 자는 동안 혹은 깊은 명상을 하는 동안의 호흡과 비슷하다. 몇 분 동안 연습한 후 환자는 호흡 공간을 확보한다. 이것은 호흡에 대한 인식을 높이고 어떻게 환자가 호흡을 지각하는지 보여 준다. 환자는 집에서도 이와 같이 호흡한다.

환자가 이것을 할 수 있게 되면 2단계로 진행하고 환자는 1단계와 같이 호흡한다. 그다음 자장가와 같은 음질과 미리 환자와 함께 선택한 음악을 추가한다. 가능한 음악은 Pärt의 *Spiegel im Spiegel*(느린 버전), Deva Premal의 *Om Namoh Bhagavate*, 또는 Satie의 *Gymnopédie*(느린 오케스트라 버전)이다. 이것은 5~10분 길이의 음악이다. 환자는 호

흡의 리듬을 음악의 리듬에 일치시킨다. 만약 심상이 나타나면 환자는 배꼽 밑 호흡 공간에서 그것을 하게 한다. 심상은 저절로 관찰된다. 이것을 치료사와 소통할 수 있다. 호흡 공간은 심상을 위해 안전하고 제한된 공간을 제공한다. 환자를 위한 목적은 무슨 일이든 그곳에 충분히 거리를 두어 그가 관찰할 수 있게 한다. 이 작업이 세션 동안 잘 진행되면 환자는 집에서 연습해야 한다.

연습 후 환자는 자신을 편안하게 할 수 있고 호흡과 음악의 도움으로 외상 반응을 조절할 수 있다. 3단계 목적은 통제된 방식하의 다양한 각성 수준에 호흡을 적용시키는 것이다. 환자는 완전한 호흡과 높은 각성 수준이 침입과 같을 필요는 없다고 경험한다. 그러나 만약 침입이 나타난다면 그들은 큰 호흡 공간에 안전하게 머물 수 있다. 환자는 중심 호흡을 다시 시작한다. 음악의 순서는 조용히 시작하고 중간에 강도가 약간 올라가고 마지막에 다시 조용해진다. 환자는 다시 음악에 호흡을 일치시킨다. 만약 호흡이 강해지면 호흡 공간은 양쪽과 가슴으로 확장될 수 있다. 이것 또한 집에서 연습해야한다. 환자는 약 15~20분의 음악 프로그램을 치료사와 혹은 혼자서 만들 수 있다. 이 프로그램은 2단계 곡 중 하나에서 시작할 수 있다. 중간 부분의 음악은 예를 들어, Einaudi의 *I Giorni*, Richter의 *On the Nature of Daylight*, 혹은 Vaughan Williams의 *Fantasia on Greensleeves*이다. 마지막은 Fauré의 *Dolly Suite*, Berceuse 혹은 Handel의 *Water Music*, Air가 될 수 있다.

4단계는 중심 호흡이 시작되면서 환자가 그의 호흡을 인식하는 동안 CSI 또는 심지어 전통적 GIM으로 구성되는데, 만약 요구되면, 호흡 공간의 확장이 요구된다. 만약 기억이 심상 동안 나타나야 한다면 환자와 치료사는 중심 호흡과 음악을 통해 그것들을 조절한다. 이 같은 작업은 집에서 하지 않는다. 그 장소는 전적으로 치료 세션에서 할 수 있다. 다음 부분은 외상을 위한 CSI의 설명이다.

담아내는 자발적 심상

CSI에서 "가이드는 이미지를 제시한다. [그리고] 여행자가 이미지의 한 부분을 탐색하도록 탐색에 초대한다… 잠시 동안 여행자는 같은 이미지를 따라 점진적으로 움직인다… 그래서 여행자는 포함된 기반 내에 자유롭게 심상을 한다."(Bruscia, 2002, p. 50) CSI 세션은 GIM 세션만큼 길 수 있으나 일반적으로 더 짧고 그것의 중심은 항상 미리 정의된 이미지에 있다. 음악 작품은 GIM에서 사용하는 것과 다르지 않다. 그러나 CSI에서는 일반적으로 완전히 CSI 프로그램을 사용할 수 없다. 특별히 음악이 더 안아 주고, 담아내고, 구조화되고, 덜 불러일으키며 덜 극적인 것이 필요한 치료 초기에 때때로 뉴에이지 장르의 음악이 사용된다. Secret Garden의 *Songs from a Secret Garden*, Shenandoah의 *Life Blood*, 혹은 Kobialka의 *Going Home Again* 등 CD에 있는 대부분의 음악들이 적합하다. 음악을 듣는 동안 환자는 눕거나 앉아서 눈을 감거나 뜬다. 유도는 GIM 유도와 비슷하지만 마지막에 환자는 사전에 정의된 이미지를 탐색한다. GIM과 비슷한 음악을 듣는 동안 대화가 있었으나 환자는 이미지에 머무는 듯했다. 그것은 사전 세션 동안 동의한다. 만약 환자가 심상을 그만두면 그는 돌아가야 한다(Geiger and Maack, 2010). 외상 치료 CSI는 외상 반응을 나타내는 환자를 위해 2~4단계로 사용할 수 있다. 이것은 자원을 찾고, 탐색하고, 혹은 강하게 하는 역할을 할 수 있다. 또한 외상 대면, 외상 관련 내사를 제거하기 위한 새롭고 보다 적합한 신원 확인을 확립하고 강화하기 위해 내적 구조와 작업한다.

사례 연구

첫 번째 사례 연구는 의식 학대(ritual abuse)를 당한 젊은 여성과의 치료 초기 단계이고, 두 번째 예는 아동기에 성적 학대를 당하고 방치된 41세 여성의 치료 후기 단계이다.

사례 연구 1

음악과 심상이 시작되기 전 나는 첫 번째 환자와 몇 차례 구두 세션을 하였다. 그녀는 매우 단단하게 조직된 다른 내면을 가졌다. 일상에서 환자가 삶에 침입한 가해자에 대한 통제력을 가지고 있지 않았기에 이것은 당연한 것이었다. 세션의 초점은 학대받은 내면의 아이가 그들과 접촉하기 전 안전한 장소를 만드는 것이었다. 사전 세션에서 그녀는 폐쇄된 장소가 아니라 오히려 정원과 같은 곳이어야 한다고 했다. 여분의 쉼터를 제공할 수 있는 정원의 집이나 오두막이 있을 수 있다. 이 세션에서 그녀는 이 장소를 탐색하기 원했고 다음 발췌는 초기 부분이다.

■ **SECRET GARDEN, *NOCTURNE***

치료사: 무엇과 함께 있나요?

환자: 출입구를 봐요. 철로 되어 있는. 그 뒤에 풍경이 있어요. 나는 들어가요. 왼쪽에 황야가 있습니다. 오른쪽은 초원이구요. 오른쪽으로 돌면 나는 베란다에 갈 수 있어요.

치료사: 그것은 무엇처럼 보이죠?

환자: 가벼운 나무로 된 지붕이요. 바닥은 판석으로 되어 있어요.

치료사: 어디예요?

환자: 오두막 앞에 서 있어요.

치료사: 오두막은 무엇처럼 보이나요?

환자: 고동색의 나무로 되어 있어요. 나는 앞을 보고 있고 문이 있습니다.

■ **SECRET GARDEN, *SONG FROM A SECRET GARDEN***

환자: 오른쪽에는 창문이 있어요. 문 오른쪽에 나무가 있습니다. 울타리도 있구요. 초원 위에 꽃도 있고 초원 뒤에는 붉은 열매가 있는 울타리가 있어요. 오른쪽에는 작은 연못이 있구요.

치료사: 그것은 무엇처럼 보이죠?

환자: 자연스러워요. 원형의 형태는 아니고 약간 울퉁불퉁하네요. 안에 물고기가 있어요.

치료사: 어떤 종류의 물고기인가요?

환자: 금붕어.

목적은 상처 입은 부분을 보기 전에 자원을 찾는 치료의 시간이었다. 그녀는 내면의 아이를 위해 안전한 장소를 만들 수 있었고 이것은 안정적이었다. 그 부분들은 좋은 예후를 말한다.

사례 연구 2

두 번째 환자는 몇 년 전에 치료 기간을 가졌는데 그녀는 외상에 대해 음악과 심상으로 이미 치료를 받았다. 첫 번째 치료 기간 동안 그녀는 그녀의 내면의 네 가지 부분—아이, 청소년, 자신의 나이인 성인 그리고 나이 더 많은 부분—이 모두 사는 안전한 집을 개발하였다. 그들 각각 자신의 방이 있었고 부엌, 거실과 정원은 공유하는 공간이었다. 처음에 나와의 치료를 마친 후 그녀는 현재의 남편과 세 명의 아이를 낳았다. 또한 가해자와 모든 접촉을 끊었다. 그녀가 2차 치료를 받기 위해 왔을 때 아이들에 대한 일들로 지쳐 있었고 더 많은 외상을 치료하기 원했다. 우리가 집과 내면을 보았을 때 그녀는 노인이 사라졌다는 것을 알았고 그녀의 장소인 집에 외할머니가 있었다는 것을 알았다. 할머니는 그녀의 어린 시절 도움이 되었지만 매우 엄격했었다. 이 세션에서, 나는 이것을 예로 사용하려 하는데 초점은 집과 그 주민들의 이미지로 묘사된 내면에 대해 치료하는 것이다.

■ BACH, *PASSACAGLIA AND FUGUE C장조* (ORCHESTRATED BY STOKOWSKI)

치료사: 무엇과 함께 있죠?

환자: 그들은 집 앞의 나무 밑 테이블에 앉아 있어요. 아이는 거기에 있어요. 그녀는 무언가 먹고 있고 할머니는 아이와 가까이 앉아 있어요. 그리고 청년은 그곳에 성인과 함께….

치료사: 그들이 누구인가요?

환자: 테이블에 앉아 있어요.

치료사: 분위기는 어때요?

환자: 행복하지 않아요

치료사: 할머니가 거기에 있는 것이 아이에게는 어떤가요?

환자: 침입당한 것 같아요.

치료사: 다른 사람들에게는 어떤가요?

환자: 그들은 아이와 무언가 하고 싶은데, 할머니가 지금 말해요. 먹어야 하고 그 후 해야 할 다른 일이 있다고. 아이는 다른 것을 하고 싶지만 감히 반대하지 않아요.

치료사: 다른 사람들이 도울 수 있나요?

환자: 아뇨.

치료사: 무엇이 그들을 막을 수 있나요?

환자: 사실, 할머니가 주인이에요. 지금 어른은 그녀 자신을 주장하려 하지만 성공하지 못해요. 할머니는 바위와 같이 앉아 있어요. 아이는 울어요.

치료사: 그러면 당신의 나이 더 많은 그녀는?

환자: 거기 없어요. 그녀는 여기 없어요. 더 멀리 있어요.

치료사: 그녀가 거기에 있는 것이 어떤가요?

환자: 지원적이에요. 그녀는 할머니에게 그녀가 집 주인이 아니라 방문객이라 말하려고 해요.

치료사: 할머니는 뭐라고 하나요?

환자: 그들이 은혜를 모른다고 말해요. 나이 더 많은 사람은 그것이 진실이 아니고 그녀가 방문객이며 집주인이 아니라고 말해요.

치료사: 할머니는?

환자: 꾸짖고 욕을 해요.

치료사: 그러면 나이 든 사람은?

환자: 그녀에게 떠나라고 합니다.

치료사: 할머니는 지금 무엇을 하나요?

환자: 일어나서 무슨 일인지 보게 될 거라 말해요. 이제 그녀는 사라졌어요. 아이는 매우 놀라요. 청년은 행복하고 어른은 안도합니다.

치료사: 그러면 나이 더 많은 사람은?

환자: 그녀는 아이 옆에 앉아 있고 그녀를 안아 줘요.

CSI 세션의 초기 발췌는 내사가 어떻게 좋은 내면 질서를 방해할 수 있고 전체 시스템을 약화시킬 수 있는지 보여 준다. 내사는 종종 스트레스와 촉발의 시점에 존재한다. 여기서 환자는 내사를 버릴 수 있었고 잃어버린 것을 되찾을 수 있었는데 그것이 바로 나이 더 많은 사람이다. 음악은 매우 강한 BMGIM 음악이 사용되었으나 안내를 통해 보통의 GIM 세션보다 더 이끌어 내고 있었다. "다른 사람이 도울 수 있나요?" 또는 "할머니는 지금 무엇을 하나요?"와 같은 중재는 GIM에서 적합하지 않을 수 있다. 그러나 CSI에서 모든 상황은 다른 장소로 이동 없이 자세히 탐색해야만 했다. 그래서 이러한 중재는 유용하다.

이와 같은 두 가지 예는 치료의 다른 단계에서 CSI를 사용하는 매우 다른 방법을 보여 준다. CSI는 외상 치료에 다양한 범위의 징후를 다룰 수 있고 MB의 4단계와 병행할 수 있었다. 이것은 이후 치료에서 BMGIM으로 이어질 수 있다.

요약

외상 치료에서 BMGIM은 외상 반응이 매우 낮은 수준일 경우에만 유용하다. 더 집중적이고 구조적이며 짧고, 환자를 진정시킬 수 있도록 도와주는 적용이 필요하다. 외상 관련 장애의 문제가 무의식 혹은 잠재의식으로부터 너무 작은 상징성을 가진 너무 많은 요소가 침투하기 때문에 GIM의 방법은 심리학적 요소를 더 불러냄으로써 문제를 악화시킬 수 있을지도 모른다. MB와 CSI는 현재 인식에 제한된 양의 심리 요소를 가져오는 데 도움이 될 수 있고 그것은 구체적인 것을 상징적으로 변형시키고 진정의 방법을 환자에게 제공하는 것이다.

참고문헌

Blake, R. L. (1994). Vietnam veterans with post traumatic stress disorder: Findings from a music and imagery project. *Journal of the Association for Music and Imagery, 3*, 5-18.

Bruscia, K. (2002). The boundaries of Guided Imagery and Music (GIM) and the Bonny Method. In K. Bruscia and D. Grocke (eds) *Guided Imagery and Music: The Bonny Method and Beyond* (pp. 37-61). Gilsum, NH: Barcelona Publishers.

Geiger, E. M. and Maack, C. (2010). *Lehrbuch Guided Imagery and Music* (GIM). Wiesbaden: Reichert Verlag.

Goldberg, F. S. (1994). The Bonny Method of Guided Imagery and Music as individual and group treatment in a short-term acute psychiatric hospital. *Journal of the Association for Music and Imagery, 3*, 19-33.

Herman, J. L. (1998). *Trauma and Recovery: From Domestic Abuse to Political Terror*. London: Pandora.

Körlin, D. (2008). Music breathing: Breath grounding and modulation of the Bonny Method of Guided Imagery and Music (BMGIM): Theory, method, and consecutive cases. *Journal of the Association for Music and Imagery, 11*, 79-113.

Körlin, D. (2002). A neuropsychological theory of traumatic imagery in the Bonny Method of Guided Imagery and Music (BMGIM). In K. E. Bruscia and D. E. Grocke (eds) *Guided Imagery and Music: The Bonny Method and Beyond*. Gilsum, NH: Barcelona Publishers.

Maack, C. (2012). *Outcomes and processes of the Bonny Method of Guided Imagery and Music (GIM) and its adaptations and Psychodynamic Imaginative Trauma Therapy (PITT) for women with complex PTSD*. Doctoral dissertation. University of Aalborg, Denmark. Buchholz: Institut für imaginative Psychotherapie und Musik. Available at www.gimtherapie.de/Thesis.pdf, accessed 10th September 2013.

Maack, C. (2006). *The Bonny Method of Guided Imagery and Music (BMGIM) and its adaptations in psychotherapy with patients with complex posttraumatic stress disorder.*

Presentation at the Australasian Music and Imagery Conference, Auckland, New Zealand. Available at www.gim-therapie.de/new-zealand-imagery-and-music-association.pdf, accessed 29th January 2015.

Summer, L. (2009). Kyle: Case study in music and imagery. In A. Meadows (ed.) *Developments in Music Therapy Practice: Case Study Perspectives*. Gilsum, NH: Barcelona Publishers.

Summer, L. (2002). Group music and imagery therapy: Emergent receptive techniques in music therapy practice. In K. E. Bruscia and D. E. Grocke (eds) *Guided Imagery and Music: The Bonny Method and Beyond*. Gilsum, NH: Barcelona Publishers.

Summer, L. (1990). *Guided Imagery and Music in the Institutional Setting* (2nd edition). Missouri: MMB.

Traumaprojekt Hamburg (2014). *Structural Analytical Trauma Therapy (SATT): A Concept for Curative Treatment of Complex Trauma*. Presentation at the ESTD 2014 Conference, Copenhagen, Denmark. Available from Traumaprojekt. Hamburg@gmx.de.

van der Hart, O., Nijenhuis, E. R. S. and Steele, K. (2006). *The Haunted Self: Structural Dissociation and the Treatment of Chronic Traumatization*. New York, NY, and London: Norton and Company.

Vaux, D. R. (1993). GIM applied to the 50-minute hour. *Journal of the Association for Music and Imagery, 2*, 29-34.

삽화 1.1 Kate의 1회기 세션 만다라

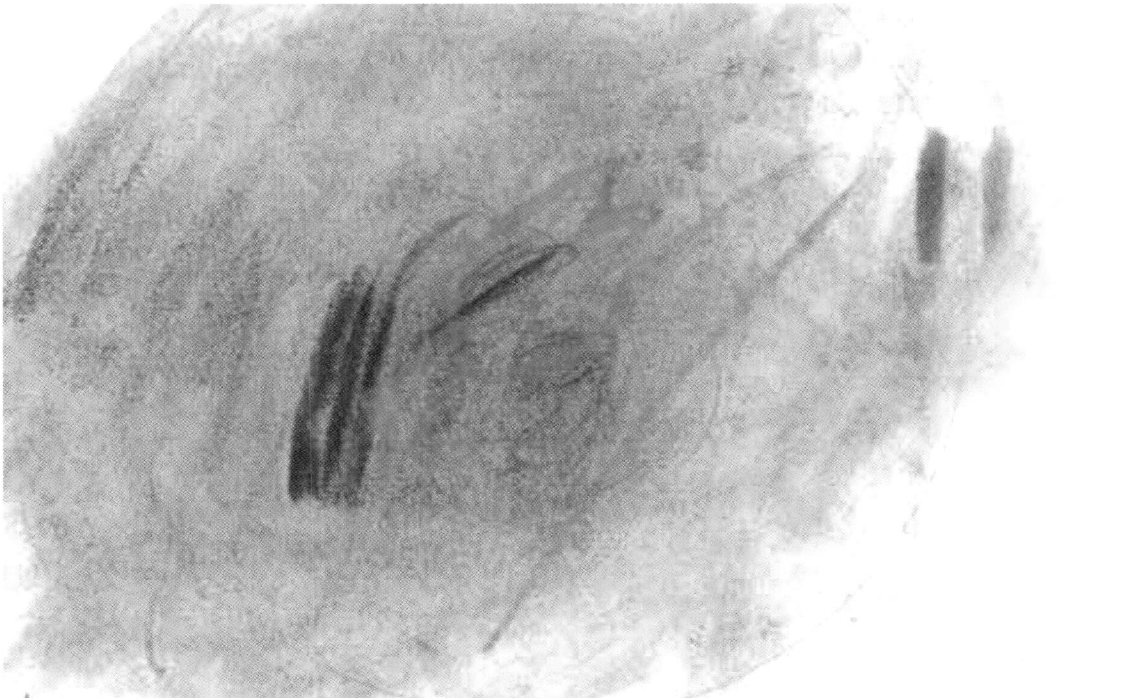

삽화 1.2 Kate의 2회기 세션 만다라

삽화 1.3 Kate의 3회기 세션 만다라

삽화 1.4 Kate의 4회기 세션 만다라

삽화 1.5 Kate의 7회기 세션 만다라

삽화 1.6 Kate의 8회기 세션 만다라

삽화 5.1 Tula의 만다라 '그들의 벽'

삽화 5.2 Tula의 만다라 '은빛 댄서'

삽화 5.3 Tula의 만다라 '사막'

삽화 5.4 Sara의 만다라 '산불'

삽화 24.1 Ole의 만다라 '놓아줌'

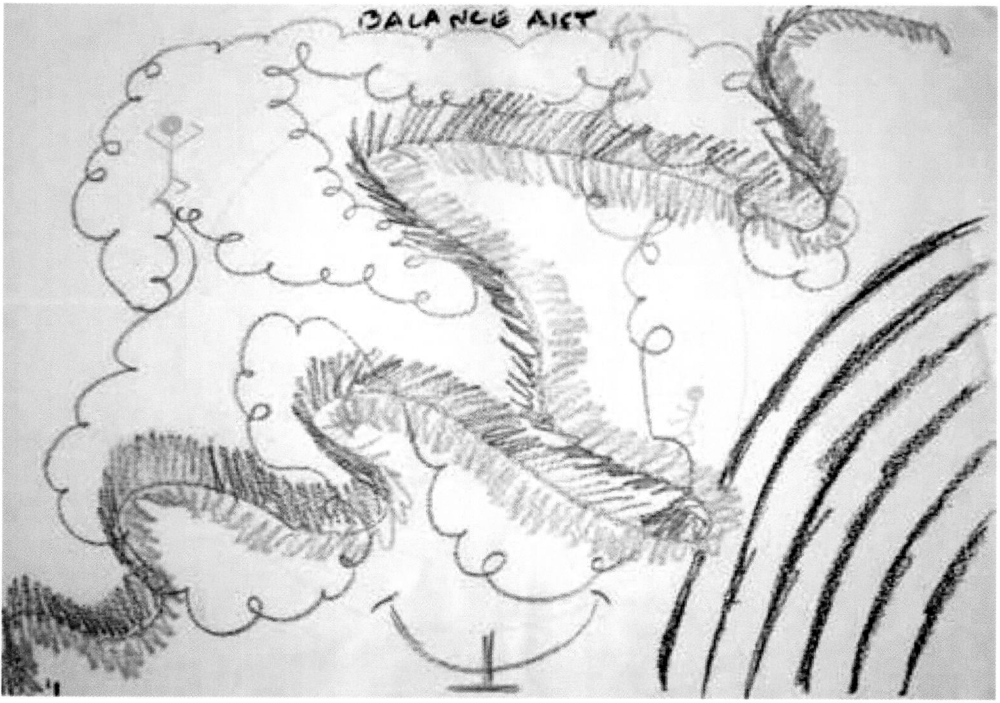

삽화 24.2 Ursula의 첫 번째 만다라 '균형을 이루는 것'

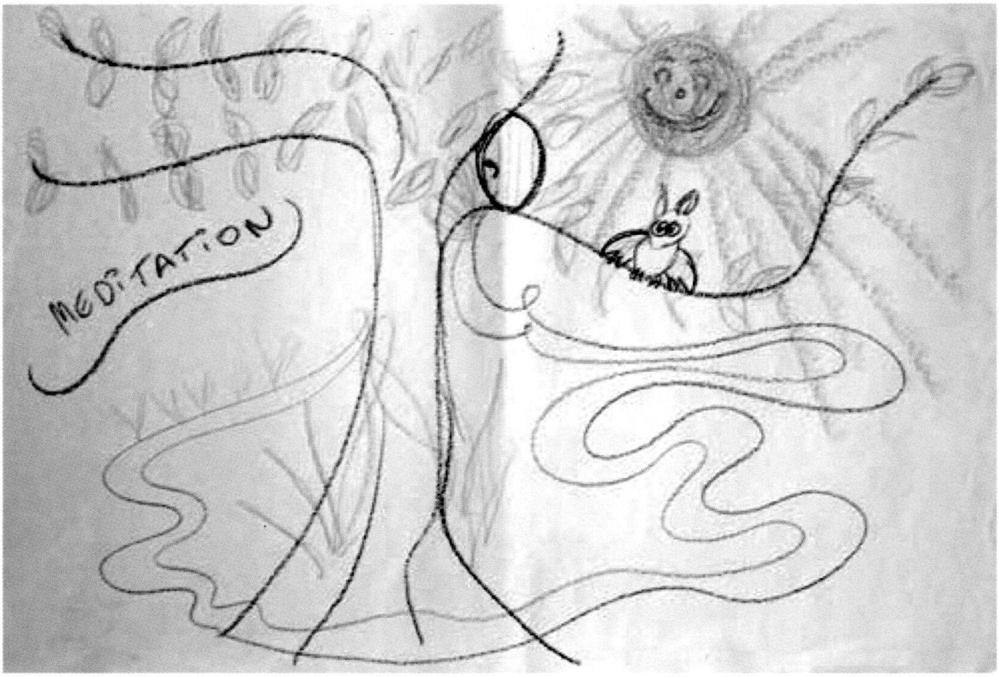

삽화 24.3 Ursula의 마지막 만다라 '명상'

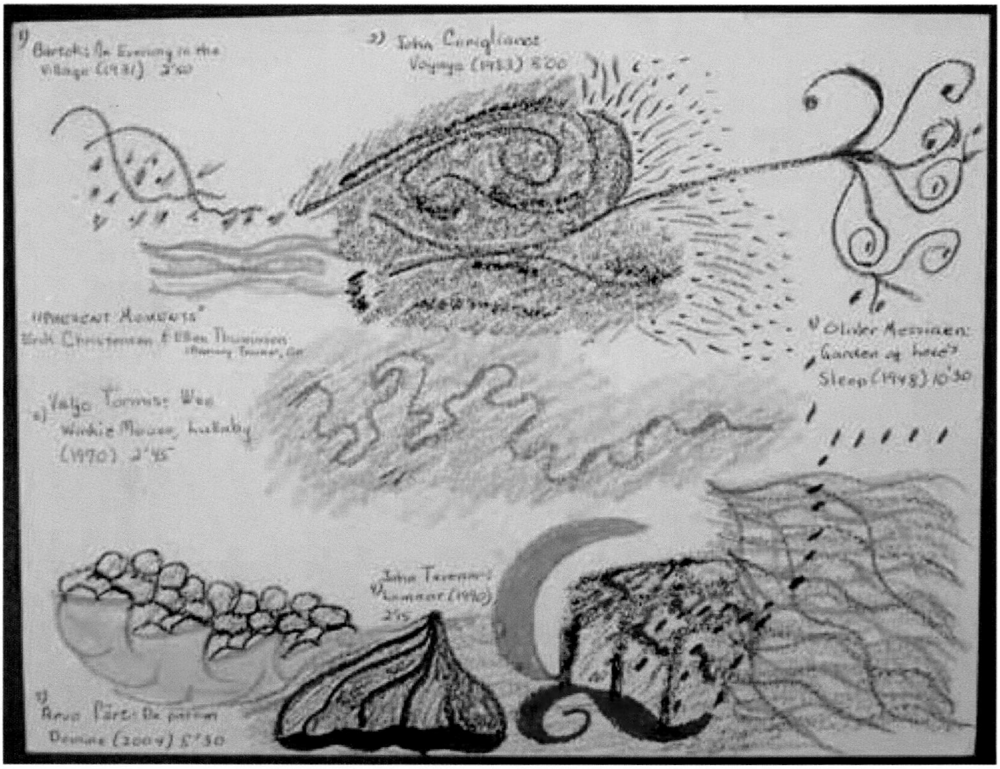

삽화 26.1 '현재의 순간' 프로그램 순서를 그린 만다라

제13장

Peter의 이야기:
분열정동장애로부터의 회복

Torben Moe

이 사례는 분열정동장애 진단을 받은 Peter(30세)를 위한 효과적인 치료적 도구로서 변형된 형태의 GIM(Guided Imagery and Music)의 사용을 보여 주고자 한다. 애초에 GIM은 건강한 성인들을 위해 발달되어 왔지만(Bonny, 2002), 변형된 형태로서의 GIM이 보다 심각한 증상들을 동반한 정신건강의학 내담자를 위해 효과적으로 사용되어 왔음을 연구들을 통해 입증해 왔다(Moe, 2002; Moe, Resen and Raben, 2001).

GIM 세팅 안에서의 음악의 감정적 연결 구조가 내담자의 내적 자기개념 안에서의 통합을 이끌어 낼 수 있다는 것이, 이 사례 연구를 지지하는 이론적 배경이다(Moe, 2002; Moe et al., 2001). 나의 바람은 치료과정에서의 다른 단계들이 어떻게 통합의 다른 수준들로 이끌어질 것인지를 보여 주는 것인데, 나는 이것이 심리치료 중재들을 세 가지로 분류하여 제안한 Wolberg(1967)의 지지적 · 재교육적 · 재구성적 이론 개념과 일치되는 것이라 생각한다. GIM에서 이러한 개념은 Summer(2011)에 의해 사용되었는데, 그녀는 음악치료 임상에서 Wheeler의 치료 수준들을 적용하여 음악과 심상(Music and Imagery: MI)에서 중재의 다른 수준들을 정의하였다(Wheeler, 1983).

GIM과 차별화하기 위해 Summer가 명명한 MI와 달리, 나는 장기 세팅에서의 '변형된 GIM'으로 이를 명명하고자 한다. 마음 속의 더 깊은 수준의 경험들과 명백해지는 내적 안정, 그리고 보다 넓어진 일관성을 통해 새로운 행동패턴들에서 나타나는 향상되는 자존감을 보여 주는 이 사례는 치료 과정에서의 단계들을 유동적 연속체로 보여 준다. 나는 음악치료 과정 안의 각기 다른 수준들에서 내담자의 필요를 분명히 보여 주는 음악을 찾는 것의 중요성을 이 사례를 통해 설명하고자 한다.

심각한 병리학적 증상들을 가진 내담자는 작은 부분일지언정 어두운 인생 시기들의 파멸과 죽음의 공포에 대한 구체적인 생각들과 관련한 증상들에 의해 종종 크게 영향을 받는다. GIM은 이와 같은 내담자들이 기본적 수준 위에서, 자신들의 감정과 심상을 통합하고 생존할 수 있도록 돕는다. GIM 세팅에서 이를 행할 수 있는 방법은 단순히 예측 가능한 형태를 지닌, 장조에서 단조, 다시 장조로 돌아갈 수 있는 변화를 지닌 음악을 선택하는 것이고, 그런 이후 어떻게 그것들(심상들, 감정들)이 음악에 반응하는지를 조심스레 알아차리게 위해, 내담자의 심상들과 감정들, 몸의 반응들을 조심스레 따라가도록 안내하는 것이다. 예를 들어, 만약 감정적으로 긴밀히 연결된 현(string)이 밝음에서 어둠으로, 다시 밝음으로 돌아간다면, 이는 음악의 지원과 함께 확고해지는 것이다.

세팅

Peter의 이야기는 덴마크, 코펜하겐에서 운전 시 약 한 시간 반 정도의 거리에 위치한 로스킬데(Roskilde)에 있는 정신건강의학 센터에서 시작된다. 이 센터는 비록 입원 내담자들의 숫자가 지난 10년 동안 급격하게 감소되어 오고 있음에도 불구하고, 덴마크에서 여전히 가장 크고 오래된 정신건강의학 병원이다. 이 센터는 아름다운 피오르드 로스킬데(fjord Roskilde)와 매우 가까운 곳에 위치해 있다.

Peter가 처음 병원으로 의뢰돼 왔을 당시의 나이는 30세였고, 이후 조현병과 이와 관련한 병들을 위한 장기치료 특별 재활 병동에서 치료를 받았다.

사례 연구: Peter

정신병 증세와 함께 분열정동장애 진단을 받았던 Peter는, 특별히 스트레스 상황들에서 감정적으로 압도되는 경향을 보였고, 이는 결국 세상에 대한 편집증적 해석과 망상에 의한 정신병적 사고로서 귀결되었다. Peter가 병동에 입원했을 당시, 나무를 들이받는 심각한 차 사고를 저질렀었다. 그는 며칠 잠을 자지 못했고, 여자 친구와 결별했고, 자신이 매우 어려운 환경에서 일을 했다고 설명했다.

Peter는 재능 있는 음악가이자 교육 받은 음악가였고, 음악가로서 그의 생계를 일부 책임지고 있었다. 하지만 음악가로서 수반되었던 스트레스적 삶의 상황으로 인해, 음악가의 길을 포기했다.

Peter는 7세 때, 심한 교통사고로 인해 그의 부모님과 여동생을 잃었고, 이로 인해 Peter는 그의 어린 남동생과 함께 양부모 아래 양육되었다. Peter의 무능력감과 공격적 행동의 두드러짐으로 인해 특별히 더 어려운 10대를 지냈다.

치료

내가 처음으로 Peter를 만났을 때, 그는 병동에 약 한 달 정도 입원해 있는 상태였고, BDI(Beck Depression Inventory, 1972)에 의하면, 그는 중증도에서 중증 우울 정도의 상태에 놓여 있었고, Robson 자존감 설문지(Robson, 1989)에서 매우 낮은 점수를 나타내었다.

Peter는 음악을 연주하는 일을 모두 그만두었고, 그의 인생에 있어 어떠한 의미도 찾지 못했다. 그는 여전히 주말 동안 머무를 수 있는 그의 아파트가 있었지만, 누구도 만나지 않고 아파트에 머물면서 편집증적 사고에 의해 종종 압도되곤 했다.

Peter는 지난 수개월 동안 홀로 고립돼 있었기 때문에, 우리의 첫 번째 대화는 더 이상 남겨진 친구가 없는 것에 대한 Peter의 고민에 대해 집중되었다. 그는 자기 자신을 사회적 지원에 의존하고 있고 사회의 밑바닥 삶을 살아가는 패배자로서 여기고 있었다. 첫 세션에서 Peter는, 자신과 사회적 관계를 맺어 왔던 이웃 남자에 대해 언급하면서, 그 이웃 남자는 Peter가 정신건강의학과 내담자이기 때문에 더 이상 관계 맺고 싶어 하지 않는다고 확신하는 이유로, 그 이웃 남자와 감히 연락하지 않는다고 이야기하였다.

나는 Peter에게 인지적 접근의 치료 모델(Beck, 1972)에 대해 설명하였고, 이러한 치료 모델이 어떻게 GIM 접근과 함께 통합되어 사용될 지에 대해 이야기하였다. Peter는 이 방법에 동의하였다. 우리는 Peter의 치료를 위한 목적들과 바람들에 대해 이야기 나누었지만, Peter는 이로 인한 급진적 변화를 전혀 믿지 않았다. 하지만 그는 어떻게 우울이 감소되고 자기 확신을 회복할 수 있을지에 대해 흥미를 갖게 되었다.

■ 단계 1: 치료 동맹 형성

나의 첫 중재는 순전히 인지적 접근에 기반을 두었다. 이웃에게 '연락'하는 것에 대한 주제를 다루면서, 만약 Peter가 그의 이웃 친구에게 전화를 하거나 혹은 친구 집 대문의 초인종을 눌렀을 때의 이익들과 불이익들에 대해, 그리고 Peter가 이러한 시도들을 얼마나 낭패스러운 일들이라 여겨 왔고 소홀하게 여겨 왔는지에 대해 함께 이야기를 나누었다. 역할극에서의 다른 역할 경험들을 통해, 이웃 친구가 어떠한 반응을 보일 것인지에 대해 가능한 시나리오들 안에서 다양하게 체험할 수 있었고, 이를 통해 Peter는 현실 안에서 실제 행동을 시도하기 위한 에너지와 동기를 얻게 되었다.

다음 세션에서, Peter는 눈에 띄게 보다 낙관적인 모습으로 나타나, 이웃 남자가 그동안 보이지 않았던 자신에 대해 궁금해했고, 또한 자신을 보고 행복해했었다고 설명하였다. 이웃 남자는 Peter의 설명을 통해 Peter의 어려웠던 경험들에 대해 알게 되었기에, Peter의 입원 사실을 들었을 때 크게 놀라지 않았다고 했다.

이후 Peter는 주말에 음식 구입을 위해 상점에 갈 때 편집증과 망상적 사고에 압도되기 때문에 종종 빈손으로 가게를 떠나게 된다는 자신의 새로운 문제를 이야기하였다. 이것은 GIM 전략 과정의 첫걸음을 위한 열쇠가 되었다. GIM 세션 안에서 Peter는 짧은 긴장 이완 이후 카우치에 누워 눈을 감고 음악을 감상하였다. 우리는 Peter에게 긍정적 영향을 미칠 수 있는 음악을 함께 찾았고, 그 음악이 Mp3 재생어를 통해 재생될 수 있도록 하였는데, 이는 Peter가 음악을 가게로 가져가기 위함이었다. GIM 세션은 이를 위한 준비 단계가 되었는데, 즉 GIM 세션을 통해 Peter는 자신이 선택한 초점과 함께 가게 안에 있는 모습을 상상하는 것과 함께 진행되었다. 이어지는 세션에서 Peter는 그가 가게 안에 있었을 때, 음악과 호흡기술을 사용하였고 이를 통해 자신 안에 긍정적인 기분을 유지하며 평소에 먹는 콘프레이크와 그 밖에 다른 먹을 것들을 구입할 수 있었다고 보고하였다.

두 개의 성공적 중재들은 나와 Peter의 긍정적 동맹을 만들어 가는 것에 긍정적 과정들이 되었다. Peter는 인생의 긍정적 시각을 조금씩 더 갖게 되었고, 다음 치료 단계에서 Mp3를 통해 가게들 안에서의 음악 감상을 계속 이어 가게 되었다. 또한 이러한 목적에 적절하게 보다 많은 음악들을 찾을 수 있었다.

■ 단계 2: 변형된 GIM 세션들

이후 우리는 음악적 변수 안에서 갑작스러운 변화 없이 잘 구조화되고 조화로운 음악으로 특징지어진 '작은 음악 그릇'(음악 그릇들을 설명한 도입 부분을 참조)의 관점과 맥락을 같이하는 GIM 음악 프로그램 레퍼토리에서 선택한 하나의 곡을 사용해 변형된 GIM 치료 과정을 진행했다. 예를 들어, Peter는 Haydn's Cello *Concerto* No. 1 in C major의 감상을 경험했고, 이를 다음과 같이 보고했다.

Haydn, Cello Concerto # 1 in C major, Adagio
나는 병원을 둘러싸고 있는 나무 안을 걷고 있어요. 그곳을 걷는 것이 즐거워요. 그러다가 갑작스레 나는 자전거를 타고 나에게로 다가오는 두 분의 나이 드신 분들을 보아요. 그들은 좋은 개를 가지고 있고, 우리는 함께 그 개에 대해 잠시 이야기를 나눠요. 그들은 떠났고 나는 계속 걷고 있어요… 나는 지금 방향 없는 나의 걸음이 약간 외로워요… 그러나 나는 여전히 걸음을 즐겨요… 나는 한때 한 마리의 개를 가졌어요… 나는 지금 혼자 피오르드에 내려가 벤치에 앉아 경치를 즐겨요.

토의에서, Peter는 내적 심상들을 갖는 것이 꽤 용이했고, 음악감상 동안 긍정적 감정들을 경험할 수 있어 행복했다고 보고하였다. 또한 그는 그의 실제 인생에서 한때 강아지를 가진 적이 있었다고 이야기했다.

■ **단계 3: 깊어지는 치료 과정**

치료 과정이 4개월에 이르렀을 때, Peter는 미래에 대한 희망을 다시 얻게 되었다. 그는 내담자들에 의해 선택된 대중음악을 함께 연주하는 음악치료 그룹에 참석하기 시작했고, 보다 적극적으로 병동의 다른 내담자들과 어울리게 되었다. 또한 재활 프로그램에 참여하기 시작했고 약물과 함께 안정된 상태를 유지하게 되었다. 그는 가게에 들어갈 때 음악 듣기를 계속 유지하였고, 하루 중 가장 분주한 시간대에 가게에 들어갈 수 있기까지 자신을 더욱 확장시켜 갔다.

우리는 일주일에 한 번 규칙적으로 한 시간 길이의 짧은 GIM 세션들을 지속했다. 매 세션은 같은 구조로서 이루어졌는데, 즉 나에 의해 우선적으로 선택된 10~15분 동안의 음악감상과 함께, 전체 Bonny 방식의 GIM(Bonny method of guided imagery and music: BMGIM) 세션의 형태를 갖추었지만 보다 짧은 시간 동안 진행되었다.

열다섯 번째 세션에서 그는 *Inner Odyssey*로 명명된 GIM 음악 프로그램으로부터 발췌된 Carl Nielsen의 *Symphony No. 5*, Adagio Non Troppo를 감상하였다.

그는 다음과 같이 보고하였다.

나는 숲으로 돌아왔지만, 새로운 장소가 아니다. 나는 걸으며 좋은 시간을 가진다… 나는 단지 걷는 중이다… 나는 지금 하나의 집을 본다. 혹은… 별장… 놀랍게도 마치 이전에 가 보았던 것 같은 별장이다… 점점 더 가까워질수록 강하지 한 마리가 나를 반기며 매우 착하게 나에게로 달려오고 있다… 나는 지금 별장 안으로 들어간다. 그리고 비록 이 별장엔 아무도

> 없지만 매우 익숙하게 느껴진다. 별장 안은 아늑하지만, 아무도 없다… 그러나 얼마 전까지 누군가 그곳에 있었던 것 같다. 나는 그 사람이 누군지 궁금하다… 나는 지금 집 밖 높은 풀이 있는 작은 정원에 앉아 있다. 마치 아주 오래전에 깎았던 것 같은 잔디이다. 나는 여기에 앉아 있으면서 내게 매우 좋은 기분을 느끼게 해 주는 음악을 강하게 느낀다… 여기서 끝내기에 좋은 장소이다.

토의에서, Peter는 비록 높은 잔디가 자신을 약간 압도시켰지만, 매우 긍정적인 세션이었음을 보고했다. 또한 그는 강아지를 정말 갖기를 희망했던 적이 있었고, 그 집에 살고 있었던 한 소녀를 상상할 수 있었는데, 그 소녀는 직감적으로 자신이 느꼈던 소녀였다. 나는 집의 이미지를 보고, 이 이미지가 Peter의 내적 자기구조 표현과 연결되어 있는 감정의 친숙함을 또한 본다. 은유로서의 내면의 집은 종종 문학에서의 자기표현으로 간주된다(Jung, 1964).

치료 과정이 8개월에 이르렀을 때, Peter는 중요한 세션을 체험했는데, 그는 Shostakovich의 *Piano Concerto No. 2*, Andante를 감상하는 동안 경험했던 심상들을 다음과 같이 보고하였다.

> 나는 바닷가를 걷는 중이다. 나는 이전에 이곳에 와 봤던 적이 없었다… 회색의 날이고 나는 별다른 특별한 것이 없는 그런 날임을 알 수 있다. 하지만 모래 위에 몇 개의 돌들이 있고… 물은 고요하다, 나는 나의 생각들과 함께 걷는 중이다… 이것은 약간 비어 있다… 나는 멀리 있는 것을 본다… 나는 이것이 사람이라고 생각한다. 아니다. 두 사람이 있다… 그들은 지금 보다 가까이에 왔다… 나의 엄마이고 어린 여동생이다… 우리는 지금 만난다… 그들은 나를 보며 행복해한다… 우리는 지금 매우 가까이에 서 있다… 나의 엄마는 지금 내가 그들과 함께 오지 않아야 한다고 이야기한다… 그들은 나를 기다릴 것이다… 잠시 후에 그들은 떠나고 우리는 안고 있는 중이다… 나는 그것에 의해 매우 감동받는다… 나는 돌아갔다… 나는 뒤로 걸어간다… 그리고 나는 뒤돌아섰고 그들은 물결친다… 나는 슬프기도 하지만, 또한 지금 더욱 고요하다. 바다 위에 좀 더 활기찬 갈매기가 지금 있다… 나는 거의 내가 걷기 시작했던 그 곳에서 마친다.

토의에서, Peter는 감동 받았고 또한 매우 놀랐다. 그리고 비록 꽤 어려웠다 말했지만, 그는 또한 안도감을 느꼈다. 그리고 우리는 다음 세션을 통해 이 경험에 대해 조금 더 이야기를 나누었다. Shostakovich 작품은 품어 주고 담아 주는 방법을 통해 Peter로 하여금 정신적으로 보다 깊은 의식의 층까지 접근할 수 있도록 기회를 제공해 주는 것 같았다.

중요한 이 세션은 Peter에게 비극적 사건 이전의 기억들과 경험들을 보여 주었고, 이 체험들은 치료를 통해 다루어졌다. 치료의 마지막 시기에, 우리는 이야기를 중심으로 세션을 진행했는데, 치료 과정에 대한 관점과 정신건강의학 센터가 아닌 곳에서의 Peter의 미래 삶에 대해 주로 이야기를 나누었다.

치료 종결

약 2개월 후에 치료가 종결되었다. 마지막 세션 이전, Peter는 자신의 개인적 GIM 체험과 함께했던 치료 과정 동안 경험해 왔던 5개의 다른 기분들을 표현하는 5개의 선율들(Peter의 작곡)로 제작된 한 장의 CD를 내게 선물로 주었다. 나는 이 선물에 대해 매우 기뻐했다. 즐거움과 활기찬 기분을 동반하는 하나의 곡을 통해 어떤 이는 강함과 긴장감을 들을 수 있을 것이고, 다른 곡들 중 또 다른 하나의 곡의 리듬과 선율을 통해서는 긍정적인 동기를 들을 수 있을 것이다.

결론

Peter는 치료 초반 그의 증상들에 의해 강하게 묶여 있었다. 그의 망상적 사고들, 부족한 자존감과 절망감은 그의 인생에 있어서 행동에 제한을 주었다. 대인관계적 위험감수와 GIM 세션 구조 안에서 Mp3 재생장치를 통한 음악 창조는 Peter 자신을 그의 내적 및 외적 세상으로부터 자유롭게 하였다. GIM 세션을 통해 이미 검사되었던 선택된 음악들은 Mp3에 저장되어 외부 세계로 이 음악들을 가져갈 수 있게 되었고, 참을 수 없는 망상의 공포 상태에서 자신을 잃는 대신, 보다 구체적인 방법 안에서 자신을 위해 음식을 구입하는 동안 긍정적인 감정들에 머무를 수 있도록 도움을 주었다. 이러한 행동들은 Peter의 자존감에 긍정적인 영향을 미쳤고, 음악에 의해 지지된 나무 속 집에 대한 자기 은유를 안정화시키는 것에까지 이르도록 하였다. 이러한 이미지는 또한 이전에 Peter가 머물러 있었던 우울하고 망상적 상태에서는 결코 가질 수 없었던 몇 개의 긍정적인 인생의 바람들과 꿈들을 담아내었다. Carl Nielsen의 *Symphony No. 5*, Adagio Non Troppo의 감상은 곡의 발전부가 전쟁 장면을 연상케 하는 마지막을 향한 예기치 않는 스네어 드럼 연주가 내포되었기에 위험한 선택이었을지도 모르겠다. 그러나 결국 Peter의 내적 긴장감과 일치할 수 있었고, 곡의 마지막에서의 절정 부분은 대처의 힘과 앞선 희망에 대한 감정들과 함께 긍정적 전환에까지 이르도록 하였다. 음악으로부터의 감정이입은 결국 긍정적인 '행동의 요청'이 된 것이다.

비록 치료 과정이 선형적이진 않았지만, 이 과정을 통한 힘의 내적 감각이 Peter가 바닷가에서 그의 엄마와 여동생을 만나게 할 수 있었던 보다 깊은 중요 세션으로 이르게 하는 길을 제공했을 것이라 믿는다. 이 세션은 Peter 마음 안의 보다 깊은 무의식 단계에 이를 수 있도록, 그리고 안도감과 탈융합감을 가져올 수 있도록 도움을 주었다.

Peter가 내담자였을 때의 그의 파일을 다시 한 번 읽으며, 자동차 사고 당시 그의 부모님과 어린 여동생이 사망했을 때, 사망한 사람이 Peter 자신이 아니었음에 대한 그의 죄책감을 나는 처음으로 알게 되었다. Peter가 경험했던 이미지는, 자동차 사고에 대한 무의식적인 파괴적 동기와, 부모님을 다시 만나기 원하는 마술적 희망과, 그리고 죄책감으로부터 자신을 자유롭게 하고자 했음을 설명하는 것이었다. Peter의 치료 경험들은 그의 미래를 위해 회복의 해결책과 희망을 이끌어 낼 것이었다.

이 사례는 장기간의 치료 세팅에서 깊은 수준의 정신건강의학 영역의 심리치료에 있어 변형된 GIM과 함께 작업하는 것에 대한 가능성과, 치료 과정이 심리치료 개입의 세 가지 수준들을 반영하는 것을 입증하는 것이다.

참고문헌

Beck, A. T. (1972). *Depression: Causes and Treatment*. Philadelphia, PA: University of Pennsylvania Press.

Bonny, H. (2002). *Music and Consciousness: The Evolution of Guided Imagery and Music*. Gilsum, NH: Barcelona Publishers.

Jung, C. (1964). *Man and His Symbols*. New York, NY: Dell Publishing.

Moe, T. (2002). Restitutional factors in receptive group music therapy inspired by GIM. *Nordic Journal of Music Therapy, 11*, 2, 152-67.

Moe, T., Roesen, A. and Raben, H. (2001). Restitutional factors in group music therapy with psychiatric patients from modified GIM. *Nordic Journal of Music Therapy, 9*, 2, 36-51.

Robson, P. (1989). Robson Self-Esteem Questionnaire. *Psychological Medicine, 19*, 513-518.

Summer, L. (2011). Music therapy and depression: Uncovering resources in music and imagery. In A. Meadows (ed.) *Developments in Music Therapy Practice: Case Study Perspectives* (pp. 487-499). Gilsum NH: Barcelona Publishers.

Wheeler, B. L. (1983). A psychotherapeutic classification of music therapy practices: A continuum of procedures. *Music Therapy Perspectives, 1*, 8-12.

Wolberg, L. R. (1967). *The Technique of Psychotherapy. Volume 1, 2nd Edition*. New York, NY: Grune and Stratton.

부록: 음악 목록

Haydn: *Cello Concerto 1번 C장조*, Adagio

Nielsen: *Symphony No. 5*, Adagio Non Troppo

Shostakovich: *Piano Concerto 2번*, Andante

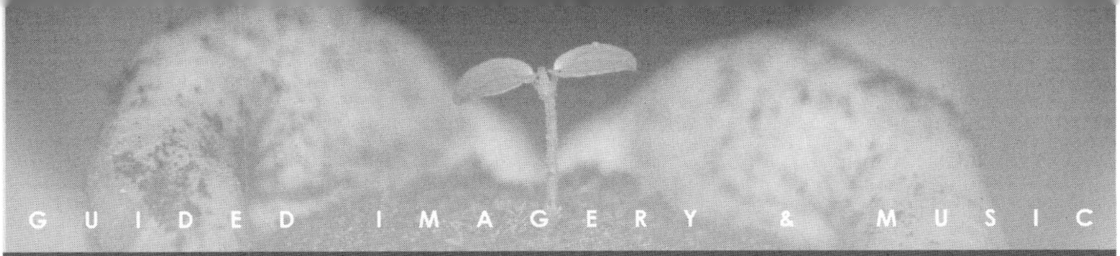

제14장

GIM에 대한 정신화 기반 접근

Isabelle Frohne-Hagemann

지난 20년 동안, 정신화 개념(mentalization)은 매우 대중화 되어왔다. 이 개념은 다양한 심리치료적 접근방법들을 막론하고 대부분의 심리치료사들에게 있어 친숙한 개념이다. Dornes는 "상징화에 대한 정신분석적 논쟁들의 연속"으로서 이를 설명했다(Buchholz, 2004, p. 3에서 발췌). 이 개념은 또한 감정표현 불능증의 개념과도 관련이 있는데, 이는 "자신의 감정들을 묘사하고 규명하는 것에 대한 잠재적 무능력에 의해 특성화된 성격구조"이다(Sifneos, 1973).[1] "핵심 특성들은… 감정적 인식, 사회적 애착 및 대인 관계에 있어 역기능으로서 나타나는 것이다. 게다가 개인들은… 또한 다른 사람들의 감정을 이해하고 식별하는 것에 있어 어려움을 가지며, 이것은 곧 비공감적이고 비효과적인 감정 반응을 초래하는 것"이다(Feldman Hall, Dalgleish and Mobbs, 2013).

정신화 개념은 이제 이러한 증상들을 발달심리학, 특히 애착 이론과 자기발달로 구분 짓는다(Bowlby and Ainsworth, 1995; Erikson, 1959; Stern, 2003). 또한 정신화 개념은 안전한 구속력과 순서적 상호작용, 그리고 정서조율의 중요성에 대한 이해를 돕는 것에 있어 많은 역할을 해 왔다. 정신화는 일관성 있는 자기, 자아기능(ego-function), 그리고 정체성 발달에 있어 중요한 단계이다. Petzold는 **나의**(육체적인) **자기**(거울에서처럼)를 볼 수 있는 능력은 '이질적인 눈'으로 자신을 바라보는 것에 있어 기본이 되는 것이고, 이는 결국 사람으로 하여금 자기 귀인과 타인 귀인의 균형을 맞추는 것을 가능케 한다고 강조해 왔다. 정체성은 the I, the me(my Self)와 다른 사람들이 나를 어떻게 보느냐의 사이에서 상응의 높은 수준으로서 이해될 수 있다(Petzold, 2001).

---

1) www.wikipedia.org/wiki/alexithymia에서 발췌

신경과학 연구는 외상 스트레스가 해마에서 위축성 뉴런 과정과 편도체의 기능장애의 원인이 되고 있고, 이것은 결국 정서 상태들을 이해하고, 설명하고, 조절하는 무능력에 이르게 하고 있음을 입증해 왔다(Hüther, 1997). Allen, Fonagy, 그리고 Bateman (2008)은 첫 번째 맺게 되는 관계와 유대 경험들에서 갖게 되는 정신적 외상 혹은 결핍은 내적 감정 상태(자신의 감정 상태와 다른 사람들의 감정 상태)들을 느끼는 것에 필요한 언어적 발달의 결핍에 이르게 한다는 사실에 주목하였다. 특별히 인격장애를 위한 정신화 기반 치료(mentalization-based therapy: MBT)가 발달되었고, 이러한 MBT는 애착 이론과 정신분석 맥락 안에서 정신역동 치료 접근들, 인간중심 및 심리학에 의해 동기부여된 학습과정과 정신병리학을 통합하였다(Allen and Fonagy, 2009; Allen et al., 2008; Fonagy et al., 2004).

정신화하는 능력은 한 사람의 감정 상태들에 있어서, 뚜렷하게 반영되고, 평가되고, 규제되는 기반 위에 존재하는 것이다. 정신화 결핍들과 차단들은 자기 자신의 감정 상태, 동기들, 그리고 행동과 관련한 타인의 정서, 동기들, 그리고 행동을 이해하는 능력을 감소시킨다.

하지만 정신화된 정보가 상황들, 문화적 전통들, 기준들, 그리고 태도들에 의해 좌우된다는 점에서, 정신화는 사회학적인 그리고 사회심리학적인 관점에서 규명되어야 한다. Jones와 Davis(1965)는 이미 상응적 추론이론과 귀인이론을 발달시켜 왔다. 그들은 한 사람의 관찰자가 다른 한 사람의 활동에 대한 의도와 성향을 어떻게 추측할 수 있는지에 대해 연구하였다. 그들은 근본적인 귀인 오류들(Ross, 1977)을 발견했는데, 행동 조절과 관련한 상황적 사실들의 영향을 과소평가하는 것이나, 성향적(태도) 사실의 영향을 과대평가하는 것 등을 그 예로 들 수 있다. '대응편향이론(correspondence bias)'(Gilbert, Krull and Pelham,1988)은 인지적 · 문화적 · 언어적 사실들의 기반 위에서 설명될 수 있다(Fincham and Hewstone, 2001, p. 229 참조).

예: 이론적 방향성

한 젊은 여성 GIM 치료사가 나이 든 여성 내담자를 안내한다. 치료사는 내담자로 하여금 감정적으로 음악을 연루시킬 수 있도록 격려한다. 내담자는 저항한다. 치료사는 내담자가 감정적 결핍을 가지고 있고 정신화를 할 수 없는 것이라 생각한다. 치료사는 일본에서는 나이 든 여성이 자신을 젊은이보다 앞서 서열화시키고, 아무리 치료사라 할지라도 자신보다 젊은 사람이 자신의 감정을 표현하도록 제안하는 것을 무례한 행동으로 간주할 수 있다는 사실을 알지 못한 채, 내담자의 저항을 과대평가하고 잘못 해석한다.

이것은 애착의 발달적 측면들과 심리학적 구조들을 고려하는 것뿐 아니라, 보다 넓은 관점을 지니는 것이 얼마나 중요한 것인지를 시사해 주는 적절한 예시인 것이다.

정신화는 인생을 통해 만들어진 모든 경험들이 개인들과 그룹들에 의해 나누어졌던 '정신적 정보로'의 '변형'인 것이다(Petzold, 2008, p. 210). 예를 들어, GIM 공동체는 **상호 정신 간** 현실들, 즉 한 사람의 사고, 감정, 행동(그리고 내담자를 어떻게 안내해야 하는 것에 대한 원칙들과 방법들)의 내재화된 문화(들)를 소급하는 세계관(선 혹은 악에 대한)을 공유한다. 기준들, 원칙들, 전통들, 그리고 도덕적이고 윤리적인 법들은 구체화된 상호 정신 간 표현들로부터 기인한 것이다. 정신적 정보는 심상, 감정적 자질들, 운동감각적 감정들, 함축들과 비유들과 같은 상징적인 표현들 안에서 암호화된다. GIM 치료사들이 내담자의 신념들, 가치들, 바람들, 필요들, 감정들, 그리고 동기들에 영향을 미치는 내담자 개인의 발달적 · 생물학적 배경을 알아차리는 것은 중요하다. 뿐만 아니라 그들의 근본적이고 함축적인(긍정적인 그리고 위험한) 전통들, 신화들, 이념들을 알아차리는 것 또한 중요하다. GIM 가이드는 내담자가 개인의 상징적 표현들과 신화들로 채울 수 있는 상호 정신 간에 공유된 음악적이고 감정적인 형태 형성들의 구조로서의 음악(어우러짐, 음향, 리듬, 화음들 등)을 알아차리게 될 것이다. 훈련된 GIM 치료사들은 내담자가 가지는 이미지들의 정서적이고 문화적인 차원에 대해 공감하고, 이해하고, 반영하는 능력을 가진다. 또한 GIM 가이드는 그 순간 내담자가 자신의 인생에서 취해야 할 다른 역할들을 알아차린다. 따라서 GIM 가이드는 내담자의 언어적 표현들, 이미지들과 감정들 안에 숨겨진 발달적이고 심리사회문화적 이슈들에 대한 다양한 관점들을 지녀야 한다.

GIM은 내담자의 감정적, 사회적, 그리고 영적 필요를 채워 주는 주목할 만한 정도의 방법이자, 내담자로 하여금 자신과 타인의 정신 상태를 이해할 수 있도록 돕는 방법이라는 점에서, GIM에서의 정신화 기반 접근은 심리치료가 반드시 필요하지 않은 '보통의 신경증에 걸린' 내담자들에게까지 향하는 사회적 요구가 될 수 있음은 물론, 보다 성취감을 주는 인간 삶을 살아갈 수 있는 능력을 강화시키는 정신화 지향적인 지원으로부터도 이익을 얻을 수 있을 것이다.

신경과학 연구들(Koelsch, 2011; Koelsch, Siebel and Fritz 2010)은 감정에 대한 음악의 강한 영향들을 증명해 준다. 정신화 기반 GIM 세션 안내는 전전두엽에서의 조정과 함께 내담자의 좌뇌와 우뇌 반구의 동시 활성화를 지지하는 것으로 여겨진다[지면 한계의 이유로, '좌우 반구'는 여기서는 자세히 설명하지 못하는 세포핵과 신경계 영역들(편도체, 중경핵, 배후 선조체 등)에 해당하는 그리고 해마의 다른 기능들을 압축해 보여 주는 것의 맥락 안에서 기능하는 것일지 모른다].

음악에 의해 생성되는 활력 정서와 범주적 감정들은 주로 인지적 과정 없이 우뇌 반구에서 주로 경험된다. 정신화 접근에서의 목적은 이러한 경험들을 좌뇌에서 언어적으로 처리하도록 하는 것이다. 하지만 이는 초기 유아기 단계의 발달적 개념과 타인과 함께하는 자기, 그리고 자기에 대한 우리의 감각들(Stern, 2003)과 어른의 개인적 · 사회적 정체성을 형성하는 자기의 역할 발달(Frohne-Hagemann and Pless-Adamczyk, 2005, p. 51; Petzold, 1993, p. 666)과 관련하여, 우리가 음악을 경험하는 방법에 따라 달라진다. 음악은 여러 다른 층들에 의해 경험되는데, 종종 몇 개의 층들에서 동시에 경험된다. 이러한 층들에는, (1) 감정 세계에서 자기(Self)가 나타나는 층, (2) 즉각적인 접촉 세계에서 핵심 자기의 층, (3) 정신세계들, 상징들, 그리고 언어의 세계와 함께하는 주관적이고 상호 주관적인 층, (4) 반영적 자기 지식과 언어 세계에서의 언어적 자기, (5) 이야기들의 세계와 서술적 자기, 마지막으로 언급하지만, 가장 중요한 (6) 역할 자기의 층(사회적 정체성) 등이 있다. 이러한 층들은 초기 유아기에서 발달되어 왔고, "인생에 걸쳐 동시에 그들 자신을 유지시켜 왔던 주체화 층들"(Guattari, 1995, p. 6)을 대표하는 것이다. 정신화 과정은 이 모든 층들에서 일어나는 것이다. 감정은 은유들을 발견하기 위해 필수적인 것이고, 시각적 이미지들은 좌우 반구에서의 음악적 경험을 조직화하기 위해 근본적 감정의 자질들에 대한 지각을 필요로 하는 것이다.

하지만 우리는 음악 경험들이 감정들, 생각들, 이미지들, 그리고 신체 감각들을 장악하고 감상하는 방법과, 은유들과 서술들을 표현하는 방법을 배우는 상호 정신적으로 공유되는 경험들에 의해 결정되는 것임을 잊지 말아야 한다. 사회문화적 문화화에 따라, 어떤 음악 경험은 영적인 혹은 눈물을 자아낼 정도의 가치를 가지게 되는 것이다.

[그림 14-1]은 정신화 과정이 발생하는 뇌의 양 반구들의 맥락 안에서, 타인과 함께하는 자기 그리고 자기감(Petzold, 1993; Stern, 2003)의 발달적 층들과 관련한 음악 경험을 보여 준다.

모든 경험들 안에서, 사람들은 특정한 층들을 선호할 수 있다. 음악의 종류와 선호하는 인식방법에 따라, 어떠한 사람들은 주로 운동감각적으로 음악을 즐긴다. 어떤 사람들은 활력 정서를 경험하고, 다른 사람들은 즉시 음악에 대한 이야기를 만들거나, 혹은 음

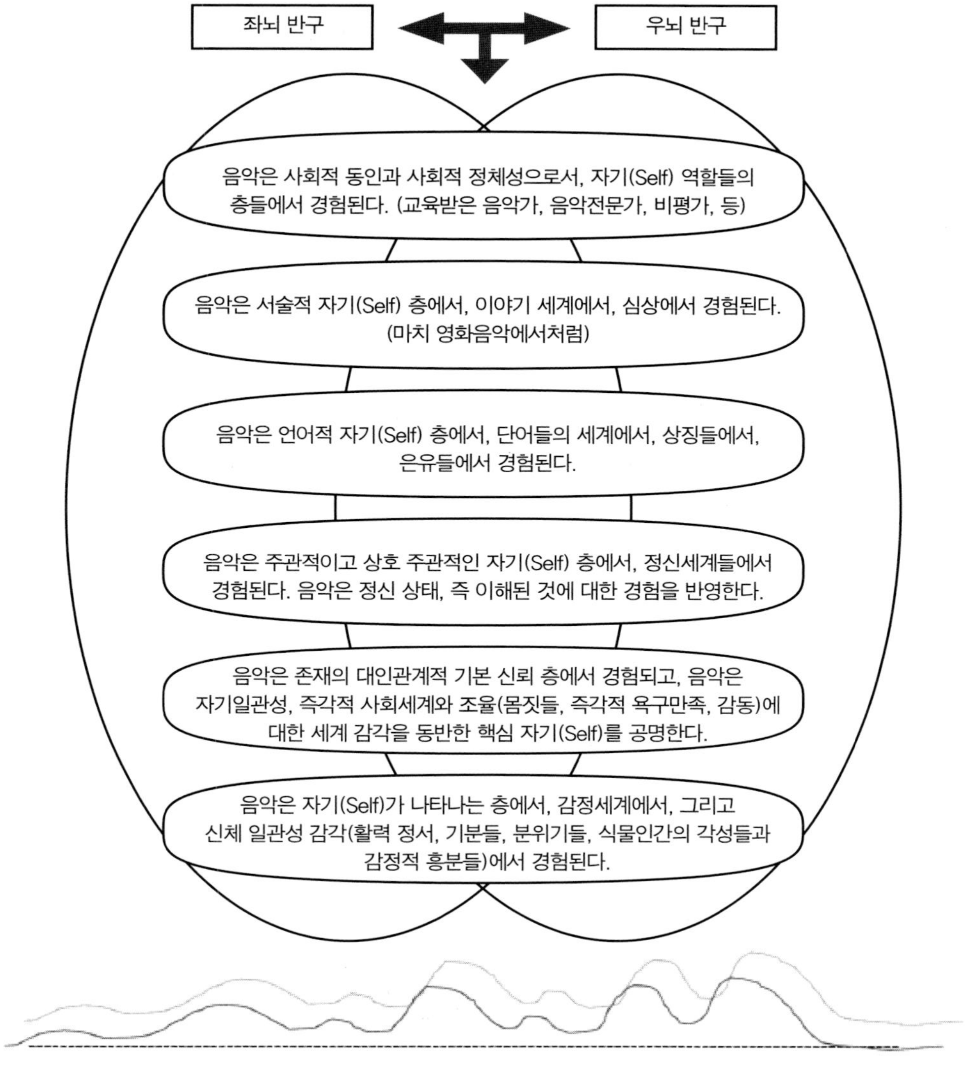

시간에 따른 음악의 역동적 과정

[그림 14-1] 경험된 음악의 층들, 좌뇌와 우뇌, 그리고 그것의 교차점

악과 는 관련이 없는 듯한 무엇인가와 결부 짓기도 한다. 음악가들은 종종 전문가 위치를 가지기도 하는데, 이럴 경우 쉽사리 이미지 혹은 이야기를 경험하지 못한다. 게다가 음악은 뇌의 두 영역에 있는 이와 같은 층들 범위 안에서 다르게 나타난다. 즉, 우뇌에선 좀 더 전체적인 방식으로, 좌뇌에선 좀 더 선형적이고 논리적인 방식으로 나타난다. 우뇌와 함께 감정의 층들에서 음악을 경험하는 것은 감정적 관여를 의미하는 것이다. 하지만 좌뇌는 감정 특질 감각과 불안정한 지각을 저장한다. GIM 여행자는 아마도 장면들을 결부 지을지 모른다(우뇌). 그리고/혹은 별난 관찰자의 역할에서 장면들을 바라볼지도 모른다(좌뇌). GIM에서의 정신화 과정은, 감정적으로 나타내고 반영하는 것에 의해, 인지적으로 감정을 평가하는 것에 의해, 좌우 반구 기능과 그들의 뉴런 구조를 자극하고 조화롭게 하는 것에 놓여 있다.

비록 음악적 형태발생 자체가 반구들의 상호관계 형성을 지원하고, 비록 음악구조가 믿을 만한 특정한 논리와 만족감을 주는 결말을 가져다주는 목적을 따른다 할지라도, 성공적 형태발생은 GIM 치료사의 안내 중재를 필요로 한다. 정신화 능력은 한 사람의 경험들이 감정적으로 표현되는 반영에 의해, 가이드와 함께하는 평가와 세심한 배려에 의해 변형될 때, 발전하게 된다. 이러한 상황에서 가이드의 목소리, 그리고 가이드의 공명을 조절하는 능력은 모든 '아(ahs)'와 '흠(hms)', 단어의 반복, 상징들에 초점을 맞추는 것, 그리고 은유들과 묘사들을 격려하는 것과 함께 중요한 역할을 하게 된다.

GIM 가이드는 여행자로 하여금 불러일으켜지는 감정들, 그 감정들에 대한 반응들, 다른 사람들에게 투영되는 감정들에 대한 반응들, 그리고 그것에 대한 여행자의 지식에 초점을 맞추도록 하는 역할을 하는 것이다. 감정 특질들과 분출된 감정 충동, 그리고 기저에 있는 정신 표현들을 위해 단어들, 상징들 혹은 비유들을 찾는 것을 보다 잘 알기 위해서는, 양쪽 뇌의 자극과 우뇌 정보가 좌뇌 정보로 진행하는 것을 돕도록 지원해야 한다. 초점이 지적인 통찰들에 놓여 있지 않고, 보다 정서적 측면에 놓여 있을 때, GIM의 안내 중재들은 정신화 지원을 위한 특징이 되는 것이다(Frohne-Hagemann, 2013).

Bonny 방식의 GIM(Bonny Method GIM: BMGIM)이건, 변형된 GIM 세션들(음악 프로그램의 개별 곡 사용, 앉는 자세, 하지만 음악감상 중 대화)이건, 혹은 음악 심상이 주어지건 발전하기 위해서는, 정신화 능력은 내담자의 구조적 결핍들의 정도, 외상 경험들과 갈등들을 대면하는 내담자의 능력들에 의해 달라지는 것이다. 어찌되었건, 이것은 공유된 내담자들의 경험 배경을 어떻게 정신화하고, 무엇을 정신화시켜야 하는가에 대한 능력이 필요한 가이드와 관련되는 것이다. 가이드는 여행자와 함께 춤을 출 수 있어야 하지만, 함께 수영해선 안 된다(그리고 가이드 자신의 개입 혹은 비밀 해석들과 함께 힘겹게 싸워야 한다). 경험이 많지 않은 치료사들은 종종 여행자가 가진 문제에 대한 해결점을 제안하며 여행자를 '구하고자' 노력하는데, 이는 역효과를 가져올 것이다. 왜냐하면 내담자는 자신만의 경험들을 만들어야 하고, 감정 평가와 뚜렷한 반영을 위한 가이드가 필요하기 때문이다.

다음의 내용들은 안내를 위해 고려해야만 하는 사항들이다.

- 가이드는 오픈된 그리고 잘 알지 못하는 태도를 취해야 한다.
- 가이드는 내담자의 경험들에 대해 흥미를 가져야 한다. (그것에 대해 좀 더 말해 줄 수 있나요?)
- 짧은 질문들을 사용해라: 느끼는 게 있나요? 음악이 말하는 게 있나요? XY가 당신에 대해 생각하는 게/느끼는 게 있나요?
- 가이드는 감정 상태들과 관련된 정신 표현들에 대한 조사들에 초점을 맞춰라: X와 무슨 관련을 맺고 있는지? X가 우는 것을 보는 것이 무엇처럼 느껴지나요? 당신이 그/그녀가 우는 것을 보고 있음을 X가 알고 있는지? X에 대해 어떤지? X의 슬픔을 느낄 수 있어요? 어떠한 충동이 당신에게 이러한 해방을 주나요?
- 가이드는 여행자로 하여금 지금-여기에 머물도록 해야 한다(만약 내담자가 일찍부터 사건을 이야기한다면: 지금 이것이 당신에게 어떻게 느껴지나요?)
- 감정들을 조사해라: 어떠한 감정들이 음악에 의해 일어나는지? 감정에 대해 좀 더 이야기해 줄 수 있나요? 신체 어디에서 화난 감정을 느끼나요? 음악에서 감정을 느낄 수 있나요? 만약… 하다면, 무엇이 일어날 수 있을까요?
- 감정들을 반영해라: 당신은 슬프군요! 슬프네요! 외로움이 느껴지나요? 혼자라고 느껴지세요? 당신의 외로움/슬픔/화남에 대해 음악이 말하는 것이 있나요?
- 가이드는 여행자가 경험하고 있는 것에 대한 단어들을 찾을 수 있도록 동기를 부여해야 한다: 이 상황의 분위기가 무엇 같아요? 이곳에 있는 게 어때요? 지금 무얼 하기 원하나요? 다른 사람들은 어떻게 반응하나요? 그들의 반응에 대해 더 말할 수 있어요? 이것이 당신에게 어때요? 어떠한 질/모양이 이러한 기분을 갖게 하나요? 감사의/감정적 움직임/구슬픈/고통의 혹은 또 다른 것들에 대한 눈물인가요?
- 음악으로, 심상으로 전이되는 것을 알아차려라: 정확하게 무엇이 당신에게 위협을 주고 있나요? 이것이 어떻게 끝났나요? 안도감을 경험하나요? 이를 경험하도록 허락하세요!
- 여행하는 동안 해석해 주지 마라.

다른 발달적 층들과 좌우 반구의 질들을 통해 여행을 할 수 있는 좋은 정신구조를 가진 한 남성과의 GIM 세션의 예가 있다. 이 남자는 내담자가 아니지만, 그의 감정들을 표현하는 특정한 스트레스 상황들에서 능력을 종종 잃는 사람이다.

음악: Beethoven, Coriolan Suite

가이드: 알게 되는 게 있어요? 여행자: 오, 음악이 매우 활기 넘치고 힘이 있어요[역할 자기(Self)의 층/음악 전문가/좌뇌]. 가이드: 에너지를 느낄 수 있어요? 여행자: 지금 내 몸이 떨리기 시작해요. 가이드: 그게 어떤 느낌 같아요? 여행자: 음악이 나를 위협하며 압도하고 있어요[감정의 층/나타나는 자기(Self)/우뇌]. 가이드: 압도적인 것처럼요? [위협이 은유들과 이야기들의 세계로 들어갈 수 있도록 정신화시키기 위해/기억들/좌뇌]. 여행자: 마치 아빠가 그의 성마른 발작과 함께 나를 위협하는 것 같아요. 가이드: 아빠가 당신을 위협한다고요? 좀 더 이야기해 줄 수 있어요? [서술들과 이야기들의 세계로 들어갈 수 있도록 격려함/좌뇌]… 여행자: 아빠가 좋아하지 않는 무언가를 내가 말할 때마다, 아빠는 화를 내고 위협하고 나를 저주했다. 아빠는 자기 자신이 믿는 것 외에는 어떤 것도 받아들이지 않는다[내담자는 그의 어린 시절 안에서 응축되고 정신화된 현실을 알기 시작했음]. 가이드: 몇 살 때의 당신이지요? 여행자: 한 열세 살 즈음인 것 같아요. 가이드: 이것이 지금은 어떻게 경험되고 있나요? [좌뇌와 함께 감정들의 층이 반영됨]. 여행자: 나는 나의 아빠로부터 내 자신을 보호하고 싶어요 [자기 대행(Self agency)의 층/상호 주관적 자기]. 가이드: 음악이 그것에 대해 말하는 게 있나요? 여행자: 음악이 지금 나를 북돋아 주고 있어요. 가이드: 음악이 당신에게 힘을 준다고요? 여행자: 네! 가이드: 그 시절의 소년을 북돋을 수 있겠어요? 여행자: 그 소년에게 이야기하고 싶어요. 아빠를 두려워하지 마. 너는 너의 의견을 스스로 가질 수 있어 [감정적 공명과 확언을 줌]. 가이드: 음악의 힘과 함께 그것을 더 크게 말해 볼 수 있어요? [감정들의 세계와 즉각적 조화] 여행자: 나는 당신과 달라요, 아빠! 나는 내 자신의 의견들을 가지고 있어요! 가이드: 음악과 함께 당신의 힘을 느낄 수 있도록 해요! 여행자: 와우, 음악만큼의 힘이 느껴져요. 그리고 나는 이것이 좋아요!

이 사례에서의 정신화는 '내담자의 음악에로의 전이'(Bruscia, 1998) 안에서, 아버지 폭정의 정신화된 표현을 발견하는 것에, 이것을 위한 단어들을 발견하는 것에, 그리고 압도하는 음악과 압도하는 아버지를 구별 가능하도록 되어 가는 것에 그 특징이 있다. 정신화 과정의 결과로서, 내담자는 음악을 첫째, 압도하는 것으로서, 그런 다음 북돋아 주는 것으로서 다르게 경험했다. 가이드의 중재들은 다양한 다른 층들과 우뇌와 좌뇌의 자극에 초점을 맞추었다.

구조적 기능장애들 그리고 정신화 결핍들 혹은 차단들

어린 시절 갈등 상황들 속에서 반영되고 포용되는 경험을 상실한, 구조적 기능장애들 혹은 결핍들을 지닌 내담자들은, 종종 그들 자신들과 타인들의 정신 상태를 이해하거나 해석하는 것이 불가능하다. 그들은 종종 은유들과 서술들을 찾지 못하는데, 그 이유는 어려운 주제들을 언어화하는 것에 있어 그들의 정신화 능력이 차단되었기 때문이다. 그들은 그들의 충동들을 조절할 줄 모르고, 감정들에 의해 쉽게 압도당할지 모른다.

그들 감정의 일관성이 위협 당할 때, 아마도 그들은 얼어 버리거나 혹은 공격하는 것과 함께 반응할 수 있다. 다른 사람들과 함께 그들의 감정을 일치시키면서, 긍정적 감정(상호간 감정 상태)을 나누는 것은 그들에게 있어 매우 위협적인 일이기에, 그들은 의구심과 함께 눈을 동그랗게 뜨며 쳐다볼지 모른다. 이러한 내담자들은 보통의 신경증에 걸린 사람들보다 더 많은 준비와 도움이 필요하다. 치료적 관계 성립에 대한 확신을 가지는 것에 있어 시간이 좀 더 걸린다. 그리고, 정신화 기반의 GIM은 전체 GIM 프로그램들과 함께 시작하면 안 된다. 이러한 사례에서 내담자들은 공유된 제3자로서 음악이 이행되는, 변형된 GIM 세팅으로서의 정신화 기반 중재들을 필요로 한다. 공유된 제3자란 가이드와 내담자가 같은 눈높이에서 음악 경험들과 인상들을 함께 나누는 파트너임을 의미한다. 음악은 치료사와의 직접적 대면에 대해 완충작용의 역할을 할 수 있는 매개체가 될 수 있다.

사례 연구: Paula

47세의 Paula는 2세 때 입양되었다. 그녀의 양부모들은 Paula의 발달에 있어 당연히 충족시켜 주었어야 할 필요들을 지원하지 않아 왔다. 따라서 Paula는 근본적인 감정적 필요에 있어 두 번이나 기만당했다. 12세에 알코올 중독자가 되었고, 16세에 아이를 가졌다. 또한 생존은 했으나, (상징적으로 표현하자면) 자신의 왕국에서 스스로 군주가 될 수 있는 자원들을 가지지 못하였다. 갈등이 발생되었을 때, 그녀의 해마는 스트레스 호르몬과 함께 넘쳐 침수되었고, 이는 관련한 인지적 과정들을 차단했다. 그녀는 또한 매우 공격적이 되었는데, 그 이유는 그녀에게는 자신의 감정을 조절하거나 혹은 조용히 머무를 수 있는 능력이 없었기 때문이다. 이것은 방어기제가 아니다. 그녀는 단순히 일어나는 일들에 대한 단어들을 찾을 수 없었다. 감정들 또한 단순히 압도되었고, 조절할 수 없었다. 스트레스 상황에서, 무엇이 촉발점이었고 인화점이었는지를 정신화할 수 있는 능력을 잃었다. 무엇을 느끼는지 혹은 어떻게 느끼는지, 혹은 음악 경험과 연관되는 것이 무엇인지에 대한 질문을 받게 될 때, 그녀는 종종 "나는 몰라요."라고 대답한다.

보통의 신경증적 GIM 내담자들과는 대조적으로, Paula는 음악과 너무 많이 연관되기 보다는 음악으로 인해 격려되는 것이 필요했다. 초반에 그녀는 그녀의 이미지들을 조절하기 위해 관찰자의 입장을 취하도록 격려되었고, 어릴 때의 외상 경험들을 불러일으킬 수 있는 감정들에 압도되지 않도록 어느 정도의 거리를 유지하였다. Paula에게 있어, 그녀가 감정을 가질 수 있지만, 그녀 자체가 그녀의 감정이 아니라는 사실을 배우는 것은 중요하다. 따라서 편도체에 의해 걸려드는 것이 필요한 게 아니라, 우뇌 감정들이 좌뇌 감정들로 들어가는 과정이 필요한 것이다. 공격적이거나 혹은 불안한 것(분노하거나 혹은 불안한 아이가 되는 것은—우뇌)은 공격적 감정 혹은 불안한 감정을 갖는 것(좌뇌에서의 작용)과 다른 것이다. 압도되지 않고 조절을 유지하는 것을 가능케 하기 위해 Paula는 공격 혹은 불안과 함께 자신을 동일시하지 않는 것을 배워야만 했다. MI이건, 변형된 GIM이건, 혹은 전체의 GIM이건, 이러한 경험들에 있어 무엇보다 가장 중요한 것은 감정의 현존과 가이드로부터의 공명이다. 가이드의 목소리는 매우 중요하며, 어머니 같은 자애로운 역할을 한다. 가이드는 내담자가 신체적 자원들(예: 숨을 내쉬는 것)을 의식적으로 활성화시킬 수 있도록 격려해야 한다. 외상 경험들은 과거로부터 열려져 있어야만 하고, 새로운 경험들은 GIM 여행 동안, 가이드의 믿을 수 있는 존재와 뚜렷한 반영에 의해 이전의 경험들에 덧붙여질 수 있어야 한다.

제시된 장면들을 탐색할 수 있도록 그녀를 초대하는 적절한 음악과 함께 사진들과 그림들을 Paula에게 제공했다. 자연 광경을 담은 사진들은 불러일으켜지는 감정들을 정신화하는 것에, 분위기들을 경험하는 것에, 그리고 내적 자원들과 접촉할 수 있는 것에 도움을 주었다. 우리는 함께 앉아 사진들을 보았고, 나는 음악이 들리는 동안 Paula를 안내했다. 우리는 우리의 감명들과 감정들을 나누었고, Paula는 신뢰할 수 있는 방법 안에서 광경들과 음악이 각 사람들에게 다른 효과들을 미칠 수 있다는 사실을 경험했다. 그림들은 그녀가 감정적으로 표현한 것이 무엇이었는지를 투사하도록 하는 안전한 관찰자의 역할(좌뇌 기능)로서 함께했다. 이것은 초기 전기적 경험들을 위한 기억들을 열었다. 그것들을 함께 나누고, 그녀의 외상적 인생 경험들을 목격함으로써 나로부터의 감정적 자원들을 얻는 것은 Paula를 위해 중요했다.

그녀는 특정한 인생 단계들에 있어 그녀에게 큰 의미를 주었던 음악들을 집에서부터 가져왔다. 함께 앉아, 몇 개의 음악들을 감상하면서, 마치 GIM 세션에서와 같이 나는 그녀의 기억들,

감정들, 그리고 생각들을 안내하기 시작했지만, 그녀의 감정들을 반영하는 어머니의 역할을 취하면서, 비유들과 상호 정신적 정보에 대해 질문했다. 이것은 Paula로 하여금 그녀의 감정이, 진짜였음을, 나에 의해 공유될 수 있음을, 그리고 조절될 수 있음을 느낄 수 있도록 하였다. 이것은 '다시 부모되어 주기'라기보다는, 마치 어머니가 보통 제공해 주는 것과 같은, 기본적 공감, 받아 줌, 반영해 줌, 감정적 질들을 공유해 줌 등과 같은 경험들을 체험하도록 하기 위한 '부모되어 주기' 였다. Paula는 그녀 자신의 감정들을 정신화할 수 있었고 다른 사람들의 감정 상태들과 그들이 Paula를 어떻게 경험하는지에 대해 받아들이고 이해할 수 있었다. Paula는 음악과 함께 감정을 조율할 수 있고, 음악이 그녀를 위협할 때 충분한 방어기제들을 가질 수 있는 그녀 자신을 신뢰하기 시작했다. 이 과정은 결국 전체의 GIM 세션들을 촉진하였다.

참고문헌

Allen, J. G. and Fonagy, P. (eds) (2009). *Mentalisierungsgestutzte Therapie. Das MBT-Handbuch–. Konzepte und Praxis*. Stuttgart: Klett-Cotta.

Allen, J. G., Fonagy, P. and Bateman, A. W. (2008). *Mentalizing in Clinical Practice*. Washington DC: American Psychiatric Publishing Inc.

Bowlby, J. and Ainsworth, M. D. (1995). *Mutterliebe und kindliche Entwicklung*. München, Basel: E. Reinhardt.

Bruscia, K. E. (1998). Manifestations of transference in Guided Imagery and Music. In K. E. Bruscia (ed.) *The Dynamics of Music Psychotherapy*, pp. 407-430. Gilsum, NH: Barcelona Publishers.

Buchholz, M. (2004). Mentalisierung und Trauma. *PsychoNewsletter No. 24*. Deutsche Gesellschaft für Experimentelle und Klinische Pharmakologie und Toxikologie (DGPT e.V.).

Erikson, E. H. (1959). *Identity and the Life Cycle*. New York, NY: International Universities Press.

Feldman Hall, O., Dalgleish, T. and Mobbs, D. (2013). Alexithymia decreases altruism in real social decisions. *Cortex 49*, 899-904.

Fincham, F. and Hewstone, M. (2001). Attributionstheorie und-forschung: Von den Grundlagen zur Anwendung. In W. Stroebe, K. Jonas and M. Hewstone (eds) *Sozialpsychologie, eine Einfuhrung*, pp. 81-122. Berlin: Springer.

Fonagy, P., Gergely, G., Jurist, E. and Target, M. (eds) (2004). *Affektregulierung, Mentalisierung und die Entwicklung des Selbst*. Stuttgart: Klett-Cotta.

Frohne-Hagemann, I. (2013). Definitionen und Anwendungen: Guided Imagery and Music (GIM), modifiziertes GIM und musikimaginative Methoden (MI). In I. Frohne-Hagemann (ed.) *Guided Imagery and Music—. Konzepte und klinische Anwendungen*., pp. 93-122. Wiesbaden: Reichert.

Frohne-Hagemann, I. and Pless-Adamczyk, H. (2005). *Indikation Musiktherapie bei psychischen Problemen im Kindes- und Jugendalter*. Göttingen: Vandenhoeck and Ruprecht.

Gilbert, D. T., Krull, D. S. and Pelham, B. W. (1988). Of thoughts unspoken: Social inference and the self-regulation of behavior. *Journal of Personality and Social Psychology, 55*, 685-694.

Guattari, F. (1995). *Chaosophy: An Ethico-Aesthetic Paradigm*. New York, NY: Semiotext(e).

Hüther, G. (1997). *Biologie der Angst: Wie aus Streß Gefuhle werden*. Göttingen: Vandenhoeck and Ruprecht.

Jones, E. and Davis, K. (1965). A theory of correspondent inferences: From acts to dispositions. *Advances in Experimental Social Psychology, 2*, 219-266. 178 GUIDED IMAGERY & MUSIC (GIM) AND MUSIC IMAGERY METHODS FOR INDIVIDUAL AND GROUP THERAPY

Koelsch, S. (2011). Towards a neural basis of music perception: A review and updated model. *Frontiers in Psychology, 2*, 1-20.

Koelsch, S., Siebel, W. A. and Fritz, T. (2010). Functional neuroimaging of emotion with music. In P. Juslin and J. Sloboda (eds) *Handbook of Music and Emotion: Theory, Research, Applications*, pp. 313-346. Oxford: Oxford University Press.

Petzold, H. (2008). 'Mentalisierung' an den Schnittflächen von Leiblichkeit, Gehirn, Sozialität: Biopsychosoziale Kulturprozesse. www.fpi-publikationen.de/polyloge-28/2008.

Petzold, H. (2001). *Transversale Identitat und Identitatsarbeit*: Düsseldorf/Hückeswagen: FPI-Publikationen.

Petzold, H. (1993). *Integrative Therapie. Modelle, Theorien und Methoden fur eine schulenubergreifende Psychotherapie*, Vol. I. Paderborn: Junfermann Verlag.

Ross, L. (1977). The intuitive psychologist and his shortcomings: Distortions in the attribution process. In L. Berkowitz (ed.) *Advances in Experimental Social Psychology*. New York, NY: Academic Press.

Sifneos, P. E. (1973). The prevalence of 'alexithymic' characteristics in psychosomatic patients. *Psychotherapy and Psychosomatics, 22*, 2, 255-262.

Stern, D. (2003). *Die Lebenserfahrung des Sauglings*. Stuttgart: Klett-Cotta.

제15장

의학적 내담자를 위한 Bonny 방식의 MED-GIM 적용

Maria Montserrat Gimeno

몇몇의 저자들은 Helen Bonny가 1970년대 초반 Bonny 방식의 GIM(Bonny method of guided imagery and music: BMGIM)을 발전시킨 이래, BMGIM의 적용들을 보고해 왔고, 본 저자는 병원 내담자들에게 제공될 수 있는 두 가지 방법들을 발전시켜 왔다. 하나는 이완을 유도하는 음악과 심상(music and imagery to induce relaxation: MIR)이고, 다른 하나는 음악과 심상 여행(music and imagery journey: MIJ)이다. 두 가지 적용들은 모두 의학 세팅에서의 GIM(guided imagery and music in the medical setting: MED-GIM)에 속하는 것이다.

이 두 가지 유형(MIR과 MIJ)의 중재들은 각각 다른 목적들을 갖는다. MIR 테크닉은 얼굴 수술 혹은 일시적 외상 과정들을 겪은 내담자에게, 더욱 큰 평안함을 제공하기 위한 것으로, 세션 길이는 약 15~20분 정도이다. MIJ는 내담자의 감정적 지지를 위한 목적을 지닌 테크닉으로서, 약 30분 정도의 시간이 소요된다. MIJ는 음악에 의해 활성화된 과정을 통해, 내담자가 이전엔 모를 수 있었던 자신감(자기 신뢰 및 자기 확신)에 대한 내적 자원들을 연결시키도록 돕는다. 〈표 15-1〉은 MIR, MIJ, 그리고 BMGIM 간의 차이들을 정리해 놓은 내용이다.

〈표 15-1〉 BMGIM, MIR, 그리고 MIJ의 구별

요소들	BMGIM	MIJ	MIR
초점	자기 탐구	자기 탐구	마음 고요히 하기
치료 종류	재구성적	지원적 & 재교육적	지원적

자세	눈 감고 눕기	눈 감거나 혹은 뜬 상태에서 소파에 눕거나 앉기	눈 감거나 혹은 뜬 상태에서 눕기
도입	세션 초점을 찾기 위한 준비 대화	세션 초점을 찾기 위한 준비 대화	내담자의 안녕/이완 경험의 핵심 단어들을 찾기 위한 신뢰감 창조
유도	간단한 이완, 초점으로서의 이미지 찾기	간단한 이완, 긍정적 결과와 함께 초점으로서의 이미지 찾기	내담자의 안녕/이완 경험을 담아내는 음악과 함께 이야기
음악감상	내담자와 Bonny 방식 치료사 사이의 대화	내담자와 Bonny 방식 치료사 사이의 대화	유도가 주어지는 동시에 음악이 재생됨
음악 장르	Helen Bonny 프로그램들을 포함한 대부분의 고전음악들	내담자의 선호에 따라: 뉴에이지, 사운드 트랙, 가벼운 재즈, 고전음악	내담자의 선호에 따라: 뉴에이지, 가벼운 재즈, 고전음악
음악 길이	30~45분	10~15분	5~10분
토의	심상 경험들에 대한 회고, 심상이 세션에서의 내담자 상태 초점과 얼마나 관련돼 있는지에 대한 탐구, 심상으로부터 유사점들과 의미를 그리도록 함	세션은 지원적 치료, 감정 확인, 그리고 긍정적 경험 강화를 통해 진행됨, '닻'은 명료해야 하고 내담자의 이완을 위해 연결되어야 함	만약 내담자가 잠들어 버린다면, 어떠한 반영 과정도 없음. 깨어 있을 때, 경험이 어떠했는지를 확인
만다라	있음	없음	없음
치료사 훈련	BMGIM 훈련	BMGIM 훈련	음악치료사

MIR 테크닉

Bonny 방식들 중 하나인 MIR는 비교적 덜 복잡한 것으로 간주된다. 도입 동안, 치료적 신뢰는 내담자에게 알려진 안녕 혹은 즐거움의 마음 상태를 고무시키거나 혹은 북돋워 주는 것에 의해 발전된다. 좋은 경험은 내담자를 위한 편안함이 창조될 수 있도록 기억되거나 혹은 상기되어야만 한다. 만약 내담자가 마음의 상태에 도달할 수 있다면, 세션은 성공적이게 될 것이다. 만약 그렇지 않다면, 치료사는 내담자가 그러한 상태에 이를 수 있도록 서술을 제공할 수 있어야만 한다. 도입 동안, 음악치료사는 내담자의 편안한 경험과 관련될 수 있는 중요한 이미지들을 그릴 수 있도록 노력한다. 예를 들어, 내담자가 자신의 고양이와 함께 있는 동안 좋은 시간을 가졌다고 보고 한다면, 소파 위에 혹은 편안한 방 안에 내담자와 함께 있는 고양이의 이미지가, 내담자로 하여금 병원에 있는 동안 마주할 수 있는 현재의 스트레스로부터 주위를 다른 곳으로 돌릴 수 있도록 도울 것이다. 도입 동안, 치료사는 다음의 유도 단계에서 사용할 수 있는 스크립트를 발전시키기 위한 경험의 중요한 지식들을 수집하기 원한다.

음악은 유도가 주어질 때 동시에 재생되고, 치료사는 도입 동안 수집되었던 맥락을 이용해 내담자에게 이야기한다. 내담자를 위한 목적은 '고양이와 함께' 있는 명료한 경험 혹은 신체 감각을 가지도록 하는 것이다. 치료사는 내담자의 이야기로부터 만들어진 스크립트에 따라 간략한 이완운동을 제공한다.

모든 감각들(시각, 청각, 운동감각, 미각, 후각)은 물론, 느낌들과 감정들을 포함한 생각들을 사용한다. 이러한 감각들은 심상을 더욱 명료하게 만드는 것을 위해 필요하다. 치료사는 도입에서 나타났던 중요 단어들을 내담자의 마음 안에 계속 유지할 수 있도록 한다. 이완의 성공 혹은 치료사의 목소리 톤으로 인해 내담자가 잠들어 버린다면, 이것은 괜찮은 일이다. 하지만 토의에서 이런 일은 없다. 만약 내담자가 잠들지 않았다면, 이미지를 종결하도록 하여 내담자로 하여금 현재의 순간 혹은 깨어 있는 상태에 머물도록 한다.

토의는 네 번째 단계인데, 이 단계에서 치료사와 내담자는 마무리되어 가는 세션을 진행한다. MIR의 진행은 짧다. 즉, 치료사는 내담자로 하여금, 세션이 만족스러웠는지 아닌지를 알도록 하기 위해 그들의 편안함을 확인할 수 있도록 한다. 이후 내담자가 고통을 느낄 때, 내담자의 세션 경험은 그/그녀로 하여금 편안함으로 돌아올 수 있도록 하는 '닻'이 된다. 만약 음악이 iPod 혹은 다른 장치들에 녹음되었다면, 내담자가 그 음악을 선택할 때 마다, 해당 곡을 들을 수 있고 또한 좋은 기분을 다시 느낄 수 있게 될 것이다. 내담자의 부정적 경험은 토의과정을 통해 내담자가 얻을 수 하나의 좋은 긍정적 이미지를 찾을 수 있도록 해 줘야 한다. MIR의 치료적 목적은 맥락 혹은 내담자/환자와 관련한다. 목적은 내담자에게 완전한 이완을 촉진하도록 하고, 내담자로 하여금 다가올 염려들로부터 주위를 돌릴 수 있도록 하는 것이다. 또한 목적은 내적 자원으로서 나중에 사용될 내담자 자신의 이완 혹은 안녕 경험으로부터 중요한 단어들을 찾는 것에 의해 완성된다.

다음의 내용은 MIR 유도의 예이다. MIR에서 음악은 유도의 시작부터 배경으로서 재생된다. 내담자의 안녕 경험으로부터의 제안들은 도입 동안 모아지게 된다. 그 제안들은 다음의 것을 포함한다:

- 요세미티 공원, 캘리포니아에서 하프 돔을 등반하는 도보여행

- 가을
- 아름다움
- 도전
- 만족
- 보름달

MIR 유도(내담자의 중요 단어들 포함)

몇 분 동안 당신 자신을 편안히 놓아두세요… 편안한 자세를 찾고, 살짝 눈을 감으세요… 당신의 숨에 주목하세요… 숨이 당신의 자연스러운 리듬 안에 있도록 하세요… 숨을 들이쉬고 내쉬고… 당신의 매력적인 도보여행 장면을 상상하면서, 음악을 받아들이도록 허락하세요.

모험적인 도보여행을 시작할 준비가 된 아침입니다… 당신이 걷기 시작할 때, 당신 밑에 있는 땅의 지지를 느낄 수 있을 겁니다… 가을 색깔들(분홍, 노랑, 그리고 남색)이 점점 당신의 의식 속으로 피어오를 수 있도록 허용해 주세요… 당신 앞에 놓여 있는 산길의 길이에 주목해 보세요. 트여 있는 수평선의 아름다움으로 감싸질 것입니다… 고요 안에서 순간을 즐겨 보세요.

계속 걸어가면서, 해가 떠오르고 있음을 느끼세요. 모든 것들은 아름다움으로 채워지고 있습니다… 당신이 앞으로 나아갈 때, 자신이 아름다운 초원에 서 있는 것을 찾습니다… 당신의 발 아래 있는 나뭇잎들의 바스락거림에 주목합니다… 이슬에 맺혀 있는 습기에 주목합니다… 태양 광선들이 상승할 때, 파스텔에서 선명한 색들로 바뀌어 가는 것을 바라봅니다.

태양이 수평선 너머를 살짝 엿볼 때, 새들과 야생생물의 조용한 노래들이 강해집니다… 당신의 손가락 끝이 식물들의 부드러운 표면을 천천히 어루만집니다… 그 식물들의 잎사귀들로부터 똑똑 떨어지는 물을 느껴 봅니다… 하프 돔으로 향하는 당신의 길을 계속 걸어갑니다… 태양이 당신의 얼굴을 따뜻하게 비추는 방향으로 당신은 조금씩 더 가까워져 갑니다… 부드러운 산들바람이 불어오고 있습니다…당신의 발 주변에서 부드러운 잔디가 천천히 움직이고 있습니다…당신은 지금 바위벽 아래에 있고, 오를 준비가 되었습니다… 바위벽 꼭대기에 이르는 측면의 밧줄을 잡기 위해 필요한 힘에, 당신의 숨을 가지고 옵니다… 침묵 안에서, 단지 당신의 걸음이 바위 위에 있음을 의식하며, 오직 바위벽 끝에 이르고자 하는 소망을 간직한 채, 바위벽을 오르고 있습니다…

당신은 여기 바위벽 꼭대기에, 당신의 친구 메리와 함께 있습니다… 골짜기의 전체 장면은 마치 당신이 네바다와 버널폭포를 즐기고 있는 것처럼, 당신 앞에 높여 있습니다… 당신은 잠시 쉬었고, 이제 바위산을 내려갈 준비가 되었습니다… 당신이 과감히 돌아가려 할 때, 산길을 밝게 비추는 보름달이 떠오르고 있음을 알게 됩니다… 마치 햇빛이 조금씩 여명으로 사라지듯, 감동과 이미지들은 천천히 사라지기 시작합니다. 이제 이 장소를 떠나야 할 시간입니다… 이미지들이 사라질 때, 방 안 소리들에 대한 의식에로 당신을 초대합니다… 준비되었을 때, 당신 자신을 현재 이곳의 순간으로 돌아오도록 하시고 눈을 떠 주세요.

MIJ 테크닉

MIJ의 목적은 내담자로 하여금 현재의 스트레스를 다룰 수 있는 내적 자원들을 찾도록 하는 것이다. 이것은 지지적일 뿐 아니라, 교육적인 테크닉이다. MIR에 비해 조금 더 오랜 시간이 소요되고, MIR와는 다른 목적을 지니며, BMGIM 훈련을 받은 촉진자를 필요로 한다. 도입 단계 동안, 촉진자는 안전한 그릇을 창조한다. 그리고 그 안에서 내담자는 자신의 염려를 나타낼 수 있도록 한다. 치료적 관계는 치료사와 내담자 사이에서 생겨나는 신뢰 안에서 창조된다. 이렇게 안전한 환경에서, 내담자는 고통과 고민들을 붙잡고 있었을 자신의 염려들을 보일 수 있게 되고, 치료사는 내담자의 마음 상태와 분위기를 점점 더 알 수 있게 된다. 이와 같은 신뢰감은 약 10분 정도 안에서 생성되고, 이 시간 동안, 치료사는 내담자가 드러내는 가족 문제 혹은 어려운 걱정들을 파악하게 된다. 또한 이어 진행되는 음악감상 '여행'을 위한 주요 정보들에, 내담자가 초점을 맞출 수 있도록, 치료사는 내담자에게 질문할 수 있다. 내담자가 자신의 '고민'을 드러낸 이후에는, 내담자의 심상 탐험과 여행을 위한, 드러낸 고민과 관련한 하나의 초점 혹은 방향이 발견된다. 잠재적으로 힘들게 만들 수 있는 갈등 본질 때문에, 치료사는 내담자로 하여금 부정적 경험을 변경하고 긍정적 자원을 찾기 위해 필요한 긍정적 결과를 낳게 하는 이미지를 '가져오게' 할 수 있는 유도 과정에 대해 민감해야 한다. 이후, 유도는 도입 과정에서 이미 열렸던 긍정적 초점으로 가져오는 내담자의 마음 이전에, 이완연습과 함께 시작된다. 예를 들어, 만약 내담자가 딸의 부족한 지원과 관련한 어려움들에 대해 드러냈다면, 여행은 딸과 어떻게 대화하는지를 이해하는 것에 초점이 맞추어질 것이다. 유도 과정에서, 내담자가 초점으로 초대될 때, 음악은 재생되기 시작한다. 이러한 초점에서, 치료사는 부족한 지원과 관련한 부정적 기분들과 연결 짓도록 하는 대신, 긍정적 이미지를 가져올 수 있도록 격려해야 한다. 치료사는 다음과 같은 진술을 해야 할지 모른다. "딸과 유연하게 대화했던 때의 이미지를 가져올 수 있도록 허락하세요." 음악은 시작되고, 10분 혹은 15분 동안 지속된다.

사용되는 음악 장르는 내담자의 선호에 따른다. 뉴에이지, 가벼운 재즈, 사운드 트랙 혹은 클래식 음악 등이다. 이 시간에는, 내담자의 자기탐험을 위해 치료사와 내담자가 대화를 나눈다. 내담자는 듣는다. 그리고 촉진자와 함께 대화에 대한 반응과 느낌을 찾는다. 이때 음악은 보조 치료사의 역할을 한다. 치료사는 내담자를 위해 심상을 조정하지 않고, 오히려 심상을 유도한다. 음악이 끝나면, 내담자는 깨어 있는 상태로 돌아온다. 마침내 세션은 치료사에 의해 진행되고, 배움은 감정의 내적 자원들을 강화시키기 위해 '정박(anchored)'된다. MIJ의 치료적 목적은 도입 동안 다듬어진다. 보통 부정적 경험 혹은 염려는 긍정적 결과를 향해 안내된다. 목적은 언제나 내담자로 하여금 현재 순간에서 스트레스 요소를 마주하는 그/그녀를 돕기 위한 내적 자원을 찾도록 하는 것이다. 내담자는 침대에 눕거나 혹은 편안한 의자에 앉을 수 있다.

MIJ 테크닉에서의 음악은 유도 이후에 재생된다. 유도 단계는 호흡연습과 신체의식으로 구성된 간단한 이완과 함께 시작된다. 이 단계에서, 음악치료사는 지지적인 심상('당신이 대처할 수 있는 최근 상황과 관련한 이미지를 가져오세요. 그리고 음악이 당신과 함께 있도록 하세요.')을 제안한다. 목적이 진술된 이후에, 음악은 재생되고, 치료사는 대화를 시작한다.

MIR과 MIJ를 위한 음악 선택

내담자를 위한 이완이 목적일 때, 음악 선택에 있어 우선적으로 고려해야 할 것은 내담자의 선호도이다. 하지만 만약 특별히 고려해야 할 내담자의 선호가 없다면, 치료사가 음악을 선택할 수 있다. 음악 작품은 느린 템포와, 1분에 60~70비트 정도의 일정한 비트를 가져야 하고, 예견 가능해야 하고, 최소한의 악기 구성을 통한 반복되는 선율이 있어야 한다. 고전음악 대신 이러한 음악을 사용하는 이유는, 고전음악의 복잡함은 심상이 너무 많이 확장되도록 만들기 때문이다. 이완 목적을 위해서는 이와 달리 반대 효과가 필요하고, 심상은 초점이 되도록 남겨져야 한다. 뉴에이지 음악과 가벼운 재즈 음악이 사용된다. 일반적으로, 음악치료사는 음악에 대한 내담자의 선호를 알고 있어야 하고, 동시에 이 목적을 위해 역할을 수행할 수 있는 음악 작품들의 모음과 함께 준비되어 있어야 한다. 만약 내담자가 가사가 있는 음악을 선호한다면, 내담자는 음악치료사와 함께 대화하는 대신 해당 가사에 집중할 수 있다. 가사에 집중하는 것은 클라이언트로 하여금 선택된 곡의 이완 효과를 경험할 수 있도록 도울 것이다. 중요한 것은, 내담자로 하여금 자신이 본래부터 가지고 있었던 것들을 다시 지니도록 하는 것을 통해 힘을 갖게 하는 것이다. 음악의 길이는 5분에서 10분 사이이고, 같은 음악이 두 번 재생될 수 있다. 음악은 유도 단계의 길이만큼 책임질 수 있어야 한다. 치료사는 음악 사운드 볼륨이 내담자를 부드럽게 감싸 주거나 편안하게 해 줄 수 있는 정도의 것인지에 대해 주목해야 한다. 음악 선택에 있어 고려해야 하는 또 다른 특성은 내담자 이미지와의 조화이다. 예를 들어, 만약 내담자가 으르렁거리는 고양이에 대한 이미지를 가지게 된다면, 부서지는 해변의 파도를 담은 음악을 선택하는 것은 적절하지 않을 것이다. MIJ 테크닉을 위한 음악 선택에 있어 고려해야 할 것은, 보다 확장된 마음 여행 혹은 하나의 '여행'을 돕기 위해서는 보다 역동적인 음악 선택을 필요로 할 것이다. 영화 사운드 트랙 혹은 뉴에이지 작품은 이를 위해 좋은 역할을 할 수 있다. 고전음악을 사용할 경우, Pachelbel의 *Canon in D*와 같이 역동의 범위가 좁은 음악이 적절할 것인데, 이는 내담자로 하여금 너무 멀리 여행 가지 않을 수 있도록 도울 것이다. 음악은 기반다지기의 특성들을 가져야 한다. 주요한 대조 혹은 부조화가 없는, 선율 라인들, 일정한 템포들, 의지할 수 있는 화음 구성들 등이다. 선율 라인들은 간단한 심상 경험을 위해 작은 음정 간격들과 좁은 범위들로 이루어져야 한다.

사례 연구: Pilar

간단한 인생사, 진단과 중재

Pilar는 6회의 MIJ(Music Imagery Journeys) 세션을 경험한 멕시코에서 온 41세의 여성이

다. Pilar는 인생에 있어 많은 어려움들을 극복해 왔던 쾌활한 여성이다. 그녀는 아동방임과 폭력적인 결혼 이력을 가지고 있었지만, 14~24세 해당하는 그녀의 아이들과, 좋은 관계를 유지하고 있다. Pilar는 유방암 1기 진단을 받았고, 18개의 보조 림프절 중 하나가 종양에 양성 반응을 보였다. Pilar는 수술을 받았고, 우측 변형 근치적 유방절제술을 받았다. Pilar는 하나님 안에서 강한 믿음을 가진 가톨릭 신자였고, 그녀의 심상들은 영적 주제와 관련된 것들이 많았다. 첫 번째 세션에서, Pilar는 치료와 관련해 공포와 염려를 경험했지만, 그녀가 그러한 생각들과 염려들을 표현했을 때, 나아짐을 느꼈다. 이 세션에서 Pilar의 초점은 긴장을 완화시키고, 마음 안에 있는 것이 어떠한 것이든 그것과 대화하는 것이었다. 이 첫 세션에서, 그녀는 *Sounds of the Rocky Mountains*(Pinkstaff) 앨범에 수록된 'Faces of Earth'와 'Estes Moon'의 일부들과 'Natural Sounds'를 선택하여 여행을 경험했다. 여행 동안, 두 팔을 벌리고 그녀에게로 다가오는 주님을 만났고. 그녀는 주님에 의해 안겨 있음을 경험했는데, 이 경험은 그녀의 두려움을 떨쳐버릴 수 있도록 이끌었다. 세션 마지막 부분에서, 그녀는 다음과 같은 이야기를 했다, "나는 어떠한 고통도, 걱정도, 스트레스도 가지고 있지 않아요." Pilar는 자신의 슬픔이 사라졌고, 보다 이완된 경험을 하고 있음을 계속해서 보고했다.

두 번째 세션에서, Pilar는 그녀의 기분이 나아졌음을 보고했다. 그녀의 주요 염려들은 엄마의 병에 대해 슬픔을 경험하고 있는 그녀의 아이들에 관한 것이었다. 그녀의 목적은 마음 안의 평정을 찾는 것이었다. 이 세션에서 사용된 음악은 *Sound of Grand Canyon* 앨범에 수록된 'Bright Angel'이라는 곡이었다. Pilar의 여행 동안, 그녀는 소나무들로 둘러싸인 호수에 앉아 있었다. 호수는 수정처럼 투명했고, 그녀는 쾌활한 즐거움을 표현하며 이 호수에 발을 담갔다. Pilar는 자연의 평화와 고요를 느꼈고, 자신이 걱정하지 않고 있다는 사실을 알게 되었다. 세션 마지막 부분에서, 치료사는 가족과의 만남을 제안하였다. 며칠 후, 치료사는 아이들을 지지하고 그들의 염려를 경청하기 위해 가정방문을 하였다. 보고한 것처럼, 이러한 만남 이후, 아이들 또한 조금 더 이완을 경험할 수 있었고, 엄마의 진단과 예후에 대해 조금 더 이해할 수 있게 되었다.

세 번째 세션에서, Pilar는 머리카락을 잃기 시작했고, 상실에 대한 과정을 겪게 되었다. 그녀는 긍정적이길 원했지만, 때로는 이러한 체험이 쉽지 않음을 또한 경험했다. 그녀는 자기 자신을 잘 돌보지 않는 큰 딸에 대한 염려를 가지고 있었다. 이 세션에서 Pilar는 *Harp of the Healing Waters* 앨범에 수록된 'Lotus Reflection' 곡의 선택과 함께 여행을 경험했다. Pilar의 초점은 그녀의 마음이 다른 것에 의해 점령되지 않고, 인내할 수 있도록 하는 것에 있었다. Pilar는 사람들이 일하고 있는 들판을 시각화하였고, 그녀는 그것을 바라보고 있었다. Pilar는 새의 자유로움과 건강하고 행복한 장소에서 느끼는 평정에 대해 보고하였다. 이러한 과정을 통해, 그녀는 관찰자로서의 필요에 대해 의식하게 되었고, 스트레스로 가득한 상황들로부터 약간의 거리를 가지게 되었다.

네 번째 세션에서, Pilar는 보다 침착해지고 있음을 느낄 수 있었고, 그녀 주변의 모든 것들이 조금 더 고요해졌음을 경험하게 되었다. 그녀는 아이들에 대해 과잉보호하려는 경향을 가지고 있었으나, 지금은 집착하지 않으며, 그들을 그대로 놓아두는 방법을 배우고 있는 듯 보였다. 이 세션에서의 초점은 그녀 자신의 힘을 찾는 것이었다. 선택된 음악은 *A Sacred Place* 앨범에 수록된 Cross of Love(작곡: Rufino Zaragoza)였다. 그녀의 안전한 장소는 순례자들로 가득 찬 교회였다. 이 공간에서 그녀는 개인의 한계를 초월한 경험을 할 수 있었다. Pilar는 아픈 사람들을 치유하는 주님을 만났다. 그녀는 주님의 축복을 느꼈고, 가득한 에너지를 경험했다. 내담자는 심상의 중요함을 보고했다. 이것은 그녀에게 기쁨과, 힘과, 자기확신을 줄 수 있는 보다 높은 힘과 함께 영적 교감을 느낄 수 있는 경험이었다. 그녀는 다음과 같이 이야기 했다. “나의 영혼은 쉬고 있어요.”라고.

이어지는 세션은 Pilar의 다섯 번째 세션이었다. 시작 단계 동안, 내담자는 자신의 암 결과에 대해 걱정이 덜 되고, 조금은 더 긍정적이 되었음을 보고했다. 그녀는 진술했다. “신은 천국에서의 나를 필요로 하지 않아요. 인생은 아름답고, 나는 줄 수 있는 많은 것을 가지고 있어요. 나는 내 자신을 더욱 사랑하는 것을 배우는 중이에요.” 이 세션에서, Pilar는 남편과의 학대적 관계에 대해 보고했다. 그녀는 마음 안에 가두어 놓았던 많은 고통이 해소되는 것을 경험했다. 이 세션에서 그녀의 초점은 행복해지는 것과 스트레스를 해소하는 것이었다. 내담자는 *Für Alina*(작곡 Arvo Pärt)의 앨범에 수록된 ‘Spiegel im Spiegel’이라는 곡을 통해 여행을 경험했다. Pilar는 공원에 있는 자신을 시각화했다. 그녀는 잔디에 누워 아름다운 초원을 묵상했다. 공원 안에는 놀고 있는 아이들이 있었고, Pilar는 아이들의 기쁨을 경험했다. Pilar는 고통들로부터 이완을, 걱정들로부터 자유를 경험했다.

마지막 세션에서, Pilar는 치료사와 함께했던 그녀의 경험들을 통한 배움에 대해 회고했다. Pilar는 자신이 덜 근심하고 있으며 큰 스트레스 없이 자신의 병에 대한 도전을 받아들이고 있음을 깨달았다. Pilar는 이전과 같은 정상적인 상태로 회복해 가고 있음과 행복함을 느끼도록 자신을 허락하고 있음 또한 깨닫게 되었다. 그녀는 자신의 염려들을 치료사와 함께 나누었던 경험들이 얼마나 큰 도움이 되었는지에 대해 언어로 표현하였고, 이 시간 동안 얻을 수 있었던 통찰에 대해 매우 감사하게 생각하였다. 이 세션의 초점은 그녀의 필요와 자신을 돌보는 일에 보다 집중하는 것이었다. 선택된 음악은 *Sound Healing* 앨범에 수록된 ‘Memory of Monet (작

곡: Dean Evenson)'이었다. 유도 단계에서, Pilar는 그녀를 보호하는 하얀색을 시각화하였다. 성모 마리아와 천사와 함께하는 아름다운 장소 안에 있는 자신을 발견하였다. Pilar는 집에 있는 자신의 침대에 있었고, 그들은 성수를 Pilar에게 뿌리고 있었다. Pilar는 자신의 심상들 안에서 성모 마리아가 자신을 안고 있었고 가운으로 자신을 덮어 주고 있었음을 보고하였다. Pilar는 신의 존재가 자신을 완전히 에워싸고 있음을 느꼈고, 믿음의 힘이 그녀를 움직이고 있음을 신뢰하고 있었다. Pilar는 진술했다, "다시 태어나고 있음을 느껴요." Pilar는 마지막 세션을 통해 그녀의 살아 있는 상황과 함께 보다 편안해진 느낌에 대해 보고하였다.

결론

MIR 사용에 있어 금기는 없다. 이 테크닉은 언제든 사용될 수 있다. 하지만, MIJ 테크닉 사용에 있어, 치료사는 세션을 행하기 전에 내담자의 의학적인 정신적 상태에 대해 잘 알고 있어야만 한다. 예를 들어, 내담자가 호흡 방법을 사용하려 하지만, '깊게 숨 쉬는' 것이 어려울 경우, 내담자는 호흡 연습에 집중하는 것에 있어 걱정을 할지 모른다. 피로와 지침의 정도 또한 문제가 될 수 있다. 만약 내담자가 매우 지쳐 있을 경우, 내담자는 경험에 집중하는 것이 어려울 수 있다. 조현병 혹은 치매와 같은 정신병적 질병을 지닌 내담자들의 경우, MIJ 테크닉을 통해 그들이 사용하고 있는 약물들(정신에 변화를 가져다주는)과 같은 유익을 얻을 수 없을지 모른다. 그들은 단어들, 음악 혹은 심상을 경험하지 못할 수도, 또한 그 경험들을 이해하지 못할 수도 있다.

내담자가 처음으로 사용하는 언어를 인식하는 것은, 유도 단계 동안 이야기되었던 언어에 대한 내담자의 이해 정도를 가늠할 수 있는 기준이 될 수 있기 때문에 중요하다. 음악/마음 여행 동안에는 치료사와 내담자 사이의 대화가 존재하지 않기 때문에, Bonny 방식을 훈련하지 않은 음악치료사도 MIR 테크닉을 사용할 수 있다. 반면에, MIJ 과정에서는 내담자가 음악 여행을 하는 동안 치료사와 대화를 나눠야 하기에, Bonny 방식을 훈련받은 치료사의 역할이 필요하다. 더구나, MIJ 과정에서는 보다 깊은 지원적 요소와 자기탐구적인 혹은 재교육적 작업을 해야 하기 때문에, 치료사는 무의식 이해를 위한 훈련을 받아야 한다.

부록: 음악 목록

작곡가	주요 작품 제목	선택
Pärt	*Für Alina*	Spiegel im Spiegel (MR)
Berglund	*Harp of the Healing Waters*	Lotus Reflection
Evenson	*Sound Healing*	Memory of Monet
Pinkstaff	*Sounds of the Rocky Mountains*	Faces of Earth
National Parks Series	*Sounds of the Grand Canyon*	Bright Angel
Zaragoza	*A Sacred Place*	Cross of Love

제16장

암 치료에서의 음악과 심상

Anthony Meadows

암에 대한 치료, 돌봄, 그리고 재활의 계속되는 발전에도 불구하고, 암으로 진단받은 성인들은 감정적으로, 사회적으로, 신체적으로, 경제적으로, 그리고 직장 관련한 영역에 이르기까지 다양한 어려운 문제들을 마주하게 된다(Vehling et al., 2011). 게다가 암이 몸에서 경험된다는 것을 감안할 때, 한 사람의 구체화된 자기감각 혹은 의미 만들기 구조가 중심까지 흔들릴 수 있어, 결국에는 질병과 치료 과정을 다룰 수 있는 인간의 능력에 영향을 미치게 된다(Anagnostopolous, Slater and Fitzsimmons, 2010; Fleer et al., 2006). 비록 내담자들의 정신이 암에 의해 영향 받긴 하지만, 다양한 방법들을 통해 내담자들은 의식의 다양한 수준들 안에서 반응할 수 있다는 이해와 함께, 치료사들은 내담자들의 필요를 충족할 수 있는 다양한 중재들을 필요로 하고 있음을 제안하는 바이다. 때때로 내담자들은 그들의 신체들, 그리고 치료와 관련한 스트레스와 불안을 다루는 것에 초점을 맞추지만, 다른 때에는 그들은 정신을 흐트러뜨리고 위협하는 감정적 고통들과 싸우기도 한다. 정신이 작동하는 다른 수준들을 이해하는 것, 그리고 어떻게 음악과 심상이 경험의 다른 수준들을 지원하고 연결하는지를 이해하는 것은, 암 치료를 받는 내담자들의 음악과 심상에 대한 우리의 이해에 영향을 미치도록 한다.

MI를 위한 치료적 맥락

저자에 의해 발달된 암과 암 치료에 대한 사고방식들은, 외래 환자 암센터로 통합된 지원 치료 프로그램에서의 10년 이상의 일로부터 조금씩 발전되어 왔다. 2002년에 암센터는 통합치료에 대한 초점과 함께 병에 대한 내담자들의 주관적 경험들을 다루는 종합 프로그램을 발달시켰다. 이렇게 해서, 내담자들은 종합적 심리지원, 사회사업, 영향학적 상담, 시아추 치료(shiatsu therapy), 영적 상담, 미술치료, 마음챙김 명상, 그리고 음악치료 등의 서비스를 받을 수 있었다.

음악치료 프로그램은 이러한 진화를 통해 MI 실행이라는 특징과 함께, 수많은 방식으로 10년이 넘는 기간 동안 발달되어 왔다. 원래는 화학요법 주입들에 대한 지원적 방법으로서 이해되어 왔던 음악치료는, 화학요법을 하는 과정 동안 경험되는 스트레스와 불안을 다루는 내담자들에게 제공되어 왔다. 내담자들과 직원들에 의해 효과적이라 인식되었기에, 내담자들은 다른 종류의 도전들, 특히 암과 관련한 그들의 **경험**들과 관련하여 음악치료를 요청하기 시작했다. 초기에, 이것은 화학요법 약품들이 그들의 신체에 어떠한 작용을 하는지에 대해, 또한 이 약품들이 치료 과정을 다루는 자원들을 발달시키는 것에 초점을 두었던 지원적 심상에 대해 어떠한 작용을 하는지에 대해, 내담자들의 경험을 포함했다.

이론적 방향성

이러한 경험들에 근거하여, 내담자들은 나에게 치료 과정 동안 그들이 경험하는 문제들에 관여하는 다른 의식 수준들의 중요성에 대해, 그리고 치료 경험을 다루는 그들의 '핵심 자기'와 함께 그들 자원들과 회복탄력성이 어떻게 교차하는지에 대한 이해에 대해 많은 것을 알려 주었다.

내담자 반응의 일부가 암의 정도, 예후(예를 들어, 4기 폐암 증상은 1기 유방암 증상에 비해 매우 어려움), 치료의 종류와 기간, 그리고 내담자의 신체적 건강에 관련이 있는 반면, 전체 과정들에 대한 대처 등은 내담자의 **핵심자기**의 강점(질병과 치료 과정에 참여하는 내담자의 능력, 만나게 될 장애들을 극복하는 능력을 유지하기, 그리고 이러한 경험들을 통해 성장하고 발전하는 것)에 달려 있다.

Antonovsky(1979, 1988)의 사울토 형성의 모델(salutogenic model)은 도움이 되는 틀을 제공하고, 이를 통해 '핵심 자기'라는 이러한 생각을 이해한다. 그는 핵심 감각은 **일관성 감각**에 기초해 있음을 제안한다. 일관성 감각이란 다음과 같다.

역동적 자신감을 통해 견디어 내며, 한 사람이 지니는 보급 정도 (1) 예견할 수 있고 설명할 수 있는 (이해할 수 있는) 구조화된 삶의 과정에서의 내적 · 외적 환경들로부터 나온 자극, (2) 이러한 자극들(다룰 수 있는)에 의해 제기된 요구들을 충족시킬 수 있는 자원들, (3) 이러한 요구들은 투자와 참여 가치(의미 있는)가 있는 도전 과제이다 (Antonovsky, 1988, p. 19).

핵심 자기가 암에 의해 위협받을 때, 그리고 하나 혹은 그 이상의 측면들이 도전 받을 때, 내담자들은 자신이 일관성 감각을 유지할 수 없을 것이란 사실을 발견할지 모른다(내담자들이 불균형의, 압도당하는, 스트레스를 받는, 걱정되는, 두려움에 가득 찬, 화가 나는, 혹은 희망이 없는 같은 감정을 느낄 때, 그들은 핵심 자기를 복원하도록 하는, 세우도록 하는, 다시 세우도록 하는, 그리고/혹은 자라도록 하는 도움을 찾게 될 것이다.) 이는 암에 대한 아름다움이자 역설이다(이는 내담자에게 도전을 주며 내담자를 성장시키기는 동시에, 내담자의 핵심을 향해 요동치도록 하고 내담자를 파괴시키도록 위협을 주기도 한다).

이와 유사하게, 이것은 또한 MI에 대한 가능성이다. MI는 내담자로 하여금 핵심 자기를 재균형화하도록 하고, 복원하도록 하고, 세우도록 하는 것을 도우면서, 경험의 이러한 다른 단계들에서 초점을 맞출 수 있도록 하는 것이다(뒤따르는 부문에서 설명됨). 예를 들어, 지원적 MI(1단계; Summer, 2011; 이 책)는 내담자의 신체 경험 변화에 초점을 둔다. 그렇게 함으로써 치료와 관련한 신체적 자기를 변화시킬 수 있는 능력을 발견하는 것에까지 연결시킨다. 음악은 내담자가 치료실 안으로 가져올 수 있는, 그리고 이렇게 함으로서 자신들의 신체에 대한 작업이 향상된 힘을 가져갈지 모르는, 외부 자원(처리하기 쉬움)으로서 경험된다. 유사하게, 질병의 과정(2단계; Summer, 2011; 이 책)에 관여하는 내적 자원들을 찾는 것은 치료에 대한 매일의 도전들에 대항하도록 하는 일관성 감각을 더욱 인내하도록 촉진하면서, 세 가지의 모든 요소들과 함께하는 관여를 제안한다.

재구성적 MI(3단계; Summer, 2011; 이 책)은 핵심 자기와 함께 가장 깊이 공명할 수 있게 하고, 또한 깊은 변화에 대한 가장 큰 역량을 가진다. MI 경험들은 깊은 정신으로부터 표현되고 또한 이와 함께 공명한다. 또한 이렇게 함으로써 이미지와 함께 만나게 되는 문제의 해결은 내담자에 의해 경험되는 변화 가능성의 깊이를 반영한다. 이러한 종류의 경험들은 의미를 가장 잘 다룰 것처럼 보인다. 그리고 이것은 의미를 만들어 내는 과정이 암을 이해하는 하나의 방법으로서 많은 내담자들에게 있어 중요한 것임을 나타낸다.

MI의 최근 임상

설명했던 것처럼, 암 환자를 위한 MI 임상은 세 가지 단계들로 나누어지는 경험의 연속 과정으로서 이해될 수 있다. (1) 증상 관리, (2) 지원적 MI, 그리고 (3) 재구성적 MI가 그것이다. 이것들은 Summerr(2011; 이 책)에 의해 이전에 발달되었던 단계들과 함께 많은 유사점들을 공유한다.

1단계: 증상 관리

1단계 MI는 내담자로 하여금 자신의 신체를 듣도록 돕는다. 이 단계의 주요 초점은 증상들이 어떻게 신체적으로 경험되는가와 더불어, 내담자의 스트레스, 불안, 피로의 경험들이다. 예를 들어, 내담자들은 화학요법을 하기 전에 그리고 하는 동안, 특히 치료 과정 초기에 종종 불안을 경험한다. 내담자들은 암이 자신들의 신체에 어떠한 영향을 미치는지에 대해, 화학요법이 어떠한 작용을 하는지, 그리고 이러한 치료를 통해 얻게 되는 부작용들은 없을지에 대해 염려한다. 비록 이러한 걱정들은 명확하게 감정적이고 인지적인 요소들을 내포하지만, 1단계 경험에서 다루어지지 않는다. 대신에 1단계에서의 초점은 신체를 이완시키고, 마음을 진정시키고, 무엇인가를 돌보는 것이다.

세션들은 3개의 부분으로 나뉜다. 45분 이상이 소요되고, 항암화학요법 주입 이전과 주입하는 동안에 이루어진다. 처음 5분 동안, 내담자는 자신의 염려들에 대해 이야기를 나눈다. 이후 음악치료사는 MI 경험에 대해 설명한다. 다음의 35분 동안, 내담자는 항암화학요법 주입 의자(보통 주입을 받는 동안 개인 방에 놓여 있음)에 기대어, 신체에 초점을 맞춘 긴장이완 유도를 경험한다. 이 시간 동안, 치료사는 자연발생적 이완(대개 흔히 사용됨)과 같은 특별한 과정을 통하거나, 혹은 '관통하는 호흡 등과 같은 이미지' '신체를 감싸는 빛' 이미지를 통해 내담자를 안내하면서, 이완 경험에 적극적으로 관여한다(대부분의 시간 동안). 남은 5분 동안, 치료사는 내담자와 함께 확인하고, 내담자로 하여금 그들에게 도움이 되었고 의미 있었던 경험 요소들과의 연결에 머무를 수 있도록 돕는다.

이러한 세션들 동안, 공통적으로 선택되는 음악은 대개 '뉴에이지 음악'이다. 예를 들어, Daniel Kobialka(Timeless Motion) 혹은 Liquid Mind V(Serenity)로부터 일반적으로 선택된다. 또한 선택된 음악은 전형적으로 A, AB, 혹은 ABA 형식, 많지 않은 조성변화, 최소한의 불협화음을 가진다. 이러한 특징을 갖는 음악은 일반적으로 고요, 평화, 조용함을 불러일으킨다.

Bonny 방식의 GIM(Bonny method of guided imagery and music: BMGIM) 세션들과는 달리, 깨어 있는 각성 상태로의 회귀는 포함되지 않는다. 이것의 완전한 잠재력을 경험할 때, 1단계 세션들은 내담자로 하여금 고요한 느낌에 머물 수 있도록, 신체적으로 이완될 수 있도록, 그리고 깊은 이완의 상태(잠이 들 수도 있는) 안에 놓일 수 있도록 돕게 된다. 내담자는 종종 신체적으로 긴장되고, 쉼 없고, 불안정한 감정을 느끼면서 세션을 시작하기 때문에, 깊은 이완 상태로 들어가는 움직임은 스트레스로 가득한 긴 하루에 대한 안심과 고마운 위안이 될 수 있다.

2단계: 지원적 MI

2단계 경험들은 1단계의 연장이다. 또한 항암화학요법 과정 동안 내담자가 MI를 선택하는 것에 의해 경험이 제공된다. 보통 말하는 1단계 경험들은, 어떤 내담자들에게 있어서는 이를 경험하는 것만으로도 충분한, 하나의 세션 안에서 제공된다. 하지만 또 다른 내담자들에게 있어서 2단계의 경험들은 4~6회기의 세션들 동안, 혹은 매주 받는 항암화학요법을 위한 지속적인 체험들로서 제공되는데, 이를 통해 내담자들은 긍정적인 무엇과 그들의 내면이 연결되어 있음을 발견하게 된다.

1시간으로 구성된 2단계 경험들은, 항암화학요법 주입과 관련한 이미지 발달에 초점을 맞춘다. 이것은 종종 다음의 것들을 포함한다. (1) 항암화학요법이 암에게 하고 있는 일이 무엇인지를 이미지화 하는 것, (2) 항암화학요법 주입을 지원하기 위한 치유적 이미지를 초대하는 것, (3) 반응을 격려하기 위해 신체와 함께 교류하는 것, (4) 종교적이고 영적인 이미지들에 대한 연결 등이 그것이다. 1단계 경험들에서처럼, 세션들은 항암화학요법 주입 이전 혹은 주입하는 동안에 진행된다.

세션은 항상 세션의 목적을 세우기 위한 언어적 토론과 함께 시작하고, 이미지를 발전시킨다. 예를 들어, 내담자가 암을 죽이는 항암화학요법의 이미지를 발전시키기 원한다면, 이후 토의에서 치료사는 내담자에게 이러한 일들에 대해 어떻게 느끼는지를 단순히 질문하는 것으로 시작할 수 있다. 비록 여전히 언어적 과정 안에 있긴 하지만, 안내 유형은 여기에서도 일어날 수 있다. 치료사의 역할은 내담자가 알고 있는 항암화학요법에 대한 모든 것을 내담자와 함께 발견하는 것이다. 당신의 몸 안에 어떠한 색이 있는지? 어디로부터 혹은 어디를 향해 여행하는지? 일단 이것이 암에 도착한 후, 무슨 일을 하는지? 둘러싸고 있는 조직들에게 무슨 일이 일어나는지?

세션의 목적이 명료해지고 충분히 이미지가 발전된 후에, 치료사는 기울어진 치료 의자에 내담자를 앉도록 하고, 불을 끄고, 간단한(3~5분) 이완 유도를 시작한다. 이후 치료사는 세션 목적과 함께 구성된 음악을 선택하고, 언어적 도입 단계 동안 발전되었던 이미지로 내담자를 이끌어 간다. 즉, 음악이 시작되면, 치료사는 내담자의 이미지로 내담자의 아이디어를 안내한다. 구별되는 두 개의 다른 안내 방법들이 임상 경험들을 통해 발전돼 왔다. 하나의 방법은 내담자를 중심 이미지에 머물도록 안내한 이후, 그들 스스로 이를 탐험하도록 놓아두는 것이다(치료사의 안내 없이 음악 안에서). 반면에 두 번째 방법은 BMGIM에서의 안내 방법과 유사하게, 내담자와 지속적으로 만나 가는 것이다.

각 세션은 안내 범위를 판단하는 치료사를 필요로 하는데, 다음 두 가지 사례들은 안내 범위의 단계들을 판단하도록 하는 것에 도움을 줄 것이다. 초점이 항암화학요법이 신체에 어떤 일을 하는지에 맞추어졌을 때, 세션들은 거의 항상 안내된다. 내담자를 신체 안으로 안내하는 것, 그리고 내담자의 내면에서 일어나는 일을 이미지화 하도록(실시간 동안) 안내하는 것은 매우 불안정할 수 있다. 내담자로 하여금 항암화학요법이 하고 있는 일이 (언어적 시작 단계에서) 무엇인지에 대한, 그리고 이 이미지의 긍정적 요소들이 무엇인지에 대한 명확한 감각을 가지고 있음을 확신하도록 하는 것은 긍정적 결과들을 위해 필수적인 것이다. 이후 이미지 경험 과정 동안 해야 할 치료사 역할은, 내담자를 위한 요소들을 시작하도록 하고 유지시키도록 하면서, 만약 치유 서비스에 있어 깊어짐이 일어나지 않을 경우 이미지가 깊어질 수 있도록 최소한의 시간을 허락하면서, 내담자와 함께 긍정적 공간을 유지하는 것이다. 예를 들어, 내담자가 암을 볼 수 있고, 암을 죽이는 항암화학요법을 바라볼 수 있을 때, 음악 안에서 이것을 경험할 수 있도록 시간을 허락하는 것은 내담자를 위해 매우 의미 있는(그리고 감정적인) 일이 될 수 있다. 신체 안으로 내담자를 안내하는 것과, 이후 내담자가 가야만 하는 그곳에 그/그녀를 데려갈 수 있도록 음악을 허용하는 것은 서로 다른 것이다(Bonny, 2002, p. 273). 음악 선택에 있어 다양함이 존재하지만, 대부분의 음악 선택은 BMGIM 프로그램과 고전음악들 중에서 선택한다. 일반적으로 2~3개 곡들은, 치유 이미지 지원을 위해 필요한 감정적 긴장을 느낄 수 있도록, 그리고 경험을 위한 틀을 제공하는 구조를 가질 수 있도록 선택되고 곡의 순서를 정하게 된다. 예를 들어, Haydn의 *Cello Concerto in C* (Adagio), Debussy의 *String Quartet* (Andantino), Warlock의 *Capriol Suite* (Pieds en l'air) 등이다.

항암화학요법 동안 내담자가 영적이고 치유적인 이미지들을 경험할 때, 내담자가 음악에 대해 열릴 수 있을 뿐 아니라, 자신들의 이미지에 대해 더욱 깊어질 수 있는 기회가 생기게 되는데, 이때는 안내하지 않는 것이 오히려 도움이 된다. 내담자가 치유 이미지['하나님의 손(the hand of God'): 내가 작업하고 있는 내담자에게 매우 중요한 이미지]에 대한 경험을 명확히 식별하고, 내담자가 손의 생김새와 느낌을 명확히 묘사할 때, 치료사는 내담자로 하여금 이미지 자체를 가장 잘 경험할 수 있도록, 심상 공간을 방해하지 않도록, 말없이 음악 안에서 안내하지 않으면서 내담자가 그 이미지와 함께할 수 있는 시간을 가지도록 허용한다. 매 세션에서 '하나님의 손'을 경험했던 그 내담자는 하나님의 손을 사랑스러운, 치유적인, 따뜻한, 고요한, 그리고 무한한 지혜의 원천으로 경험할 수 있었다. 음악 안에서, 하나님의 손과 함께 내담자에게 편안함을 주면서, 그에게 시간을 허용했던 것은, 예후가 확실하지 않고 항암화학요법의 효과가 난해했던 그에게 있어 매우 의미 있는 일이었다. 내담자는 그의 하나님과 함께 직접 대화가 가능했고, 그렇게 함으로써 위안과 편안함을 얻을 수 있었다. 이러한 경험들을 통해 치료사의 존재를 경험하는 것은 내담자에게 있어 매우 도움이 되는 일이지만, 내담자의 경험에 직접 관여하는 것은 바람직하지 않다.

2단계 경험을 위한 음악 선택은 다양한데, 뉴에이지, 자연풍경(음악과 함께하는 자연의 소리), 그리고 고전음악(BMGIM 프로그램에서 보통 사용하는) 등이 가능하다. 선택의 다양성은 목적들의 다양성을 반영한다. 만약 내담자가 자신의 신체에 빛을 가져오는 것에 목적을 둔다면, 아마도 음악은 빛이 주는 광활한 천상의 느낌을 지닌 뉴에이지 음악이 선택될 것이다. 만약 내담자가 해변가에서 아름다움과 편안함을 찾는다면, 그리고 이것이 내담자에게 새로운 이미지를 위한 작업이라면, 해변의 사운드가 중간 중간 삽입된(사람 소리를 제외한) 조용한 음악이 사용될 것이다. 이와는 달리, 만약 이미지가 보다 영적인 자연이라면, BMGIM 프로그램(예: Beethoven의 *Piano Concerto #5*, 2악장)의 고전음악이 사용될 것이다. 즉, 음악 선택은 내담자 경험의 본질을, 작업을 통해 발견했던 내담자의 선호와 의식의 깊이를 반영하는 것이다.

3단계: 재구성적 MI

암 투병을 하는 내담자 여행의 어느 시점에서, 의미 있는 질문들이 생겨날 수 있다. 나에게 암이 의미하는 것은 무엇인가? 이러한 고통, 경험들은 (나에게, 나의 관계에, 나의 아이들에게) 어떤 의미인가? 경험되어 왔던 것들로 인해, 그동안 경험해 왔던 것에 따라, 나는 어떻게 변하고 싶습니까?(혹은 변하고 싶지 않습니까?) 대답들은 깊이 정도의 다양함(나는 지금까지의 나에 대해 행복하지 않다. 나는 더 이상 이런 사람으로 살지 못할 것이다.)에 따라 간단할 수 있다(나의 식습관을 향상시키고 운동할 계획입니다.) 내담자가 과정을 통해 더 나아갈수록, 그/그녀는 결국 더 많은 질문(혹은 질문들)을 마주하게 된다. 드물지 않게, 질문들은 치료를 마친 이후에 일어난다. 내담자는 종종 치유에 많은 초점을 두며, 치료, 그들의 신체들, 증상들, 그리고 그들 가족의 즉각적 필요들에 더 많은 주의를 기울이며, 치료를 경험하기 때문에, 그들은 그들의 의식(혹은 에너지를 갖는 것)이 의미로 바뀌는 것을 허락하지 않는다. 재구성적 MI 요구는 종종 치료를 마친 이후 일어나게 되는데 그럴 수밖에 없는 것이, 내담자 인생 초기 사건들, 특히 어려운 외상 사건들은 암 경험과 함께 불러일으켜지기 때문이다. 핵심 자기는 정신이 관여하는 다른 부분들의 범위들까지에 의해 압박과 스트레스를 받고, 또한 내담자들은 때때로 현재 및 미래와 더불어 과거를 다루는 자신을 발견하게 된다.

사례 연구: Sarah

Sarah의 사례는 앞선 과정들을 잘 반영한다. 52세에 1기 유방암 진단을 받았는데, Sarah는 이를 '치료를 통한 항해'라고 표현했다. 수술과 두 달 동안의 항암화학요법 이후, Sarah는 그녀의 종양학자로부터 그녀의 몸에 암의 증거들이 없다는 결과와 함께, 6개월 후에 '후속 방문'을 하라는 이야기를 전해 들었다. 대부분의 내담자들이 이러한 소식을 들었을 때, 큰 기쁨을 느끼는 것처럼, Sarah도 예외는 아니었다. Sarah는 자신이 '암에 맞았다'라고 느꼈다. Sarah는 자신의 인생 여정 안에서 계속 전진할 준비가 되자, 암 이전의 일과와 가족생활로 돌아가기 시작했다.

약 6주 이후, Sarah는 우울하고 화난 모습으로 나의 사무실에 나타났다. 그녀는 그녀 몸 안에 있는 무거운 기분을 떨쳐낼 수 없었고, 그날 하루 온종일 어려움을 겪었고, "더 이상 나아갈 수 없을 것 같아요."라고 말하였다. 이는 이상한 일이 아니다. 암 환자들에게 있어 '일상생활'로 돌아가는 것이 쉬운 일이라 상상할 수 있을지 모르겠지만, 이것은 사실 매우 어려운 일이다. 내담자들이 치료를 경험하면서 그들 자신의 신체들에 무거운 초점을 두는 것과는 달리, 내담자의 감정(핵심 자기)에 대해서는 아주 작은 관심을 두게 된다. 치료를 모두 마친 이후에야, 많은 내담자들은 전체 과정에 대한 그들의 감정적 경험을 시작하게 된다. 이러한 경험이 시작되었을 때, 그들은 마치 그들이 '큰 구멍에 빠진 것' 같은 느낌을 가지게 되고, 일어난 일들에 대해 제대로 이해하기 어려운 경험을 하게 된다. 무거움의 감각, 또는 두려움, 압도적인 피로감 등 모든 것들이, 핵심 자기의 더 깊은 부분에로의 잠깐의 경험과 같이, 무의식에서 비롯된 것처럼 보인다. 많은 내담자들은 이러한 경험들에 대해 계획을 가지거나 혹은 의미를 주는 것(경험에 대한 일관성 있는 감각)을 어려워하기 때문에, 그들은 안정되지 않은 기분을 가지게 된다. Sarah는 부서지는 것 같은 기분을 느꼈음에도 불구하고, 그 이유를 알 수 없었다.

재구성적 작업(3단계; Summer, 2011)은 이러한 기분들의 표현을 위한 매개물이 된다. 내담자들은 일어나고 있는 일과 그들에게 일어났던 일들에 대한 '이해'를 찾는다. 그들은 그들의 병에 대한 이야기를 완성하지 않았고, 그들의 삶으로 통합하지 않았고, 그저 전체 이야기가 없는 개인적 문단들로 이를 남겨 두었다. 이것은 마치 음악 작품의 일부 같았다. 그 음악들은 선율, 화성, 악기들의 사운드, 템포, 그리고 많은 역동을 가지고 있었지만, 아직 전체 작품으로 완성되지 않았거나 완성된 음악 작품으로 통합되지 않았다. Antonovsky(1988)는 이해할 수 있음과 의미 없이 처리할 수 있음을 제안하였다.

음악에 대한 이미지화를 배우는 초기 과정의 도움이 필요한 일부 내담자들이 있는 반면, 대부분의 내담자들은 즉각적으로 이를 연관시킬 수 있다. 왜냐하면 그들은 지속적으로 이미지들을 가지고 왔기 때문이다. Sarah의 사례에서, 신체에서의 중압감, 자신으로부터 연결되지 않은 느낌, 신체에서의 무서운 감정, 그리고 암 재발에 대한 걱정 등이 그것이다. 이러한 것들은 매일의 삶과 함께 그녀가 고심해 왔던 이미지들이었다.

Sarah의 초기 MI 작업은, 우선 이러한 모든 감정들과 경험들에게 목소리를 부여하는 것이었다. 심상 세션 동안, Sarah는 이러한 감정들에 초점을 맞추고자 했고, 그 감정들을 완전히 표현할 수 있도록 자신을 허락했다. 예를 들어, 그녀의 첫 두 번의 세션에서, Sarah는 각 이미지를 가능한 많이 이해하는 것을 목적으로 삼았고, 그녀가 일상에서 만나는 이미지들을 표현할 수 있도록 허용했다. 즉, 이미지들의 색깔들, 모양들, 감정들, 암 이미지 주변에 무엇이 있었는지, 만지거나 숨을 쉴 때 어떤 느낌인지 등에 대해서이다. 그녀가 이것과 함께 교류할 수 있나요? 그녀가 이것을 바꿀 수 있나요? 그녀가 이러한 이미지에 어떠한 것을 가지고 올 수 있나요? 이러한 모든 '작업들'은, 그 이미지들에게 목소리를 부여하면서, 다른 사람과 그 이미지들을 공유하면서, 이미지들에 대한 보다 쉬운 이해를 돕는 과정이 되었다(그 이미지들을 존중하는 방법 안에서).

먼저, 이러한 이미지들은 분열돼 있었고, 서로 관련이 없었음이 분명했다. 그래서 Sarah는 해변 위에 홀로 정처 없이 떠돌아다니고 있는 자신을 바라보는 것을 통해 심상 경험을 시작했다. 이후 갑자기 그녀는 억압되고 완전히 갇혀 겁이 나는 암흑 속 이미지를 경험했는데, 이는 Sarah로 하여금 불안을 느끼게 했다. 그녀는 왜 이러한 일이 일어났는지에 대해 이해하지 못했고, 이러한 상황을 변화시키기엔 다소 무력해 있음을 경험했다. 이것은 마치 이미지들이 그녀와 분리되어 그들만의 인생을 가지고 있는 듯했고, 그녀가 그 이미지들에게 종속되어 있는 것처럼 느껴졌다.

하지만 시간이 지나, 그녀는 이미지들을 연결시키기 시작했다. 이후의 세션들 동안, 그녀는 해변을 걸으며 수평선으로부터 흘러와 점점 더 가까이 다가오는 구름과 같은 어둠을 볼 수 있었다. Sarah는 뛰기 시작했지만, 어둠에 의해 빨리 휘감겼고(이 어둠은 초기 이미지에서 경험했던 암흑과 같은 것이었음), 이에 의해 천천히 묶여 잡히고 말았다. Sarah는 암흑에 묶여 있는 것을 느끼기보다는, 암흑으로 들어가 이를 탐험하고 행동할 수 있었다.

일곱 번째 세션에서, Sarah는 연결되지 않았던 심상 경험들의 모든 요소들이 담겨 있고, 남은 세션들을 위한 초점으로서의 역할을 하게 될 핵심 이미지를 발견하였다. 해변을 걸으며 Sarah는 새로운 길을 발견하였고, 그 길과 그리 멀지 않은 곳에 있는 동굴 또한 발견하였다. 먼저, 그녀는 동굴 밖의 부분을 탐험할 수 있었고 그녀를 산의 중심 깊숙한 곳으로 데려가는 뱀 모양의 긴 터널을 내려다볼 수 있었다. 이러한 경험을 하는 동안, 그녀는 이미지의 힘과 (비록 그녀는 이를 의식하지 못하지만) 하나의 이미지 안에 초점 맞춰진 핵심 자기의 강점을 제안하는, 두려움, 공포, 그리고 이전 세션들을 통해 탐험했던 어둠을 느끼게 되었다.

다음 두 번의 세션들 동안, 동굴이 Sarah를 산의 깊은 곳, 사람 없는 작은 불이 중심에 놓여 있는 열린 틈으로 데려가는 이미지를 포함하는, 다양한 이미지 요소들이 나타났다. 열 번째 세션에서 Sarah는, *Gaia*(Bruscia and Grocke, 2002) 프로그램과 함께 동굴 안으로 한 번 더 들어갔는데, 그녀가 동굴을 따라 틈 속으로 들어갈 때 폐소공포증을 경험하기도 했다. 그녀는 벽의 습기와 오물을 느낄 수 있었고 타오르고 있는 불이 놓여 있는 열린 큰 공간에 들어섰을 때, 암으로 돌아가셨던 그녀의 엄마와 할머니를 포함한 다섯 명의 여성들이 앉아 있는 것을 발견할 수 있었다. 그들과 함께 불 근처에 앉아 있으면서 Sarah는 이야기했고, 울었고, 분노했고, 다섯 명의 여자들이 나누는 이야기들을 들었다. 대화의 핵심은 나아가는 것에 대한 내용이었다. 나아가는 것에 대한 투쟁의 일부는 자신의 암과 관련된 모든 경험들과 감정들을 인정하는 것뿐 아니라, 그녀의 엄마가 암으로 돌아가셨을 시점의 삶에 대한 죄책감을 알아차리는 것이었다. 그녀의 엄마에게 직접 이야기하면서, Sarah는 말했다. "나는 나의 슬픔에 사로잡혀 있음을 느끼고, 이를 놓아 주지 못해요."

함께, 여자들은 불에 연료를 넣고 하나된 전체로서, 벽과 바닥을 따라 축축한 얼룩을 입히며 모든 틈들이 불길과 함께 비추어지기를 허용하며, 틈의 천정까지의 불길을 따라갔다, 빛의 분명함과 함께, Sarah는 열린 틈 안에서 이전에는 알아차리지 못했던 무엇인가를 볼 수 있었다. 즉, 벽에 있는 돌에서 반짝이는 빛의 반점, 아름다운 종유석, 그리고 그녀가 전에는 알아차리지 못했던 동굴 부분인 다른 통로 등이다. 마침내 떠날 시간임을 알아차리며, Sarah는 다섯 명의 여자들에게 감정적 고별을 한 후(이전엔 보지 못했던 흐느낌, 열린 슬픔), 그녀들에 의해 새로운 통로로 인도되었고, 이전엔 보지 못했던 새로운 장소로 나오게 되었다.

이어지는 세션에서, Sarah는 이미지들이 의미하는 바가 무엇인지에 대해, 그 이미지들이 어떻게 변해 왔는지에 대해, 여전히 마무리가 필요한 작업이 무엇인지에 대해, 그리고 심상 경험들 안에서 그녀의 내적 작업이 매일의 그녀 일상과 어떻게 관련을 맺어 가야 할지에 대해 이야기를 나누며, 그녀의 경험들을 언어적으로 통합할 수 있었다. Antonovsky(1988)는 이것이 보다 일관된 자기 서사와 함께하는 이해력과 의미의 통합임을 제안했다. Sarah는 동굴 벽이 타는 것이 그녀의 항함화학요법과 같은 것임을 알아차렸고, 그녀의 깊은 곳에서 암이 사라졌음을 느낄 수 있었다. 중요한 사실은, 이는 이러한 경험을 알아차리는 자신만의 방법이란 것이고, 그녀를 위해 깊게 공명되었다. 그녀의 두려움은 가라앉았고, 거슬리는 생각을 덜 가지게 되었고, 이전엔 가질 수 없었던 방법 안에서 이미지들과 꿈들에 대해 이야기할 수 있게 되었다.

최근, 치료가 종결된 지 5년 후에도 그녀는 여전히 암으로부터 자유롭다는 소식을 Sarah로부터 들을 수 있었다.

요약

암 진단 및 치료는 각 내담자에게 다르게 영향을 미치며, 이로 인해 내담자의 핵심 자기의 필요를 해결하기 위한 여러 종류의 중재들이 요청된다. 때때로 심상 경험들은 육체적인 자기를 다루며 스트레스와 불안에 집중하도록 한다. 어떤 때에서의 초점은 자원이지만, 또 다른 때에서의 초점은 의미이기도 하다. 어떤 음악 이미지 경험들은 내담자의 모든 요구를 불러일으킬 수 있지만, 3단계 경험들에서는 그러한 이미지들이 가장 적극적이고 포괄적으로 다루어지기도 한다. 초점이 무엇이든, 치료사는 핵심 자기와 이 핵심 자기가 치료 과정에 의해 어떻게 영향 받아 나타나는지를 항상 염두하고 있어야 한다. 핵심 자기는 존재의 한 방법이고, 속성의 집합과 일련의 행동이다. 음악과 이미지 경험들에서의 참여는, 암과 관련한 내담자의 능력, 그리고 그 경험들에 대한 이해력, 관리 편의성, 그리고 의미 있는 경험들을 불러일으키는 음악 안에서 경험되고 상상되었던 자원들을 이용할 수 있는 내담자의 능력을 반영한다. 따라서 내적 작업과 외적 삶들 사이의 연결은 다양한 방식들 안에서 나타날 수 있는 것이다. 초점이 스트레스와 불안일 때 외부 영향은, 항암화학요법 주입의 '더 나은 경험'처럼 간단한 것일 수도 있고, 치료로부터의 더 적은 부작용들과, 더 적은/없는 항불안제(anxiety medication)만큼 복잡한 것일 수도 있다. 초점이 3단계의 경험일 때 내담자의 외부 세계에 대한 영향은 관계의 의미 있는 변화들을 통해, 일과 삶의 스트레스 원인들에 대해 대처하는 능력들을 통해, 우울과 불안을 위한 약물처방 감소를 통해, 그리고 그들 삶이 '통제 안에 있음'을 다시 느끼고 조절하는 능력을 통해 보여질 수 있다.

참고문헌

Anagnostopolous, F., Slater, J. and Fitzsimmons, D. (2010). Intrusive thoughts and psychological adjustment to breast cancer: Exploring the moderating and mediating role of global meaning and emotional expressivity. *Journal of Clinical Psychology in Medical Settings, 17*, 2, 137-149.

Antonovsky, A. (1979). *Health, Stress and Coping: New Perspectives in Mental and Physical Well-being*. San Francisco, CA: Jossey-Bass.

Antonovsky, A. (1988). *Unraveling the Mystery of Health: How People Manage Stress and Stay Well*. San Francisco, CA: Jossey-Bass.

Bonny, H. (2002). *Music and Consciousness: The Evolution of Guided Imagery and Music* (edited by L. Summer). Gilsum, NH: Barcelona Publishers.

Bruscia, K. E. and Grocke, D. (eds) (2002). *Guided Imagery and Music: The Bonny Method and Beyond*. Gilsum, NH: Barcelona Publishers.

Fleer, J., Hoekstra, H., Sleijfer, D., Tuinman, M. and Hoekstra-Weebers, J. (2006). The role of meaning in the prediction of psychosocial well-being. *Quality of Life Research, 15*, 4, 705-717.

Summer, L. (2011). Music therapy and depression: Uncovering resources in music and imagery. In A. Meadows (ed.) *Developments in Music Therapy Practice: Case Study*

Perspectives. Gilsum, NH: Barcelona Publishers.

Vehling, S., Lehmann, C., Oechsle, K., Bokemeyer, C., Krull, A., Koch, U. and Nehnert, A. (2011). Global meaning and meaning-related life attributes: Exploring their role in predicting depression, anxiety, and demoralization in cancer patients. *Supportive Care in Cancer, 19*, 4, 513-520.

17장

완화치료와 생애 말기를 위한 적용 범위

Therese Marie West

이 장에서는 완화치료와 호스피스 치료 세팅에서 음악치료사로서, 저자가 발달시켜왔던 방법들의 범위를 소개하고자 한다. 이 테크닉들은 병원, 호스피스 단위 및 가정환경에서의 의료 및 호스피스 환경에서 발생하는 내담자의 피드백을 바탕으로 사용되었고 개선되었다. 이 책의 다른 곳과 West(1999)에서, 수술 회복, 방사선 혹은 화학 요법으로 인해 체력이 감소된, 하지만 여전히 GIM에서의 정신 집중과 내적 탐험을 위한 신체적, 심리적 잠재능력을 지닌 외래 내담자를 위해, 하나의 곡 혹은 짧은 프로그램들을 사용하는 Bonny 방식의 GIM의 보다 많은 전통적 적용들에 대한 논의들을 찾아볼 수 있을 것이다. 이 장은 Bonny 방식의 교육 및 실습에 관한 정보에 초점을 맞출 것이지만, 더욱 아프거나 혹은 생애 말기에 처해 있는 내담자의 필요를 충족시키기 위해 만들어진 중요한 적용들을 설명하기도 할 것이다. 이 장은 GIM 범위 위에서 고려된 방법들을 포함하고 있는데, 그 이유는 심상 및/혹은 전환된 의식 상태와 관련돼 있기 때문이다. 그 방법들은 심상과 함께하는 음악유도이완(Music Assisted Relaxation with Imagery: MAR/I), 짧은 집중 음악과 심상(MI), 그리고 완화 즉흥연주와 심상(Palliative Improvisation and Imagery: PI/I) 이들은 죽음 전이의 탐험을 위한 즉흥연주를 포함한다.

이론적 배경

음악은 말기 질환에 직면한 혹은 급성 또는 만성 통증을 가진 사람들의 고통을 경감시키거나 완화시키기 위해 다양한 방식으로 사용될 수 있다. 완화치료로 알려진 분야는 고통을 경감시키기 위해, 심각한 만성 질병과 함께하는 사람들의 삶의 질을 향상시키기 위해, 그리고 의학, 약학, 간호, 마사지요법, 사회사업 또는 목회 서비스와 같은 분야들의 전문인들을 관련시키기 위해, 아픔 혹은 다른 증상들의 신체적 · 정신적 · 정서적 · 사회적 · 영적 차원들을 다루는 것이다(Center to Advance Palliative Care, 2014). 완화치료는 적극적 치료, 만성 증상 관리 혹은 생애 말기 치료를 포함하는, 질병 과정의 어떠한 단계에 있는 사람에게라도 도움이 될 수 있다. 또한 완화치료는 말기 내담자와 그 가족을 위한 호스피스 간호를 포괄적으로 제공하는 일부분으로 간주된다. 호스피스 팀은 죽음과 사별을 통한 인생의 마지막 단계 동안, 육체적 · 정신적 · 영적 필요들을 돌보는 것이다.

West(1994)는 종말 진단 및 생애 말기를 맞이하는 것과 관련한 단계들과 과제들을 통해 운동을 개념화하고 지원하는 방법을 제공하고, 호스피스 내담자가 겪는 심리적 문제를 논의한다. 치료사는 반드시 매일매일 혹은 순간순간 발생할 수 있는 내담자의 상태, 감정 및 염려의 초점에서의 변화들에 대해 지속적으로 평가하고 적용해야 한다. 생애 말기 질환의 독특한 도전을 위한 올바른 인식은 치료사로 하여금 자연 방어를 존중하도록 하고, 정서, 기억, 이미지를 자극하는 "음악의 힘을 크게 증가시킬 수 있는 취약성을 고조시키는 경계를 유지하도록 하는 것"에 도움을 준다(West, 1994, p. 120). MI 경험의 다양한 구성요소를 수정하는 치료사의 능력(음악감상 이전의 나눔, 이완 유도, 음악 선택, 초점, 돌아옴과 프로세싱)은 치료사로 하여금 최종 전이에 대한 인생의 모든 여정을 횡단하는 지원적 음악 경험을 제공하도록 한다.

세팅

접근방식들의 범위는 의료 병원 단위(종양학 혹은 수술 후 치료와 같은)에서 우리 서비스들을 위해 추천된 내담자들과 함께 시작한다. 왜냐하면 그들은 수면을 방해하거나 혹은 스트레스를 유발하는 고통, 불안 혹은 다른 증상들을 경험하기 때문이다. 입원 내담자는 수술로부터의 회복 혹은 치료를 받으면서 암 혹은 다른 질병으로 새롭게 진단될 수 있는데, 이는 고통 혹은 다른 불편함을 유발하는 부작용을 가진다. 입원 기간은 대개 짧으며, 따라서 어떤 경우엔 단 한 번의 음악치료 세션만이 제공되기도 한다. 이러한 내담자들을 위한 효과적 음악중심 치료를 제공하기 위해서는 유연성과 독창성이 필요하다. 내담자는 개인 병실 혹은 다인용 병실에 있을 수 있고, 환경은 또한 밝게 불이 켜 있고, 소음과 집중을 방해하는 것들로 가득 차 있을 수도 있다. 세션 길이는 의료 절차와 의사들, 다른 직원들 혹은 방문객들의 방문에 의해 제한될 수 있다. 일반적으로 세션들은 짧아지는 경향이 있다. 세션 길이는 20~60분 정도이다. 어떤 경우에는 완화 음악치료 방법이 병실에서 한 명 이상의 내담자와 함께하는 것과 같은, 혹은 가족 혹은 방문객들이 음악치료 경험 안에 적절하게 포함되어 있는 곳에서 소그룹으로 진행될 수도 있다.

병원 치료 절차와 비슷한 점이 입원 내담자 호스피스 병동 안에도 존재하지만, 입원실은 대개 침실과 같다. 호스피스 단위는 조용하고 음악치료 세션 시간을 제한하는 방해로 덜 혼잡하다. 내담자 집에서의 호스피스 세션들은 보통 한 시간 이상의 주간 방문이 포함되며, 간병인 혹은 가족과 함께하는 시간이 포함될 수 있다. 어떠한 환경에서든, 내담자의 에너지 수준/피로, 기민함과 정신 상태, 지시를 따르는 능력, 대처 자원/지원에 대한 접근, 감정적 취약성, 영적 관심과 음악에 대한 반응을 조절하면서, 신속하게 진단하고 적절한 치료를 계획하는 것이 중요하다.

방법들에 대한 기술

심상과 함께하는 음악유도이완(Music Assisted Relaxation with Imagery: MAR/I)

음악유도이완(Music Assisted Relaxation: MAR)은 미국 음악치료 훈련에서 배웠던 일련의 표준 기술들을 포함하고 있고, 미국 공인 음악치료사의 실행 범위 안에 놓여 있다(CBMT, 2010). MAR은 종종 점진적 근육 이완법 혹은 생음악이나 녹음음악과 함께하는 호흡 지침과 같은 테크닉들을 사용하기도 한다. 심상이 포함될 때, 이것은 더욱 넓어진 음악과 심상 스펙트럼의 일부로서 여겨질 수 있고, 심상과 함께하는 음악유도이완(Music Assisted Relaxation with Imagery: MAR/I)으로서 규명될 수 있다. 효과적으로 사용된 MAR/I는, 내담자로 하여금 지지적 편안함을 가져오게 할 수 있고, 고통 혹은 불안으로부터 안심하도록 도울 수 있고, 병원 환경에서 받는 즉각적 스트레스들에 대처하도록 도울 수 있고, 회복을 돕기 위한 휴식 또는 수면의 질을 향상시키도록 도울 수 있다. 또한 MAR/I은 내적 집중을 위한 능력과 음악을 신뢰하고 편안하게 할 수 있는 능력, 그리고 음악에 대한 내담자들의 반응을 진단하기 위한 유도된 심상 및 음악치료 과정의 초기 단계로서 매우 유용하다. MAR/I는 느린 짝수 템포, 간단하고 예측 가능한 선율 및 화성 구조와 같은, 심지어 역동성, 즐거운 반향, 레가토 프레이징, 반복의 사용, 어떤 자극이나 경고 요소가 없는 것과 같은, 이완 반응을 불러일으키는 특질들을 가지는 녹음음악 혹은 생음악의 많은 장르와 함께 이루어진다.

MAR/I에 사용된 음악은 일반적으로 Bonny 방식의 GIM(Bonny method GIM: BMGIM) 작업에는 효과적이지 않다. 왜냐하면 음악에 대한 응답으로 역동적 이미지 전개를 감정적으로 연상토록 유도하고 유지하는 발달적인 구조적 요소가 부족하기 때문이다. 사실, 치료적 목적과 이론적 방향성은 또한 매우 다른 것이다. MAR/I에서 치료사는 행동적, 인지적 혹은 인본주의적/인간 중심적 접근으로부터 이끌어지는, 다양한 이론적 방향성 혹은 통합적인 관점으로부터 나올 수 있다. Bonny 방식과는 대조적으로, MAR/I에서 치료사는 훨씬 더 지시적이다. MAR/I는 음악을 듣는 동안 열린 탐험을 장려하지 않는다. 내담자는 가능한 빨리, 가능한 많이 스트레스를 해소해야 하기 때문에, 치료사는 간단한 위로가 되는 초점을 제공하는 과정을 지시한다. 이 방법은 '지원적' 음악치료 방법 범주에 속하는 것으로 고려된다(이 개념의 모든 논의를 위해 Wheeler, 1983 참조). 지원적 음악치료의 전반적 목적은 정서적 평형을 복원하고, 증상과 고통을 줄이고, 이완과 휴식을 제공하고, 그리고 기존의 방어 및 통제 기제를 강화하는 것이다.

MAR/I의 경우, 치료사는 구조화되고 예측 가능하며 효과적인 이완 음악을 선택하고, 세션 전반에 걸쳐 높은 수준의 구조를 제공하고, 음악감상 동안 호흡이나 신체 이완 같은 언어적 이완 지시와 함께 과정을 안내한다. 이후 치료사의 언어적 유도는 특정한 이미지를 제안/묘사하거나, 혹은 이완 서비스를 위해 즐겁고 긍정적인 이미지를 자발적으로 형성하도록 초대한다. 치료사는 내담자가 과거로부터 즐겁고 위로하는 것으로서의 회상을 언급할 수도 있지만, 지금-여기에 초점을 두는 것은 중요한 일이다. 치료사는 내담자로 하여금 현재 순간을 경험하게 하는 집중을 유지하도록 하는 것과 동시에 즐거운 감각을 가질 수 있도록 초점을 지시하는데, 이는 결국 내담자의 마음을 진정시키고 신체 이완 반응을 유도하는 것에 도움을 준다.

내담자의 상상력이 편안한 무엇에 초점을 두기보다는, 스트레스를 주는 무엇에 초점을 둘 수도 있는 위험요소 때문에, MAR/I에서는 개방적 탐험을 권장하지 않으려 하는 특별한 의도를 가진다. 이것은 MI의 가장 지시적인 형태이며 BMGIM과는 크게 다른 것이다. 이미지를 통해 자발적인 통찰력 혹은 새로운 관점을 가지고 올 수 있음에도 불구하고, MAR/I에서의 이미지는 자기탐구를 위한 것이 아니라 집중 혹은 집중을 방해하는 것을 통해 이완을 유도하는 것으로서 사용된다. **치료사 지시적 심상**은 자연의 아름다운 장소 같은 이완을 지원하는 외부의 어떤 것에 초점을 두는 것을 통해, 내담자로 하여금 감정 혹은 신체에 주의집중하지 못하도록 역할을 하는 것이다.

치료사 지시적 심상을 사용하는 또 다른 관련 테크닉은, 고통, 호흡 곤란 혹은 다른 증상들에 대한 지각을 수정하는 것이다. 예를 들어, 내담자는 신체를 통해 움직이는 차분한 색 혹은 냉각수를 상상하는 지시를 받을 수 있다. 때로는 내담자가 이러한 이미지들과 함께 그들의 경험을 보고할 것이고, 논의는 결과의 향상을 위해 혹은 깊어지는 이완과 함께 이익을 더욱 확장하도록 수정되는 것으로 이끌어질 것이다. 치료사는 음악이 끝난 후에도, 경험의 논의 혹은 간단한 확인을 위한 긍정적 초점을 제공하며 계속해서 공정한 지시를 내린다.

자기위로 기술 습득을 위한 언어적 토의 혹은 교육적 지원이 들어 있는 유도된 음악 이완 경험이 포함된 하나의 세션이, 2~3회의 짧은 시리즈로서 이루어지는 것이 일반적이다. 치료사는 내담자 스스로를 위한 이완 방법을 연습시키기 위해, 혹은 가족 구성원이 이러한 연습을 돕도록 요청하기 위해 구체적인 제안을 할 수도 있다. 치료사는 자기위로를 위한 이미지를 기억하고 사용하는 방법들을 제안할 수도 있다. 일부 사례들에서는, 특히 내담자가 심한 피로를 느끼는 경우 언어적 과정을 제공하지 않을 수 있다. 치료사는 내담자로 하여금 배경으로서 지속적으로 재생되는 음악의 유무와 상관없이, 조용히 이완을 지속하도록 격려할 수 있고 무슨 일이 일어났는지에 대한 확인과 토론을 나중에 하도록 할 수도 있다.

MAR/I를 제공하기 전에, 치료사는 치료 의뢰서와 내담자의 병력과 현재 우려사항을 위한 제한된 정보가 담긴 차트를 먼저 검토해야 한다. 치료사는 종종 모든 병력/진단을 파악하지 못한 채 빨리 일해야 하기 때문에, 음악에 반응하는 상상력을 초대할 때, 감정적으로 압도당해 있거나, 스트레스를 주는 생각을 하거나, 혹은 병원 환경에서 사용 가능한 것보다 더욱 많은 지원과 과정을 필요로 하는 문제적 자료를 가지고 있는 내담자를 만나게 될 위험이 있다.

MAR/I은 미국 공인 음악치료사에게 필요한 실행 역량을 갖추도록 하지만, BMGIM에서의 훈련을 요구하지 않는다. 하지만 본 저자는 BMGIM 훈련을 매우 가치 있는 것이라 생각한다. 왜냐하면 이 훈련은 상상력 과정을 위한 숙달된 안내를 가능하게 하고, 적절한 음악 선택을 지원하고, 그리고 강한 정서를 처리하고 보유하고 기반다지기를 위한 도구를 제공하는 음악과 상상력의 힘을 위한 깊은 존경을 만들어 냈기 때문이다. 생애 말기, 심각한 질병 혹은 외상과 관련한 이슈들로 인해 감정적으로 취약한 내담자들과 함께하는 방법들을 사용하기 전에, 치료사들은 MI에 대한 임상 교육을 받아야 함을 조언한다.

음악을 듣는 동안 치료사가 직접적 이완 지침 혹은 특별한 이미지를 묘사하는 것을 통해, 높은 수준의 구조와 지원을 제공한다 하더라도 내담자는 자발적 심상을 가질 수 있는데 이미지들이 거슬리고 방해될 때, 이것은 반치료적이 될 수 있다. 하나의 예를 제시하고자 한다. 빠르게 진행되는 전이 암으로 새롭게 진단 받은 호스피스 내담자가 아름다운 정원의 수영장 옆에 놓인 라운지 의자에 앉아 햇살이 편안한 '안전한 환경' 안에서 쉬고 있음을 상상하는 것에 동의했다. 처음에 그녀는 Mozart의 *Piano Concerto #21*에서의 안단테를 감상하며 이 장면에 대한 상상을 따를 수 있었지만, 이 장면은 전이 혹은 경고 없이 매우 빨리 물 아래에서 그녀를 끌어당기며 그녀를 죽음으로 몰아가는 매우 비참한 이미지로 전환되었다. 이 치료사는 Bonny 방식에서의 워크숍에서 입문 단계를 경험하긴 했지만 고급 단계의 Bonny 방식 훈련이나 어떠한 임상적 음악과 심상 훈련을 받지 못했기 때문에, 이 여성이 경험하는 이미지 진행을 도울 수 없었고 극심한 공포를 제외한 다른 감정을 느끼도록 할 수 없었다. 많은 방해와 극도로 비참한 심상을 일으켰던 불행한 이 사례는, 높은 스트레스 상황을 경험하는 사람을 위해 음악과 심상을 사용할 때에는, 전문적 교육을 받은 치료사의 역할이 필요하다는 사실을 강조하였다.

이는 우리로 하여금 전환된 의식 상태에서 이미지를 불러일으킬 수 있는 음악의 힘을 이해하고 활용할 수 있도록 도움을 주기 때문에, Bonny 방식 훈련은 MI와 MAR/I의 경험들을 가장 잘 보유하고 유지하는 것에 대한 Bonny 방식의 보다 큰 탐험으로부터, 완화치료와 호스피스 치료에서 사용될 수 있는 MI 방법들의 모든 범위를 위한 기초를 형성해 주는 가치 있는 기술을 만들어 내는 것이다. Bonny 방식의 훈련 동안 발달되었던 기초 기술들은 치료사로 하여금 능숙한 진단을, 적절한 음악 선택을, 진행(시작, 초점, 유도, 음악 가이딩, 진행)의 다양한 부분들에 대한 수정을, 세션 길이와 에너지 요구 조절, 그리고 약물, 피로, 신체적 · 정신적 스트레스 및 생애 말기로 인해 더욱 취약할 수 있는 사람과 함께 전환된 의식 상태를 항해하는 것들에 대한 준비를 갖추도록 한다.

음악과 심상(Music Imagery: MI)

Frances Goldberg는 1980년대 초반에, 임상 사용을 위한 GIM의 적용을 개발하기 시작했고, 이후 이 접근방법에 대해 Music Imagery(MI)라는 명칭을 부여했다(개인의 대화, 2014). Goldberg, Hoss, 그리고 Chesna(1988) 또한 뇌 손상을 입은 정신건강의학과 입원 내담자를 위한 GIM의 적용을 포함하는 사례를 위해 함께 작업하였다. 1990년대 Frances Goldberg와 Lisa Summer는 본 저자를 포함한 GIM 훈련생들에게 MI라고 명명한 임상적 적용을 소개하였다(이 책의 31장과 32장의 Summer와 Goldberg 참조). 초기 정신건강 세팅을 위해 개발되었던 MI는 참을 수 없는 고통의 수준, 제한된 신체적 에너지/스태미나, 집중 유지의 어려움 및 위기 상황으로 인한 높은 수준의 스트레스로 인해, 전체의 혹은 짧은 Bonny 방식 세션으로부터의 유익을 얻지 못하거나 견뎌 내지 못하는 사람을 위한 다양한 범위의 상황들 안에서 적용되었다.

MI는 BMGIM 이론 그리고 음악과 전환된 의식 상태에 대한 이해에 의해 영향 받지만, 전체 길이의 고전음악을 사용하는 GIM 세션으로부터 유익을 얻지 못하거나 이를 견뎌 내지 못하는 내담자를 위한 적용으로서, 중요한 변화를 대표하는 방법이 되었다. 다루어지는 내담자의 필요 종류가 적절하다고 판단될 때, 발달적, 정신역동적, 혹은 인지적 치료들의 이론적 관점들이 MI에 적용될 수 있다. 탐험은 BMGIM에서 일반적으로 경험되는 것만큼 넓지도 개방적이지도 않다. 하지만 MI가 반드시 BMGIM보다 '더 가벼운' 것만은 아니다. 사실, 이것은 매우 깊게 갈 수도 있고 영적이거나 초월적인 경험을 불러일으킬 수도 있다. MI는 BMGIM에서의 인간중심의 개방적 탐험과는 대조적으로, 훨씬 더 짧은 경험이고, 보다 집중적이고 치료사 지시적인 방법이다.

Fran Goldberg가 개발한 MI는, 집중된 심상 경험을 위해 보다 작은 '그릇'을 제공하는 비고전음악, 즉 예측 가능한 단순 화성과 선율 구조와 단순한 악기 구성으로 이루어진 치료사가 이야기를 건넬 수 있는 기악 음악을 사용한다. MI를 위한 이 같은 종류의 예들은 Michael Hoppe의 *Renouncement* 혹은 Secret Garden의 *Heartstrings* 등을 포함한다. 이러한 종류의 녹음된 작품 이외에도, 본 저자는 또한 GIM 레퍼토리로부터의 하나의 곡(Warlock의 *Capriol Suite*, Pieds en l'air, 혹은 Vaughan Williams의 *Fantasia on Greensleeves*, 혹은 Bach의 *Air from Suite #3 in D*, BWV 1068, 혹은 Satie의 1st 혹은 3rd *Gymnopédies*와 같은 다른 고전음악 작품들)을 종종 사용한다. 즉흥연주된 생음악의 사용은 이후 완화 즉흥연주와 심상 내용을 통해 설명될 것이다.

MI와 완화치료

완화치료를 위한 MI에서의 전체 경험은 매우 수용적이며, 지시적인 가이드에 의해 특별히 긍정적이고 지지적인 초점을 유지토록 하고, 반복적일 수 있는 하나의 음악 작품을 사용한다. 음악은 약 5~15분 정도 지속된다. 입원 내담자 혹은 호스피스 내담자는 세션이 지속되는 동안 편안하게 기대거나 앉아 있을 수 있다. 음악감상 이전의 토론은, 그 순간 가장 큰 걱정을 유발하는 불만들, 강점 및 대처 자원들, 그리고 음악 선호도들에 초점을 두며, 에너지를 보존하기 위해 간결하게 진행하는 경향이 있다. 다른 음악 선택들에 대한 내담자의 반응을 진단하기 위해 짧은 음악을 삽입할 수도 있다. 또한 도입은 안전과 편안함과 함께 연관된 것들을 탐험하도록 하는데, 이는 치료사가 음악 심상 경험을 위한 안내된 초점으로 통합하도록 한다. 음악감상 바로 직전에 시작되어 음악감상 동안 지속되는 치료사의 언어적 이완과 심상 '대화'는 내담자로 하여금 음악에 비해, 전경에서 치료사에게 세심한 주의를 기울이도록 한다. 치료사는 내담자로 하여금 걱정스러운 생각보다는 언어적 지시에 초점을 둘 수 있도록 도우면서, 정신 활동을 위한 관심에 초점을 둘 수 있도록 하는 역할을 한다. 치료사는 음악의 특질에 따라 목소리를 조절하며 단순한 프레이즈를 사용하고, 심상과의 연결과 초점에 대한 관심을 유지할 수 있도록 하는 제안들의 지속적인 흐름을 유지하거나, 혹은 '대화' 안에서 간단한 '틈들(openings)'을 남기도록 한다. Fran Goldberg는 치료사의 안내 안에서, 이러한 짧은 틈들을 '창(windows)'이라 부르는데, 이는 내담자로 하여금 심상 안에서의 요소들을 탐험하도록 하거나 혹은 발전시키도록 돕는다(Goldberg, 1994).

이미지 형성을 위해 필요한 시간을 충분히 허용한 이후, 치료사는 내담자로 하여금 눈을 뜨고 음악이 계속 연주되는 동안 경험하는 심상을 그리거나 적도록 한다. 그리고 치료사는 말하지 않는다. 아마도 음악은 필요에 따라 반복될 수 있거나 혹은 침묵 가운데 내담자가 그림 혹은 글쓰기를 완성할 수도 있다. 그림 그리기 혹은 글쓰기가 마무리된 이후 치료사는, 드러난 것이 무엇이든 그것을 탐험하며 경험의 언어적 과정을 지원하는데, 특별히 음악과 심상 안에서 경험되었던 긍정적이고 지지적인 자원들과의 연결을 강화하도록 돕는다. 일반적으로 이 방법은 정상의 의식으로 돌아오도록 안내하지 않는데, 그 이유는 이 방법이 깊게 전환된 의식 상태를 유도하고자 하는 경향을 가지고 있지 않기 때문이고, 과정의 마지막 부분 동안 내담자가 이미 눈을 뜨고 있기 때문이다.

나중에 제시되는 Alice의 사례는, 그림에서 이미지로 표현되곤 했던, 그녀의 집에 머무는 호스피스 내담자와 함께했던 MI 사용을 보여 주는 것이다. 병원 혹은 호스피스 환경에 놓인 대부분의 완화 내담자들을 제외하고는, 물리적 약점, 자세의 한계들 혹은 피로들로 인해 그림 그리기 혹은 글쓰기의 사용이 실현 불가능한 경우, MI의 추가 적용이 요구된다. 이러한 내담자들과 함께하는 MI는 적절하다고 판단되는 경우, 음악이 끝날 때 즈음 내담자가 조용히 쉴 수 있는 가운데 이미지 경험을 간단히 구두로 표현할 수 있도록 허용되는 예외적인 경우를 제외하고, 일반적으로 앞서 설명한 것과 같은 비슷한 세션 요소들을 사용한다.

완화 즉흥연주와 심상(Palliative Improvisation and Imagery: PI/I)

마지막으로 소개하는 적용은, 본 저자에 의해 개발되었고 알토 플루트를 사용하는 생즉흥음악을 포함하는 방법이다(이것은 또한 안정시킬 수 있는 다른 악기들 혹은 목소리를 사용할 수 있다). 치료사의 노력들은 GIM에서의 여행과 안내를 통해 얻어진 전환된 의식 상태(altered states of consciousness: ASC) 안에서의 경험들과 초월적이고 영적인 관점들에 의해 영향 받은 Bonny 방식 실행을 통해 지지된다. 음악과 심상 범위에 대한 이 방법의 어떠한 부분들은 ASC의 요소들인 것이고, 초점과 즉흥음악을 지지하기 위한 내담자가 이전에 경험했던 심상 혹은 치료사 심상의 사용들인 것이다. PI는 치료사의 ASC로의 진입, 직관에 대한 개방, 그리고 죽음 전이로 진입하고 있거나 혹은 매우 아픈 사람과의 동행과 함께, '깊게 듣기' 과정을 포함한다. 친밀한 음악 접촉을 위한 치료사의 준비는 매우 중요하다. 매우 아프거나 죽어 가는 사람의 방에 들어가는 것은 그 순간, 어떤 방법으로든 봉사할 수 있는 기회를 가지는 특별한 영예로 간주된다. 치료사는 집중 및 진정해야 하고, 움직임과 말을 늦추어야 하고, 깨끗하고 고요한 마음을 가져야 하고, 수용적 존재의 상태로 들어가야 한다.

내담자와의 접촉 시간은 내담자의 필요에 따라 다른데, 약 10~40분 정도가 소요된다. 단계의 순서는 매우 간단하다. 도입, 언어적 이완, 유도와 언어적 진행은 내담자의 깨어 있는 상태와 에너지에 따라 아마도 매우 축소되거나 혹은 생략될 수 있다. 만약 치료사가 이전 세션에서 내담자와 함께 심상 작업을 마쳤다면, 음악이 시작되기 전, 이전 세션 작업으로부터 마주했던 이미지가 치료사에 의해 제안될 수도 있다. 내담자가 의식이 없거나, 혹은 능동적으로 죽으려 할 때, 치료사는 최소한의 이야기만을 사용한다. 즉, 매우 온화한 인사말은 현재 어떤 일이 일어나고 있는지에 대한 방향을 제공하고, 음악 이후의 간단한 제안은 '당신이 있는 곳에서 음악이 당신과 함께하도록' 한다. 치료사는 내담자가 이전 세션에서 경험했던 심상, 혹은 색, 빛, 입구, 다른 종류의 통로 등과 같은 다른 심상들에 초점을 두도록 선택할 수 있고, 죽음 전환을 위한 적절한 즉흥음악의 발전을 지원하는 것을 선택할 수도 있다.

내담자가 이전에 바다 소리를 통해 위안을 찾았을 경우, 치료사는 녹음된 바다 소리를 부드럽게 배경으로서 재생할 수 있다. 그 소리 또한 내담자와 치료사 모두를 수용할 수 있는 근거를 제공한다. 음악은 부드럽게 시작된다. 심지어 느린 음색은 따뜻함과 깊이의 특성을 강조한다. 치료사는 모든 반응들을 조심스레 바라보며 음악이 자신의 호흡 패턴을 지원할 수 있도록 허용한다. 예측 가능한 음색의 혹은 선법의 중심이 으뜸음으로 돌아가고자 명확히 준비되는 것에 의해 빠르게 확립되고 강화된다. 도리언(Dorian) 선법이 매우 잘 작용하며, 적절할 때 장조 혹은 단조로 쉽게 전조할 수 있도록 허용한다. 간단하고 매끄러운 선율 라인은 어떠한 일을 '하라고' 하거나 혹은 어디론가 가라고 제안하기보다는, 부드러운 '존재' 초점이 되라고 제안한다. 작곡의 요인들은 아마도 소리의 질 자체보다 덜 중요할지 모른다. 본 저자에 의해 경험되었던 것처럼, 음악은 치료사의 연민과 위로의 의도를 전달하는 매개체 역할을 한다. 깊게 듣기에 의해, 치료사의 직관이 지금 현재를 위해, 이 내담자를 위해, 독특하고 부드러운 음악을 나타낼 수 있도록 허용한다. 치료사 자신의 ASC는 죽음 전이에 다다를 내담자를 지원하기 위한 즉흥음악을 안내하는 것에 도움을 줄 수 있다. 음악이 끝날 때, 간병인이 근처에 있고 내담자가 안심하고 안전하게 휴식을 즐길 수 있다면, 깨어남을 위해 다시 돌아오도록 촉진할 필요가 없다. 이 방법 안에서 조금이나마 덜 고통스러워 하며 조용히 쉬고 있는 내담자의 모습을 관찰하는 것은 성공적인 결과로서 간주될 수 있는 일이다. 치료사는 내담자가 잠을 자는 것, 조용히 떠나는 것, 그리고 적절하다면, 나중에 돌아와 잠시 체크인 하도록 하는 것을 허용할 수 있을지 모른다. 우리는 심상의 관점에서 내담자가 경험한 것을 결코 알지 못할 수도 있다. 하지만 Bonny 방식의 훈련은 우리로 하여금 그 과정을 신뢰할 수 있도록 도움을 줄 것이다.

사례 연구: Alice

호스피스 내담자 'Alice'(West, 1994)의 사례는 본 저자가 당시 완화와 호스피스 내담자를 위한 GIM 적용을 연구했던 발달적 과정에 대해 묘사한 내용이다. 고전음악과 함께 GIM/MI 혼합의 사용에 대한 초기(그래서 다소 어색한) 노력은 하나의 비고전음악을 사용하는 중심되는 MI 세션으로 이어진다. 마침내 내담자가 마지막 단계에 들어갔고 죽음에 이르렀을 때, 살아 있는 완화 즉흥연주는 부드러운 음악적 환경을 제공했다. Alice는 심한 통증을 가진 74세의 유방암 내담자로서 고통에 대한 두려움과 관련하여 높은 수준의 불안을 겪고 있었다. 초기 GIM/MI 혼합 세션은 안내된 이완(호흡 초점)과 간단한 언어 유도(자기에 초점을 맞추고, 이미지가 나타날 수 있도록 함)를 통해 그녀의 고통으로부터 그녀의 마음을 분산시키도록 하는 성공적인 세션이었고, 이후 그녀가 선택한 음악(Beethoven's Symphony No. 6, Scene by the Brook, Dvořák의 *Czech Suite*, Romanze, 그리고 Gluck's Minuet from *Orpheus and Euridice*)에 대한 그리기가 이어졌다. 하지만 그녀는 자신의 그림에 대해 만족하지 못했다. 그녀는 첫 세션에서, "밖으로 나가면 안 돼."라고 적혀 있는 문들의 긴 회색 통로의 그림 표현과 함께 그녀의 생애 말기 진단 관련한 감정을 느끼고 싶지 않았던 것이다. 그리고, 두 번째 GIM/MI 혼합 세션에서 그녀가 바라는 상태(아름다운 자연 경관)를 그리고자 하는 노력들 또한 만족스럽지 않았다. 왜냐하면 그녀에게 있어 그러한 아름다움은 너무 멀리 느껴졌기 때문이다. Alice는 그녀의 진정한 상실감과 슬픔을 표현하거나 연결시킬 수 없었다. 그녀는 선택한 고전음악이 마음에 들었지만 그 음악들은 그녀의 진짜 감정 상태를 반영해 주지 않았거나 충분한 담아 주기와 지원을 제공하지 않았다. 여러 곡을 듣고 싶은 그녀의 바람은 만족을 위한 그녀의 쉼 없는 추구를 반영하는 것이었다.

이 사례에 대한 성찰은 본 저자로 하여금 하나의 초점 안에서 내담자를 부드럽게 담아 주는 한 곡의 음악이 있는 Fran Goldberg에 의해 개발된 지원적 MI의 가치를 높이는 것에 도움이 되었다. Alice는 결국 세 번째 MI 세션에서, 고요하지만 잊히지 않는 아메리카 원주민 플루트 작품(Michael Graham Allen의 *Night Forest*)을 감상하며 그렸던 그림을 통해 그녀의 진정한 감정을 표현할 수 있었다. 달에서 울부짖는 늑대의 이미지는 그녀의 내부 고함을 신랄하게 포착하였다. 그녀는 드디어 공포의 고통과 상실감을 표현할 수 있었고 이러한 경험은 약간의 해소를 경험하도록 했다. MI 방법의 예로서, 이 세션에서 하나의 비고전음악은 초점을 제공했고, 그녀의 감정 상태를 반영했고, 그리고 강하게 표현된 이미지를 경험하도록 하는 것에 필요한 지지를 제공했다. 이 중심이 되는 MI 세션 이후, Alice의 상태는 감소하였고 죽어 가는 과정을 좀 더 운명에 내맡긴 듯 보였다. 내담자의 허락하에 치료사는 이전 세션들에서 Alice가 표현해 왔던 모든 것들을 기억하면서 그리고 그때 그 순간에 가능한 현재에 있는 것처럼 '깊게 듣기'를 이용하면서 Alice의 호흡과 에너지 수준에 맞는 긴 공명 음색과 느리고 단순한 선율을 동반시키려는 의도와 함께 알토 플루트로 즉흥연주를 하였다. 직관은 Alice의 편안함을 위해 치료사로 하여금 충분한 신체적, 감정적, 그리고 음악적 거리를 유지하도록 안내하였다. 왜냐하면 이것은 감정을 자극하거나, 그녀의 반응을 위한 에너지 발휘를 요구할 시간이 아니었기 때문이다. Alice는 이전 어느 세션들에서보다 더욱 깊은 이완을 경험하였다. 이 사례에서 기록되었던 성공적 결과는 감정적 표현, 불안의 감소, 그리고 이완의 반응 등이었다. 또한 이 사례는 시간 흐름에 따르는 내담자의 요구 변화로서 음악과 심상 방법들의 범위가 어떻게 사용될 수 있는지를 보여 주는 것이다.

호스피스 환경은 생애 말기 내담자 치료 지원을 제공하는 MI 방법들의 범위로부터 선택의 기회들을 제공한다. 질병의 진행 혹은 생애 말기 질병을 다루는 심리적 작업은 내담자로 하여금 더욱 취약해지거나 혹은 쉽게 피로를 느끼도록 하는 원인을 제공하기 때문에, MI 방법들을 통한 접근은 치료사로 하여금 현재의 요구를 만나고 적용하도록 도울 수 있다. 감정적 환기를 위한 음악에 대한 인내와 스태미나, 그리고 적절한 인지 기능을 가진 내담자는 종종 짧은 음악 프로그램을 사용하는 전통적인 Bonny 방식 세션으로부터 이익을 얻을지 모른다. 다음으로 발전된 훈련이 요구되는 방법은 MI이다. 이것은 진행에 대한 방향 제시를 위한 책임을 치료사에게로 돌리기 시작한 방법이다. 완화치료를 위한 MI가 하나의 긍정적이고 지원적인 이미지로 더욱 그 초점이 좁혀진다. 음악유도이완(Music Assisted Relaxation: MAR)과 심상과 함께하는 MAR(MAR with Imagery: MAR-I)은 감정을 덜 연상시키게 하는 방법이고, 치료사 지시적 이완 방법으로서 호스피스 음악치료사들에 의해 공통적으로 사용된다. 본 저자에 의해 개발된 완화 즉흥연주는 Bonny 방식 훈련과 실행을 통해, 음악과 함께 전환된 상태에 대한 치료사 자신의 경험을 통해, 강화될 수 있는 매우 직관적이고 음악 중심적인 방법이다. 각 호스피스 세션은 영적 탐험을 촉진하도록 하고, 지원하도록 하고, 편하게 하도록 하고, 쉽게 하도록 하는 MI 방법들을 적용하고 제작하게 하는 치료사 창의력을 위한 기회를 제공한다.

참고문헌

Center to Advance Palliative Care (CAPC) (2014). *Defining Palliative Care*. Available at www.capc.org/about/palliativecare/, accessed 13th January 2014.

Certification Board for Music Therapists (CBMT) (2010). *CBMT Scope of Practice: From Practice Analysis Study, 2008. Effective April 1, 2010*. Available at www.cbmt.org, accessed 26th October 2013.

Goldberg, F. S. (1994). The Bonny Method of Guided Imagery and Music as individual and group treatment in a short-term acute psychiatric hospital. *Journal of the Association for Music and Imagery, 3*, 19-33.

Goldberg, F. S., Hoss, T. M. and Chesna, T. (1988). Music and imagery as psychotherapy with a brain damaged patient: A case study. *Music Therapy Perspectives, 5*, 41-45.

West, T. M. (1999). *The Bonny Method of Guided Imagery and Music (GIM) as therapeutic process for women experiencing breast cancer*. Unpublished master's thesis, University of Miami.

West, T. M. (1994). Psychological issues in hospice music therapy. *Music Therapy Perspectives, 12*, 2, 117-124.

Wheeler, B. (1983). A psychotherapeutic classification of music therapy practices: A continuum of procedures. *Music Therapy Perspectives, 1*, 2, 8-12.

3부

성인을 위한 MI와 GIM: 그룹치료

GUIDED IMAGERY & MUSIC

and Music Imagery Merhods for Individual and Group Therapy

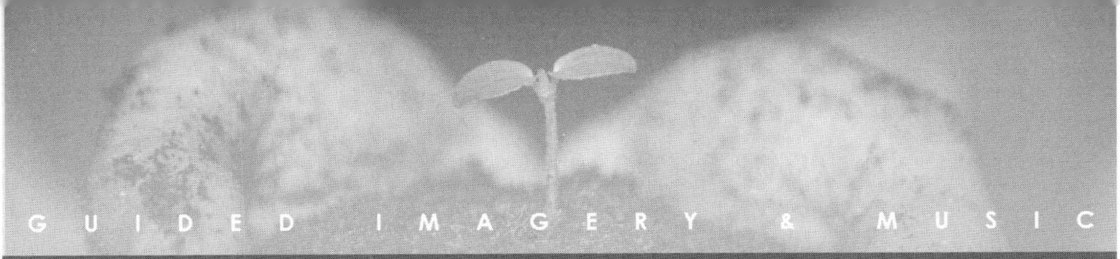

18장

팀-GIM: 기관 및 단체의 조직 개발을 위한 창조적 그룹 방법

Alice Pehk

팀-GIM은 교류적 그룹 심상 과정으로, 팀/기관의 실제 필요들로부터 제안되었고, 특별히 선택된 음악 샘플들에 의해 시작되었다. 팀-GIM은 실제 상황을 관찰하고 경험한 것에 의해 독특한 협력 경험을 제공하고, 창의적이고 안전한 방법 안에서 팀 구성원 사이의 관계 및 팀의 잠재력과 의도를 제공한다.

세션들은 새로운 구성원 혹은 리더들을 성장, 변화/통합시키기 위한 목적을 가지는 기관 및 단체에게 제공된다. 이 방법은 8명까지의 그룹 안에서 가장 효과적으로 적용된다. 제안되는 최대 참여 인원은 12명이다.

팀-GIM은 전체 훈련을 포함할 수 있거나 혹은 보다 긴 훈련 과정의 일부로서 제공될 수 있다. 팀-GIM 세션의 길이는 과정의 목적들에 따라, 그리고 과정의 단계가 포함되는지 여부에 따라, 90분~120분 정도가 소요된다. 만약 보다 깊은 분석을 하고자 한다면 과정을 위한 보완적인 활동들, 즉 기관의 일상 환경들에 세션 결과의 통합 혹은 분석 등이 첨가되어야 한다. 전체 훈련의 총 길이는 6시간 정도가 될 것이다(보통 4×90분 세션).

치료적 목적

훈련의 목적은 기관의 일상 기능에서의 치료적 변화를 만드는 것이다. 훈련의 목표들은 다음과 같다.

- 팀의 소속감 향상

- 팀을 위한 공통의 가치의 발전 및 강화
- 패턴의 발견을 통해, 팀과 조직에서의 역동적 운영 및 암류(undercuurents)의 이해를 통해, 팀 내 개인 간은 물론, 팀 수준의 실제적 과정을 따르는 것을 통해, 팀의 실제 상황에 대한 진단
- 팀 구성원의 개인적 차이를 보다 잘 받아들일 수 있고, 함께 일하는 사람의 개인적 독특함과 의도들에 대한 보다 깊은 이해를 갖도록 하는 것
- 시스템 안에서의 개인 및 팀의 입장에 대한 인식 강화
- 팀으로 새로운 구성원 혹은 새로운 리더의 통합
- 팀 맥락에서 팀 구성원의 자기발전 지원 및 자기관찰 능력의 향상
- 새로운 생각과 관점 획득을 위해, 일상으로부터의 거리를 유지하며, 창의성 및 자발성을 지원시키고 향상시킴

훈련과 함께 가능한 많은 유익을 얻기 위해, 팀은 재미(playfulness)와 일상적이지 않은 활동의 경험에 대해 동기부여 받아야 하고, 개방되어야 하고, 적극적이어야 하고, 준비되어야 할 뿐 아니라, 과정에 대한 분석과 이에 대한 역동성을 이해하는 것이 가능해야 한다.

이론적 방향성

팀-GIM은 Summer(2002)의 그룹 음악과 심상(Group Music and Imagery: GrpMI)의 기초 위에 있다. 팀-GIM에서 그룹 GIM(Group Guided Imagery and Music: GrpGIM)의 지원적이고, 재교육적이고, 재구성적인 단계가 사용된다(Summer, 2002). 팀의 목표들과 필요들에 따라 접근방법이 선택될 것이다.

시스템 정신역동 접근법(System Psychodynamic Approach: SPA, 예: Czander, 1993; Gould, Stapley and Stein, 2006; Long, 2013; Vansina, 2013)은 팀-GIM에서 발생하는 과정의 이해 및 해석을 위한 주요 이론적 기초를 형성한다. 영향력 있는 영국의 정신분석가 Bion(1961)은 조직 역동성의 기초로서 받아들여질 수 있는 개인, 그룹/팀 그리고 조직 안에서 인식되는 그룹 역동의 세 가지 기본 가정, (1) 의존, (2) 싸움/비행, (3) 짝을 이룸 등을 규명했다. 그의 접근방법의 다른 관련 개념들은 불안, 경계들, 역할, 대표, 권위, 리더십, 관계와 관련성, 그리고 전체로서의 그룹을 포함한다.

시스템으로서의 조직은 그것 자체의 삶을 가진다. 이것은 서로를 반영하고, 관련된 하위시스템과 함께 의식적이고 무의식적이다(Czander, 1993). 무의식적 행동과 역동의 연구는 조직 행동에 대한 이해를 보다 깊게 이끌고 조직의 변화를 촉진한다. SPA는 개인으로 하여금 조직 안에서 그리고 조직과 함께, 보다 건강한 교류들과 연루할 수 있는 조건들을 창조하도록 한다(Vansina, 2013).

정신역동 명칭은 개인 경험과 정신 과정의 정신분석적 관점(예: 전이, 저항, 대상관계, 환상 등)을 나타내는 것뿐 아니라 무의식적 그룹과 사회적 과정 경험을 나타내는 것이기도 한데, 이는 동시에 해결되지 않거나 인식되지 않은 조직적 어려움들의 자원 및 결과인 것이다. 시스템 정신역동 틀은 조직의 관찰 가능하고 구조적인 특징들이 개인 및 그룹 역동 과정의 특별한 패턴을 자극하는 방법의 모든 수준들에서 구성원과 함께 지속적으로 교류한다는 개념을 전달하고자 하는 의도를 가진다. 결국 이러한 과정은 조직의 특별한 특징(예: 조직 특유의 문화)이 어떻게 창조되는지를, 작업이 어떻게 구상되고 조직화되고 다뤄지는지를, 그리고 어떻게 이것이 구조화되는지를 결정할 수 있다(Gould et al., 2006).

조직 발달을 위한 체계적 접근(Systemic Approach to Organizational Development: SAOD)은 팀-GIM의 또 다른 주춧돌이다. 시스템 접근방법은 사람들 사이의 단단한 연결과, 다른 사람들의 영향 아래 있는 사람들의 행동과 존재에 지속적으로 영향을 미치는 것을 동시에 고려한다. 모든 사람이 모든 사람에게 영향을 주는데, 만약 모든 부분들의 존속 유지와 관련 있다면, 이것은 때때로 비생산적인 행동 패턴이 어디에서 비롯된 것인지 알 수 없기 때문이다. 팀-GIM은 이러한 패턴들의 가시화를 가능하도록 한다.

SAOD 과정은 가족과 조직에 적용하는 시스템 인간 그룹 접근방법(예: Adizes, 2004; Hellinger, 2006; Minuchin, 1974)에 기초한다. 이 접근법의 기본 가정은 조직이 사람들과 그들의 교류, 그리고 그들의 형식적/비형식적 관계들로 구성되어 있다는 사실에 대한 이해를 포함하는 것이다. 조직 변화는 다른 시스템 환경들로 인해 저해될 수 있다. 고정관념과 정형화는 가족과 조직의 인간 행동에 있어 전형적인 것이다. 패턴은 종종 비가시적이고 무의식적이지만, 이는 인간 행동 안에서 드러나며 조직 변화를 방해하도록 하는 역할을 하기도 한다. 조직 발달에 중요한 역할을 하는 또 다른 요인은 조직의 가치이다. 조직의 진짜 가치들과 공표된 가치들 사이의 갈등이 존재할지 모른다. 변화를 일으키기 위해서는 오래된 비생산적 패턴들의 변화 혹은 갈등 해결이 필요할 것인데, 이는 개인들의 행동 변화에 의해 제공될 수 있다. 이러한 단계들을 거치는 것은 조직 발달의 특성이라 할 수 있다. 모든 단계는 사람들에게 도전을 준다. 이러한 도전에 대한 인정과 고려는 변화를 보다 쉽게 일으켜 발생하게 한다.

결국 팀－GIM 방법에 속하는 더욱 중요한 한 가지 이론적 근본 원리는 다음과 같다. 즉, 창의적 활동은 오직 언어적 수단에 의해서만 다루어져 왔던 훼손되지 않은 팀 훈련에 많은 측면들을 부가하는 것이다. GIM과 같은 수용적 음악치료 테크닉은 창의적인 팀 훈련에 있어서 효과적으로 사용된다. 음악과 창의적인 활동들은 매력적이고 유쾌한 일이고 도전적이다. 이러한 활동들은 결국 훈련에 있어 훈련 효과를 향상시킬 수 있는 동기를 강화시킨다(Pehk, 2013).

팀－GIM은 전환된 의식 상태에서의 경험들을 지원하고 지지한다. 심상 과정은 무의식적 의도와 태도를 이끌어 낼 뿐 아니라 팀의 숨겨진 형태들을 보여 준다. 이것은 보이지 않거나 혹은 더 보기 이전에는 보지 못했던 내용을 만들어 내는 음악의 힘이다.

게다가 음악적이고 창의적인 활동들이다. (a) 에너지와 동반 상승효과, (b) 대화 능력 향상(예: 듣기 및 반영 기술들), (c) 집중력 및 주의력 훈련, (d) 자기인식과 자기관찰 능력 강화, (e) 소속감 증가, (f) 창의력 및 자발성 발달, (g) 생각들의 표현 장려, (h) 문제의식 감쇠, (i) 사고와 행동의 공통 패턴 감소 및 조직과 조직 안에서의 개인적 부분에 대한 새로운 관점 개방, (j) 스트레스 원인 인식 강화, 스트레스 해소를 위한 기회 제공 및 에너지 소진 방지, 그리고 (k) 자기표현 및 실행에서의 자기확신 발달 장려 등이다(예: Hallam and MacDonald, 2008; Pavlicevic, 2003).

훈련에 대한 설명

팀－GIM 훈련은 다음의 설명처럼 7단계로 구성된다.

1. 훈련 이전 면담

   조직의 문제와 훈련의 지시를 명확히 하기 위해 기관의 중요한 사람과 함께 면담이 제공된다. 또한 팀의 그림을 가능한 객관적으로 얻기 위해 미래의 팀 참여자/멤버와 함께 짧은 면담을 시행할 수 있다.

2. 워밍업

   훈련은 워밍업 활동과 함께 시작해야만 한다. 이것은 모든 참여자들이 자신이 발견하는 중요한 것들을 현재의 상황에 가져오는, 자신의 실제 감정들, 분위기 및 다른 이슈들을 공유할 수 있는 단순한 언어적 오프닝 '원'일 수 있다. 게다가, 음악적 워밍업 활동들은 내담자로 하여금 더욱 깊은 경험[예: 짧은 기악 관련적 즉흥연주 혹은 창의적인 활동(대부분 그리기)과 함께 혹은 아무런 창의적 활동 없이]을 하도록 하고, 이후 짧은 나눔을 할 수 있다.

3. 도입, 초점 정하기

이것은 훈련에 있어 중요한 부분이다. 여행 과정을 결정하기 위해 초점을 정하는 것은 팀 경험의 결과와 효과를 계획하도록 한다. 대화 과정 동안에 주요 활동/주제 및 심상 초점은 물론, 심상의 시작 포인트 등은 동의되어야만 한다. 대부분의 참여자들은 자신들의 과제가 무엇인지를 명확히 이해해야 한다. 이것은 과제를 가능한 명확하고 간결하게 형성하도록 할 것이다. 초점과 시작 포인트는 훈련 이전 면담 동안 획득되었던 기관의 문제들, 필요들, 그리고 정보들로부터 나온다.

팀들이 해야 할 일을 시작하는 가장 인기 있는 활동들은 여행을 가는 일, 산딸기류 과일 혹은 버섯을 딸 수 있는 숲으로 함께 가는 것 등을 포함한다. 여행 동안 참여자들은 수행해야 하는 구체적 과제를 설정할 수 있지만(예: 특정 장소에 도달하는 것, 절정을 극복하는 것, 늪을 건너는 것), 활동은 앞으로 일어날 일과, 내담자가 그 일들을 어떻게 해결할 것인지를 보기 위해 개방된 채 남겨질 수도 있다.

사례 연구

호텔의 중급 관리자들 팀은 시작 포인트로서 숲에서 길을 잃는 것을 선택했다. 이것은 한 사람의 팀 구성원의 제안에 의해 덧붙여진 것으로, 숲은 당신이 함께 있지 않으면 서로를 잃을 수 있는 곳이다. 팀의 리더를 포함한 다른 팀 구성원도 이러한 초점에 동의했다. 그녀는 약간 놀란 듯 했고, 그곳엔 안전한 장소(예를 들어, 그들의 머리 위에 지붕이 있는 작은 오두막)가 있어야만 한다고 덧붙였다. 그들은 이곳에서 기분이 좋아지고 함께 안전함을 느낄 수 있다.

(선택된 시작 포인트는 팀의 실제 상황을 비유적으로 보여 준다. 그들은 길을 잃었고, 상황에 대처하기 위해 가능한 안전함을 느끼기 위해 함께 머무르는 것이 필요했다. 그들은 상황을 해결할 수 있는 준

비가 아직 되지 않았다.)

훈련 이전 면담에서 아무도 이 팀의 이 같은 상황에 대해 이야기하지 않았다. 훈련은 실제 상황을 알려주도록 하여 숨겨진 의도를 가져오게 하는 것에 있어 일반적이다.

---

4. 음악 선택

팀-GIM에서의 음악은 심상 초점의 내용과 팀 구성원들이 성취해 가야 할 과제에 따라 조심스레 선택되어야만 한다. 음악은 더욱 이끌어 갈 수 있도록, 그리고 더욱 자유롭게 발전할 수 있도록 과제와 초점을 지원해야만 한다.

고전음악은 팀-GIM에서 가장 많이 사용된다. 하지만 다른 음악 스타일, 예를 들어 영화음악 혹은 생산적인 심상화 및 미적으로 즐길 수 있는 다른 장르들 같은 다른 스타일의 음악이 사용되기도 한다. 음악의 아름다움은 이러한 훈련에 있어, 중요한 듯하다. 참여자들이 음악을 즐길 때, 그들은 더욱 쉽게 심상화를 할 수 있다.

예 1

훈련의 주요 목적: 팀 안에서와 팀의 개인들 사이의 실제 과정을 관찰

시작 심상: 팀은 햇볕이 잘 드는 남쪽 해안 위 배에 의해 내려짐

첫 음악 선택: Chopin: *Piano Concerto No. 1*, Romance

예 2

훈련의 주요 목적: 팀 안에서의 소속감 증가

시작 심상: 산 위에서 함께 여행을 시작

첫 음악 선택: Delius: *North Country Sketches*, Winter Landscape

5. 유도

팀-GIM에서 사용하는 유도는 보통의 그룹 GIM에서 사용하는 유도와 같다. 전형적으로 유도는 5~7분 정도가 소요되고 일상의 생각을 떠나는 것에 집중하도록 하고, 지금-여기에 초점을 맞추도록 한다. 유도는 짧은 호흡 연습과 근육 이완을 위한 이완 과정을 포함한다. 유도의 마지막에서는, 이전에 함께 동의했던 초점이 훈련자에 의해 제시된다.

6. 음악, 심상, 중재

팀-GIM의 음악 프로그램 길이는 보통 20~30분 정도 소요된다. 길이는 심상이 어떻게 진행되느냐에 따라, 그룹원의 인원에 따라 달라진다. 참여자가 많을수록 모든 그룹원들이 자신의 이미지를 자유롭게, 자주, 충분히 나눌 수 있을 만큼의 시간이 더 걸린다. 팀-GIM 음악 프로그램은 길이 및 내용에 의해 제한되지 않는다. 훈련자는 심상에서 일어나는 모든 것들에 대해 열려 있어야 하고, 음악은 심상화 과정에 따라 선택되어야 한다.

음악이 시작될 때, 훈련자는 모든 참여자들이 한 사람씩 자신들의 시작 이미지와 감정을 원 안으로 가져오도록 제안한다. 말하기 순서는 그룹의 의도들과 일반적인 과제에 따라 달라진다.

시작 원형(opening circle) 이후 훈련자는 그룹이 더 많은 이미지들을 자유롭게 공유하도록 필요할 때만 개입하며(예: 긴 침묵의 경우, 혹은 상황의 감정을 명확히 하기 위해, 혹은 만약 어떤 사람이 자신의 진정한 어려움을 표현할 때, 그리고 그룹의 어느 누구도 이것에 집중하지 않을 때), 상대적으로 침묵을 유지한다. 교류적 심상을 위해 지켜져야 할 유일한 규칙은 이전 구성원이 이야기를 마친 이후 다음 그룹원이 이야기를 시작할 수 있다는 것이다.

보통 그룹들은 꽤 활동적이고, 거의 아무런 중재의 필요 없이 심상이 흐를 수 있도록 놓아둔다. 심상의 마지막에 훈련자는 모든 구성원들이 확정된 마지막 장소와 감정을 가질 수 있도록 한다.

7. 완전한 의식 상태로 돌아감

마지막 원형(final circle)이 끝나고 음악이 끝난 후, 훈련자는 그룹원으로 하여금 현실세계와 의식 상태로 돌아오게 한다.

8. 프로세싱

프로세싱은 팀-GIM의 필수적인 부분이다. 보통 여행은 팀에 대한 풍부한 이해에 도달하기 위해 팀에게 필요한 풍부한 자료를 보여 준다. 보통의 프로세싱 도구는 모든 참여자들의 경험을 구성하는 다양한 피드백을 얻기 위한 하위그룹에서의 토의다. 토의는 훈련 이전에 설정된, 팀/기관의 요청들로부터 성장한 목적들을 가질 수 있다. 토의와 피드백의 초점은, 필요하다고 간주된다면 여행 경험의 특정한 측면들에 집중될 수도 있다. 토의는 개인과 그룹 단계 과정 안의 모든 그룹원들의 경험을 분석하는 것을 포함한다.

과정을 위한 다른 테크닉들에는 개인과 그룹 즉흥연주, 악기와 함께하는 역할놀이, 그리기/색칠하기, 진흙 모델링 등이 있다. 훈련의 목적이 단지 함께 나누는 질적인 시간을 공유하는 것이고, 서로 '어깨 감정(shoulder feeling)'을 갖는 것일 때, 과정의 일부는 생략될 수 있다.

사례 연구(계속 이어지는)

심상화 과정 이후, 앞서 언급되었던 팀은 경험 분석을 위해 두 개의 하위그룹으로 나누어졌다. 첫 번째 하위그룹의 주요 목적은 조금 더 일반적이었다. (1) 좋은 팀 작업 및 서로에게 지원적이기, (2) 팀 구성원들의 합리적 사고를 위한 능력, (3) 팀 구성원들 사이의 신뢰, (4) 길/집을 찾기 위한 희망에 초점을 두는 능력, (5) 유머에 대한 좋은 감각. 두 번째 하위그룹은 조금 더 많은 자세한 관찰들을 덧붙였다. (1) Alan과 Tom(모든 이름들을 바꾸었음)은 그들이 직장에서 보통 어떻게 행동하는지와는 달리 함께 하나의 좋은 팀을 만들었다. (2) Carol은 매우 고요했고 계획적이었다. (3) Alan은 당황하지 않았으며, 매일의 직장에서의 반응과는 달리 낙관적 태도를 보였다. (4) Tom은 훌륭한 의사 결정자로서 행동했다. (5) Lisa(팀 리더)는 숲에서부터 서두르지 않았다. 일반적으로 하위그룹이 가져왔던 자료는 훈련 이전 면담에서 팀이 팀의 장애물과 문제점들을 지속적으로 다루기를 원하지 않았던 것처럼, 팀과 팀 구성원들의 좋은 측면을 보여 주었다.

하위그룹 토의 결과를 함께 나누는 단계 이후에, '이것은 우리의 팀이다' 그리고 '이것은 우리 팀이 되고자 하는 방식이다'에 대한 관련적 기악 즉흥연주가 이어졌다. 음악의 성격들은 팀의 숨겨진 측면을 명확하게 보여 주었다. '복잡한' '갑작스러운' '끔찍한 엉망'과 같은 특성들이 첫 번째 즉흥연주를 통해 발견되었다. 팀은 또한 그들이 팀 협력의 어려움을 보였던 두 번째 즉흥연주와 함께, 원하는 그림에 도달하지 못했음을 깨달았다. 그들은 '확신을 얻기 위해 노력하는' '확신이 없는'을 주제로 두 번째 즉흥연주를 경험했다. 그럼에도 불구하고 그들은 더 나은 팀워크와 변화의 실제 의지를 나타내는 공동의 리듬을 발견했다.

훈련자 관점에서 볼 때, 팀은 팀 과제를 방해할 수도 있는 개인적 어려움과 문제를 가진 일부 팀 구성원들 같은 다양하고 강한 성향들을 가진 사람들로 이루어졌다. 특정한 성향들 및 특성들을 고려하며 팀 구성원들을 명명하는 것은 팀의 본질적인 역할이었다. 잘 기능하는 팀을 만들기 위해서는 지속적이고 분명한 목적성 있는 작업이 필요했다. 성공을 거두기 위한 필수적 조건은 모든 팀 구성원이 높은 동기를 가지는 것이었다.

사실, 팀의 인원은 이후에 변화를 가졌다. 팀의 반은 남게 되었고(그들 자신의 의지), 새로운 사람들이 자신들의 자리를 차지하게 되었다. 팀 리더에 따라 새로운 직원은 지금까지 완벽하게 일하고 있다. 그래서 우리는 이전에 해결되어 왔던 것 아래, 훈련이 과정을 가속해 왔다는 사실과, 전체 팀과 조직을 위해 유익이 되었던 변화를 이끌어 왔다는 사실을 추측할 수 있었다.

---

9. 결론

팀-GIM은 과정과 관련한 여행과 생각들을 하는 동안, 각 구성원이 나눌 수 있는 그들의 중요한 경험들에 대한 그룹의 피드백과 함께 마친다. 보통 팀 리더는 자신의 피드백을 마지막에 준다. 훈련자는 질문을 추가하면서, 필요한 부분에 대한 결론을 지으면서, 여행의 중요한 측면을 알려 주면서, 팀 구성원들로 하여금 과정을 성찰하도록 하여 이를 이해할 수 있도록 도와야 한다. 이것은 팀에게 있어, 무엇이 일어났고 왜 일어났는지, 그리고 그들이 어떻게 훈련의 결과로부터 유익을 얻을 수 있는지를 이해하기 위해 매우 중요한 것이다.

10. 후속 피드백

훈련 이후, 훈련자는 훈련을 위한 결론적인 자료를 얻기 위해 팀으로부터 서면 피드백을 모으고, 팀으로부터 추가적인 통찰 및 인식을 얻는다. 마지막으로, 훈련자는 자신의 전문가적 관점을 통한 결론적인 피드백을 팀/기관에게 주게 된다.

보통 팀 리더와 함께하는 면대면 만남을 통해, 훈련자는 후속 피드백을 나눈다.

결론: 결과 요약

팀-GIM 동안, 팀의 잠재력과 결점들이 드러난다. 그룹은 그룹의 감추어진 자원들과 발달 포인트, 개개인의 잠재력과 팀 기능의 관점에서의 부족을 발견할 수 있다.

심상 과정에서 팀 구성원들의 개인적 차이들은 물론 팀 내의 실제적 관계들이 드러난다. 개인 수준 및 팀 수준에서, 팀과 관련한 새롭고 놀랄 만한 높은 가능성이 나타나게 된다. 동시에 그룹원들의 창의성은 과정 안에 포함되고 접촉된다. 심상 과정 안에서, 이러한 필수적 자원들을 연관시키지 않을 가능성은 거의 없을 것이다. 창의성은 기관의 성공을 위한 하나의 중요한 전제 조건으로 입증된다.

마침내 팀-GIM 동안, 그룹은 그들이 평소에 경험하지 못했던 것을 경험하게 된다. 과정 자체는 일상의 상황으로부터 벗어나는 것을 가능하도록 하며 또한 팀의 기능을 위해 평소와는 다른 '채널'을 사용하게 함으로서, 즐겁고 재밌고 마음을 사로잡는 것으로서 이를 인식하게 한다.

팀-GIM의 경험은, 단체 일에 대한 보다 나은 결과를 얻기 위해 단체의 변화, 발전 및 성장을 위한 기회를 제공한다. 팀-GIM의 경험은 최고 수준 단계에서의 기관 기능의 목적들을 달성하기 위한 지원을 한다.

참고문헌

Adizes, I. (2004). *Management/Mismanagement Styles: How to Identify a Style and What to Do About it*. California: Adizes Institute.

Bion, W. R. (1961). *Experiences in Groups*. London: Tavistock Publications.

Czander, W. M. (1993). *The Psychodynamics of Work and Organizations: Theory and Application*. New York, NY: Guilford Press.

Gould, L., Stapley, L. and Stein, M. (eds) (2006). *Systems Psychodynamics of Organizations: Integrating Group Relations, Psychoanalytic and Open Systems Perspectives*. London: Karnac Books.

Hallam, S. and MacDonald, R. (2008). The effects of music in community and educational settings. In I. Cross, S. Hallam and M. Thaut (eds) *Oxford Handbook of Music Psychology*. Oxford: Oxford University Press.

Hellinger, B. (2006). *No Waves without the Ocean: Experiences and Thoughts*. Heidelberg: Carl-Auer-Systeme Verlag.

Long, S. (ed.) (2013). *Socio-analytic Methods: Discovering the Hidden in Organisations and Social Systems*. London: Karnac Books.

Minuchin, S. (1974). *Families and Family Therapy*. Cambridge, MA: Harvard University Press.

Pavlicevic, M. (2003). *Groups in Music: Strategies from Music Therapy*. London: Jessica Kingsley Publishers.

Pehk, A. (2013). Creative team training. In K. Kirkland (ed.) *International Dictionary of Music Therapy*. Oxford: Routledge.

Summer, L. (2002). Group music and imagery therapy: Emergent receptive techniques in music therapy practice. In K. Bruscia and D. Grocke (eds) *Guided Imagery and Music: The Bonny Method and Beyond*. Gilsum, NH: Barcelona Publishers.

Vansina, L. (ed.) (2013). *Humanness in Organisations: A Psychodynamic Contribution*. London: Karnac Books.

제19장

음악기반의 마음챙김: 약물중독 성인 대상의 그룹 세션

Carolyn Van Dort

이 장에서는 사설 약물 및 알코올 중독 클리닉의 외래환자를 대상으로 한 그룹 음악기반 마음챙김 프로그램에 대해 설명한다. 세션은 매 2주에 한 번 오후 7시에서 8시 30분까지 진행되었다. 참여자들은 마약, 처방약 및 알코올 중독 진단을 받았으며 총 10회기의 세션에 참가했다. 그룹 크기는 남녀 환자를 포함해 6명이었고 평균연령은 20대 중반에서 50대 사이였다.

이 기관에서는 외래환자를 위한 미술치료, 창의적 글쓰기, 인지행동치료, 마음챙김 등의 다양한 그룹 프로그램을 제공하였다. 마음챙김그룹 내에서 음악기반의 마음챙김 세션이 진행되었다. 진행자는 Maclaine(1988)에 의해 계발된 상호치료의 원리에 근거해 그룹 진행을 하였으며, 이는 자기의심의 부정적 순환에서 자주 나타나는 현상인, 깊은 이해와 의미에 대한 갈구로부터 중독이 오는 것이라는 이해에서 비롯한 것이다. 이러한 치료 모델을 바탕으로 음악기반의 마음챙김을 진행하였다.

마음챙김

마음챙김은 평가하거나 비판하거나, 혹은 다른 상태이기를 바라는 마음 없이 의도적으로 주의를 기울이는 것이라고 묘사된다(Kabat-Zinn, 2005). 마음챙김은 경험적인 것이다. 즉, 매 순간에 일어나는 일들에 대해 끌려가지 않으면서 인식하는 것을 말한다(Hayes, 2005). 고의적 마음챙김(Kabat-Zinn, 2005)은 의도적인 태도로 이루어지며, 그룹 음악 심상의 주제 선정과 그룹 내의 개인 경험을 위한 초점 심상을 선정하는 데에 도움을 줄 수 있다. 부담 없는 마음챙김 혹은 열린 모니터링(Germer, 2013; Kabat-Zinn, 2005)은 그 순간에 즉흥적으로 일어나는 무엇이든, 또한 그것이 어떤 특정 주제나 초점 심상과 관련되어 있든 상관없이 수용하는 것을 말한다. 이것은 개인 GIM 과정에서 "어디든 가야 할 곳에 가도록" 하는 제안과 맞물리는 개념이다(Bonny, 2002, p. 273).

Siegel(2007)은 마음챙김기법을 '내적 조율' 능력을 계발하는 것이라고 묘사했는데, 이는 자기 자신과 조화를 이루며 마음의 정돈을 준다고 했다(p. 193). 그는 또한 'time in'이라는 개념을 통해 마음의 자기 조직화하려는 자연적 성향이 내면의 조율적 주의에 균형적인 흐름을 준다고 설명했다(Siegel, 2012). 조율은 그룹 진행자와 참여자 간의 그룹 맥락에 있어서도 중요하다. Ventre(2002)는 이러한 과정에서 서로에게 세심하게 조율하는 과정이 내담자와 치료사가 "내담자의 내적 성장과 삶의 선택 확장을 목적으로" 한다고 묘사한다(p. 29).

마음챙김은 방해기법이나 수동적 태도가 아니며, 거리를 두는 증인적 자세와도 관계가 멀다. 그보다는 일종의 마음훈련이라고 볼 수 있으며, 마음속에 일어나는 것에 대해 초점을 맞추어 주의를 기울이는 것이다. 또한 시간의 흐름에 따라 달라지는 인식의 여러 단계들을 따라 그 흐름을 관찰하고 알아차리는 것이다(Siegel, 2012). 이는 기억에 얽매이지 않으면서 관련 의미와 감정을 기억하는 것도 포함한다. 그리고 오래된 생각에 대한 새로운 관점을 가질 수 있는 능력과 몸과 마음에 친밀하게 있으면서도 얽매이지 않는 자세이다.

그러므로 음악기반의 마음챙김은 치료 세션 안에서 특정 음악에 대해 목적의식이나 평가하는 태도 없이 반응하며 발생하는 인식이다.

Bonny 방식의 GIM(Bonny Method of GIM)과 음악을 통한 초월적 과정은 마음챙김의 이러한 모든 원리들을 포함한다. 감정과 기억, 생각, 관점에 대한 탐색이 음악에 대해 반응하며 수용되고 이해받으며, 자기 이해라는 균형적 흐름으로 통합된다.

세션 구성

매 세션은 주제를 선정해 15~20분의 그룹 토의를 하는 것으로 시작하였다. 토의에 따라 그룹의 초점 심상이 결정되거나 그룹원들이 각각 자신의 개인 초점 심상을 선택하였다. 참여자들은 방석이나 편안한 의자에 앉아서 활동에 참여하였다. 안정 유도 단계에서는 5~7분이 소요되었고 치료사에 의해 진행되었으며 초점 심상으로 인도되었다. 음악은

10분가량 연주되었고 끝난 후 치료사는 언어적 중재를 이용해 참여자들이 다시 의식 상태로 돌아오도록 이끌었다. 만다라나 일기 쓰기 과정에 10분가량 소요되었고 그 후 그룹 토의에서 그룹원들은 자신들의 경험을 설명하며 나누었다.

세션 주제

상호치료 모델(Maclaine, 1988)에서는 모든 사람이 인간으로서의 가치관을 가지며, 사회의 일원이자 유일무이한 존재로서 관계를 맺는다는 이해에 중점을 둔다. 이 세션들은 본 기관에서 지원하는 프로그램의 일환이었기 때문에 세션의 주제는 Maclaine의 모델에 바탕을 두었다.

1. 과정에 대한 소개
2. 호흡
3. 경험의 가치
4. 자기수용
5. 관계
6. 시간인지
7. 삶의 의미
8. 자기수용 및 타인수용
9. 지혜
10. 세션 회고

세션을 위한 준비

세션의 주제를 결정하는 것에 세심한 주의를 기울이는 것은 준비 단계에서 중요한 사항이었다. 음악을 통해 내면적 경험을 하는 것은 특히 약물중독을 앓고 있는 사람에게는 더욱 불편하고 어려운 경험일 수 있다. 반복적이고 부정적인 사고의 습관을 통해 이러한 내담자들의 건강을 해치는 부정적 관점에 이르게 하는 악순환으로 이어질 수 있다. 그룹원들은 이러한 과정을 자신들의 생각과의 혼합이라고 일컬으며, 이런 현상은 이들에게 스트레스를 줄 뿐 아니라 재발을 유발하기도 한다. Siegel(2012)은 자기 반영을 통해 얻어지는 지혜와 존엄이 반영적 과정에 있어서 중요한 단계라고 보았다. 이러한 마음챙김의 과정에 적절한 구조를 제공하기 위해 주제를 선정해, 참여자들로 하여금 음악에 대한 신뢰와 자기 반영에 도움을 줄 수 있게 함으로써 점차적으로 이 과정을 거칠 수 있게 한다.

매 세션 전에 치료사와 그룹 진행자는 그룹원과 관련된 정보를 토의했다. 세션 주제는 치료사가 미리 준비한 아이디어들과 함께 토의되었고 이를 통해 그룹 토의와 연관된 주제들을 선정할 수 있었다. 이러한 주제 선정 과정은 음악과 심상 그룹에서 그룹원들이 자유롭게 아이디어를 토의하고 세션의 주제나 초점을 결정하는 것과는 차이가 있는데, 치료사가 그룹원들을 위한 음악을 선정한다는 것에서 다르다는 의미다.

세션이 진행됨에 따라 치료사는 그룹원들에게 가능한 경험의 깊이 정도를 파악하게 되었다. 매 세션을 준비하고 주제 및 음악을 탐색하는 데에 소요되는 시간은 꽤 길어졌고, 이는 치료사과 그룹원들과의 교감 및 조율이 더 이루어지면서 생겨나는 변화다. 이때 중요한 점은 그룹원들의 통찰 및 융합할 수 있는 능력에 대해 과소평가하지 않아야 한다는 것이다.

음악 선곡

음악 구성 및 형식은 세션의 주제와 초점을 지지하는 은유로 작용할 수 있다(Grocke and Wigram, 2014; Van Dort and Grocke, 2014). 음악은 그룹원들이 자신들의 경험에 충분히 머물며 필요한 만큼 경험할 수 있도록 도와주도록 선정했고 특히 초기 세션에서 감정적 요소를 최소화하기 위해 선택되었다. 음악은 GIM 프로그램이나 서양 고전음악에서 선정되었다(Bruscia and Grocke, 2002). 음악은 대략 10분 정도 소요되었고, 세션에 따라 두 곡이 선정되기도 하였다.

선곡된 음악은 대개 흐르는 듯한 선율적 특색이 있었고 균형적인 악절(phrase)로 구성되어 있었다. 예측 가능한 형식에 선율은 음색에 조금의 변화를 주는 것 외에는 반복적 성격을 띄었다. 악기 구성은 대체로 현악기와 관악기로 이루어졌고 금관악기의 사용은 드물었다. 음질은 좋은 편이었고 크레센도는 최소화했다. 형식은 주로 A부분을 포함한 반복적인 3개 부분형식이었고, 때로는 상반되는 B부분을 거쳐 A부분으로 돌아오는 경우도 있었다.

이완 유도

대개 무언가 매우 눈에 띄는 상황이 아닌 경우에는 자신들의 감정적 긴장이나 불편을 신체적으로 인식하지는 못한다. 예를 들어, 간단하지만 중요한 호흡이라는 행동은 대부분의 생리적 리듬과 같이 지나치기 쉬운 현상이다. 안정 유도 단계에서 호흡을 따라 주관적으로 신체적 인식을 하는 것은 관심을 내면으로 기울여 몸과 마음에 느껴지는 긴장과 이완의 리듬과 패턴에 초점을 두는 것을 상징한다. 그룹에서 사용한 도입은 우선적으로 호흡에 초점을 두었다. 이후에 그룹원들이 과정에 익숙해지기 시작하면서 주제와 연관된 부수적 요소들을 가미했다. 시작 단계에서 그룹원들은 자신들의 호흡과 각각의 신체부분에 관심을 가지도록 권유받았다. 예를 들어, 다음과 같다.

> 당신의 가슴 부분에 관심을 모읍니다. 가슴 부분에 어떤 것이 알아차려지는지, 무엇이 느껴지는지 알아보고, 호흡이 이 가슴 부분에 들어오고 나가는 것을 알아차려 봅니다… 이제 숨을 내쉬면서 가슴 부분에서 어깨로 관심을 줍니다… 어깨 부분에 무엇이 있는지 보고 무엇이 느껴지는지 알아차려 봅니다. 이제 호흡이 어깨에서 떠나는 것을 상상하고…

이 과정은 신체 모든 부분들을 따라 반복적으로 진행되었다(Van Dort and Grocke, 2014, p. 121).

유도 단계는 깊은 안정을 취하기 위한 목적보다는 그룹원들이 도입 단계에서의 제안사항들에 초점을 지속적으로 둔다는 데 있어 중요하다. 이는 마음챙김에서 중요시하는 '알아차리고 인식하되 인식한 것에 얽매이지 않는다'는 태도이다(Hayes, 2005). 이 과정에서 새로운 단어나 개념을 소개하는 것은 전체 흐름에 방해가 될 수 있으므로 주의한다. 다음으로는 주제나 초점 심상을 그룹에 제안한다. 예를 들어, 다음과 같다.

> 이제 (제안된 주제나 초점 심상)을 알아차립니다. 이것이 당신에게 다가오게 해 주고 음악이 여기에 들어와 당신이 이 심상을 탐색하는 데에 같이 있게 해 주세요.

사례 연구: Michael

Michael은 30대 후반의 성인 남성으로 헤로인 중독 진단을 받았다. 그의 경험은 10회 세션에 걸쳐 기술될 것이다. 모든 내담자들의 경험에 대한 요약은 Van Dort와 Grocke (2014, pp.122-128)을 참고하기 바란다.

세션 1: 주제 - 과정에 대한 소개

어떤 새로운 과정이든지 내담자들은 우선 안전하게 느껴야 한다. 이 세션은 개인적 소개로 시작하였다. 세션 구성, 음악과 심상 개념, 음악이 마음챙김 경험을 지지하는 역할에 대한 설명이 따랐다. 그룹원들은 자연환경 중 한 곳을 상상하도록 이 곳에서는 이제까지 자신들이 감당해야 했던 현실의 역할에서 벗어나 존재할 수 있다고 제안했다. 다시 말해, 아무 다른 것들에 얽매이지 않고 그저 이 자연에 '존재'하는 것이다.

■ **유도: 마음챙김 유도**(위의 내용 참조)

음악: Tchaikovsky: *Andante Cantabile*, Op. 11. 이 음악은 현악기 합주를 위해 작곡되었고 부드러운 선율이 특색이다. 이 곡은 A부분이 반복되는 3부곡이다. B부분은 강한 피치카토를 낮은 현악기 부분에 포함해 상반된 느낌을 준다. 다시 A부분으로 돌아가기 전 강도가 커진다.

그룹 토의에서 Michael은 자신의 생각들에서 떠나 물 밑으로 간 경험을 묘사했다. 그는 이를 무엇의 경험이라고 했다. "생각들은 말 같아요. 이것들은 물 밑에서는 존재하지 않죠. 마치 헤로인을 한 것 같으면서도 내가 아직도 조절할 수 있는 상태 같아요."

세션 2: 주제 - 호흡

그룹 토의는 호흡의 중요성과 호흡이 바쁜 마음을 다시 안정화시킨다는 내용에 초점을 두었다. 그룹원들은 자신들의 마음을 "흩어져 있고 과잉반응을 하며 수다스럽고 바쁜" 것으로 표현하였다. 마음챙김에서 이러한 방해적 사고나 감정들에 대처하는 방법들에 대해 제안점들이 주어졌다. 예를 들어, "그 생각이나 감정에 숨이 들어갑니다. 이 숨을 위해 공간을 내줍니다. 그냥 여기에 숨이 있을 수 있게 해 줍니다. 호흡에 관심을 모으고… 그 생각이나 감정을 알아차립니다.” 초점 심상은 호흡이었다.

■ **유도: 마음챙김 유도**

음악: Vaughan Williams: *Rhosymedre*. 이 곡은 현악기 합주곡으로, 호흡에 도움을 줄 수 있는 균형적 악절 길이로 구성되었다. 첼로 선율은 강하게 진행되어 호흡의 인식을 지지한다. 서로 넘나들며 짜여진 선율은 이러한 인식을 방해할 수도 있으나, 선율의 반복으로 다시 호흡에 대한 인식으로 관심을 모을 수 있게 한다. Michael은 나무와 새가 있는 벌판의 심상을 떠올렸다. 그룹 토의 중, 그는 “난 별로 생각을 하고 있지 않았고, 그저 숨쉬고 음악과 함께 있기만 했어요.”라고 말했다.

세션 3: 주제 - 경험의 가치

다양한 상징물들(돌, 조개, 보석돌, 작은 장난감들, 동물형상 등) 상에 놓여져 있었다. 상징물은 특정 가치나 의미를 부여한다는 면에서 중요하다. 그룹원들에게 자신과 가장 연관되어 보이는 상징물을 하나 선택해서 1인칭인 ‘나’라는 단어를 사용해 그 상징에 대해 말해 보도록 했다. 상징에 대해 가치와 개인적 의미를 투사하는 것은 이러한 자기묘사에 일종의 객관성을 주었다. Michael은 현금통을 선택했는데, 자신이 늘 주기만 하고 속으로는 비어 있는 느낌을 은유한 것이라고 했다.

■ **유도: 마음챙김 유도**

음악: Massenet: *The Last Sleep*, The Virgin. 차분한 도입부를 지나 낮은 현악기의 지지를 받은 바이올린의 단순한 선율이 잇는다. 짧은 악절의 반복은 질의응답 식으로 들릴 수 있고 이는 잠시 쉬는 부분들이 있어 상징에 대한 반영을 도울 수 있다.

Grieg: Last Spring. Two Elegiac Melodies. 이 곡은 Massenet의 곡에서 자연스럽게 이어진다. B부분은 쉬는 부분들이 있어 반영할 기회를 제공한다. 그룹 과정에서 Michael은 현금통이 폭풍우나 어떤 거친 재해에도 끄떡없을 정도로 튼튼하다고 묘사했다.

세션 4: 주제 - 자기수용

자기보호나 자기애착은 그룹원들에게 있어 생소한 개념들이었다. 이 세션에서는 ‘자기 자신에 관심을 모아서 자신이 얼마나 생동감 있게 살아 있나를 알아보게 하는' 기회를 제공해 이에 따른 긴 토의를 했다. 그룹원들은 자신에게 중요한 누군가가 자기에게 했던 긍정적인 말을 생각하도록 제안받았다. Michael은 친구가 자신에게 "너는 항상 자신 있어 보여."라고 한 것을 긍정적 확언으로 보고 세션의 초점으로 삼았다.

■ **유도: 마음챙김 유도**

음악: Elgar: *Serenade for Strings*, Larghetto. 이어서 Strauss: *Death and Transfiguration*(부분). 이 곡을 시작하는 선율은 높아졌다가 살짝 낮아지면서 긍정적 확언의 은유로 비추어진다. 선율의 흐름은 부드러운 크레센도로 지지하는 느낌이다. B부분은 보다 짧은 악절과 쉼이 있으면서 음도 더 높다. A부분으로 돌아오면서 강도는 강해지고 끝은 꽤 가벼운 느낌으로 마친다. Strauss 초반부의 아지랑이 같은 소리는 그룹원들에게 불안을 조성할 수도 있으나, 그에 이어져 단계별로 강하고 견고하게 발전하는 선율은 전진하는 느낌을 주며, 점차적인 강도의 발전과 관현악의 풍부한 음향은 이러한 느낌을 더하게 한다. 이 곡들은 '긍정적 확언과 함께 삶을 살아가는 것'에 대한 긍정적이고 부정적인 면들을 부각시켜 반영해 준다.

그룹 토의에서 Michael은 슬픈 감정에 대해 묘사했다. 그는 자신이 항상 자신 있는 모습을 겉으로 내보이는 경향에 대해 인식하며, 이런 경향이 관계 맺음에 있어서는 오히려 거리를 두게 하고 친밀한 관계를 맺는 데에 어려움을 준다고 했다.

세션 5: 주제 - 관계

가치는 관계 발전에 도움을 주는 힘이다. 그룹원들은 공동체 문화적 또는 직업적 관계들에 대해 토의했고, 이러한 관계를 지키기 위해 필요한 요소들에 대해 나누었다. 가족, 파트너, 친한 동료들이 각 그룹원들에게 중요하게 다가왔고 이것이 세션의 초점이 되었다.

■ **유도: 마음챙김 유도**

음악감상 전에 그룹원들은 "공 모양의 빛이 당신의 손에 살짝 내려와 앉게 해 주세요. 음악이 시작되면서 이 빛의 공은 서서히 열립니다… 그러면서 어떤 소중한 것이 보이기 시작합니다."라는 제시를 받는다. 이러한 제시는 매우 주도적인 성격을 띠지만 그룹원들의 관계에 대한 소중함을 깊이 인식하기 위해 사용되었다.

음악: Rodrigo: *Concierto de Aranjuez*, Adagio for solo guitar and orchestra. 이

어서 Dvořák: *Czech Suite, Romanze*. 이 기타 음악은 견고하고 강하면서도 또 강렬하게 감정적이다. 선율은 직접적으로 가슴에 와 닿고 이해를 하려고 하기도 하고 이해를 구하기도 하는 듯하다. 이 작품에서는 짜증과 분노 등의 감정도 느낄 수 있다. 관현악 안에서의 선율에 대한 긍정적 인정은 '이건 이런 거야' 하는 식의 수용감을 주는데, 이것은 관계 맺음에 있어 매우 중요한 요소이다. Dvořák의 곡은 Rodrigo 곡에서 주는 강한 느낌을 통합하는 시간을 준다.

그룹 토의 단계에서 Michael은 자신의 빛의 공에서 나비와 사랑이 계속적으로 흘러나오는 것을 느꼈다고 묘사했다. 그는 자신의 내면적 선함과 좋은 점을 인식할 수 있었고 이런 자신의 면들을 자신의 아이들과 노는 걸 즐기면서 나눌 수 있다고 했다.

세션 6: 주제 - 시간에 대한 인식

시간의 여러 측면들을 객관적 시계의 시간, 과거와 현재, 즐거운 시간들, 별로 즐겁지 않았던 시간들, 기억, 영적인 두려움이나 신비한 시간들을 포함해 토의했다. Michael은 사람들이 서로 다른 시간대에서 서로 소통하며 살아간다는 것을 깨달았고 시공의 광활함에 대해 말했는데, 이는 빛의 속도를 감안하면 당장 눈에 보인다고 해서 그 일이 반드시 지금 일어난다고 보기는 어려울 수 있다는 것이다. 그 외의 그룹 반응으로는 '시간의 상실' '시간이 지나가길 바라는 것' '시간과의 협상' 등을 포함했다. 초점 심상은 관심이 가는 특정 시간의 한 면이었다.

■ 유도: 마음챙김 유도

도입 단계에서 신체적 인식을 더 깊이 하도록 제안했다. 예를 들어, "폐에 공기가 들어와 차고 나가며 비워지는 것을 느낍니다… 심장의 박동을 알아차립니다…"이다. 이러한 인식은 몸의 각 부분을 따라 주제의 또다른 면을 보여 주기도 한다. 예를 들어, 순간 동안 몸에서 일어나는 일들을 살펴볼 수 있다.

음악: Vaughan Williams: *Serenade to Music*. 바이올린 독주와 관현악은 여유로움을 준다. 선율의 서로 넘나드는 느낌이 역동성의 커짐과 함께 일어난다. 변조는 주제의 다른 면모나 변화를 제시한다. 상반된 빠르기의 B부분에서는 강도에 있어서도 더 커진다. 금관악기는 승리를 외치고 관현악의 풍부함이 장관의 느낌을 준다. A부분으로 돌아오며 음악은 부드럽고 평화롭게 끝난다.

그룹 토의에서 Michael은 순간과 지금의 중요성을 묘사했다. 그는 매 순간 관심을 두고 존재하지 않는다면 그 순간에 일어나는 것들을 그대로 놓쳐 버릴 거라도 했다. 그는 또한 모든 것들에 대해 소중함을 느꼈고 시간을 낭비하고 싶지 않은 자신을 인식하였다.

세션 7: 주제 - 삶/영적 삶의 의미

그룹에게 '삶의 의미는 무엇인가?'라는 질문을 주었고, 그룹원들은 자기 반영을 통해 영적인 존재감 혹은 기존의 아는 것 이상의 상태로 확대할 수 있다고 인정했다. 이러한 의미들은 개개인마다 다르고 시간이 지남에 따라 경험되고 내면화되며, 외부의 영향으로 쉽게 바뀌지 않는 것이다. 그룹원들은 음악이 시작되기 전에 치료사가 제시한 심상을 따라가기로 결정했다.

■ 유도: 마음챙김 유도

이 단계에서는 빛의 공을 심상으로 정해 진행하였다. 공이 열리자 그룹원들은 협곡에서 자라는 고사리를 본다고 상상하도록 제안받았다. 고사리는 호주 남단에서 자라는 식물들 중 가장 오래된 식물이다. 제안은 "시간을 충분히 들여 이 고사리들을 관찰합니다… 줄기를 가까이서 보고… 녹색의 잎을 봅니다… 그 사이에 있는 작은 공간들도 눈여겨봅니다… 그리고 이 공간들 안의 고요함 속으로 들어가 봅니다." 이러한 제안은 무한에 대한 느낌을 주었다.

음악: Elgar: *Sospiri*, Op. 70, 그리고 Grieg: *Last Spring*, Two Elegia Melodies, Op.34. Elgar의 곡은 하프의 느린 아르페지오로 시작된다. 바이올린의 유령스러운 선율은 신비함과 '또 다른 시간'의 느낌을 준다. 단조 음계는 외로움을 제안할 수 있지만, Grieg의 선율 악조가 익숙함을 제공해 지지한다.

Michael은 풍부한 토양을 기반으로 한 고사리 협곡의 느낌을 그룹 토의에서 나누었다. 그는 심상 경험에서 지구라는 작은 행성을 보며 평화로움을 느꼈고, 토양과 함께하며 삶의 젊어지는 느낌을 경험했다고 나누었다.

세션 8: 주제 - 자신과 타인에 대한 수용

토의는 자아 중심의 삶, 즉 자기주도적이고 자기이익을 위주로 하는 삶에 대해, 그리고 관계에 더 관심을 가지는 비자아적 삶에 대해 초점을 두어 진행되었다. 자아는 우리가 자신을 이해하는 것에 일관되게 행동할 때 제어된다. 자기희생에서 비롯한 행동이나 삶은 보다 즉흥적이고 효용적이며 너그럽다. 이러한 행동들은 '호숫물의 파장'과 같은 영향을 미친다. 이러한 내용들은 세션의 초점이 되었다.

■ 유도: 마음챙김 유도

다음과 같은 초점 심상이 제시되었다. "연못이나 호수의 심상이 당신의 마음에 떠오르게 해 줍니다… 그 표면에 있는 파장을 알아차립니다… 여기에 음악이 들어와 같이하게 해 줍니다."

음악: Liadov: *The Enchanted Lake*. 이어서 Kallinikov: *Symphony 2번*, Andante. Liadov 곡의 시작부는 호수에서 물의 파장이 일어나는 심상을 쉽게 떠올릴 수 있는 특성을 지녔다. 무언가 일어날 것 같은 느낌, 불길한 예감 등이 낮은 현악기로부터 일어날 수 있다. Kallinikov 곡에서는 선율의 흐름이 반영적 공간을 제공한다. 강도는 커지고 전진하는데 이는 파장의 영향을 말해 준다. 템포는 빨라지고 바이올린의 아름다운 선율로 이어진 후 평화롭고 부드럽게 끝난다.

Michael은 자신의 호수가 처음에는 고요했으나 곧이어 폭풍와 진흙, 바위 등의 영향을 알아차리기 시작했다고 했다. 그는 이 영향이 막대했다고 묘사했다.

세션 9: 주제 – 지혜; 진정한 사람이 되는 것

이 토의에서 그룹원들은 인생이 개인사와 사회적 역사가 맞물린 복잡한 형태라고 인식하였다. 성인이 된 입장에서 돌아볼 때, 유년 시절에는 필수적인 것들이 더 이상 유용하지 않다는 것을 알 수 있었고 이는 오히려 개인적 성장을 저해하기도 한다는 것을 알게 되었다. 이러한 것에는 행동, 관점, 감정적 상처와 소원 등이 있다. 각 개인은 지혜를 쌓게 되면서 이러한 불완전함을 인간으로서의 일부분으로 받아들이게 된다. 이 세션의 초점은 이처럼 불완전함에 얽매이지 않고 보내 줄 수 있다는 것을 인식하는 데 있었다.

■ 유도: 마음챙김 유도

이 단계에서는 생명을 불어넣는 산소가 몸의 각 부분에 전해지고, 필요하지 않은 기운은 내쉬는 숨을 따라 나가는 것에 초점을 두었다. 초점 심상을 위해 주어진 제안은 다음과 같다. "자신의 어깨에 가방을 멘 심상을 떠올려 봅니다… 무게감을 느껴 보고… 이 무게가 당신이 걸음을 걷는 데에는 어떻게 영향을 주는지 알아봅니다… 이 가방을 메고 있으면서 음악이 당신을 지지해 주도록 허락합니다."

음악: Albinoni: *Adagio for Strings and Organ*. 이 곡은 낮은 현악기에서의 피치카토와 함께 시작하고, 걸음을 천천히 걷는 듯한 리듬이 있다. 높은 현악기와 오르간의 선율은 매우 지지적이다. 반영을 위한 쉼의 기회들이 있고 첼로 독주에 의해 지지받다가 나중에는 바이올린에

의해 지지를 받는다. 역동성과 강도가 높아지다가 바이올린 독주로 마친다.

Michael은 좁은 길 위에서 언덕을 걸어 넘어가기 위해 고생을 했다고 이야기했다. 그가 멘 가방은 무거웠고 그를 아래로 짓눌렀다. 그는 가방 안에서 물건들을 꺼내려고 보았으나 가방 안에는 아무것도 있지 않았다. 그는 심상 속 어떤 노인으로부터 목적지보다는 여정이 더 중요하다고 들었다.

세션 10: 주제 - 세션 회고

각 세션의 초반부에 Michael은 이 과정을 익숙하게 여겼다. 그는 헤로인 중독처럼 자신이 조절당하는 느낌이 아닌, 자기 스스로 조절감을 느꼈다고 했다. 그는 자신의 가방 안에 아무것도 없는 것을 인식하였다. 이처럼 그는 마음챙김에서 실제 존재하거나 진짜 사람의 일부라고 보지 않는 온갖 관점들, 감정들, 또 행동들을 메고 다닌 것이다. 그는 가족과 관계들, 직장생활에서의 변화를 줄 수 있는 자신의 내면적 역량을 인정하였다. 또한 그는 이제껏 자신이 들여다볼 수 없었던, 자신보다 더 큰 무언가의 존재를 인정했다.

다른 그룹원들은 자아 중심의 관점에서 벗어난 커다란 변화를 인식했다. 한 그룹원은 시와 작문과 미술의 미학적 아름다움에 대한 중요성을 인식하였고, 또 다른 그룹원은 수 년 동안 하지 않았던 시 작업을 통해 자신의 경험들을 표현하였다. 그룹원들은 편견이나 비판 없이 자유롭게 자신들의 경험들을 표현하였다. 일부 그룹원들은 자신들의 경험들을 매번 나누지는 않았고 때로는 그저 음악을 감상하기만 했다.

세션의 주제를 선정하는 것은 각 세션의 제한을 주기도 하고 각 주제의 심도 있는 탐색을 하도록 기회를 제공하기도 했다. 세션 전에 그룹 촉진자와 진행한 토의와 함께 주제와 음악 선택에 대한 배경 준비는 모두 세션의 흐름과 그룹의 결과에 중요한 요인이 되었다. Michael은 이에 대해 언급했는데, "모두와 서로 경험을 나누고 그룹원들의 지지를 느끼게 되어서 정말 기뻤어요."라고 했다.

이러한 그룹 세션들은 마음챙김의 원리와 함께 음악과 심상의 과정을 접목해 약물중독 환자들을 지지할 수 있었다. 매 세션에 주어진 주제들은 내담자들이 편견적이지 않고 지지적인 환경 안에서 자기이해와 개인적이고 영적인 가치의 측면들을 탐색할 수 있도록 하였다.

참고문헌

Bonny, H. (2002). *Music and Consciousness*. Gilsum, NH: Barcelona Publishers.

Bruscia, K. and Grocke, D. (eds) (2002). *Guided Imagery and Music: The Bonny Method and Beyond*. Gilsum, NH: Barcelona Publishers.

Germer, C. (2013). Mindfulness: What is it? What does it matter? In C. K. Germer, R. D. Siegel and P. R. Fulton (eds) *Mindfulness and Psychotherapy*, 2nd Edition, New York, NY: Guilford Press.

Grocke, D. and Wigram, T. (2007). *Receptive Methods in Music Therapy: Techniques and Clinical Applications for Music Therapy Clinicians, Educatorsand Students*. London: Jessica Kingsley Publishers.

Hayes, S. (2005). *Get Out of Your Mind and Into Your Life*. Oakland: New Harbinger.

Kabat-Zinn, J. (2005). *Coming to Our Senses*. New York, NY: Hyperion.

Maclaine, J. (1988). *When Someone You Love is Addicted to Alcohol or Drugs*. New York, NY: Bantam.

Siegel, D. (2012). *The Developing Mind*, 2nd Edition. New York, NY: Guilford Press.

Siegel, D. (2007). *The Mindful Brain*. New York, NY: Norton.

Van Dort, D. and Grocke, D. (2014). Music, imagery, and mindfulness in substance dependency. In L. Rappaport (eds) *Mindfulness and Arts Therapies*. London: Jessica Kingsley Publishers.

Ventre, M. (2002). The individual form of the Bonny Method of Guided Imagery and Music (BMGIM). In K. E. Bruscia and D. E. Grocke (eds) *Guided Imagery and Music: The Bonny Method and Beyond*. Gilsum, NH: Barcelona Publishers.

제20장

안녕 중심: 암 생존자 그룹에서의 음악 심상의 사용

Louise Dimiceli-Mitran

> 음악과 심상의 사용에 관한 가장 중요한 가정은 우리가 상상 속에서 느끼는 자유를 통해 외부로부터 우리가 받은 제약에서 벗어나게 하는 초월적 힘이 있다는 것이다.
>
> Lisa Summer (2011, p. 488)

이 장은 미국 중부의 도심에 있는 암병동의 암 생존자 외래환자를 대상으로 각 90분간 6회기에 걸쳐 진행한 그룹 세션에 관한 것이다. 웰니스 프로그램의 초점은 음악 심상(Music Imagery: MI)과 (Goldberg, 1994; Summer, 2002) Bonny 방식의 유도된 심상과 음악(Bonny Method of GIM)을 합해 진행하는 방식이었고, 종양학 의사인 Carl Simonton이 소개한 그룹모델의 요소들을 접목시켰다(Simonton, Henson and Hampton, 2002). 1980년에 캘리포니아 주에 위치한 Simonton 암센터에서 시작해, 오늘날까지 Simonton의 모델은 계속해서 사용되어 왔다. Simonton의 접근방법은 명상과 심상의 요소들을 심신 및 영적 측면에서의 최적의 삶의 질을 누리기 위한 기술들과 접목해 적용된다. MI는 그룹원들의 창의적 상상을 자극하기 위해 다리역할을 한다. 도입과 음악이 불러일으킨 심상은 경험을 내면화하고 배움을 개인화한다.

Bonny는 GIM을 "이완과 음악이 불러일으킨 심상의 의식적 사용으로 자기이해와 자기성장의 과정을 거치도록 하는것"이라고 했다(2002, p. 95). 여기에서는 진단과 치료 등의 과정에서의 어려움을 거치며 발생할 수 있는 자아 능력의 저하를 경험하기 쉬운 암 생존자들에게 지지적이고 안전한 접근을 위한 목적으로 대상에 맞게 새롭게 적응시켜 사용하였다. 안녕 중심 그룹모델은 이러한 외래병동 환경의 암 생존자 환자들이 기존의 전통적 의학 치료를 받는 것 외에 더 지속적으로 필요로 하는 보건 관련 정보와 치료를 제공하기 위해 통합적이고 전인적인 심리교육적 방식으로 개발한 프로그램이다. MI는 암 생존자 그룹에 안전한 경험을 하도록 제공해 안전하고 적절한 자기탐색을 할 수 있게 도와주고, 동시에 변환적 힘을 가진 음악과 심상의 사용으로 그 고유의 치료 효과를 줄 수 있다.

음악 심상 그룹

Goldberg(1994)는 정신병동 환자들을 대상으로 한 임상 경험을 통해, 기존의 GIM에서와는 달리 보다 지지적이고 구조화된 음악, 짧은 악절과 더 주도적인 진행이 그룹 세션에서는 필요함을 인식했다. 이렇게 함으로써 감상자는 음악을 전환적 도구로 사용해 불안감을 조절할 수 있고 심리적으로 안전함을 최대한 느낄 수 있게 한다. Summer(2002)는 이에 대해 다음과 같이 기술한다.

> 기관 환경에 있는 대부분 그룹 안의 내담자들은 심리적 문제, 인지적 혹은 말/언어 장애, 또는 심리적 제약이 무의식 경험을 위해 의식세계를 지나치는 것이 어려운 경우가 있다. 이러한 내담자들, 혹은 단기치료 내담자들은 무의식에서의 심상 경험보다는 의식 경험을 더 자극할 수 있도록 보다 구조적 기술을 적용해야 한다. 이을 위해 지지적 음악치료를 진행하는 것이 그룹 내에서의 신뢰감과 단일감 형성에 도움을 준다(p. 299).

Goldberg와 Summer는 음악치료에 대한 Wheeler의 심리치료적 분류단계들을(Wheeler, 1983) 그들의 GIM 훈련 과정에 적용해 GIM과 MI의 지지적, 재교육적, 재구성적 사용을 포함했다. MI는 안녕 중심 그룹에서 내담자가 자신의 내적 자원을 인식하도록 긍정적으로 이어 준다는 점에서 지지적 중재라고 할 수 있다. 또한 MI는 의식적 이슈들을 다루는 과정에서 장점 기반의 초점을 제공하고 최적의 기능을 하도록 장려하며, 많은 스트레스 요인들을 줄이는가 하면 자기이해를 심화하기도 한다. 여기에서의 목적은 "GIM 세션에서 말하는 전체적으로 진화하는 그림을 만드는 것이 아니라 의식의 단면들을 살짝 들여다보는 것"이다(Goldberg, 2001).

암 생존자 대상의 GIM과 MI

암을 극복한다는 것은 일종의 독특한 부류로의 초대를 의미한다. 진단에서 오는 충격과 치료 과정에서의 어려움을 겪으면서 특별한 관계가 형성된다. GIM 훈련 전문가이자 완화병동 전문가이고 의료음악치료사인 Roseann Kasayka는 모든 입원환자들이 전환된 의식 상태에 있다고 했다(2005). 이와 비슷한 예로, 외래환자들은 마비되는 느낌이나 자기 자신을 잘 느끼지 못한다거나 '안개 속'에 있는 듯한 기분을 자주 보고한다. 또 어떤 이들은 검사 결과에 따라 치료가 지연되거나 부작용이 점점 심해지는 경험, 수술 날짜 변경, 치료 과정이 달라짐에 따라 균형감의 상실 혹은 '롤러코스터 효과'를 묘사하기도 한다.

이들에게 도전이 되는 점들은 치료 부작용으로 인한 스트레스, 통증, 인지적 변화, 의사소통 문제, 불안감, 재발에 대한 두려움, 우울, 피로, 메스꺼움/구토 증세, 신경쇠약, 정상활동이나 직장 생활의 능력 상실, 존재론적 고민 등을 포함한다. 이에 포함되는 치료는 신체에 큰 변화를 줄 수 있는 수술, 화학요법, 방사선치료, 약물복용의 지속, 그리고 앞으로 몇 년 동안 계속될 스트레스를 유발하는 검사들이다.

GIM이나 MI 관련 연구 중 암 생존자들을 대상으로 하는 개인 세션을 다룬 논문은 드물고, 게다가 그룹 세션에 대한 논문은 발견되지 않았다. Bonde(2005)는 GIM 세션이 유방암 환자들의 기분 향상, 대처능력 증대, 자기이해에 도움이 되었다고 보고했고, Burns(2001)는 GIM 세션이 암 생존자들의 기분과 삶의 질을 향상했다고 보고하였다. Miller와 O'Callaghan(2010)은 암생존자들 대상의 GIM 치료를 진행할 경우, 배려적이고 치유적인 음악의 사용이 중요하므로 지지적 접근의 필요성을 강조하였다. Gimeno(2010)는 음악과 심상 경험이 항암치료 과정 중 안정을 취하고 메스꺼움을 줄이는 데 효과적임을 시사하였다.

MI 세션 관련 요소

MI 세션 관련 요소들은 GIM 세션에서의 요소들과 흡사하다. 도입, 유도, 음악감상과 마무리 단계에 대해 다음 장에 묘사되어 있다([그림 20-1] 참조). 한 가지 차이점은 유도와 음악감상 부분이 동시에 진행된다는 점이다. 언어적 중재는 전통 GIM에서의 비주도적인 성격과는 달리 비교적 지시적이며 이는 내담자와 치료사 간의 동의를 거쳐 진행된다. 이러한 동의는 도입 부분이 지시적이기 때문에 내담자의 조절감과 과정에서의 중심을 유지하기 위함이다.

언어적 초대는 음악을 들으며 초점에 대해 언어적으로 서술하는 것인데 2분에서 5분가량 소요된다. 이 부분에서는 음악과 일관된 느낌의 목소리로 말하고, 각 문장 사이에 짧게만 쉰다. 이것은 그 사이에 너무 긴 침묵이 있을 경우 특정하게 제한한 구조 내에서의 경험보다 더 심상 전개가 되는 것을 예방하기 위해서다. 이렇게 함으로써 심상의 여정을 떠나는 내담자가 치료사와 동의한 초점에서 크게 벗어나지 않도록 하여 음악과 함께 보다 안전한 경험을 할 수 있다. 초점은 하나의 단어나 구절일 수 있다. 치료사는 원래 내담자와 동의한 초점에서 벗어나지 않는 범위 내에서 그 초점에 대해 다양한 각도에서 탐색할 수 있게 한다. 문장은 주로 "허락해 주세요…" "알아차려 보세요…" "느껴 보세요…" "인지해 보세요…" 등이다.

이러한 언어적 초대와 음악적 요소들은 그룹원들이 약해진 자아 강점, 외상 혹은 감정적 도전 등을 포함하는 수많은 이슈들을 다루는 데 필요한 부분이다.

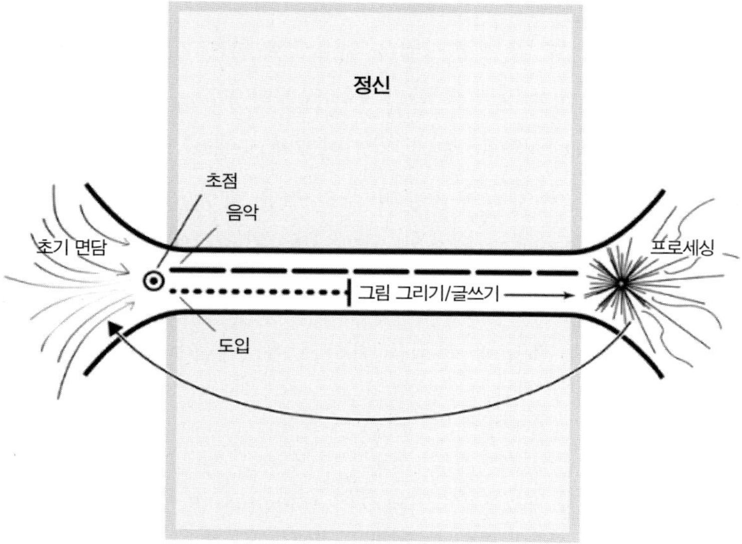

[그림 20-1] MI: 정신을 통한 길

안녕 중심 그룹 요소

안녕 중심 그룹은 심리학적인 측면이 있으므로, 교육적 내용이 도입 부분에 포함된다. 새로운 정보는 매주 이루어지는 토의와 심상 과정에 있어 도움이 될 만한 사항들을 제공하며 6주간의 치료 세션 동안 이러한 정보들은 누적된다.

도입

음악과 함께 언어적으로 중재되는 이완을 취하고, 체크인에 시간을 할애한다. 암 생존자들은 자신들의 현재 직면한 걱정들, 성공, 그리고 첫 미팅 후에는 이전의 미팅에서 소개되었던 기술의 사용 경과에 대한 내용 등을 나눈다. 그룹이 점차적으로 교육적 단계에 들어서면서, 치료사는 정보를 나누고, 그룹 토의를 통해 그 정보를 어떻게 적용할 지 알아본다. 예를 들어, 세 번째 주에는 스트레스가 신체적, 정신적, 영적 측면에 미치는 영향을 다루고 일상생활에서 스트레스 대처를 위해 심상을 이용한 방법들에 대해 나눈다. 이와 더불어 영양 관련 지침 및 운동의 중요성에 대한 정보가 제공된다. 이러한 정보에 대한 토의가 이루어진 다음에, 치료사는 그룹원들이 체크인과 교육적 단계에서 나누었던 내용들을 토대로 그룹의 초점을 제시한다. 지금의 예에서 생각한다면, 치료사는 그룹 초점을 건강한 자기상이라고 제시할 수 있고, 그룹원들이 이에 대해 토의할 수 있게 한다. 이때 초점은 그룹의 게슈탈트에 맞추어 변형될 수 있다. 모든 그룹원들이 한 초점에 동의했을 때, 음악감상 부분에 대한 준비가 시작된다. 각 그룹원에게 종이의 중앙에 원이 그려진 종이와 종이받침, 오일파스텔이나 분필 등의 색칠도구가 제공된다. 글쓰기 도구들도 제공된다. 그룹원은 종이받침과 종이를 다리 위에 놓고 색칠도구는 꺼내서 쓰기 쉽게 열어 놓는다.

유도와 음악감상

음악이 시작된다([그림 20-1] 참조). 치료사는 음악의 느낌에 맞춘 목소리로 간단한 이완을 취하게 하는데, 이것은 심호흡과 함께 의자의 지지나 발이 바닥에 닿은 느낌을 느껴보게 하는 것을 말한다. 여행자(내담자)는 안내자(치료사)의 언어적 소개와 치료적 의도, 그리고 음악의 그릇에 따라 초점화된 공간에 머물게 된다. 예컨대, 건강한 자기상이 초점이라면, 간단한 안정과 언어적 초대가 있고 난 후 다음과 유사한 언어적 중재가 있을 수 있다.

지금 당신이 완전하게 건강하다고 상상합니다… 이러한 상태가 당신의 몸에는 어떻게 느껴지는지 느껴 봅니다… 이 건강한 느낌을 몸의 다른 부분들에서 알아차려 볼 수 있습니다… 이걸 시간을 두고 충분히 느껴 봅니다… 당신의 몸이 얼마나 잘 기능하는지 상상합니다… 음악이 여기에 들어와 이 경험을 도와줄 수 있게 해 줍니다… 이제 건강한 자신으로부터 하나의 심상이 일으켜 지도록 허락합니다… 당신의 모습이 어떻게 보이는지 알아차려 봅니다… 혹은 주위에는 무엇이 있는지 알아차려 볼 수 있습니다… 인식되는 모든 것을 받아들여 봅니다… 준비가 되면 눈을 뜨고 이 경험을 계속해서 종이에 옮겨 봅니다… 그림을 그리거나 쓰거나 둘 다 할 수 있습니다.

언어적 중재를 마친 후, 내담자는 눈을 뜨고 종이에 작업을 하며 경험을 계속한다. 음악은 만다라[빈 종이의 중앙에 큰 원을 그려서 그림의 초점을 준 것(Fincher, 1991)]가 완성되고 언어적 과정이 시작될 때까지 재생된다.

프로세싱

그룹원들이 자신들의 만다라를 완성하고 나면 제목, 주제, 느낌, 또 경험을 하면서 생겨난 질문들이 있다면 적도록 한다. 여기에서 그리는 그림은 내담자가 의식 상태로 자연스럽게 전환할 수 있도록 하고, 언어적 프로세싱이 시작되기 전에 경험을 잘 다지는 데 도움을 준다. 각 그룹원은 자신들의 만다라를 나누고 서로의 경험을 존중하며 받아들인다. 만다라와 나눈 경험은 토의의 초점이 된다. 치료사와 그룹원들은 각자의 심상들을 확인하고 인정한다. 치료사는 각 그룹원들이 자신들의 심상을 보고 도입 단계에서 나눈 내용과 연관지어 보게 한다. GIM에서와 마찬가지로, 편견적이지 않은 태도를 가지고 각 개인이 자신의 경험과 내용을 가장 잘 이해한다는 것을 전제로 진행한다.

절차

첫 그룹 모임이 있기 전에, 그룹원이 되고자 하는 내담자와 전화통화나 직접 면담을 한다. 내담자들은 간단한 의료적 · 정서적 개인사에 대한 질문에 대답하고 그룹에 참여하는 목적에 대해 답한다. 이 과정에서 일반적으로 스트레스 감소와 이완 기술 등을 희망하는 경우가 많다. 부정적 사고와 과도한 걱정 및 불안 또한 자주 언급되는 문제다. 자신처럼 치료 과정을 견뎌 내야 하는 다른 사람을 만난다는 것은 이들에게 관심을 불러일으킬 수 있는 일이다. 많은 경우 **유도된 심상**에 대해 들어 보았고 이에 대해 더 배우고자 하는 데 관심이 있다. 그러나 대부분 **유도된 심상과 음악**에 관해서는 잘 알지 못한다. 앞으로의 6주간의 세션 동안 어떤 내용이 다루어질지에 대한 정보를 제공한다. 6주간의 세션을 위해 최대 8명의 내담자로 그룹을 구성한다.

각 그룹 모임은 시작 부분에서 기타를 직접 연주하거나 녹음음악에 맞추어 안정을 취하게 함으로써 그룹원들이 자리 잡을 수 있게 하고 다양한 심상 초점을 경험할 수 있도록 돕는다. 심상 경험의 예로는 몸에 편안한 잔바람을 느끼거나 햇빛을 느끼는 것, 선택한 특정 색깔이 몸의 각 부분을 따라 이동하는 것, 토양에 대고 기반을 다지는 느낌, 혹은 간단한 신체 스캔을 들 수 있다. 필요한 경우에, 이전 모임에서 다루었던 음악 심상 경험의 초점을 다시 상상할 수도 있다. 그런 다음 각 그룹원은 한 주 동안 일어난 경험에 대해 나누고, 이전 세션에서 소개되었던 기법 적용에 관해 개인적으로 성과 정도에 대해 나누면서 체크인 순서를 진행한다. 그 후에 치료사가 교육적 정보를 나누고 이에 관한 토의가 이루어진다. 대개의 그룹은 그룹 음악 심상 경험과 마무리로 마치고, 매주마다 그 주에 해당하는 교육적 내용이 담겨 있는 정보지가 그룹원들에게 제공된다.

음악

GIM 모델은 본래 광범위한 서양 고전음악을 사용하였다. 이와 반대로, MI에서 사용하는 음악은 GIM 음악에 비해 짧고 범위가 더 좁다. 뉴에이지나 예술음악, 짧은 클래식 음악 등을 사용한다(이 장의 뒤에 있는 부록 참조).

곡들은 일반적으로 길이가 짧으며 단순하고 반복적이며 발전이 없는 형식(A, A, A, A 혹은 A, A, B, A)을 갖춘다. 비교적 짧은 곡은 15분가량의 음악감상 시간 동안 필요한 만큼 반복재생하는데, 이것은 내담자가 심상 경험의 여정을 종이에 옮기는 데 소요되는 시간에 따라 다르다. Summer(2009)는 이 과정에서 한 개의 특정 곡을 반복재생함으로써 심상 경험을 보다 초점화할 수 있고 치료적으로 적용할 수 있도록 돕는다고 제안했다. 음악 선곡은 예측 가능하고 긴 악절과 보통의 빠르기를 동반해야 한다. 또한 성격적으로는 머물게 하고 붙잡아 줄 수 있는 느낌이 있으며, 일관된 리듬과 예측 가능한 화성 구조를 가지고, 따라가기 쉬운 선율 구조를 가진다. 많은 고전음악과는 달리, 갑자기 놀라게 하는 음악적 변화가 없다. Goldberg는 이에 대해 다음과 같이 설명하였다.

> 음악의 바탕이 되는 배경은 음악이 초점의 범위를 좁혀 주고 주어진 자극의 범위를 좁혀 집중도를 높히는 역할을 한다. 음악의 이러한 역할로 인해 내담자는 치료사가 제공하는 심상에 지속적으로 집중할 수 있게 된다. 음악 선곡 역시 치료사의 목소리와 음악 간의 경쟁의 여지없이 일체가 되도록 해야 한다(1994, p. 27).

MI 경험을 위한 음악의 선곡 과정에 필요한 요소들은 음악의 미학적 가치 및 치료사의 직감과 동질성 원리의 사용이다.

목적

안녕 중심 그룹의 전반적 목적은 (1) 전인적 접근과 의학적 모델을 접목시키기, (2) 진단, 치료, 회복, 재발, 사망의 연속선상에서 주로 일어날 수 있는 문제들 다루기, (3) 그룹원들이 매일 연습할 수 있도록 역량강화하기, (4) 그룹원들에게 적극적 웰니스 관련 생존법에 대해 소개하기, (5) 건강한 생활습관에 관한 정보 보급하기, (6) 강점과 내적인 자원 찾기, (7) 정상화와 지지를 위해 타 생존자들과의 교류 장려하기이다.

세션 내용

다음은 6회기 세션을 주별로 묘사한 것이다.

제1주

간단한 이완요법을 생음악과 함께 이끌면서 그룹을 시작한다. 그룹원들에게 6회기 동안의 내용을 소개한다. 그룹의 목표를 살펴보고 비밀 유지에 관한 사항들을 알린다. 체크인에서는 자기 소개, 치유의 여정에 관한 것, 그리고 이 그룹에 참여를 함으로써 얻고자 하는 사항들에 대해 나눈다. 공감을 하며 서로에게 귀 기울이는 것이 강조되나, 동시에 서로에게 필요한 경계를 어느 정도 두는 것도 장려한다. 그룹원 개인의 이야기는 그만의 독특하고 차별화된 자신만의 이야기다. 정신/신체/영적 연결은 마음챙김 명상적 개념에 대해 다루며 정의된다. 심호흡을 선 보이고 같이 연습한다. **의식적으로 웰니스 창조하기** 이완요법과 유도된 심상 CD(Dimiceli-Mitran, 2010)를 각 그룹원에게 제공하고 매일 하는 연습의 일환으로 장려한다. MI에 대해 정의하고, 심상의 종류에 대해 설명하며, 심상에서의 안전한 곳 찾기를 초점으로 두도록 그룹원들과 토의 후 모두 동의하도록 이끈다. 마무리 단계에서 그룹원들은 만다라를 나누고, 한 주를 지내는 동안 자신만의 상상의 안전한 곳을 다시 방문하도록 장려 받는다. 도서관을 통해 그룹원들이 한 주 동안 관련 서적을 대출해 읽을 수 있도록 격려한다.

제2주

짧은 음악 이완을 취하고 체크인을 한다. Simonton의 건강한 사고 대 긍정적 사고에 관한 개념에 대해 토의한다. 인지적 재구성의 개념을 Simonton의 책에 제시된 예들과 함께 소개하고 더불어 신념의 한계를 두는 것의 힘에 대해 나눈다. 다음과 같은 Maultsby의 다섯 가지 질문을(Simonton et al., 2002) 소개한다. (1) 이 신념이 내 삶과 건강에 도움을 주는가? (2) 이것이 나의 단기, 장기 목적 달성을 도울 수 있는가? (3) 이 신념이 내가 원치 않는 문제를 대면해서 잘 다룰 수 있게 하는가 아니면 회피하도록 하는가? (4) 이 신념으로 인해 나는 내가 느끼고 싶은 대로 느낄 수 있는가? (5) 이 신념은 사실에 근거한 것인가? 만약 이 질문 중 두 개 이상에 대해 '그렇다'라는 답이 있다면, 이는 부정적 혹은 건강하지 못한 신념으로 간주된다. 그룹원들은 자신들의 건강하지 않은 생각들을 치료사와 그룹원들의 도움을 받아 재구성하는 과정을 거친다. 그룹원들의 동의가 이루어졌고 시간이 허락한다면, MI의 초점을 '나는 … 였는데 이제는 …이야' 혹은 '난 지금은… 이지만 앞으로는… 일 거야' 등의 내용에 둔다. 그룹원들은 다가오는 한 주 동안 자신들의 건강하지 못한 사고가 일상생활에서 어떻게 연쇄적으로 영향을 미치는지 살펴보고 그에 맞춰 진단하고 재구성하도록 한다. 매일 이완 CD를 감상하는 것도 지속적으로 연습한다.

제3주

짧은 음악 이완을 취하고 체크인 및 인지적 재구성에 관한 발전단계를 거친다. 스트레스가 신체적/정신적/영적 면에 미치는 영향에 대해 살펴보고 그룹 토의를 하도록 장려한다. Servan-Schreiber(2009)의 영양 지침에 대해 나누고 운동 및 수분섭취의 중요성에 대해 토의한다. 그룹의 동의하에, MI의 초점을 건강한 자기상으로 정한다. 그룹원들이 자신들의 경험을 나누고 마무리한다. 그룹원들은 다음 주 세션에 자신들에게 편안하게 느껴지는 음악을 골라서 가져오도록 한다. 한 그룹원의 만다라(삽화 20.1: 만다라 1 '건강한 자기' 참조)는 자신의 건강한 상을 분홍색의 한 형상으로 표현했는데, 이 형상에는 가슴이 없고 분홍색과 파란색의 삶의 중심원을 가지고 있었고, 이것을 중심으로 온 사방에 파장을 일으켜서 성공하는 것을 표현했다. 이 유방암 환자는 가슴을 드러내는 수술을 받았었고 첫째 주에 우울함을 느꼈다고 전했다. 이 그림은 그 상태로부터의 확연한 변화를 보여주었다.

제4주

짧은 음악 이완 이후, 체크인을 한다. 일상생활에서 음악 및 만다라, 유도된 심상을 이용하는 습관에 대해 나눈다. 매일 할 수 있는 심상과 신체기관 및 부분을 이용한 심상 경험, 긍정적 감정, 그 외의 심상에 대해 토의한다. 그룹원들은 자신들의 선곡과 치료사가 선곡한 음악을 눈을 감고 호흡에 주의를 기울이며 감상한다. 또한 이완에 도움이 되는 음악적 요소, 악기군, 장르 선호 등에 대해 얘기한다. 각 선곡마다 이러한 토의를 한다. 그룹원들은 음악과 만다라, 심상, 동작, 명상 등을 이용해 매일 연습할 수 있는 개인적 계획을 세우도록 한다.

제5주

짧은 음악 이완을 취하고 체크인을 한다. Simonton의 균형 있는 삶을 위한 2년간의 개인 건강계획을 소개한다. 여기에 포함되는 내용은 (1) 삶의 목적, (2) 놀기, (3) 운동, (4) 사회적 지지, (5) 영양, (6) 명상과 영적 연습, 유도된 심상을 포함한 매일 하는 연습이다(Simonton, et al., 2002, pp. 105-123). 그 후에 각각의 그룹원들에게 더 관심이 가는 요소들에 대해 토의한다. 그룹의 동의하에 건강하고 강한 면역체계를 MI의 초점으로 한다. 두 번째 이완 CD(Cotter-Schaufele, 2003)를 그룹원들에게 제공해 집에서 들을 수 있게 한다.

삽화 20.2: 만다라 2 '가오리들의 작업'에서는 그룹원이 강한 면역체계를 표현한 것이 잘 나타나 있는데, 미세한 면역체계의 무리가 나쁜 세포들을 소멸시키는 모습이다. 녹색과 푸른색의 가오리들이 몸 안의 보라색 나쁜 세포들을 물고 흡수하고 잘게 부수는 작업을 한다.

제6주

짧은 음악 이완을 취하고 체크인을 한다. 균형 있는 삶과 개인 건강계획에 대해 더 토의한다. 관련 주제와 문제들에 대해 돌아보는 기회는 가진다. 그룹의 동의하에 그룹원들에게 균형감을 주는 개인 건강계획 관련 요소들을 살펴보고 그것을 MI의 초점으로 정한다. 한 주 동안 그렸던 만다라를 나누고 관련 토의를 한다. 그리고 그룹원들은 그룹평가표를 작성한다. 짧은 그룹 마무리를 한다.

그룹 평가

현재까지 5년 동안의 그룹 모임에 대해 평가하였다. 이완과 스트레스 감소 기술 학습, 음악을 통한 안정 찾기, 부정적 사고의 재구성, 타 생존자들과 연결하기, 자기보호에 도움을 줄 수 있는 방법 탐구 등에 대한 가치가 주 반응에 포함되었다. 어떤 그룹원들은 새로 배운 기술을 일상생활에 습관화하는 것, 심상이나 명상을 사용하는 가치성을 알게 되었고, 스스로의 건강을 위해 자신들이 할 수 있는 것이 많다는 것을 깨닫고, 삶의 균형을 이루는 것에 대한 이해를 높였다고 반응했다. 다른 그룹원들은 즉각적인 도움에 대해 나누었는데, 여기에는 수면의 질과 길이 향상, 혼자가 아니라는 깨달음, 열성홍조현상의 감소, MRI 등의 치료에 대한 대처기술 향상, 자신만의 시간 가지기 등이 포함된다. 다수의 그룹원들은 6회기의 세션보다 더 많은 세션이 필요하다고 언급했다. 어떤 그룹원들은 식당이나 요가교실 혹은 그 외 건강 관련 활동을 같이 하며 매월 모임을 지속했다고 보고했다.

안녕 중심 그룹모델의 전반적인 장점을 알아보기 위해서는 과학적 연구가 이루어져야 한다. 예를 들어, 이 모델은 특정 진단에 더 이로운가? 모임의 회수를 증가시키는 것이 도움을 주는가? 안녕 중심 그룹모델은 Simonton의 모델 결과에 비해 어떻게 다른가? 이 그룹에 참여함으로써 특정 암의 생존율이 증가할 수 있는가? 이러한 질문들에 대한 답을 구함으로써 안녕 중심 그룹모델의 효율성에 대해 확인할 수 있다.

글을 마치며

그룹을 진행하면서, 그룹원들은 자신들의 개인적인 이야기, 심상, 어려움, 희망, 승리에 대해 진심으로 나눈다. 서로의 생각과 해법, 대처방법들을 나누며 도움을 주고받는다. 이러한 나눔은 그들의 내면에서 외적 세계로 연결하게 해 주고, 자기보호 관련된 새로운 기술을 학습하면서 외적 세계로부터 내면이 도움을 받기도 하는 것이다. 이러한 힘의 심상들이 내면세계에서 불러일으켜져 새롭고 탄탄한 기반의 기술들과 접목되어 삶의 어려운 시기에 영적으로 생동감을 안겨 준다. 이러한 강력한 경험을 통해 개인적 성장의 기회도 가지게 된다. MI와 Simonton의 그룹모델을 같이 학습하면서 두 모델이 서로의 힘을 북돋게 해 총체적인 강점 기반의 학습경험을 하게 해 준다. 이 경험은 생존의 여정에 영감을 주고 초점이 있는 삶을 위한 실질적 기반을 제공한다.

참고문헌

Bonde, L. O. (2005). *The Bonny Method of Guided Imagery and Music (BMGIM) with cancer survivors: A psychosocial study with focus on the influence of BMGIM on mood and quality of life*. Doctoral dissertation, Aalborg University. Available at http://vbn.aau.dk/en/publications/the-bonny-method-of-guided-imagery-and-music-bmgim-with-cancer-survivors (4ab32750-8f33-11da-a894-00ea68e967b.html, accessed on 24th October 2-13.

Bonny, H. L. (2002). Guided Imagery and Music (GIM): Mirror of consciousness. In L. Summer (ed.) *The Evolution of Guided Imagery and Music*. Gilsum, NH: Barcelona Publishers.

Burns, D. (2001). The effect of the Bonny Method of Guided Imagery and Music on the mood and life quality of cancer patients. *Journal of Music Therapy, 38*, 1, 51-65.

Cotter-Schaufele, S. (2003). *Music Focused Relaxation: A Harp and Voice Meditation*, audio CD. Funded by Advocate Lutheran General Hospital and the Advocate Lutheran General Service League. Available at 847-723-7265, or email soozie.cotter-schaufele@advocatehealth.com.

Dimiceli-Mitran, L. (2010). *Consciously Creating Wellness: Light and Nourishment*, audio CD. Available at www.edbaby.com/cd/louisedimicelimitran. Duplication provided by an educational grant from Genentech (adivision of Roche Pharmaceuticals).

Fincher, S. (1991). *Creating Mandalas for Insight, Healing and Self-expression*. Boston, MA: Shambhala Publications, Inc.

Gimeno, M. (2010). The effect of music and imagery to induce relaxation and reduce nausea and nemesis in patients with cancer undergoing chemotherapy treatment. *Music and Medicine, 2*, 3, 174-181.

Goldberg, F. S. (2001). *Music Imagery Formats*. Handout from the Therapeutic Arts Institute Bonny Method of GIM training program.

Goldberg, F. S. (1994). The Bonny Method of Guided Imagery and Music as individual and group treatment in a short-term acute psychiatric hospital. *Journal of the Association for Music and Imagery, 3*, 19-33.

Kasayka, R. (2005). Conference presentation at *The eleventh annual music in health and healing conference. Exploring amazing grace: music and movement for persons with dementia*. 30th September. Advocate Lutheran General Hospital, Park Ridge, IL.

Miller, D. and O'Callaghan, C. (2010). Cancer care. In D. Hanson-Abromeit and C. Colwell (eds) *Effective Clinical Practice in Music Therapy: Medical Music Therapy for Adults in Hospital Settings*. AMTA monograph series. Silver Spring, MD: American Music Therapy Association, Inc.

Servan-Schreiber, D. (2009). *Anticancer: A New Way of Life*. New York, NY: Viking Adult.

Simonton, O. C., Henson, R. and Hampton, B. (2002). *The Healing Journey*. Lincoln, NE: Authors Choice Press.

Summer, L. (2009). *Client Perspectives on the Music in Guided Imagery and Music* (GIM). Doctoral dissertation, Aalborg University. Available at http://vbn.aau.dk/en/publications/client-perspectives-on-the-music-experience-in-musiccentered-guided-imagery-and-music-gim(d582ff0-46da-11df-84c0-000ea68e967b). html, accessed on 4th October 2013.

Summer, L. (2002). Group music and imagery therapy: Emergent receptive techniques in music therapy practice. In K. E. Bruscia and D. E. Grocke (eds) *Guided Imagery and Music: The Bonny Method and Beyond*. Gilsum, NH: Barcelona Publishers.

Summer, L. (2011). Music therapy and depression: Uncovering resources in music and imagery. In A. Meadows (ed.) *Developments in Music Therapy Practice: Case Study Perspectives*. Gilsum, NH: Barcelona Publishers.

Wheeler, B. (1983). A psychotherapeutic classification of music therapy practices: A continuum of procedures. *Music Therapy Perspectives, 1*, 2, 8-12.

부록: 음악 목록

Anjali: *Hymn to Goddess Mother*

Bach: *Air on a G String*

Bach/arranged Kobialka: *Sheep May Safely Graze*

Handel: *Xerxes, Largo*

Hoppe: *The Unforgetting Heart*

Marsalis: *Emmanuel*

Morricone/arranged Ma: *Gabriel's Oboe*

Pärt: *Spiegel im Piegel*
Phillips/Coulter: *I Will Walk with My Children*
Secret Garden: *Papillon*
Secret Garden: *Song from a Secret Garden*
Warlock: *Capriol Suite,* Pieds en l'air

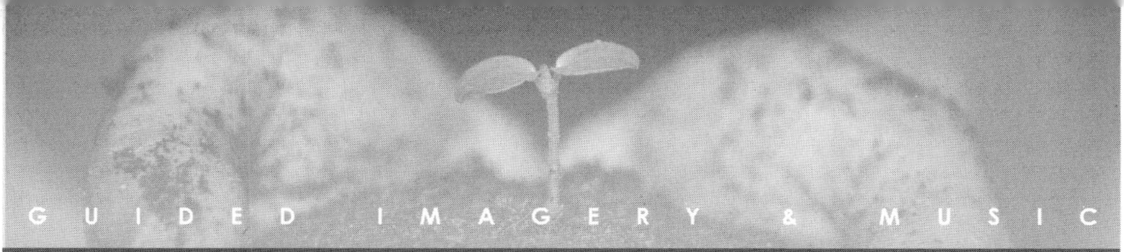

제21장

여성 암환자 대상의 그룹 음악과 심상

Ruth Hertrampf

독일 비스바덴에 위치한 호스트 슈미트 클리니켄(Horst Schmidt Kliniken: HSK)은 종양치료로 중요한 병원이며, 독일 종양협회 자격을 갖춘 5개 암센터 중 하나이다. 이곳에서는 환자들의 의료적 치료뿐만 아니라 심리사회적 필요도 충족할 수 있는 수준 높은 서비스를 제공한다.

그룹 음악과 심상(Group Music and Imagery: GrpMI) 세션은 GIM 치료사가 진행하며, 유방암이나 산부인과 관련 암을 앓고 있는 여성 암환자들을 대상으로 심리종양치료의 일환으로 제공된다. 각각의 GrpMI 세션은 약 90분이 소요된다. 그룹의 크기(3~6명)와 필요에 따라 세션 시간은 최장 120분이 소요될 수 있다. 이 그룹에 참여하는 여성 암환자들은 외래병동에서 유방암이나 산부인과 관련 암 치료를 위해 완치 목적의 치료나 완화치료를 제공받으며, 이러한 치료 과정에서 일어나는 통증, 피로, 불면증, 메스꺼움, 탈모, 성 문제, 기분의 갑작스러운 변화 등의 부작용으로 고통받는 경우가 많다(Angenendt, Schütze-Kreilkamp and Tschuschke, 2007; Aulbert, Nauck and Radbruch, 2011; Bradt et al., 2011; Hübert, 2008; King and Hinds, 2003; Klaschik and Radbruch, 2007; Singer, Das-Munshi and Brahler, 2010; Clark et al., 2010). 치료적 목적은 자원 중심의 단기 GrpMI 치료를 6회기 동안 하면서 개인적 대처 과정과 치료 관련 부작용을 다루는 외래치료의 초기 과정에서 환자들을 지지해 주는 것이다.

이론적 접근

GrpMI 치료의 형식 내에 '3단계의 임상'(Wheeler, 1983)을 그룹의 안정성과 필요에 따라 적용한다. 즉, '지지적' '재교육적' '재구성적 단계'이다(Summer, 2002, 2009). 지지적 단계에서는 신뢰 형성, 소통, 지지, 구조와 안정감 조성 등을 목적으로 한다. 재교육적 단계는 본격적인 작업을 하는 단계로, 어렵고 대면하기 힘든 면들을 다루기 시작한다. 재구성적 단계에서는 개인적이고 초월적인 변화의 과정을 거치도록 치료사가 진행한다(Summer, 2002, 2009). 단 6회기의 단기 세션으로 암환자들과 하는 임상 작업에서는 주로 지지적 단계와 재교육적 단계의 작업들을 다루지만 때로 재구성적 면도 경우에 따라 나타날 수 있다.

GrpMI 치료의 형식은 Bruscia(2002), Grocke와 Wigram(2007), 그리고 Summer(2002)가 제시한 GrpMI의 정의를 따랐다. 그들은 이러한 치료를 음악과 심상을 사용하되 음악감상 동안 치료사와 내담자 간 언어적 상호작용이 없다고 묘사하였다. 내적 구조는 BMGIM과 흡사하여, 음악 적용 전에 면담이 있고, 점진적 이완과 그룹 세션의 초점과 함께 도입이 있고, 음악감상, 만다라 그리기와 함께 창의적 프로세싱, 음악 후의 마무리 면담이 있다.

음악 선곡 요건

음악은 Bonde의 음악 강도 척도(Bonde, 2010)에 근거해 선곡하고, 환자들의 특성과 시간적 제약을 고려해 '지지적' '지지적 및 도전적 요소가 혼합된' 정도의 음악으로 선곡한다. 곡의 길이는 2분 21초~10분 15초 사이이다. 강도 척도에 따른 '지지적' 음악은 명확히 구성되어 있고 형식, 화성, 강약에 있어 단순하므로 안전하고 건강한 심상을 불러일으킬 수 있다. 강도 척도에 따른 혼합강도의 음악은 비교적 변화가 심하고 강한 심상을 통해 개인적 탐색을 하도록 하며, 지지적 시작과 마무리가 있으나 중간 부분에서는 도전적 요소들이 있는 경우다. 선곡된 작품들은 Bonny 방식의 GIM 치료에서 사용되는 음악 프로그램에서 선곡되었으므로 대개 서양 고전음악이다. GrpMI 세션에서 사용한 6개 곡은 다음과 같다.

1. Vaughan William, *Prelude on Rhosymedre* (4:11)
2. Haydn, *Cello Concerto C장조*, Adagio (9:42)
3. Shostakovich, *Piano Concerto 2번*, Andante (6:36)
4. Beethoven, *Symphony 6번*, 'Pastorale', Allegretto (8:59)
5. Vaughan Williams, *Fantasia on Greensleeves* (4:48)
6. Beethoven, *Piano Concerto 5번*, Adagio (7:39).

여성 암환자 대상 그룹 음악과 심상

그룹 음악과 심상 세션은 3~6명의 소그룹 단위로 진행되며, 그룹원들은 암 진단과 치료에 있어 다양한 종류와 단계에 있는 이들로 구성된다. 그룹 내에서의 초점은 각 그룹원의 개인적 과정에 둔다. 〈표 21-1〉은 GrpMI의 6회기 세션 동안의 구성을 보여 주며, 여기에는 일반적 초점, 음악적 프로파일 (Bonde, 2010), 각 세션에서 사용한 음악곡 등을 포함한다.

〈표 21-1〉 GrpMI 구성의 개요

	1회기	2회기	3회기	4회기	5회기	6회기
GrpMI 세션의 초점	그룹 프로세스, 방법 익히기, 그룹과 치료사	개인적 프로세스	심화된 개인적 프로세스	심화된 그룹 프로세스	안정화/통합	안정화/통합/분리
음악적 프로파일	지지적	지지적	지지적-도전적	지지적-도전적	지지적	지지적
음악곡	Vaughan Williams: Prelude on Rhosymedre (4:11)	Haydn: Cello Concerto: Adagio (9:42)	Shostakovich: Piano Concerto, Andante (6:36)	Beethoven: Symphony 6번, Allegretto (8:59)	Vaughan Williams: Fantasia on Greensleeves (4:48)	Beethoven: Piano Concerto 5번, Adagio (7:39)

첫 세션에서 그룹원들은 다른 그룹원들과 치료사와의 관계를 형성하고 첫 번째 GrpMI 경험을 하였다. 그들은 그룹 모임 이전에 개인 세션에서 한 번의 음악과 심상 경험을 진단 단계로 경험한 바 있다. 이러한 경험은 그룹원들이 안전한 그룹 환경의 기틀 안에서

자신들을 여는 과정을 거칠 수 있게 하는 데 그 목적을 둔다. 두 번째와 세 번째 세션에서는 그룹원들이 처음에 안전하고 구조화된 기틀 안에서 지지를 받고, 나중에는 혼합된 음악적 프로파일에 따라 감정적 과정을 더 깊이 경험하게 되면서, 그룹 환경 안에서 더 개인적 과정에 초점을 둘 수 있게 된다. 제4회기 세션에서는 개인적 관점에서 그룹 전체를 하나로 하는 것에 초점을 맞추면서 그룹으로서의 치료 과정을 경험한다. 나머지 세션들에서는 개인과 그룹 경험의 안정화와 통합에 초점을 두고, 지지적 음악의 사용으로 마무리를 한다. 그룹이 충분히 안정화되지 않았거나 3, 4회기 세션에서 그러한 조짐이 보였다면, 치료사는 지지적 음악을 다시 사용할 수 있다.

그룹원들과 그들의 경험

이 장에서 묘사하는 여성 그룹원들은 외래 항암치료를 받으며 여러 가지 치료 관련 부작용을 겪고 있는 경우다. 그들은 진단과 치료 예후, 연령, 사회 그리고 가족 배경에 있어 다양했다. 그중 세 명은 동기부여가 매우 많이 되어 있었고 통찰중심 치료를 받는 중이었다. 그들은 6회기 GrpMI 치료 세션 과정 동안 사전 · 사후에 다른 그룹원들과 함께 면담에 참여해 녹화 및 녹음되는 과정이 포함된 GrpMI 연구에 참여하였다. 그러므로 연구의 결과에는 그룹원들의 개인적 GrpMI 과정에 대한 관점이 묘사되었고, 그들의 암치료 부작용을 다루기 위한 소그룹에서의 음악과 심상 경험을 통해 도움이 된 점들에 대해 나누었다. 면담 데이터로부터 네 가지 주제가 대두되었다.

1. 음악의 역할
2. 심상의 역할
3. 그룹 환경의 역할
4. GrpMI 경험의 중요한 면들

음악의 역할

GrpMI 환경 안에서 세 명의 여성 그룹원들은 음악을 감정적 장으로 경험함과 동시에, 자신들의 신체, 내적 심연, 무의식을 만나기 위한 도구로 이용하는 데 도움을 받았다. 그들에게 음악은 또 다른 의식의 세계로 이끌고 이동시키며, 자신들의 숨겨진 부분들을 보여 주기도 하고, 심상 경험을 하도록 돕고, 그 경험을 더 풍부하고 효과 있게 해 주었다.

내담자들에게 심상은 음악적 전개에 따라 일으켜졌고, 그들은 음악감상과 만다라 그리기 경험에 대해 보고하면서 자주 악기나 악절, 선율 모티브, 음악 구조의 변화와 연관 지어 얘기했다. 한 내담자는 다음과 같이 말했다. '첼로가 밤색 같았어요… 나무가 단단하게 서 있는 것 같이… 아주 힘 있게… 그리고 물과 공기와 햇빛도 조금 그 주위에 있었어요." 그녀는 자신에게 힘을 주었던, 얼마 전에 휴일을 맞아 시골로 떠났던 가족 여행을 재상상한 것이었다(첫 번째 세션, Vaughan Williams: *Prelude on Rhosymedre*). 또 다른 그룹원은 같은 곡을 듣고, "음악의 파동이 강물 같아요… 그 물결에 내가 정박해서 생명의 샘을 느낄 수 있는"이라고 표현했다.

결론적으로, 그들은 자신들의 병과 관련한 부작용으로부터 관심을 돌려서 자신들의 내적 필요와 잠재한 자원들에 집중할 수 있었고, 심상은 그들에게 개인적 상황에 대해 더 이해할 수 있게 하고 문제를 해결할 수 있는 관점 및 일상생활에서의 통찰을 얻을 수 있게 도왔다(Burns, 1999, 2002).

또한 암과 관련한 초월적이고 존재론적인 경험을 하도록 도와주었다. "음악은 내게 위로를 주고 가볍고 멋진 경험을 주었어요… 그렇지만 음악을 통해 내 여정이 어디로 가게 될지 알지는 못했어요… 영원으로 가는 것 같기도 하고… 마치 내가 이곳을 떠나 다른 세계들로 안내되어 가는 것 같았죠. 그런 음악이 나를 그렇게 동반해 가는 것을 상상할 수 있었어요… 하지만 난 아직 그럴 준비가 되지 않아서 슬퍼졌어요."(첫 번째 세션)

GrpMI 사후 면담에서 세 명의 그룹원들은 모두 자신들의 GrpMI 과정에서 중요한 개인적 심상으로 이끈 음악곡을 기억할 뿐만 아니라 묘사할 수 있었다. GrpMI 치료에서 음악이 무엇을 가져다주었는가를 알아보는 질문에 대해 그들은 희망과 지지, 위로, 삶을 대면할 수 있는 활력과 용기를 가져다주었다고 했고, 자신들의 불면증 같이 의료적으로 조절할 수 없는 치료 관련 부작용들을 이겨 내기 위해서, 또 자기보호의 방법으로 이제는 음악을 일상생활에서 의식적으로 사용한다고 했다.

심상의 역할

심상은 내담자들이 그들의 내적 자기를 탐색하고 개인적 문제 및 존재론적 이슈, 병의 진전에 따른 상징적 면에서의 불안과 두려움을 경험하게 해 주었는데, 이러한 경험은 내담자가 무의식에서 의식 단계로 통합할 준비가 될 때까지 위험요소들로부터 거리를 두고 안정감을 주는 역할을 했다(Bruscia, 1991). 네 번째 세션에서(Beethoven: *Symphony 6번*, 'Pastorale', Allegretto) 한 그룹원은 힘을 주는 자연의 심상(첫 번째 세션에서의 심상)과 자신의 간암세포를 결합하면서, 암세포들을 만다라 원의 바깥에 두고 '별로 상관없는 존재'라고 했다. 마지막 세션에서 그녀는 이 심상이 변화하는 것을 경험하였다. 그녀는 자신의 무의식과 의식 세계가 깊은 연관이 있다고 느꼈고, 이는 그녀가 네 번째 세션에서와 같은 색상과 모티브를 사용해 만다라를 그린 것에 반영되었다. 원의 바깥에 있던 암세포는 이제 원의 안으로 들어와 자기 신체와 자기상의 일부가 되었다(삽화 21.1~21.3 참조).

Bruscia(1991)가 언급했듯이, "심상은 인간 안에 이미 존재하는 지혜를 이끌어 냄으로써 우리의 마음에 지시하고 정보를 준다."(p. 596) 어느 내담자는 자신의 희망과 불안을 외부세계에 균형적으로 소통하는 방법을 구하면서, 세 번째 세션에서 Shostakovich의 *Piano Concerto 2번*, Andante를 들으며 자신의 핵심 심상을 찾아냈다. "음악을 통해서 소리에는 큰 소리, 조용한 소리, 빠른 소리, 느린 소리가 있다는 걸 깨달았어요… 인생의 건반처럼 말이지요… 그리고 나는 무엇을 어떻게 연주할지 결정할 수 있어요." 이 심상은 GrpMI 과정 내내 그녀와 다른 그룹원들과 함께하며 자기결정과 자기보호에 대해 상기시키는 데 도움이 되었다. 같은 곡을 듣고, 또 다른 그룹원은 한쪽 눈은 웃고 한쪽은 우는 할리퀸을 상상했는데, 자신의 암과 연관된 양극적 면을 모두 보여 주는 것으로 치료 과정 내내 그녀의 동반자의 역할을 하는 상으로 남았다.

심상은 암을 말해 주고 상징적으로 표현하였고, 개인적 자원, 내적 욕구, 관계 안에서의 자기보호와 자기관리를 하는 일, 새로운 신체와 자기상의 통합으로 구성되었다. 음악 선곡과 같이, 모든 그룹원들은 사후 면담에서 자신들의 개인적 이슈들과 연관된 핵심 심상과 만다라, 중요한 상징들을 기억해서 나누었다. 대부분은 자신들에게 중요하게 다가왔던 음악곡에 대해 묘사할 수 있었다. 개인적 심상을 떠나, 그룹원들은 또한 다른 그룹원들의 핵심 심상과 중요한 만다라에 대해서도 상세히 말할 수 있었고, 치료 과정 동안 그것이 자신들의 개인적 발전에 영향을 미쳤다고 하였다.

그룹 환경의 역할

그룹원들은 소그룹 환경이 안전하고 안정된 공간을 제공했다고 보고하였고, 이 공간 안에서 그들은 깊이 연관되고, 지지받으며 이해받는 경험을 하였다. 그들은 그룹이 배려 있고 사려 깊으며, 공감적이고 신뢰할 수 있으며 균형 있게 주고받았다고 느꼈다. 모든 그룹원이 암환자인 환경에서 '모두가 같은 배에 탄' 느낌은 소통하기 쉽게 하고 자신들의 고민과 생각, 감정, 걱정, 불안, 희망에 대해 가족이나 친구, 동료들과 있을 때보다 더 쉽게 터놓고 나눌 수 있게 하였다. GrpMI의 초점이 그룹 내에서의 개인적 과정에 있었음에도 불구하고, 그룹 역동이 일어나면서 개인적 발전과정에 영향을 미치게 된다. 그러므로 Yalom이 말한 그룹치료의 '치유적 요인'(1985)은 GrpMI에서도 볼 수 있다. 치료 세션 동안에 일어났던 언어적 상호작용과 사후 면담을 살펴볼 때, 보편성, 그룹 응집력, 희망의 생성, 모방 행동, 카타르시스 등은 그룹원들의 과정에 있어 가장 중요한 요소들이었다고 볼 수 있다.

한 그룹원은 가끔 자신의 미래에 대한 희망과 긍정적 감정을 다른 두 그룹원들과 나누기 어려웠다고 고백했는데, 이것은 그 두 그룹원들이 자신보다 더 암이 진전된 상태였고 신체적 제약도 더 심했기 때문이라고 했다.

GrpMI 경험의 중요한 면들

그룹원들은 자신들의 GrpMI 경험을 '내면으로의 여정' 혹은 '암을 이기기 위해 도움이 되는 도구'라고 묘사했다. 세 명의 그룹원 모두에게 그룹으로서의 경험은 그 자체로서도 매우 중요하였다(앞선 내용 참조). 그들은 병에 대해 초점을 두는 것뿐만 아니라 암을 견디는 데 함께 지지하며 도움이 되는 면들을 알아보고 작업하는 것이 선물의 심상과 같이 자신들이 지니고 떠날 수 있는 것으로 여겼다. 한 그룹원은 자신에게 가장 중요하게 다가온 것에 대해 설명하면서, "내가 이미 이 병을 잘 견뎌 낼 수 있다는 것을 깨닫고 안정되게 느끼는 것… 그리고 각각의 심상 경험을 통해 나의 다른 부분들을 탐색할 수 있었어요. 나는 내 자신이 그토록 많은 활기와 삶의 생명력을 그룹에 보태고 통합시킬 수 있다는 걸 보고 깜짝 놀랐어요."

GrpMI 세팅에 관해, 그들은 음악감상 전에 진행되는 토의 시간이 각 그룹원들의 개인적 이슈들을 결정하는 데 ('무엇이 내게 끌릴까') 도움이 되었다고 했다. 유도 단계는 이완을 취하고 몸 전체나 부분을 느끼며 인식하는 데에 도움이 되었다. 또한 음악감상에 앞서 감각들을 깨우는 데에 도움이 되었으며, 이로 인해 내면세계에 깊이 들어가 심상을 불러일으키고 무의식과 의식 세계를 이어 주었다. 음악과 심상 경험은 만다라 그리기를 통해 눈에 보이게 옮겨졌고, 이는 핵심 심상과 자신들의 변화하는 발전과정을 그룹원들이 볼 수 있게 하였다. 만다라 그림은 그룹원들에게 있어 각각의 심상 경험과 연결해 주고 개인적 사고를 연관시켜 주며, 이를 통해 더 광범위하고 새로운 개인적 관점을 얻을 수 있도록 이끌었다.

결론: 치료 결과의 요약

이 장은 자원 중심의 단기 그룹 음악과 심상 치료가 외래 항암치료를 받는 여성 암환자들에게 개인적 대처 과정과 질병 및 치료 부작용을 이겨 내는 데에 필요한 요소들을 어떻게 제공하는지 묘사하였다. 이 장을 통해 GrpMI 세팅의 여러 면들이 (음악, 심상, 만다라 그림, 그룹 경험) 그룹원들에게 어떻게 경험되고, 이러한 그룹 경험을 함으로써 그들의 개인적 발전과 성장을 위해 얻어지는 것을 알 수 있다.

요약하자면, 그룹원들은 GrpMI 경험에서 전반적으로 도움을 받은 것에 대해 말하면서, 자신들의 개인적 핵심 심상을 얻은 것과 다른 그룹원들이 '개인적 보물'로서 자신들의 일상생활에서도 필요할 때 도움이 될 수 있는 자원으로 보았다는 점을 들었다.

이와 더불어, GrpMI 사후에 개인치료 환경에서 각 여성들의 개인적 GrpMI 치료 과정에 대한 경험을 재검토하기 위해 반구조적 면담을 실행함으로써 그룹원들은 다음과 같은 긍정적 효과를 보고하였다.

- 암과 관련 치료에서 오는 제약을 극복할 수 있도록 하는 개인적 자원을 재발견하는 것(예를 들어, 음악을 사용해 치료 관련 불면증 증세를 극복하는 것, 자궁절제술 이후 육아를 위한 '자연스러운 육아법' 외에 할 수 있는 방법 구하기 등)
- 새 신체와 자기상의 통합(예를 들어, 전이세포를 만다라 원으로 통합하는 것, 신체 인식의 확장)
- 행동의 변화(예를 들어, 스트레스 상황 안에서 더 안정되게 느끼며 편안하게 행동하는 것, 지금-여기에 더 강조하며 사는 삶, 사랑하는 이들과 시간을 같이하는 것이나 자신의 몸을 돌보는 것 등 개인의 우선순위를 인식하는 것, 대인관계에서의 마찰을 극복하는 것, 그룹의 장려로 시도해 보기, 개인적 탐색을 위한 일상생활에서의 음악 사용)
- 의사소통에서의 변화(예를 들어, 가족과 친구, 동료들에 대해 제약을 두고 개인적 필요를 충족할 수 있는 능력)
- 암에 대한 인식의 변화(긍정적이고 은유적 특성들을 통해 '변화를 위한 동력' '나의 형제자매와 다시 소통할 수 있는 기회' 등으로 삼는 것)

덧붙이는 말

암의 빠른 진전에 따라, 참여자들 중 한 명은 GrpMI 치료를 마친 약 2주 후에 완화병동에서 사망하였다. 또 다른 그룹 참여자는 GrpMI 치료를 마친 4주 후에 수면 중 평화롭게 생을 마감하였다.

참고문헌

Angenendt, G., Schütze-Kreikamp, U. and Tschuschke, V. (2007). *Praxis der Psychoeduketion, Beratun und Therapie*. Stuttgart: Hippokrates.

Aulbert, E., Nauck, F. and Radbruch, L. (2011). *Lehrbuch der Palliativemedizin*. Stuttgart: Schattauer.

Bonde, L. O. (2010). Music as support and challenge—Group Music and Imagery with psychiatric outpatients. *Jahbuch Musiktherapie, 6*, 89-118.

Bradt, J. Dileo, C., Grocke, D. and Magill, L. (2011). Music interventions for improving psychological and physical outcomes in cancer patients. *Cochrane Database of Systematic Reviews 2011*, Issue 8.

Bruscia, K. (2002). The boundaries of Guided Imagery and Music (GIM) and Bonny Method. In K. Bruscia and D. Grocke (eds) *Guided Imagery and Music: The Bonny Method and Beyond* (pp. 37-61). Gilsum, NH: Barcelona Publishers.

Bruscia, K. E. (1991). Embracing life with AIDS: Psychotherapy through Guided Imagery and Music (GIM). In K. E. Bruscia (eds) *Case Studies in Music Therapy* (pp. 581-602). Gilsum, NH: Barcelona Publishers.

Burns, D. S. (2002). Guided Imagery and Music (GIM) in the treatment of individuals with chronic illness. In K. E. Bruscia and D. E. Grocke (eds) *Guided Imagery and Music: The Bonny Method and Beyond* (pp. 171-186). Gilsum, NH: Barcelona Publishers.

Burns, D. S. (1999). *The effect of the Bonny Method of Guided Imagery and Music on the quality of life and cortisol levels of cancer patients*. Doctoral dissertation, University of Kansas.

Clark, K., Loscalzo, M., Trask, P., Zabora, J. and Philip, E. (2010). Psychological distress in patients with pancreatic cancer: An understudied group. *Psycho-Oncology, 19*, 12, 1313-1320.

Grocke, D. and Wigram, T. (2007). *Receptive Methods in Music Therapy: Techniques and Clinical Applications for Music Therapy Clinicians, Educators and Students*. London: Jessica Kingsley Publishers.

Hübert, R. S. (2008). *Musiktherapie in der Palliatrvmedizin: Entwicklung eines Evaluationsinstrumentariums*. Unpublished Master's thesis SRH University of Applied Science, Heidelberg.

King, C. R. and Hinds, P. S. (2003). *Quality of Life from Nursing and Patient Perspectives: Theory, Reseach and Practice*. Sudbury, MA: Jones and Bartlett.

Klaschik, E. and Radbruch, L. (2007). *Lehrbuch der Palliativmedizin*. Stuttgart: Schattauer.

Singer, S., Das-Munshi, J. and Brahler, E. (2010). Prevalence of mental health conditions in cancer patients in acute care—a meta-analysis. *Annals of Oncology, 21*, 925-930.

Summer, L. (2009). Client perspectives of the music in Guided Imagery and Music: Unpublished Doctoral dissertation. Aalborg University, Denmark.

Summer, L. (2002). Group music and imagery therapy: Emergent receptive techniques in music therapy practice. In K. E. Bruscia and D. E. Grocke (eds) *Guided Imagery and Music: The Bonny Method and Beyond*. Gilsum, NH: Barcelona Publishers.

Wheeler, B. (1983). A psychotherapeutic classification of music therapy practices: A continuum of procedures. *Music Therapy Perspectives, 1*, 2, 8-12.

Yalom, I. D. (1985). *Theory and Practice of Group Psychotherapy* (3rd edition). New Yotk, NY: Basic Books.

제22장

산부인과 암 회복과정에 있는 여성 대상 짧은 음악 여정

Margareta Wärja

특정하게 선곡된 음악을 감상하는 것은 안전하고 창의적 공간을 줌으로써 치료 효과를 볼 수 있다. 이 장에서는 짧은 음악 여정(Korta Musikresor: KMR)이라 불리는 수용적 음악치료방법에 대해 소개하는데, 이는 음악치료사, 심리치료사, 표현예술치료사 등의 전문 치료사와 함께 선곡된 짧은 음악을 감상하는 것에 기초한다(Kästele and Müller, 2013; Wärja, 2010). 이 방법은 개인과 그룹 형태의 치료에 적용 가능하도록 소개된다. 또한 이 장을 통해 KMR을 암병동 그룹치료에 적용하기 위한 구조에 대해 더 자세히 설명할 것이다. 요약하자면, KMR은 궁극적으로 다음과 같이 정의될 수 있다.

> 치료사가 내담자의 현재 삶의 현황, 현 감정상태, 탐색의 초점이 되는 감정과 이슈의 조절 능력 등에 맞춰 선곡한 짧은 음악을 감상하며 내담자의 내면세계의 경험과

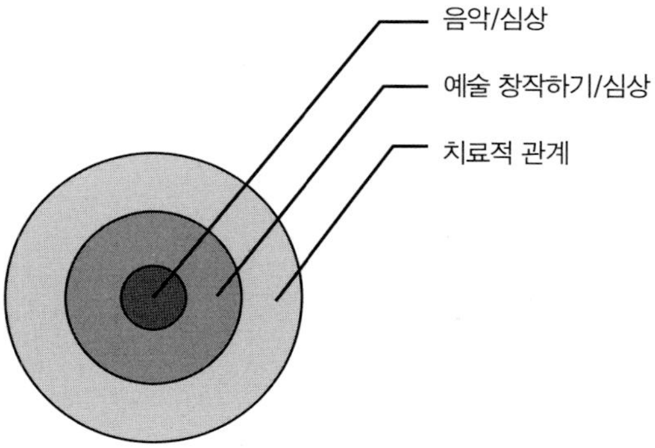

[그림 22-1] KMR 과정의 본질

현상에 관심을 더 집중하는 것으로, 예술을 통해 그 경험의 본질에 다가간 후, 언어적 과정을 통해 관련 맥락에 따라 전체 사건들을 순서에 따라 반영한다(Wärja, 2012; Wärja and Bonde, 2014; [그림 22-1])

심상 과정은 자가생성되는데, 이는 내담자의 내면에 있는 심상이 음악과 치료적 관계 안에서의 상호 주관적 나눔에 대해 반응하며 떠오르게 되는 것을 말한다(Mårtensson Blom and Wrangsjö, 2013). 전형적인 세션에서는 내담자가 치료사의 특정 중재 없이 음악으로부터 지지를 받고 음악에 마음을 열고 받아들인다. 가끔 덮어 말하기를 사용하는 경우도 있다. 이것은 음악이 재생되고 있는 동안에 언어적 지시를 하는 것을 말한다. KMR은 개인이나 그룹 심리치료 형태로 사용되며, 정신건강의학과, 암병동, 완화병동, 사설임상 등에서 적용된다. 여기에서 다루는 문제들은 삶과 관련해 부담이 되는 문제, 외상 경험, 정신 신체적 · 정신적 문제 등이다. 가족이나 부부를 대상으로 치료할 수도 있으며, 개인적 발전을 위해 사용되기도 한다. 또한 개인 슈퍼비전이나 그룹 형태에 적용되기도 한다(Wärja, 2013). 외상 경험을 다루는 경우에는 우선적인 단계로 자원과 회복탄력성을 구축해 안정화하는 단계를 거치며, 내담자의 정서 조절 및 인내 능력을 진단한다(Schore, 2003; Van der Hart, Nijenhuis and Steele, 2006).

이론적 기틀

KMR은 본 저자에 의해 계발되었으며, Bonny 방식의 GIM(Bonny, 1978, 1980; Bonny and Summer 2002), 표현예술치료(Levine and Levine, 2005), 존재론적 및 관계적 심리치료(Stern, 2004; Van Deuzen, 2010)를 이론적 기틀로 하였다. 이러한 상호관계적 부분들이 모여 전체로서의 방법이 정의될 수 있다([그림 22-2]).

KMR은 Bonny가 개발한 형태의 개인 세션에서 내담자가 전문 치료사와 함께 선곡된 음악 프로그램을 감상하며 음악이 불러일으키는 심상과 경험들을 치료적 관계 안에서 다루도록 하는 구조에 기초한 것이다. 상상을 즐기며 상상하기를 다듬어 가는 능력을 배양하는 것은 표현예술의 기초가 된다. 우리는 존재의 상태를 창조의 과정을 통해 만들어 간다(Levine and Levine, 2005). 여기에서 관심을 두는 것은 새로운 심상이 생기고 새로운 발견을 하며 생동감 있는 경험을 즐기는 데에 있다(Kenny, 2006). 기존의 애착형태를 파

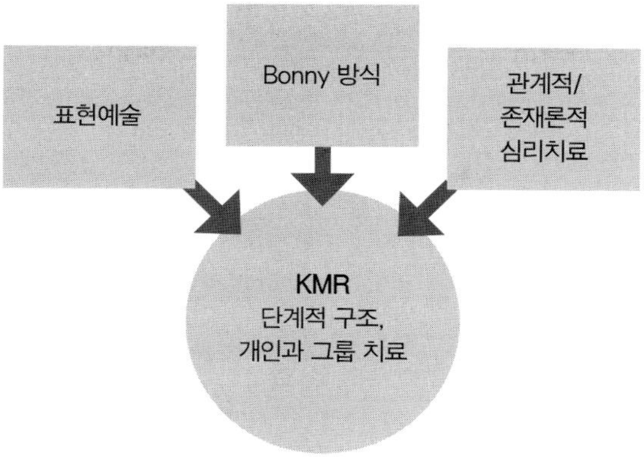

[그림 22-2] KMR의 이론적 기틀

악하고 치료적 동맹을 위한 신뢰 형성은 만남의 순간들과 생동감 있는 경험에 의해 이루어진다(Stern, 2004). 음악에 자신을 맡기는 과정은 여기서의 핵심 개념이며, 깊은 상호주관성과 신뢰를 구축하고 치료 목적을 달성하는 능력을 배양하게 하는 만남의 순간들로 묘사될 수 있다(Mårtensson Blom and Wrangsjö, 2013). 음악 세션의 주제를 찾고 초점을 정의하는 것은 KMR 구조에 깃들여 있다. 이러한 점은 존재론적 심리치료의 목적과도 상통하며 개인과 그룹 모두에 적용된다(Yalom, 1985). 존재론적 심리치료에서는 신체, 관계, 정체성과 사회망에 대해 인식하며 삶의 의미와 응집성을 어떻게 형성하는지를 다룬다.

KMR에서의 음악

KMR에서의 음악은 2분에서 6분 길이의 짧은 곡들로 신중히 선곡하며, 음악에 관련해 사용하는 은유는 '여는 것'이며, 이는 치료사와 내담자 모두를 주체로 한다. 음악에 몸과 마음을 열고 음악에 자신을 맡긴다. 음악에 여는 것은 음악적 공간에 들어가기 위한 준비 단계를 거치는 것을 말한다(뒤의 부록 참조).

음악의 목적은 안아 주고, 지지하며, 안전함을 주기 위함이며, 역동적 활기를 어느 정도 줌으로써 탐색을 지지하고 심상과 신체적 감각 경험을 불어일으키기 위함이다. 지지적 음악은 안정적이고 대개 예측 가능하며, Hevner(1937)의 Mood Wheel(예를 들어, 가벼운 기분)에서의 3-4-5-6에 해당하는 기분 영역의 연속선상에 머문다. 이 책의 제30장을 참조하기 바란다. 음악은 명확한 선율과 일관성 있는 리듬, 대부분 협화음 구조를 가진다. KMR에서의 음악 선곡에 있어서 선율은 특히 중요한데, 이는 내러티브를 움직이며 전경에 있기 때문이다. 선율은 이해하기 쉽고 예측 가능해야 한다. 상호주관성의 조성에 관해 Mårtensson Blom과 Wrangsjö(2013)는 서로 다른 음악적 요소들이 이처럼 선율적 역할을 어떻게 하는가에 대해 지적하였다.

> 상호주관성은 음악을 통해 조성될 수 있다. 서로 다른 음악적 요소들은 상호작용을 한다. **선율**은 연결된 음들로 구성된다. 이러한 연결음들은 작은 의미 있는 단위의 음절 형태로 모인다. 선율은 의미의 필요성을 알리고 상징하는 데 있어 가장 강한 요소일 수 있다… 선율은 이야기 형태를 표현하는데, 이러한 삶의 이야기와 색채들은 항상 주어진 음역대의 위치에 따라 멀리 가거나 다시 돌아온다. 음들은 선율이 어디로 향하는지 알려 주고, 선율의 공간적 · 시간적 특성을 부여한다. 여기에서 우리는 선율이 공통의 목적성을 띠고 상호주관성을 조성하기 위한 요소로 작용하는 것을 알 수 있다(p. 222, Margareta Wärja 번역).

내담자를 위한 음악을 선곡할 때에는 기본적인 애착형태, 정서를 조절하고 다루는 능력을 주의 깊게 진단하고 고려한다. 적합한 음악을 선곡하기 위해서 다음과 같은 세 가지 영역의 은유를 적용한다. 즉, (1) 안전하고 담아 주는 영역, (2) 안전하고 열린 영역, (3) 안전하고 탐색적인 영역 등이다([그림 22-3])(Wärja and Bonde, 2014).

1. 안전하고 담아 주는 영역	• 갑작스러운 '반전'이 없이 안전적이고 예측 가능한 음악. 이러한 음악은 내담자를 살짝 이끌고 가 주는 역할을 한다. 음악의 단순함, 독주 악기가 하나 또는 두 개의 보조악기들과 함께 선율을 만드는 것 • 예: Stefan Nilsson: Wilma's Theme, Jan Johansson: Bandura.

2. 안전하고 열린 영역	• 매우 작은 '반전'이 있는 음악 • 악기 간에 대화가 오가는 음악: 두 개의 다른 주제와 하나의 악기가 가능함. • 예: Steve Dobrogosz: Mass and Chamber Music, NO. 13, Resting Place. Benny Andersson's Orchestra: Songs from Second Floor

3. 안전하고 탐색적인 영역	• 조금의 역동적 긴장이 있는 음악. 이것은 음악에 자신을 맡기도록 지지하고 다른 점들에 대한 탐색을 도움. 점점 크게, 또 점점 작게 역동을 줌. 화성적 긴장이 조금 있음. 다양한 목소리들이 있음. 복잡성의 요소들이 있음. • 예: Secret Garden: *Song from the Secret Garden*. Beethoven: *Piano Concerto #5*, Adagio

[그림 22-3] KMR 음악의 세 영역

개인과 그룹 치료를 위한 구조와 절차

개인 세션은 60분간 진행되며, 그룹 세션은 대개 90분에서 2시간 30분 정도 소요된다. 음악이 흐르는 동안 내담자는 편안한 의자에 앉아 눈을 감거나 뜬 채로 경험의 강도를 자기조절할 수 있다. 기본 형식은 Bonny 방식과 유사하다([그림 22-4] 참조)

1. 언어적 대화: 특정 초점에 동의함
2. 유도: 신체 이완, 집중하고 초점을 제시함
3. 음악감상하기[안내 (guiding) 없이/덮어 말하기]: 2-6 분
4. 방으로 돌아오도록 이어서 돕기
5. 예술 창작하기
6. 언어적 프로세스: 본질 찾기

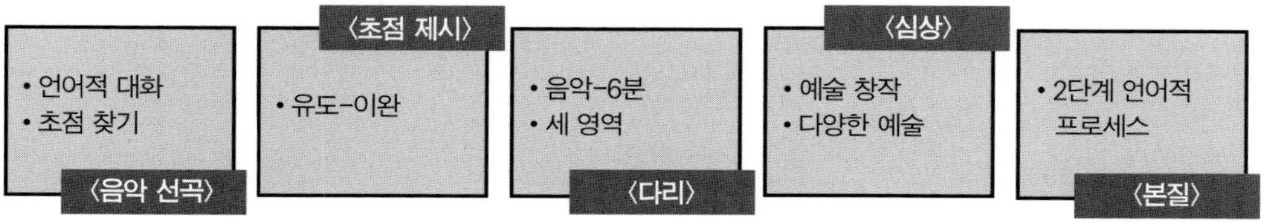

[그림 22-4] KMR 세션의 구조와 흐름

언어적 대화

개인 세션은 이전 세션에서 다루었던 현재 삶의 주제와 내용들을 언어적으로 대화하며 시작한다. 치료사는 연관된 영역과 내용에 관심을 둔다. 대화를 하며 특정한 초점을 찾고

조성하도록 대화의 길을 좁혀 간다. 예술작업을 통해 초점을 더 정의할 수 있다. 그룹치료의 경우, 첫 단계에서는 언어적으로 체크인(자신의 상태에 대해 나눔)을 하고, 이렇게 함으로써 그룹의 현재와 과거의 주제들을 익힌다. 이 단계에서 기반다지기, 주의해서 호흡하기, 자유즉흥동작 등의 신체작업을 하는 것이 유용하다. 그룹원 간의 역동적 상호작용을 통해 초점을 찾고 조성할 수 있다. 이전에 했던 예술작업을 이용해서 초점작업에 익숙해질 수 있다. 모든 그룹원들의 초점들이 수용될 수 있도록 충분히 광범위하게 조성되도록 한다. 상상을 더 잘하기 위해 엽서나 사진 등도 도움이 되는데, 특히 그룹의 발전단계에서 효과적이다. 이러한 예로는, "당신이 있는 그대로 편안히 쉴 수 있는 안전한 곳을 찾아보세요" "지금 당신의 관심을 끄는 심상이나 카드에 관심을 두도록 합니다" "이 그룹에서의 당신의 경험에서 불러일으켜지는 심상/카드를 찾아보세요"가 있다.

유도

유도/이완은 내담자 개인이나 그룹 전체에 맞추어 진행된다. Bonny 방식에서와 유사한 안정기법을 적용하는데, 예를 들어 호흡, 색, 빛, 점진적 이완 등이다(지도를 위해 Grocke and Wigram, 2007 참조). 약간의 전환된 의식 상태로 도입한다. 치료사는 따뜻하고 공명적인 목소리를 사용해 짧고 지시적인 현재형으로 말한다. 그룹형태에서는 각 그룹원이 자신만의 장소를 찾도록 도우며, 치료사는 개인에게 얘기하듯 말한다. 예를 들어, "시간을 충분히 두고 당신 자신을 편안하게 합니다… 이 시간은 당신의 심상, 느낌들, 감각과 함께하는 시간임을 알아차려 봅니다… 당신의 호흡에 집중해 봅니다." 신체 이완을 한 후에는 음악에 내담자가 자신을 열 수 있도록 지지한다. 도입은 약 3~4분이 소요되는데, 이것은 음악의 소요시간과 비슷하다. 임상 경험으로 비추어 볼 때, 비교적 긴 시간 동안 도입을 하는 것이 내담자로 하여금 음악에 더 자신을 열고 맡길 수 있게 지지하는 데 도움이 된다. 개인치료에서는 각 내담자에 따라 이 부분을 진단하고 조절할 수 있다. 언어적 중재를 유도부분에서 사용하는 경우, 음악 없이 신체 이완으로 시작하며, 예술 과정에 대해 다시 나누거나 신체를 내면으로부터 경험하는 것 등의 작업을 수행하면서 음악이 시작된다.(그룹 사례 참조).

음악

음악이 흐르는 동안에는 일반적으로 안내(치료사의 중재)가 없다. 음악 부분에서 치료사는 닻의 역할을 한다. 그룹 형태에서는 절대적으로 그룹 전체에 관심을 집중한다. 닻의 역할에는 음악과 함께하며, 동작과 얼굴표정들을 살피는 것이 해당된다. 이렇게 상호 주관적인 방법으로 언어적 개입 없이 어느 공간에 연관 지으며 함께 있는 것은 이러한 방법의 본질적 측면이고, 관련되는 여러 현상들과 느껴지는 감각들을 알아차리는 것을 포함한다. 개인 세션에서 만약 내담자가 울려고 하지만 참고 있다면, 치료사는 다음과 같이 말할 수 있다. "눈물이 흐를 수 있도록 놓아주고 흐르게 해 줍니다." 그룹 세션에서는 다음과 같이 말할 수 있다. "울고 싶다면 울 수 있게 해주고, 음악이 당신을 안아 줄 수 있게 합니다." 그룹원이 자신의 감정을 표현하게 되면 그것은 대부분의 다른 그룹원들에게 영향을 줄 수 있으므로, 이에 대해 음악이 끝난 후 나눈다.

다리

음악을 마친 후 치료사는 다음과 같이 말한다. "음악이 끝났습니다. 경험의 마무리를 하는 데 시간을 줍니다. 마무리를 하면서 무언가 일어나야 할 일이 있는지, 해야 할 것이 있는지 알아차려 봅니다… 그리고 이 경험에서 기억하고 가져올 것이 있는지 알아차려 봅니다." 내담자들은 스트레칭을 하고 눈을 뜨며 의식상태로 돌아온다.

예술 창작

음악 부분을 마친 후 예술 창작은 필수적인 것이 아니지만 분명히 장려하는 부분이다. 시각예술의 장점은 보관하고 다시 볼 수 있다는 것에 있다. 다양한 미술도구들(다양한 크기의 종이, 크레용, 구아슈, 석탄, 아크릴 물감, 찰흙)을 이용해 자신의 경험을 즉흥적으로 창작하도록 지시한다. 예를 들어, 긴장이나 어떤 다른 감정을 해소해야 한다면, 음악, 동작이나 드라마를 통해 신체작업을 하는 것이 더 효과적일 수 있다. 어떤 이야기나 메시지를 기억해야 할 경우에는 자유롭게 글쓰기를 할 수 있다. 그룹 예술 창작에서 그룹원들은 서로에게 영향과 영감을 주고받으며 대면하기도 한다. 그룹의 역동적 역량을 이용해 심상내용을 탐색하는 것에는 무한한 가능성이 있는데, 예를 들어 즉흥적인 악기 연주 동작,

음악 작곡, 무용 안무, 그룹 그리기, 3차원 미술 창작, 역할놀이와 드라마를 통한 당초문 만들기 등이다.

언어적 프로세스

언어적 프로세스는 2단계로 진행하는데, 개인과 그룹 형태에 따라 나뉜다.

개인치료

첫 단계에서는 음악과 예술을 통해 나타난 심상들을 열린 마음으로 탐색한다. 내담자와 치료사는 다음과 같은 반영적이고 연관성 있는 대화를 한다. "무엇이 중요하게 떠오르세요?" "거기에 대해 더 나눠 주실 수 있으세요?" "잠시 이것과 함께 있어 보지요." "이 경험의 본질은 무엇일까요?" "어떤게 의외였어요?" 시각예술을 보며, 다음과 같이 말할 수도 있다. "이 그림을 볼 때 어떤 게 알아차려지세요?" "이 심상과 함께 어떤 소리가 들리는 게 있어요?" 대화 안에서 이런 부분은 Bonny 방식에서의 안내와 흡사하다. 치료사는 현재형으로 이야기하며 감각과 감정에 열고 충분히 경험하면서 심상과의 관계를 더 깊이 하도록 도운다. 언어적 프로세스의 두 번째 단계에서 치료사는 내담자의 여정이 현재 내담자 삶의 상황과 연관되는지 질문하고 반영한다. 예를 들어, "우리가 시작하면서 있었던 문제로 다시 돌아가 봅시다. 이 심상이 그 이슈와 어떻게 연관될까요?" 대부분의 경우 세션은 더 긴 시간의 전체 치료 과정의 일부로 역할을 한다. 종료하기 전에, 치료사는 내담자에게 본질을 찾고, 다음 세션까지 아직 희미하거나 완전히 이해되지 않은 심상들과 함께 있도록 지지한다. 즉각적인 해석을 되도록이면 하지 않도록 한다. 즉, 열린 마음으로 궁금해하며 해석하지 않는 것을 선호하는 접근이다.

그룹치료

앞에서 언급한 것과 같이, 존재론적 그룹심리치료가 이론적 기틀이다(Yalom, 1985). 이런 식으로 그룹을 진행하는 것은 의사소통, 역동, 그룹 프로세스에 관한 기술을 요한다. 필요한 경우 치료사는 대화의 실마리를 푸는 것을 돕고 정보를 조사하고, 종합적 주제들을 확인하기도 한다. 그룹은 사회의 소우주가 되어 갖가지 감정들을 내비치고 표현하며 담기게 된다. 그룹원들 간에는 심상들이 살아나고 상상이 살아 움직이게 되는 일종의 터가 마련된다. 치료사는 각 그룹원이 음악의 여정에 대해 나누고, 하마터면 놓치고 지나가기 쉬운 자원에 대한 관심을 서로 나누도록 돕는다. 언어적 대화로 어떻게 심상에 대해 나누게 진행하는지에 관해서는 개인치료 부분을 참고한다. 시각적 심상은 대개 리드미컬한 감각을 가지고 있을 수 있고 특정한 톤이나 소리로 나타날 수 있다. 가령, 어떤 이야기의 전개, 단어나 드라마가 있을 수 있고, 이는 동작이나 춤에 대한 방향을 제시할 수 있다. 세션을 종료하기 전에 내담자들이 세션에서의 경험 중 가장 중요했던 점이 무엇인지 알아보도록 돕는다.

KMR와 Bonny 방식의 차이점

내담자가 짧은 음악곡에 자신을 열게 하는 것은 본질적으로 Bonny 방식의 GIM에서 음악을 이용하도록 장려하는 것과 같다. 그러나 몇 가지 분명한 차이점들도 있는데, 그 중에서 중요한 점은 음악을 사용하는 방법이다. 앞서 언급했듯이 원래의 GIM 프로그램에서는 다양한 음악적 요소들과 역동적 강도를 포함한 서양 고전음악을 순서대로 사용한다. KMR에서는 주로 전통 고전음악 외의 장르에서 선곡하며 짧고 꽤 안정적인 하나의 곡을 사용한다. KMR에서 음악을 사용하는 의도는 안아 주고 지지하며 반전요소 없이 약간의 역동적 움직임만 주기 위함인 데 반해, GIM의 음악은 지지적인 것에서부터 갑작스럽게 뛰어내리고 반전과 다양한 대비들이 있어 도전이 된다. 또 하나의 큰 차이점은 KMR의 음악 부분에서 치료사가 개입하는 안내가 없는 반면, GIM에서는 음악 부분에서의 치료사와의 언어적 대화가 가장 중요한 요소로 사용된다는 것이다. 그 외의 차이점은 여정의 초점을 찾는 전개과정에 있다. GIM에서는 초점/주제가 보다 광범위하고 열린 경우가 있으나, KMR에서는 내담자가 특정하고 명확한 초점을 찾는다. GIM의 관련 접근과 이론적 기틀이 다양하나, KMR의 이론적 기틀은 명확하게 정의된다. 〈표 22-1〉에 이에 대한 내용을 요약하였다.

〈표 22-1〉 KMR와 Bonny 방식의 주요 차이점들

	KMR	Bonny 방식의 GIM (Bonny Method of GIM)
맥락	개인치료(60분)와 그룹치료(90~120분)	개인치료(90~120분)
세션구성	6 단계: 1. 언어적 대화 2. 도입/ 명확하게 정의된 초점 3. 음악 4. 다리 5. 예술 6. 언어적 프로세싱.	6 단계: 1. 언어적 대화 2. 도입/초점/주제/열린 여행 3. 음악 4. 다리 5. 예술 6. 언어적 프로세싱
음악	2~6분 소요되는 한 곡, 고전음악, 영화음악, 민속음악, 지지적 고전 GIM 곡들. 안내 없이/언어적 중재	서양 고전음악곡을 순서에 따라 만든 프로그램. 20~40분 소요, 안내 있음.
예술	표현예술 방법: 시각예술, 찰흙, 동작/무용, 드라마, 음악 만들기, 글쓰기	주로 만다라 그리기
언어적 프로세싱	KMR-확연한 2단계.	이론적 기틀과의 관계에 따라 다름.
이론적 기틀	KMR-표현예술, 존재론적/관계적 심리치료	다음과 같은 다양한 전통: 인본주의, 게슈탈트, 심리분석, 융심리학, 초월주의

사례 연구: 산부인과에서의 KMR 그룹치료

KMR/표현예술 형태의 단기 그룹치료를 암병동에서 산부인과 암환자를 대상으로 하는 무선통제실험연구의 대기그룹 중 예후가 좋은 여성 환자를 대상으로 8회기 세션(각각 2.5시간)에 적용하였다(Wärja, Bergmark and Bonde, 2012). 산부인과 암 진단을 받은 여성들은 많은 영역에 영향을 받는데, 정체성 · 자아상 · 자존감 · 성적 정체감 · 관계 등에 영향을 받는다(Bergmark et al., 2002; Calwell Sacerdoti, Koopman and Laganá, 2010). 이 연구는 삶의 질 향상과 관련된 경험을 묘사하고 특정한 결과를 측정한 복합적 방법 설계였다. 암치료 종료 후의 경험들과 관련해 음악감상, 즉흥적 그리기, 언어적 반영이 적용되었는데, 가령 존재론적 질문, 신체적 · 성적 기능장애, 재발에 대한 두려움 등을 예로 들 수 있다. 그룹마다의 어려운 점들에 대한 탐색, 대처기술의 발달, 자원 발굴 등을 위해 그룹에 맞게 중재를 조절할 수 있도록 프로토콜을 변형할 수 있게 하였다(Wärja, Sodell and Wenkel Harup, 2013에서 발전됨). 암 진단을 받는다는 것은 삶과 죽음, 생존과 관련해 중요한 위기 상황이다. 그룹원들은 암치료 이후의 삶에 관한 이슈들을 지금-여기에서 대면하고 다룰 수 있도록 지지받는다. 이 그룹은 경부, 난소, 자궁암치료를 받는 27~73세의 7명의 여성으로 구성되었으며, KMR 훈련을 받은 2명의 간호사와 표현예술 치료사들이 진행하였다. 치료는 크게 세 단계로 나뉘었다. 신뢰 형성(세션 1~2), 신체상, 성별과 존재론적 질문(세션 3~6), 통합과 종결(세션 7~8). 〈표 22-2〉는 주요 치료 주제와 선곡된 KMR 음악에 대한 개요이다.

〈표 22-2〉 산부인과 암치료를 받는 여성 대상의 그룹치료 전개에 대한 요약

세션	내용	음악/영역: 1. 안아 줌 2. 열기 3. 탐색	그룹 주제/ 발언
0	개인 면담: '암 이야기'. 암 관련 경험과 그룹의 경험		참여자는 대기군과 그룹치료군에 무작위 배정됨. 각 그룹원은 그룹 준비를 위해 한 명의 치료사와 한 시간의 면담을 함.
1	개인 선호음악을 통해 그룹 조성: 암치료 종료 후 현재 삶의 상황에 대해 대변하는 음악을 가져옴.	그룹원들이 집에서 선곡해 가져온 곡	이야기와 음악을 나눔. 슬픔과 상실, 외로움. 육체적으로 지침. 암이라는 것을 발견하면서 한 외상 경험. 신뢰와 그룹 응집력 조성. 음악을 통해 긍정적 에너지를 얻음.
2	삶의 주제/ 나무 그리기 a) 무엇에 초점을 맞추는가? b) 계속 나아가기 위해 무엇을 놓아야 하는가? 자신을 나무로 표현하기	언어적 중재 Dema Premal (1)	생존과 다른 그룹원들의 병세 악화에 대한 죄책감. 건강하게 느끼지 않는 것에 대한 애도. 자신의 행복이 끝났는데도 가족과 친구들이 행복해야 한다고 생각하는 것에 대한 좌절.
3	신체상-제1부 신체 전체 색칠하기(실제 신체 크기대로 윤곽 사용) 암치료 종료 후 오늘의 몸을 색칠합니다. 몸은 어떤 경험과 감정을 가지고 있나요?'	Secret Garden: *Song from a Secret Garden* (3)	그룹원들이 일어나 자신들 신체의 경험을 색칠하면서 나타나는 강도와 초점 모두가 참여함. "마치 음악이 무언가 건강한 것을 가져다 주는 것 같아요."
4	콜라주 신체그리기를 사용해 시작함. "오늘과 일상생활에서 당신의 몸이 느끼는 경험과 감정을 나타내는 심상을 찾으세요."	Benny Andersson: *Sånger från Åndra Våningen* (2)	슬픔과 애도 다시 온전한 전체가 되기 위해 싸움. "마치 빛을 향해 등반해 가는 것 같아요."

5	**성별-신체상 제2부** WHO의 정의 - 소개 "변화할 필요가 있나요?" (그림에 색칠하거나 그림을 바꿀 수 있음) KMR (언어적 중재)	아프리카 드럼연주 (웜업) Jenkins: *Palladio* (3)	친밀감과 매력 있다고 느끼는 것에 대한 갈구. 성행위를 하지 못하는 것에 대한 죄책감. 성적 즐거움과 기능장애에 대한 토의: 매끄러움과 신축성의 상실. 질확장기 사용에서 오는 짜증, 웃음과 깊은 나눔. 모두의 신체 그림이 바뀜으로써 더 수용함을 표현함.
6	**콜라주: 나의 지금의 삶** 존재론적 주제들. "당신의 삶에 의미를 부여하는 것은 무엇입니까?" 신문과 잡지에서 연관되는 심상을 찾음.	Fläskkvartetten: *Innocent* (3)	오늘의 나는 누구인가? 새로운 종류의 정체성. 부정적 생각과 걱정, 불안에 대처하는 방법. 가족원들과 같이 있는 방법. 떠나는 친구들에 대한 실망감. 존재론적 주제들. 영성적 문제들.
7	**미래에 대한 계획: 과거-현재-미래** (사이코드라마 소례) "2년 후의 자신에게 보내는 짧은 편지를 작성하세요." 자신을 나무로 색칠하기	Nilsson: *Wilmas Tema* (1) (2년 후의 미래에 있는 상태에서)	암 진단을 받기 전의 시간으로 돌아가며 강한 감정적 경험을 함. 미래의 상태로 가서 참여함. 가능한 미래를 창의적으로 만들어 가는 과정을 즐김. 희망을 느낌. 그룹이 곧 종료할 것에 대한 슬픔.
8	**마무리: 여정에 대한 예술적 접근** "당신은 그룹에서 무엇을 가져갑니까?" 앞으로의 길… 안녕	Satie: *Gymnopédie* #1 for flute and harp (중재적 언어)	나무 이야기와 긍정적 변화에 대한 놀라움에 대해 나눔. 수용과 희망의 감정. 그룹원 간에 가까워짐에 대한 고마움. 많은 것을 배움. 떠나는 것이 슬프고 또한 삶을 지속해 가는 것에 대한 준비된 느낌.

첫 세션에 각 그룹원들은 암치료에 관련한 음악을 자신이 선곡해 재생하였다. 이렇게 함으로써 그룹 응집력을 키울 수 있었고 그룹 안에서의 즉각적인 친밀감을 조성할 수 있었다. 이후 세션에서 KMR의 초점은 자신을 상징하는 나무였고 중요한 문제와 주제들을 조성하였다. 작업 단계에서 그룹은 현재 자신들의 신체와 관련한 고통스럽고 불분명한 감정들을 탐색하였는데, 성적 어려움과 수치심과 죄책감에 대해 알아보고, 죽음에 대한 질문을 대면하면서 삶의 의미를 가지는 방법을 모색하였다([그림 22-5]; 또한 삽화 22.1~22.7 참조). 마지막 두 세션에서는 미래에 대한 희망과 바람들을 담은 시나리오를 만들어 보도록 하였다. 이 모든 과정은 음악의 지지를 받으며 떠오른 모든 심상들을 돌아보고 언어적으로 나누면서 마무리되었다.

치료 이후 그룹원들은 부분적으로 구조적인 면담에 참여해 그룹 안에서의 경험에 대해 나누었다(아래 참조). 그룹 안에서 예술을 이용한 치료적 작업은 7명 여성 모두에게 도움이 되었고, 안아 주는 느낌을 받았으며 변형을 일으켰다.

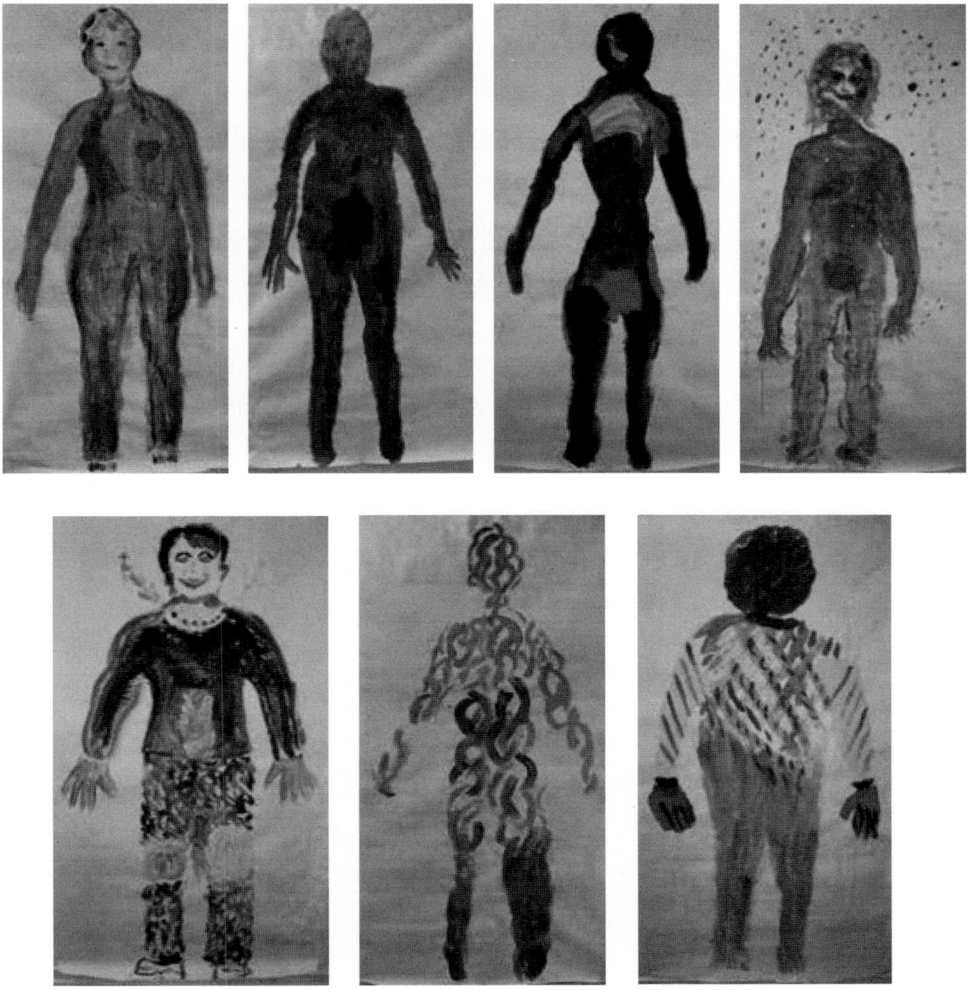

[그림 22-5] 암환자들이 만든 실제 크기의 신체 그림들

산부인과 암치료를 받은 여성 대상 그룹 KMR 치료 이후 발언들의 핵심

■ **71세, 자궁암**

저는 이제 제 몸을 더 수용해요. 사실, 괜찮다고 생각해요. 이 그룹의 일원으로 있을 수 있어서 행복해요. 아주 많은 것을 배웠고 안전하게 느꼈어요. 끝나서 슬퍼요. 제 남편과 더 나아졌어요. 저희 부부생활을 회복하기 위해 도움을 찾으려고 해요.

■ 55세, 경부암

이제는 미래에 대한 희망을 가져요. 이전에는 매 번 다음 검진을 받는 날까지 세 달씩 나누어 사는 느낌이었어요. 저는 제 자신의 감정을 누구의 비웃음 없이 제가 표현하고 싶은 바로 그대로 표현할 수 있었어요. 저는 암 진단을 받고 늘 저보다 더 나쁜 상황에 있는 사람들에 대해 생각했어요. 제 자신의 감정에 관심을 두고 제대로 느껴 본 적은 없었지요. 이제는 더 제 자신을 열어요. 그룹이 저에게 힘을 주었어요. 고마움을 느껴요.

■ 28세, 경부암

참 좋았어요. 음악을 듣는 것이 좋았어요. 처음에는 색칠하는 것이 이상했지만, 정말 효과가 있었어요. 말하는 것보다 더 쉬웠지요. 저는 새로운 말할 거리가 생겼어요. 정말 대단했어요! 제 커다란 신체 그림을 보는 것은 어려웠어요. 그런데 그렇게 함으로써 제가 어떤 과정을 거쳤는지 정말 이해하게 되었어요. 그룹의 다른 분은 그것에 대해 새롭게 보는 시각을 가지는 데 도움을 주었어요. 저는 그 그림을 보는 관점을 바꾸고 다시 색칠하게 되어 행복했어요.

■ 59세, 자궁암

저는 이제 힘있는 여자처럼 느껴요. 그전에는 마치 비누방울 안에 있는 것처럼 갇힌 느낌이었어요. 모든 게 별다를 게 없었지요. 처음에는 그룹에 있는게 조금 두려웠어요. 진행자들이 아주 좋았고 안전하게 느꼈어요. 저는 재발에 대해 무서워하고 있었어요. 이제 더 이상 거기에 대해 걱정하지 안해요. 이제는 내가 어떻게 느끼는지 용감하게 알아보기도 하고, 아닌 것에는 아니라고 말할 수 있어요. 저는 또한 벚꽃이 피어나는 것과 같이 연약하게 느끼기도 해요. 제 자신을 더 잘 돌보려고 해요. 성과 새로운 짝을 찾는 것 등 모든 것에 대해 얘기할 수 있어서 좋았어요.

■ 73세, 자궁암

저는 우리가 우리 자신의 음악을 가져올 수 있어서 좋았어요. 암투병 이후로 너무나 늙어 버린 나 자신을 보는 것은 힘들었어요. 하지만 제 발은 아직도 춤을 추고 있어요. 성에 대해 얘기할 수 있어서 좋았어요. 제 남편에게 미안했어요. 우린 다시 부부생활을 하려고 노력할 거예요. 우리가 나무를 그린 게 정말 좋았어요. 제가 아플 때 창문 밖에 있는 나무들을 바라보았어요. 그 나무들과 얘기하며 매일 보냈어요. 이 그룹에 있어서 참 좋았어요. 오랫동안 계속 참여할 수 있었으면 했어요.

■ **56세, 자궁암**

제 첫 번째 그림에는 얼굴이 없었어요. 이 그룹의 일원으로 참여하면서 많은 것이 바뀌었어요. 저는 제 자신과 친해졌고 행복한 얼굴을 가졌어요. 제가 그룹에 참여하던 같은 기간 동안 장암으로 죽은 친한 친구를 방문했어요. 그룹은 제게 도움이 되었어요. 처음에는 친구의 죽음을 생각하며, 그룹 안에서 불평들이 있는 것에 대해 화가 났어요. 그렇지만 저에게는 제 자신의 여정이 있다는 것을 이해했어요. 가장 좋았던 것은 우리가 성에 대해 그렇게 터놓고 나눌 수 있었던 점이에요.

■ **68세, 자궁암**

대단한 그룹이었어요. 저는 저희들 중에 젊은 여자가 있어서 좋았어요. 그녀는 유머 감각이 있었지요. 우리는 많이 웃었어요. 저는 이제 행복하게 느껴요. 정말 바닥까지 갔었죠. 굉장히 열린 그룹이었어요. 매 세션이 끝난 후에 저는 집에 돌아가 다음 시간까지 생각해 볼 것들을 많이 가져갈 수 있었어요. 안전하게 느꼈어요.

결론

요약하자면, KMR은 다양한 임상환경에서 개인과 그룹 심리치료 형태로 다양하게 사용할 수 있는 방법이며, 광범위한 필요와 위기 상황 및 대인관계 문제를 다루는 등의 교육 목적으로 사용할 수 있다. 궁극적으로, 이것은 짧은 비고전음악의 미적 요소를 이용해 치료적 관계에 있어 안아 주는 역할의 변화에 자신을 맡기는 과정을 말한다.

참고문헌

Bergmark, K. E., Åhvall-Lundqvist, P. W., Dickman, L., Henningsohn, G. and Steineck, G. (2002). Patient-rating of distressful symptoms after treatment for early cervical cancer. *Acta Obstetricia et Gynecologica Scandinavica, 81*, 443-450.

Bonny, H. L. (1980). *GIM Therapy: Past, Present and Future Implications*. Salina, KS: The Bonny Foundation.

Bonny, H. L. (1978). *The Role of Taped Music Programs in the GIM Process* (GIM Monograph Number 2). Salina, KS: The Bonny Foundation.

Bonny H. L. and Summer, L. (eds) (2002). *Music Consciousness: The Evolution of Guided Imagery and Music*. Gilsum, NH: Barcelona Publishers.

Caldwell Sacerdoti, R., Koopman, C. and Laganá, L. (2010). Altered sexuality and body imagery after gynaecological cancer treatment: How can psychologists help? *Professional Psychology: Research and Practice, 41*, 6, 533-540.

Grocke, D. and Wigram, T. (2007). *Receptive Methods in Music Therapy: Techniques and Clinical Applications for Music Therapy Clinicians, Educators and Students*. London: Jessica Kingsley Publishers.

Hevner, K. (1937). Experimental studies of the elements of expression in music. *American Journal of Psychology, 48,* 246-268.

Kästele, G. and Müller, D. (2013). Kurze Musik-Reisen (KMR). Ein Tor Zur Innenwelt. In I. Frohne-Hagemann (ed.) *Guided Imagery and Music Konzepte und klinsiche Anwendunger*. Wiesbaden: Dr. Ludwig Reichert Verlag.

Kenny, C. (2006). *Music and Life in the Field of Play: An Anthology*. Gilsum, NH: Barcelona Publishers.

Levine, S. and Levine, E. (eds) (2005). *Principles and Practice of Expressive Arts Therapy: Towards a Therapeutic Aesthetics*. London: Jessica Kingsley Publishers.

Mårtensson Blom, K. and Wrangsjö, B. (2013). *Intersubjektivitet—Det Mellanmänskliga i Vård och Vardag*. Lund: Studentlitteratur.

Schore, A. N. (2003). *Affect Regulation and the Repair of the Self*. New York, NY: Norton.

Stern, D. (2004). *The Present Moment in Psychotherapy and in Everyday Life*. New York, NY: W. W. Norton.

Van der Hart, O., Nijenhuis, E. R. S. and Steele, K. (2006). *The Haunted Self: Structural Dissociation and the Treatment of Chronic Traumatization*. New York, NY, and London: Norton and Company.

Van Deurzen, E. (2010). *Everyday Mysteries: A Handbook of Existential Psychotherapy*. London: Routledge.

Wärja, M. (2013). Konstnärlig metodik i psykoterapihandledening. In I. Nygaard Pedersen (ed.) *Kunstneriska Medier i Supervision och Psykoterapi*. Aalborg: Aalborg Universitetsforlag.

Wärja, M. (2012). Training notes. Expressive Arts Institute. Stockholm, Sweden.

Wärja, M. (2010). *Korta Musikresor (KMR) som Musikterapeutisk Method*. Stockholm: Kungl Musikhögskolan.

Wärja, M. and Bonde, L. O. (2014). Music as co-therapist: Towards a taxonomy of music in therapeutic music and imagery work. *Music and Medicine, 6*, 2, 16-27.

Wärja, M., Bergmark, K. and Bonde, L. O. (2012). Music and expressive arts therapy for women with a history of gynaecological cancer. Available a www.isrctn.com/ISRCTN50156343, accessed 29th January 2015.

Wärja, M., Sodell, M. and Wenkel Harup, A. (2013). *Protocol for the study of music and expressive arts therapy for women with a history of gynaecological cancer*. Unpublished manuscript. Karolinska University Hospital, Stockholm, Sweden.

Yalom, I. (1985). *The Theory and Practice of Group Psychotherapy*. New York: NY: Basic Books.

부록: 음악 목록(시간 포함)

Benny Anderssons Orkester (CD): *Sånger från adnra våningen* (Songs from Second Floor) (3:52)

Beethoven: *Piano Concerto 5번*, Adagio (6:53)

Deva Premal: Om *Namo Bhagavate* (7:06)

Dobrogosz: *Mass and Chamber Music*, Resting Place (3:41)

Fläskkvartetten: *Innocent* (3:33)

Jenkins: *Palladio*, Allegretto (3:43)

Johansson: *Bandura* (2:27)

Kater: *Song of Union*, Trad. Arr. (2:52)

Löfman: *Makh Jchi* (2:02)

Löfman: *The Wedding* (4:02)

Lully: *Gavotte* (2:50)

Morricone: *Sacco e Vanzetti Speranze de Liberta*. (2:29)

Myers: *Cavatina* (3:33)

Nilsson: *Arons Dröm* (*Aaron's Dream*) (3:57)

Nilsson: *Gabriella's Piano* (3:18)

Nilsson: *Mot den nya världen* (*Towards the New World*) (2:42)

Nilsson: *Wilmas Tema* (*Wilma's Theme*) (1:57)

Pachelbel: *Canon in D* (slow version) (7:23)

Puccini: *Madame Butterfuly*, Humming Chorus (2:46)

Quilter: *Evening in the Forest* (2:47)

Satie: *Gymnopédie 1번* for Flute and Harp (3:02)

Secret Garden (CD): *Song from a Secret Garden* (3:43)

Strömberg: *Kärlek* (*Love*) (3:02)

Svendsen: *Allt under himmelens färste* (*All under the Hold of Heaven*), Trad. Arr. (3:19)

Vaughan Williams: *Prelude on Rhosymedre* (3:58)

Volkmar: *Wintertraum* (3:00)

제23장

섬유근통증후군을 위한 그룹 음악과 심상: 개방과 전환의 길로서의 자기에게 귀 기울이기

Esperanza Torres

이 장에서는 섬유근통증후군 환자 대상의 그룹 음악과 심상(Group Music and Imagery: GrpMI)을 본 저자가 임상에 적용한 것을 설명하고자 한다. 이 방법은 GIM을 그룹 형태에 맞추어 적응시킨 것이다. 그룹에서 사용한 방법과 치료 과정에 대해 설명할 것이다. 또한 이 과정에서 참여자들이 경험한 변화에 대한 질적 평가를 제시한다. 음악과 치료적 동반과 그룹 유대감은 함께 섬유근통증후군 환자에게 근본적인 특정 감정, 느낌, 신념을 강하고 진실되게 느끼고 생각하며 언어화할 수 있게 해 준다.

이론적 방향성

이 부분에서는 섬유근통증후군에 관한 일반화로 시작한다. 즉, 섬유근통증후군은 여러 가지 일반 증상들이 있는 것을 일컫는 통칭이다. 그러나 내담자 각자가 독특한 개인으로서 치료에 임한다는 것을 잊어서는 안 된다. 이러한 일반적 통칭은 섬유근통증후군 환자 개개인이 특정 상황에 있는 것을 설명하기 위해 부분적으로 예를 드는 것에 불과하다.

현재 섬유근통증후군의 원인과 병리학적 기제는 알려져 있지 않다. 대부분의 환자들은 중년의 여성이다. 이들은 대체로 류마티스 관련 상담 및 진단을 받았지만 높은 합병증의 발병률이 있고 자주 높은 정신병리학적 증세(불안과 우울)를 보이는데, 많은 경우 유년 시절부터 유해한 심리 경험을 하였다. 섬유근통증후군 환자는 신체의 많은 곳에 광범위하게 지속적 통증을 호소하는데 이것은 생리학적/병리학적으로 설명될 수 없다. 이들은 또한 관절경직, 수면장애, 감정적 · 인지적 변화 등을 경험할 수 있다(Wolfe et al., 2010).

섬유근통증후군은 1992년에 세계보건기구(WHO)로부터 질병으로 인정되었으며 DSM-IV에서는 F45.5군 류마티스 관련 질병의 하나로 포함되었다. 저자에 따라서는 이를 정서적 혹은 심리적 원인으로 인해 신체조직에 변화가 생기는 정신신체적 섬유근통증후군으로 분류하기도 한다. 분명하게도 이러한 신체적 변화는 생물학적 영역에 국한되나, 이 변화들이 어떻게 만성적으로 되는가를 이해하려면 생물의학과 심리학 간의 상호작용에 대해 알고 이를 이용해야 한다(Egloff et al., 2013; Häuser and Henningsen, 2014).

이 증후군은 심리적 어려움과 관련한 많은 증상들로 인해 심리학자들에게 중요한 연구자료가 된다. 이 증후군으로 인해 환자들의 신체적 · 인지적 · 정서적 삶의 질에 영향을 받고 직업능력 및 가족과 사회생활에도 변화를 줄 수 있다. 대부분의 관련 심리치료는 섬유근통증후군 환자들의 병세를 더 악화시킬 수 있는 불안 및 우울과 같은 감정적 면과 인지적 · 행동적 · 사회적 면을 다룰 수 있도록 돕기 위함이다(Peñacoba, 2009). 이러한 변화를 주는 데에는 신뢰 있고 공감적이고 편견이 없는 관계, 그리고 환자에게 귀 기울이는 것에 집중하며 지속적으로 보살피는 헌신에 기반하는 치료적 동맹관계가 효과적이다(Van Houdenhove, 2003).

GIM 방법은 중요한 결과를 가져온 보완치료이다. 왜냐하면 궁극적으로 사람의 감정을 다룬다는 것과, 건강과 보건을 향상하고 특히 자신의 신체와의 관계에 대한 이해를 돕는다는 사실 때문이다(Short, 2002). 치료를 통해 신체적 통증과 피로에 대해 대처할 수 있도록 안정을 취하며 지지하고 장려한다. 음악이 주는 움직임과 역동을 사용해 섬유근통증후군 환자들에게 흔히 부족할 수 있는 감정적 표현을 북돋을 수 있다. 내담자들은 치료사의 지지를 받으며 심상들의 상징성과 심상 경험 후의 언어적 프로세스를 통한 경험의 통합을 함으로써 자신들의 자원과 한계를 더 알아차릴 수 있게 된다.

어떤 저자들은 그룹치료를 통해 문제들에 더 빨리 다다를 수 있다고 하며, 이렇게 함으로써 그룹원들 사이에서 나타나는 정체성과 공감이 고통스러운 문제에 대한 표현과 세부적 묘사를 할 수 있게 돕는다고 한다(De Felipe García-Bardón, Oñoro Carrascal and Antón Monllor, 2007). 그룹 GIM은 다음과 같은 장점을 가진다: (a) 환자들이 가이드(치료사)의 주의에 대해 덜 신경쓸 수 있다, (b) 치료를 더 잘 견딘다(이것은 대부분의 환자들이 이 전에 심리치료의 경험이 없었다는 것을 고려할 때 중요한 점이다), 그리고 (c) 내담자로 하여금 타인의 심상들에 관심을 가질 수 있게 하여 치료적 향상을 도울 수 있다(Short, 2002).

방법

GrpMI은 8명의 여성 참여자들을 대상으로 12회기 주별 세션으로 진행되었다. 각 세션은 2시간이 소요되었다. Grocke와 Wigram(2007)이 제안했듯이 그룹 세션은 다음과 같이 구성되었다.

1. **치료사와 그룹원 간의 대화**: 대화를 통해 그룹원들이 자신들의 에너지 수준, 통증, 스트레스 그리고/혹은 감정 상태에 대해 현재 지각하는 정도를 알 수 있다. 그들이 자신들의 현재 고민과 관심들에 대해 표현할 수 있게 한다. 이전 세션에서 불러와야 하는 특정 측면이 있는지 알게 한다. 그리고 세션에서 다루게 될 공통적 초점을 구축하게 된다.
2. **이완과 도입**: 이 부분에서는 모든 그룹원들이 치료사의 안내에 따라 이완을 취하고 세션의 초점이나 주제에 대한 의식적 지각을 한다. 이 과정은 음악감상을 시작하기 전에 반복된다.
3. **음악 프로그램에 대한 적극적 감상**: 곡의 수는 다양하고 길이는 7~18분 정도 소요된다(한 세션당). 이 GrpMI에서는 음악을 감상하는 동안 그룹원 간이나 치료사와의 대화는 하지 않는다. 치료사는 참여자가 필요로 하는 때에 즉흥적으로 혹은 동의하에 지지하거나 돕는다.
4. **창의적 그리기-만다라**: 각 그룹원들은 빈 종이에 그려진 원을 사용해 세션에서 가장 중요하거나 특출난 것이라 생각하는 것을 그림으로 표현한다.
5. **그룹원과 치료사 간의 대화**: 심상들의 가장 특출난 면들에 대해 토의한다. 이를 통해 음악감상의 경험과 그림/만다라에 표현된 면들을 통합할 수 있다. 여기서 중요한 것은 초기에 세운 목적과 각 그룹원의 일상생활과의 관계에 대해 반영하는 것이다.

첫 세션에 치료사는 진행할 구조에 대해 설명하였고, 각 그룹원들의 짧은 소개가 있었다. 마지막 세션(12회기)에서는 각 그룹원이 진단 설문지를 작성하였는데, 이것은 이러한 치료를 진단하기 위해 만들어진 것이다. 그룹원들은 자신들의 일반적 건강 상태(통증, 피로, 수면, 기분)와 일상의 건강 상태 변화에 대한 자신들의 견해에 대해 질문을 받았다. 설문지에는 치료 과정 중 기억에 남는 중요한 순간들이 있었는지, (심상, 음악, 혹은 주제에 관해 자신들의 혹은 타인들의 경험), 그룹과 치료사와의 관계에 대한 생각, 그리고 경험에 대한 만족도 등에 관한 질문도 포함되었다.

GrpMI 치료의 목적은 다음과 같다. (1) 이완하는 능력 향상과 신체 인식의 강화, (2) 통증 완화의 향상과 질병에 대한 수용, (3) 감정에 대한 의미를 주고 증상(통증, 우울증, 고통과 분노)과 연관시키면서 감정에 대한 표현 증대, (4) 자신을 돌보고 자신에 대한 책임을 질 줄 아는 능력 향상, 그리고 (5) 대인관계와 의사소통 관계의 진행 및 향상.

프로세스

GrpMI 치료는 환자의 다른 치료(특히 약물치료)에 도움을 준다. 신체가 주는 메시지들을 통합하고 이해하려고 노력한다. 그러나 이러한 메시지들을 전기적 경험과 인지적 신념으로부터 분리시키지는 않는다. 대신, 신체/정신/영을 하나의 단위로 보는데, 이에 반해 신체는 사람이 느끼고 표현하며 행동하도록 해 준다.

초기 세션에서는 그룹원들이 자신들의 신체적 증상들을 상세히 묘사하였고 자신들의 불만을 언어적으로 토로하였다. 그들은 자신들의 고통당하는 몸과, 답을 구하기 위해 떠나는 기나긴 의학적 고행의 길, 가족으로부터의 지지와 이해의 부족, 직장에서의 어려운 상황들에 대해 불만을 표했다. 그룹은 섬유근통증후군 환자라는 공통된 분모를 가지며 공통적 지각과 통일감을 필요로 했다. 치료의 초점은 공감적 귀 기울이기와 개인적 가치 부여와 내적 탐구의 장려였다.

이러한 초기 세션(1~4)의 개인 목적은 '이완' '생각하지 않기' '휴식', 또는 '내 몸에 대해 잊기'였다. 치료사는 내담자들에게 무언가 긍정적이고 확실한 것을 찾아 초점을 맞추도록 도우며, 다음과 같이 시작하였다. (1) '가장 좋아하는 장소를 찾고' 그런 다음 목적을 찾는데, 예를 들어 (2) '긴장을 해소하고 인정을 취하고' (3) '더 보살핌을 받는 걸 느끼고', (4) '나 자신에 대해 자유롭게 표현하도록 해 준다.' 우리는 근육이완기법에 기반 이완 유도를 사용하였고, 각 근육 부위에 따라 '무게와 긴장을 자유롭게 해 주기'라는 메시지를 주었다.

첫 두 세션 동안, 우리는 비고전음악(Secret Garden의 *Song from a Secret Garden*, Kobialka의 *Going Home Again*)을 사용하였다. 세 번째와 네 번째 세션에서는 차분하고 지지적이고 보살펴 주는 곡들을 사용하였는데, 예를 들어 세 번째 세션에서의 Haydn의

Concerto for cello in C, Adagio, 네 번째 세션에서 사용한 Nurturing 프로그램의 세 곡 (Bonny, 1980: Grocke, 2002 재인용) 등이다. 이것은 환자들에게 자신들의 감정과 느낌을 공동으로 경험하도록 도왔고, 지나친 대면 없이 그 외의 필요들도 점차 보이게 하였다 (Summer, 2002).

그룹원들은 점차적으로 이 방법의 치료적 목적을 인식하게 되었는데, 그것은 그저 긍정적인 시각화를 통해 즐겁고 편안한 이완 상태에 도달하는 것이 아니라는 점이다. GrpMI 방법을 통해 각 그룹원은 점차 자기 개인의 필요들에 대해 인식하기 시작하였다. 그 결과로, 그들은 자신들의 개인사의 중요성을 깨닫게 되었고 자신들의 강점과 약점, 내면적 지혜의 역량을 파악하게 되었다. 이러한 모든 것들은 이것들을 아우르는 신체에 담겼는데, 여기서 신체는 감정적, 인지적 혹은 문화적 면들과 분리되지 않으며, 음악이 신체를 유해하지 않고 존중적이며 담아 주는 역할을 한다.

프로세스의 역동은 통증을 수용하고 통증에 귀 기울이도록 하는 것이었고, 이를 통해 통증을 더 인식하고 통증이 전하는 메시지를 알게 되었다. 또 어렵고 거부당하고, 숨어 살고, 그리고 변화한 면들을 더 의식하게 되었다.

우리는 감각이나 느낌들을 있는 그대로의 현실로 경험하며 현재 상황에 열 수 있게 하기 위해 촉진을 사용하였다. 제5~7회기 세션에서 몇 가지 심리적 어려움들이 나타났는데, 고통스러운 감정, 외상의 기억들과 자주 거부당했던 느낌들이다. 이러한 탐색의 전개과정은 환자들의 자기상을 파괴하고 저하시켰던 감정 상태들에 대한 질문과 이해도 할 수 있게 하였다. 이것은 다음과 같은 감정들에 대한 탐구와 수용에 초점을 두었다. (5) '내가 되고 싶은 것에 더 귀 기울이기(내가 되어야 할 것만이 아닌)', (6) '나의 분노를 적절하게 표출하기', 이후 세션에서 (7) '이완을 취하고, 나의 말을 들어 준다고 느끼고 해소하기' 를 통해 보살핌이나 보호 및 휴식을 취하도록 한다.

세션에서 음악은 복잡성을 점차 띠며 긴장과 변화를 주어서 표현되지 못하였던 의심, 감정들과 긴장을 표면으로 불러일으켰다. 우리는 어떤 면에서 환자로 하여금 행동을 취하거나 표현하게 하는 곡을 선택하였다. 특히 Beethoven의 *Symphony 9번*, Adagio Molto와 Orff의 *Carmina Burana*에서의 O Fortuna는 주목할 만했다. 그러나 우리는 또한 평안함과 돌봄, 온화한 보살핌의 단계로 돌아갈 수 있는 곡들도 사용하였다. 일곱 번째 세션에서는 Elgar의 *Serenade for Strings*와 Fauré의 *Cantique de Jean Racine*을 사용하였다.

치료적 접근은 하나의 완전한 동행이었고 지배적인 감정과 일치하여 '함께 나누는 현재의 순간들'을 경험하도록 도움으로써(Stern, 2004) 편견 없이 치료적 결속을 다지고 각 그룹원들이 자신을 관찰하도록 자극시켰다. 그룹원들은 자신들의 심상들을 관찰하는 기회를 가지기도 했을 뿐 아니라, 타 그룹원들의 심상과 이야기를 접하면서 유사점과 차이점, 용기, 자극과 지지 등을 경험할 수 있었다. 이 시기 동안에는 그룹원들이 불편한 상황들을 대면하는 강한 경험을 함으로써 자신들에 대해 느끼고 보는 관점에 변화를 줄 수 있었다. 이러한 상황들은 Grocke(1999)가 정의한 바와 같이 **중추적 순간**들로 볼 수 있다.

그룹원들은 자신들의 전기적 · 사회적 요인들, 그리고 특정 증상을 일으키거나 악화시키는 (혹은 그것에 대한 반응) 요인들을 파악하고 나자, 통합의 의식화와 신체가 주는 메시지를 자신들에 대한 진실을 표현하는 수단으로서 존중하게 되었다. 그러므로 주요 목적들은 내면세계에 귀 기울이는 법을 더 발달시키고 자신들이 느끼고 갈구할 수 있게 허락하는 것이었다. 또 다른 목적은 타인들의 매우 잦은 요구들에 한계를 두고 이에 대한 변화를 꾀하는 것이었다. 제8~11회기 세션의 초점은 다음과 같다. (8) '수용하는 인내심을 가지는 것과 나 자신에게 귀 기울이기', (9) '나 자신을 듣고 자신에 대해 생각하는 것을 더 많이 하기', (10) '두려움 없이 결정을 내리기', (11) '결정을 내리고 나 자신을 돌보기를 원한다.' 촉진들은 또한 빛과 색 혹은 에너지의 나선들을 통해, 점차적으로 자신의 본질과의 깊은 연결인 내적 청명함에 도달하게 하였는데, 이렇게 하는 것은 더 크고 나은 자기인식을 하기 위함이었다.

음악은 깊이와 지반, 연결, 내적 귀 기울이기를 줌으로써 감정적 문제들과 장점들에 대한 인식을 증대시켰다(이 장의 끝의 부록 참조). 여성들은 GIM에서의 경험에 대한 공감 및 통합과 유사하게, 음악과 공감하는 동시에 자신들과도 공감했다(Summer, 2011).

평가

GrpMI은 환자들의 질병에 대한 대처방식과 자신들의 주변을 공감하고 이해하는 방식에 대한 변화를 도왔는데, 그들이 자신을 보살피는 방식과 자기 돌보기와 자신에 대한 책임을 드는 것에 대한 변화, 자신들의 필요를 구하고 충족하고 표현하는 방식의 변화 등이다. 마지막으로, 그들은 병든 사람(벌을 받는 소극적 피해자)과 병든 상태를 차별화하는 것을 배웠다. 이렇게 함으로써 그들은 자신들의 일상생활에 변화를 주고 향상하는 적극적인 사람들이 되었다.

환자들은 진단 설문지에서 자신들의 삶의 변화와 GrpMI가 그 변화들과 관련 있는지에 대해 질문을 받았다. 대부분의 참여자들은 증상들의 긍정적인 변화를 보았다고 했는데, 특히 자신들의 기분 및 일상생활과 관련되었다. 그들은 모두 자기관점과 자기진단의 변화에 대해 언급했다. 다음은 세션들을 통해 생긴 변화들에 대해 답한 것들 중 몇 가지이다.

> 세션들은 내가 처해 있는 현실에 대해 더 인식하게 해 주었고, 하루 종일 내 증상들에 대해서만 생각하며 시간을 보내던 것을 그만둘 수 있게 해주었어요. 자존감은 향상되고 내 생각보다 더 많은 것을 해낼 수 있다는 것을 깨닫게 되었어요. 나는 집중하고 과제들의 우선순위를 매기며 미래에 대한 목표도 세울 수 있게 되었어요(그룹원 A).

> 세션들을 통해 나는 내 마음의 짐을 덜고 상상을 자극받는 내면으로의 여정을 했어요. 세션을 하는 날에는 내 자신을 재충전할 수 있었어요. 그룹원들은 내가 매우 어려운 진단을 받은 후에 내 질병에 대해 더 인식할 수 있게 해 주었고 그것에 더 잘 대처할 수 있게 했어요. 그룹에서의 나눔은 참 풍요롭게 느껴졌어요(그룹원 B).

> 나는 이전에 보지 못했던 것들은 볼 수 있게 되었어요. 내 자신에 귀 기울이고 자신을 더 높이 가치 있게 여기게 되었어요. 나는 마치 내 안에 어떤 다른 사람이 있는 것처럼 나 자신을 안다고 생각해요. 내 자신에게 좋은 변화가 생긴 걸 알 수 있어요. 내 자신을 도와 줍니다(그룹원 C).

음악은 경험의 여러 면들을 순간에 따라 불러일으키고, 정교하게 만들고, 지속하며, 변형시키는 역량을 가진다. 음악을 사용함으로써 다음과 같은 일들이 가능하다. (1) 이 환자들이 표현할 필요가 있었던 것들을 불러일으키고, (2) 동반하는 느낌을 주고 통증의 느낌에서 벗어나 더 지지받는 느낌을 주며 그들의 경험을 지지하고, (3) 세션의 구성을 통해 자신들의 감정들을 자신 있게 탐색할 수 있는 공간을 마련하여 경험을 담아 주고, (4) 억압된 감정적 아픔에 대한 대안적 경험을 느끼게 하고, (5) Abbott(2005)가 제안한 것과 같이 감각기관들을 통해 변형된 경험들을 통합한다. 환자들은 자신들이 그전에 표현하거나 다루지 못했고 많은 경우에 섬유근통증후군 환자들이 보이는 신체적 증상과도 관련된 고통과 괴로움을 인지하고 표현하며 나눌 수 있게 해 주었다(De Felip García-

Bardón, et al., 2007).

치료사의 역할

가이드는 이 과정에서 동반하는 역할을 하고 내적 지반을 튼튼히 하고, 초점과 통합을 하도록 돕는 부분을 맡는다(Goldberg, 1994). 가이드는 적극적으로 참여하면서 공통의 초점을 찾도록 돕고, 내적 탐색을 위한 안정된 기틀을 마련하며, 상황에 따른 인지적 연관 짓기를 위해 구조화를 돕는다. 치료사로서, 나는 다음과 같은 생각들을 따라 역할을 하였다. 어느 정서적 영역이 원하는 초점과 가장 연관되는가? 어느 영역을 더 강조하고, 어느 것을 지금으로서는 강조하지 않는가? 어느 영역을 다룸으로써 다른 면에서 더 강하게 나타나게 되는가? 치료 과정에서 지속적으로 역동적 진단을 해야 했는데, 이것은 많은 가능한 접근들과 음악곡들 중에서 가장 적합한 것을 선택함으로써 언제나 가장 효율적으로 사용할 수 있게 하기 위함이었다.

치료사는 이 과정 동안 계속 공감적이고 따뜻하며 즉흥적인 자세를 가졌다. 한편으로는 대화를 장려하면서 또한 참여자들에게 교육적 · 해석적 설명과 확인을 해 주며 적극적으로 참여하였다. Körlin(2007)이 제안한 바와 같이 심리교육적 요소들은 참여자들에게 그들의 전반적 경험이 의미 있고 이해되게 다가오도록 하였다.

공동치료사로서의 음악

음악의 역할 중 또 중요한 것은 선택한 음악이 행동을 취하게 하고 집중하게 하고 수많은 가능성을 불러일으키고 발전시키는 것이다. 처음에는 담아 주고 지지하며 안정을 주는 음악을 선택하였다. 이 단계에서의 곡들은 변주가 거의 없고 따뜻한 느낌의 기악곡들이었다. 세션이 진행됨에 따라, 곡들의 길이와 내적 탐색 및 작업의 범위를 더했다. 곡의 음악적 대화와 기악적 음질을 통해 긴장도 더해져 심상 경험을 더 할 수 있는 요건을 만들었다. 음악은 과정의 종결을 위해 사용되었는데, 개인적 인식, 통합, 가치부여에 대한 제안을 각 개인의 내적 진실을 존중했던 깊이 감정적인 방식으로 함께했다.

결론

GrpMI를 섬유근통증후군 환자 그룹에 적용하면서 우리는 그들의 상태의 발병, 지속, 강화에 영향을 주는 여러 요소들을 고려하였다. 이러한 요인들은 신체와 정신을 분리된 요소들로 본다든지, 통증을 유기적인 무언가로 여긴다든지, 괴로운 감정을 죽이고 교섭과 의견 차이에 대한 표현을 회피한다든지 등의 잘못된 신념들과 깊은 연관이 있다.

이 치료에서는 통증 수용을 장려한다. 수용이란 통증과 관련한 즐겁지 않은 기분 혹은 아픈 경험들, 부정적 감정들과 사고들과 대면하는 것을 의미하는데, 이때 후회나 소극적 상태로 가지 않는 것을 말하며, 이는 회피가 삶에 대한 참여에 한계를 두거나 중요한 목적을 달성하는 데 방해물을 생성할 수 있기 때문이다.

이러한 감정들과 연관된 반응들을 수용하는 것은 그룹원들로 하여금 자신들의 욕구에 대한 인식을 할 수 있게 도와주고, 많은 고통의 요인이 되는 '내가 원하는 것—내가 할 수 있는 것—내가 해야 하는 것' 간의 차이를 알 수 있게 하였다. 이것은 그들의 감정에 대한 자신들의 태도를 바뀌게 했으며, 감정을 알아보고, 감정의 역할을 찾고 이전 경험들과의 관계를 알게 하였다. 또한 자기보호, 즐거움, 자기주장 관련 행동을 증가시켜서 통증과 고통을 다룰 수 있는 적극적 요령들을 찾을 수 있게 하였다.

치료구조에 통합된 치료 중재들은 내면에 귀 기울이기를 장려하는 것과 각 그룹원의 주관적 불만을 담아 주는 것을 기반으로 하였다. 여기에는 경험되거나 느껴진 고통에 대한 이해와 수용의 태도, 현재 각 참여자가 작업하길 원하는 목적들에 대한 존중, 편견이나 한계 없이 그들이 표현하는 감각과 감정들을 열린 마음으로 받아들이는 것, 그리고 심상을 통해 그들이 가지게 된 상징적 의미에 대한 반영을 다시 설명하는 것 등이 그 바탕에 있다.

음악을 듣고 치료사에 의해 자신의 목소리가 들린 느낌을 받음으로써 그룹원들은 자신들의 삶의 경험들에 대한 인식과 표현을 열린 마음으로 할 수 있었다. 그들은 이러한 경험들을 수용하고 나누며, 자신들에게 일어나는 일들에 대해 그게 무엇인지, 또 왜 일어나는지에 대해 이해함으로써, 완전한 회복이 되지 않는다 할지라도 적어도 더 나은 안녕상태와 내적 힘을 얻을 다른 방법을 찾을 것이다.

참고문헌

Abbott, E. (2005). Client Experiences with the music in the Bonny Method of Guided Imagery and Music (BMGIM). *Qualitative Inquiries in Music Therapy, 2*, 1-35.

De Felipe Carcía-Bardón, V., Oñoro Carrascal, I. and Antón Monllor, C. (2007). Trantamiento psycológico grupal en pacientes con fibromyalgia. *Cuadernos de temas grupales einstitucinales, 3*, 11.

Egloff, N., Cámara, R. J., von Känel, R., Klingler, N., Marti, E. and Ferrari, M. G. (2014). Hypersensitivity and huperlagesia in somatoform pain disorders. *General Hospital Psychiatry, 36*, 3, 284-290.

Goldberg, F. (1994). The Bonny Method of Guided Imagery and Music as individual and group treatment in a short-term acute psychiatric hospital. *Journal of The Association for Music and Imagery, 3*, 18-34.

Grocke, D. (2002). The Bonny music programs. In K. E. Bruscia and D. E. Grocke (eds) *Guided Imagery and Music: The Bonny Method and Beyond*. Gilsum, NH: Barcelona Publishers.

Grocke, D. (1999). *A phenomenological study of pivotal moments in Guided Imagery and Music (GIM) therapy*. Unpublished doctoral thesis. University of Melbourne, Victoria, Australia.

Grocke, D. and Wigram, T. (2007). *Receptive Methods in Music Therapy: Techniques and Clinical Applications for Music Therapy Clinicians, Educators and Students*. London: Jessica Kingsley Publishers.

Häuser, W. and Henningsen, P. (2014). Fibromyalgia syndrome: A somatoform disorder *European Journal of Pain 18*, 8, 1052-1059.

Körlin, D. (2007). The spectrum GIM group therapy. In I. Frohne-Hagemann (ed.) *Receptive Music Therapy: Theory and Practice*. Wiesbaden: Reichert.

Peñacoba, C. (2009). Intervención psicológica en personas con fibromyalgia. *Infocop, 43*, 14-20.

Short, A. (2002). Guided Imagery and Music (GIM) in medical care. In K. E. Bruscia and D. E. Grocke (eds) *Guided Imagery and Music: The Bonny Method and Beyond*. Gilsum, NH: Barcelona Publishers.

Stern, D. N. (2004). *The Present Moment in Psychotherapy and Everyday Life*. New York, NY: Norton.

Summer, L. (2011). Client perspectives on the music and Guided Imagery and Music (GIM). *Qualitative Inquiries in Music Therapy, 6*. Gilsum, NH: Barcelona Publishers.

Summer, L. (2002). Group music and imagery therapy: Emergent receptive techniques in music therapy practice. In K. E. Bruscia and D. E. Grocke (eds) *Guided Imagery and Music: The Bonny Method and Beyond*. Gilsum, NH: Barcelona Publishers.

Van Houdenhove, B. (2003). Fibromyalgia: A challenge for modern medicine. *Clinical Rheumatology, 22*, 1, 1-5.

Wolfe, F., Clauw, D. J., Fitzcharles, M. A., Goldenberg, D. L., Katz, R. S., Mease, P., ... Yunus, M. B. (2010). The American College of Rheumatology preliminary diagnostic criteria for fibromyalgia and measurement of symptom severity. *Arthritis Care and Research, 62*, 5, 600-610.

부록: 음악 목록

세션	초점	음악곡
1	가장 좋아하는 장소 찾기	Secret Garden / *Songs from Secret Garden* *Song from Dreamcatcher* (3:08) *Serenade for Spring* (3:08) (Total: 6:44)
2	긴장을 해소하고 안정하기	Kobialka / *Going Home Again* *The water is wide* (4:19) *Wild mountain theme* (5:11) (Total: 9:30)
3	돌봄받는 더 나은 느낌 경험	Haydn's *Cello Concerto in C*, Adagio (8:50)
4	자신을 자유롭게 표현하도록 허락하기	Vaughan Williams: *Rhosymedre, Prelude* (4:03) *Britten: Sentimental Sarabande* (7:19) Massenet: *Scènes Alsaciennes* (4:11) (Total: 15:33)
5	내가 원하는 것이 무엇인지에 귀 기울이기	Beethoven: *Symphony No. 9*, 3rd movt. (Adagio molto e canabile) (16:00)
6	나의 분노를 적절하게 표출하기	Orff: *Carmina Burana* (9:12) Bach: *Air on a G String* (5:54) (Total: 15:06)
7	이완하기, 목소리가 들려지는 느낌을 받고 해소하기	Elgar: *Serenade for strings* (5:50) Walto: *Touch Her Soft Lips and Part* (1:57) (Total: 7.47) Fauré: *Cantique de Jean Racine* (13:14)

8	수용하기 위해 인내심을 가지고 자신에 귀 기울이기	Bach: *Adagio in C* (4:33) Barber: *Adagio for strings* (9:11) Elgar: *Enigma Variations #9: Nimrod* (4:14) (17:58)
9	귀를 더 기울이고 내 자신에 대해 생각하기	Brahms: *Symphony #4*, Andante (12:04)
10	두려움 없이 결정 내리기	Mahler: *Symphony #5*, in C minor Adagietto (10:43) Corelli: *Concerto grosso* (3:32) (Total: 14:15)
11	나는 내 자신을 돌보는 결정들을 내리길 원한다.	Beethoven: *Piano Concerto #5*. Adagio. (6:53) Vivaldi: *Gloria* (*Et in terra pax*) (6:02) (Total: 12:55)
12	종결 세션 – 언어적 반영	

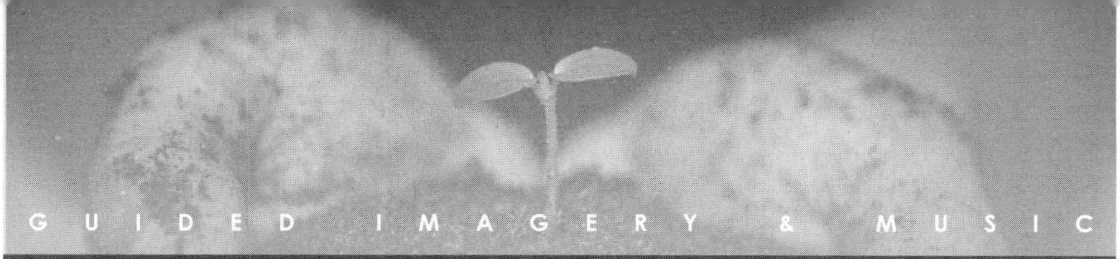

제24장

정신건강의학과 외래환자 대상의 재활을 위한 그룹 음악과 심상

Lars Ole Bonde와 Inge Nygaard Pedersen

소개: 정신건강의학과 외래환자 대상의 재활을 위한 그룹 음악과 심상

2009년에서 2010년 알보그(Aalborg) 정신병원(APS)의 17명 외래환자들은 '음악과 심상'라는 명칭의 7개 그룹치료에 참여하였다. 환자들은 병원 내의 심리치료 병동에서 심리학자들로부터 의뢰를 받았는데, 이들은 심리치료 병동에서 정기적으로 언어 중심의 상담치료 세션을 받고 있었다. 의뢰 후, 다음과 같은 포함 조건을 진단하기 위해 1회기의 개인 진단 세션에 참여하였다. 그 포함 조건은 (1) 고전음악을 듣고 심상을 경험할 수 있는 능력, (2) '혼합적 지지적 – 도전적 강도 프로파일'에 따른 음악에 대한 인내력 정도(아래의 묘사 참조), 그리고 (3) 음악 경험과 문제들에 대해 나눌 수 있는 준비된 정도 등이다.

참여하는 환자들은 정신질환 진단이 없고 최소한 41점의 총괄기능평가척도(Global Assessment of Functioning: GAF) 점수로 볼 때 비교적 기능이 좋은 편이었다. GAF는 DSM-IV 진단 체계의 일부로 점수의 범위는 0에서 100까지다. 41~50점은 꽤 심각한 정신적 문제가 있다 하더라도 병원 외에서의 생활이 가능한 정도를 말한다(APA, n.d.). 참여자들은 서로 다른 진단들을 받았지만, 모두 사회적 불안을 중요한 문제로 가지고 있었다. 소그룹들은 2~4명의 참여자들(대부분의 참여자들은 2개의 그룹에 참여하였다)과 2명의 치료사들(남녀)로 이루어졌고 90분 세션을 9~15주별로 진행하였다.

이 장은 2년 동안 이러한 수용적 그룹 음악치료에 참여한 외래환자들의 작업을 보고한 것에 기초하였다. 여기에서의 그룹 음악과 심상(Group Music and Imagery: GrpMI)은 Grocke와 Wigram(2007, pp. 139~147)이 묘사한 것에 기초하였으나 부분적으로 변형한 경우도 있다(아래의 묘사 참조). 그룹은 작은 소개 책자에 '음악과 심상'으로 공지되었다.

이 장은 그 작업의 세션 구성과 임상적 맥락, 치료사 목적과 이론적 배경에 대해 설명할 것이다. 그러고 난 후, 음악에 대해 상세히 묘사할 것이고 관련 사례도 제시할 것이다.

세션의 맥락

이 프로젝트는 알보그 대학교와 동 대학병원 정신건강의학과에서 통합운영하며 병원에 위치한 음악치료 클리닉에서 탐색작업의 일환으로 진행되었다. 클리닉에서는 입원환자와 외래환자를 대상으로 개인 및 그룹 음악치료를 제공하였다. 정신건강의학과에서의 음악치료에 관한 연구가 진행되고, 음악치료 슈퍼비전과 수업도 제공되었다. 이 클리닉에서는 온라인 학술지인 『MTPO (Music Therapy in Psychiatry Online)』를 간행하며, 2년에 한 번씩 덴마크 정신건강의학과 소속의 음악치료사들이 협력모임을 가진다. 세 명의 알보그 대학교수들도 클리닉에서 시간제 근무를 하고 Inge Nygaard Pedersen이 이를 관장한다. 이곳의 음악치료사들은 특히 지난 5년간 입원환자들을 대상으로 하는 수용적 그룹 음악치료기법을 탐색해 왔다(Lund and Fønsbo, 2011). 본 프로젝트는 외래환자 대상을 처음으로 진행한 것이며 병원 내 임상심리학자들이 정보지를 적절한 환자들에게 배포하여 의뢰하였다.

GrpMI 세션

각 세션은 90분이 소요되었고 정상 범위의 세션 기간은 10회기의 주별 세션이었다. 환자들은(n=17) 한 그룹 이상 참여할 수 있었고 많은 환자들은 두 그룹이나 세 그룹에 참여하기도 하였다. 세션 형식은 GrpMI 세션으로 시작하였으나 중요한 변형들도 있었다.

치료사는 내담자들과의 첫 면담을 통해 내담자들의 필요와 지금-여기에 있는 것에 대해 고려한 후 혼합적 지지적-도전적 강도 프로파일에 속하는 고전음악곡을 선택하였다(아래의 설명 참조). 내담자들은 짧은 이완 유도를 한 후 음악감상을 하고 나서 개인 만다라 그리기를 했다(Fincher, 1991). 그 후 음악감상 경험과 그림에 대한 의미와 연관성에 대한 짧은 토론으로 세션을 마무리하였다. 관련 개요는 〈표 24-1〉을 참조하기 바란다.

〈표 24-1〉 GrpMI 세션 형식

세션 내 부분	부분의 내용
1	언어적 대화(45~60분)
2	초점 찾기(2~5분) 〉 치료사가 음악을 선택한다.
3	도입(신체 이완, 심호흡, 초점에 대한 상기)(3~5분)
4	'혼합적 강도 프로파일'의 음악을 감상(4~12분)
5	의식으로 돌아와서 개인 만다라 그리기(5~8분)
6	그룹 반영, 나누기와 프로세싱(5~15분)

GrpMI에서의 가장 중요한 변형은(Grocke와 Wigram이 묘사한 것에 따르면) 다음과 같다. (a) 긴 면담. 이 부분에서 내담자들은 자신들의 지금 상태와 기분을 나눈 후 점차적으로 치료사의 도움을 받아 음악감상을 위한 공통 초점을 찾아가는 과정을 거치기 위함이다. (b) 치료사는 GIM 음악 목록 중에서 초점에 은유적 의미에서 '이야기하는' 음악을 선정하였다. (c) 내담자들은 자신들의 감상 자세를 결정하였다(대부분은 눈을 감고 편안하게 의자에 앉은 자세를 택했다). (d) 음악은 지지적이고 안정적이기만 하지 않았고 더 요구적이고 때로는 도전적이기도 하였다. 이에 대해서는 이 장의 나중에 더 상세히 묘사할 것이다.

치료적 목적

앞선 내용과 같이, 참여한 모든 내담자들은 자주 꽤 심각한 사회불안을 경험하였다. 그러므로 첫 세션에서는 그룹 내 상호 신뢰적이고 안전한 환경을 조성하는 것에 중점을 두었다. 이 과정은 그룹원들이 치료사의 도움을 받아 내적 자원만 나누는 것이 아니라, 자신들의 문제, 감정, 미래에 대한 걱정에 대해 자유롭게 언어적으로 나눌 수 있도록 하였다. 모든 그룹에서 첫 세션 동안 그룹원들의 심상으로서의 '안전한 장소'를 결정하였고 여기에서의 그룹원 간 상호작용 경험은 모든 그룹들을 특징짓는 요소로 작용하였다. 참여자들은 다른 사람들도 자신과 유사한 문제를 가지고 있음을 알게 되어 안심하였고, 그룹원들은 서로를 통해 배우는 점들이 있었다.

이 프로젝트의 주안점은 '혼합적인 지지적–도전적 프로파일'의 음악이 하는 기능에 대해 탐색하는 것이었다. 강도 프로파일의 개념은 암 생존자 대상의 개인 GIM 세션 연구를 통해 개발하였으며(Bonde, 2005), 이것은 Helen Bonny가 GIM 음악 프로그램에서의 강도 변화에 대해 그림으로 설명한 '정서적 윤곽'을 기초로 한 것이다. '강도 프로파일'은 선곡된 음악에서의 강도 경험을 이해하기 쉽게 그림으로 나타낸 것이다(Bode, 2005, p. 250; Bonde, 2007). 프로파일 중 지지적, 혼합적, 도전적 프로파일은 매우 분명하게 다르다. 이 프로파일의 중요한 특색은 도전적 음악과 혼합적 음악에서 긴장의 고조 해소가 있는 반면, 지지적 음악에서는 긴장 고조가 없다는 것이다. 이 세 프로파일에 대한 내용은 [그림 24-1]을 참조하기 바란다.

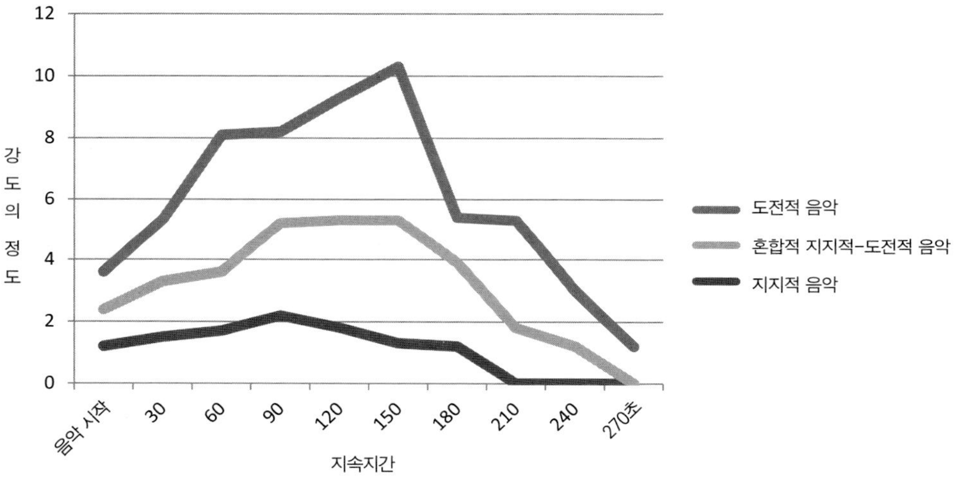

[그림 24-1] 지지적, 혼합적, 도전적 음악의 표준 프로파일
x축은 시간/길이를 초로 측정한 것이고, y축은 강도를 0(최소)에서 12(최대)까지 표현한 것이다.

치료적 목적은 내담자들이 '환자'에서 '일반인'으로 전환하는 것을 안전한 장소에 대해 나누고 탐색함으로써 지지하고, 조금 도전이 있는 심상을 경험할 수 있는 음악을 제공하여 현실세계에서의 문제들과 해답을 은유적으로 경험하도록 하는 것이었다.

음악의 강도는 심상에 여러 면으로 영향을 주고, 음악의 강도가 증가하거나 감소하면 이것이 즉각적으로 심상에 반영된다. 강도에 가장 크게 영향을 주어 심상에도 영향을 주는 음악 변수들은 기분, 형식, 강도 프로파일과 선율의 명확성이다(Bonde, 2005). 강도 프로파일은 최근에 치료적 목적으로 음악의 '분류학'에 포함되었다(Wärja and Bonde, 2014).

이론적 방향성

일반적으로, APS의 음악치료는 정신역동과 인본주의-존재론적 이론과 (음악) 심리치료의 원리를 바탕으로 한다(Bruscia, 1998; Thorgaard, 2006). 극명하게 다른 이 세 가지 강도 프로파일은 Wheeler(1983)와 Summer(2002)에 의해 음악 심리치료에 적용했듯이, Wolberg의 심리치료의 3단계(Wolberg, 1977) 지지적(주로 음악을 좁은 역동 범위, 단순한 구성, 거의 없는 긴장 정도), 재교육적(구조적 · 질적으로 더 복잡한 음악의 사용, 조금의 긴장 정도), 그리고 재구성적(더 길고 복잡하며 요구적인 고전음악) 단계이다. 본 프로젝트에서는 이러한 용어들 중 주로 재교육적 단계의 작업을 하였고 조금의 복잡성과 선율-화성적 긴장을 가진 음악을 사용하였다.

더 일반적으로, 본 프로젝트는 음악의 사용에 있어 '행위지원성과 착복' 이론과 연관되었다(Bonde, 2009; DeNora, 2000; Ruud, 2010). 기초이론적 중점은 음악의 의미는 감상자가 음악의 의미가 지니는 많은 가능한 면들과 연관 지어 구성한다는 것이며, 이때 음악과 심상 경험을 묘사하는 심상과 은유들을 포함한다. [그림 24-2]는 GrpMI에서 착복의 작

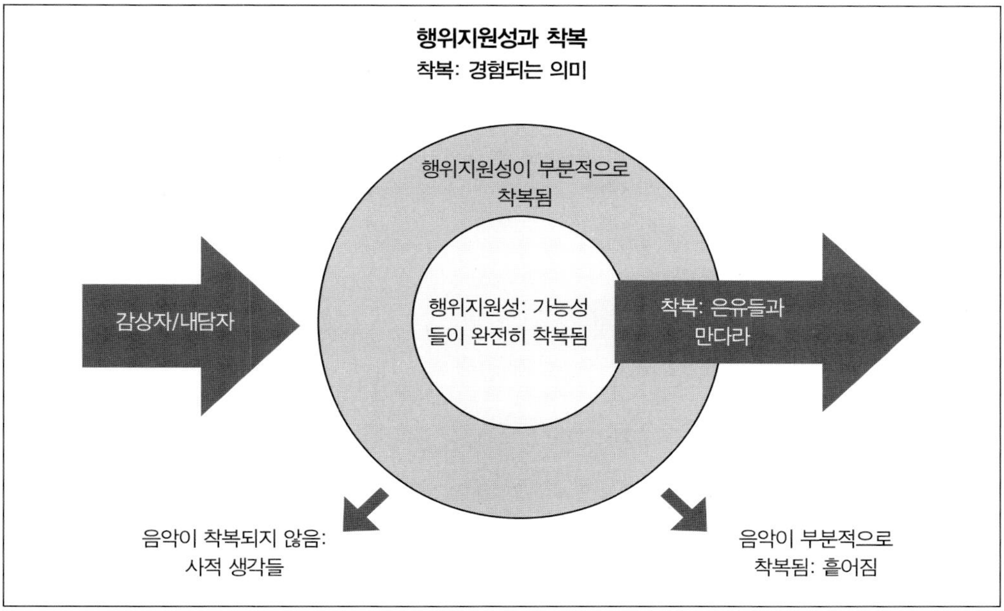

[그림 24-2] GrpMI에서의 착복과정의 이론적 모델

DeNora(2000)에 기초함

업과정을 나타낸다. 만약 음악이 '작용'했다면 행위지원성(모든 방법에서의 심상 경험을 위한)은 감상자/내담자/환자에게 착복되며 연관되는 의미 있는 은유들로 나타나고, 결국 만다라에 비쳐지게 된다.

이것은 전통적 Bonny 방식 개인치료에서 의미가 구성되거나 경험되는 방법과 매우 유사하다. 그러나, GrpMI에서의 음악 순서는 훨씬 짧으며 음악감상 중에는 대화가 없다. 그러므로 의미성은 안내가 없는 음악 경험 이후에만 토의를 통해 다룰 수 있다. 심상 경험에 대한 자세한 사항들을 다 기억하지 못해도 핵심만은 기억하게 된다.

정신건강의학과 외래환자 대상의 GrpMI에서의 음악

앞서 묘사한 바와 같이, 모든 가능한 참여자들은 개인 세션에서 진단을 받았다. 이 세션에서는 치료사의 그룹 음악치료에 대한 정보와, 환자 자신의 상황 및 동기에 대한 정보를 조사하였고 30분이 소요되었다. 그러나 진단의 핵심은 간단한 음악과 심상 경험이었다. 환자는 짧은 음악 한 곡을 눈을 감고 앉아서 감상한 후 음악이 끝나면 경험에 대해 보고하도록 안내받았다. 진단에서 사용한 음악은 전형적으로 혼합적 프로파일에 속하는 곳으로 노르웨이 작곡가인 Geir Tveitt의 민속음악의 편곡 작품이었으며, 노르웨이 음악만 이용한 GIM 음악 프로그램인 Soundscapes 프로그램에 속한 작품이었다(Aksnes and Ruud, 2006). [그림 24-3]은 강도 프로파일의 시각적 표현이고, 부수적 설명과 음악 이미징 분석(Mia) 소프트웨어로 작성한 것이다.

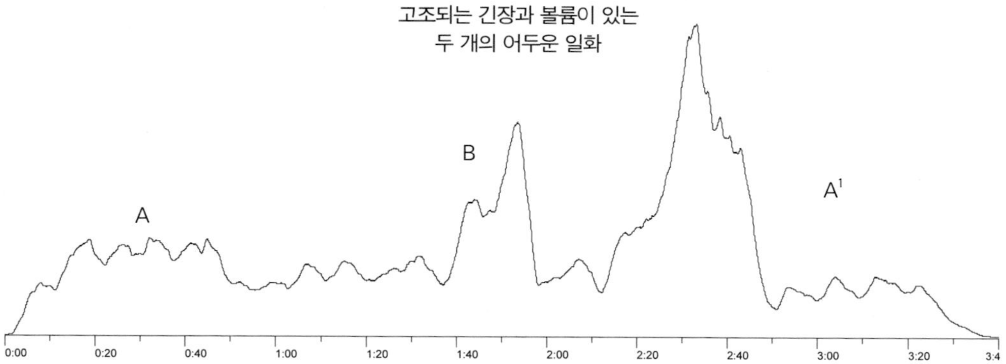

음악적 요소들:
음질(선율, 화음): 목관악기의 명확한 선율
긴장/해소(역동성, 강도): 높은 긴장이 있는 두 개의 일화
율동감(빠르기, 리듬, 방향성): 느린 템포, 명확한 방향성
구조(스타일, 형식, 단순, 복잡): 단순한 A-B-A1
톤(음색, 목소리, 볼륨): 대부분 단조, mp-f-p
음조(높음, 낮음, 간격): 높은 곳에서 낮은 곳까지 중간지점을 거침
상징성(심상, 기억): 자연 심상, 파도, 물
기분(감정, 에너지): 3-2 가벼움-무거움-가벼움
작곡가의 의도: 노르웨이 민속음악의 구성

[그림 24-3] Tveitt: O be ye most heartily welcome (Soundscapes 프로그램에서)의 강도 프로파일 초록(Mia 소프트웨어 프로그램 이용)

포함요건은 다음과 같다. 내담자들은 (1) 심상 경험을 나타낼 수 있고, (2) 음악에서 도전적인 부분들을 인내할 수 있으며, (3) 경험을 의미 있고 위협적이지 않게 여기고, (4) 자신들의 경험을 보고할 준비가 되어 있다. 〈표 24-2〉는 참여자들의 반응과 그에 따른 포함 여부의 결정을 보여 주는 예이다.

〈표 24-2〉 Tveitt: *O be ye most hearily welcome*에 대한 참여자들의 (심상) 경험의 예들

환자	성별과 연령	환자의 Tveitt: *O be ye most heartily welcome*에 대한 심상/음악 경험	포함 여부
HL	여 54	처음에는 즐거운 자연 심상으로 시작했다가 중간 부분에서는 어두움과 긴장으로 덮임이다. 긍정적 기분이 파괴되었고 음악이 다시 '회복'되었을 때에도 긍정적인 기분으로 돌아오지 못했다(음악은 '약속'을 지키지 않았다).	불포함

CK	남 49	긍정적 자연 심상(봄, 빛, 신선한 공기, 잎과 나무들), 숲으로 갔다가 다시 나온다. 가벼운 기분의 부분들을 Mozart의 *Elvira Madigan concerto*에 비유하였다.	포함 3그룹 26회기 세션
FJ	남 42	음악과 제목에 대한 정확한 묘사를 했다('인생의 길'). 역동적 상태를 나타내는 음악에 대한 반영을 한다.	포함 3그룹 17회기 세션
EB	남 65	음악을 변화하는 기분에 따른 시간 안에서의 흐름으로 정확하게 특징지었다. 음악을 좋아했으나 심상 경험을 나타내지 못했고 감정이 불러일으켜지지 않았다.	불포함
LL	여 51	어두움－터널에서－한 줄기 빛－다시 어두움－눈 하나 〉 색안경 뒤의 눈들. 이상한 심상 경험이었지만 두렵지는 않았다. 심상이 이해되었다.	포함 1그룹 4회기 세션

결론은 다음과 같다.

- 혼합적 강도 프로파일과 함께 이 음악 작품은(포함 여부를 결정하는 데 있어서) 훌륭한 진단도구의 역할을 하였다.
- 환자들은 다양한 방법으로 음악에 반응하였고, 그들의 보고에 대한 준비 상태를 용이하게 진단할 수 있었다.
- 혼합적 프로파일은 명확하고 분명한 심상 변화에 반영되었다. 그 변화는 (1) 부분적으로 가볍고 긴장의 부재, (2) 부분적으로 더 어둡고 어떤 때에는 극적인 것, 그리고 (3) 다시 가벼운 기분으로 돌아오는 것 등이다.
- 환자들은 일반인들에 비해 음악 내에서의 더 어두운 부분들에 더 반응을 보였고(Aksnes and Ruud, 2006에서 보고되었듯이), 그들의 반응은 은유적 심상을 구조적으로 작업할 준비가 되었는지를 보여 주었다.

음악 레퍼토리

본 프로젝트에서는 오직 GIM 프로그램에 포함된 고전음악과 현대 음악 중에서만 작품을 선곡하였다. 어떤 세션에서는 '지지적' 혹은 '도전적'으로 분류된 음악을 사용하였는데, 이는 초기 면담 부분에서 언급되었기 때문이다. 사용된 음악의 전체 목록은

(Bonde, 2010에서 채택) 이 장의 부록을 참조하기 바란다.

사례

첫 번째 사례는 Bonde(2010) 중의 일부이고, 두 번째 사례는 Pedersen과 Bonde(2013) 중의 일부이다.

사례 연구: Ole

'Ole' 참여자는 40세의 교사였고 정신건강의학과 외래 개인치료와 관련해 GrpMI를 의뢰받았다. 그는 오랫동안 강박장애(OCD; ICD-10 분류체계에서 F42 진단)를 앓아 왔고 의학적 치료에 빠르고 큰 효과를 경험하였다. 대부분의 GrpMI 참여자들과 마찬가지로 그는 그룹치료의 경험이 없고 사회불안이 중요한 관심사였다. Ole은 두 개의 그룹에 다섯 달에 걸쳐 참여하였다. 그의 치료 목적은 (참여 설문지에 나타난 대로) 다음과 같다. (1) 자존감과 정체감을 향상하고, (2) 관심의 집중과 고요함을 경험하며, (3) 지지와 돌봄을 수용하는 능력을 향상한다. 사회불안은 첫 그룹 경험을 하며 최소한으로 감소하였고, 시간이 지남에 따라 그는 이제는 없어진 강박행동과 관련된 심리적 의미에 대해 깊이 이해하게 되었으며, 음악치료를 통해 더 이상 불안과 강박적 습관이 없는 세상에서 살아가는 새로운 방법을 탐색하였다. 그는 그룹과 음악감상을 통해 복잡하고 어려운 감정들을 포함한 많은 감정들과 자신의 관계를 탐색하였다. 그는 자신의 경험과 반영들에 대해 나누었을 때 수용하고 고맙게 받아 준 타그룹원들과 개방적이고 솔직한 의사소통을 할 수 있게 되었다. '삽화 24-1'은 Ole의 만다라들의 예다.

두 번째 그룹을 마감하고 나서 Ole은 다음과 같은 이메일을 보내 왔다.

> 저는 음악치료에 더 이상 참여하지 않기로 결정했습니다. 그룹을 참여한 것은 제게 매우 도움이 되었고, 선생님이 제게 치료를 제공해 주셔서 감사합니다. 제가 현재 가지고 있는 멋진 삶을 만들어 가는 데 도움을 주신 선생님의 역할을 잊지 못할 겁니다. 제 가족과 저는 이제 그전과는 매우 다른 삶을 살아갑니다. 저는 음악치료를 포함해서 정신건강의학과에서 제

게 여러 가능한 방법들을 제안한 것에 깊이 감사하게 생각합니다. 이제 제 일상생활에는 전에 경험해 보지 못했던 새로운 자유로움과 가벼움이 있습니다(불안이나 강박적 충동이나 행동이 없이). 저는 제 가족과 사랑하는 다른 사람들과 함께 삶을 즐기며, 세상이 주는 재앙이나 위협을 외면하지도 않습니다.

"저는 제가 노래하는 세상이 제가 살아가는 세상임을 압니다."

사례 연구: Ursula

이론적 배경

다음 소례를 이해하기 위한 이론적 배경은 Thorgaard(2006)에 기초하였으며, 정신질환을 가지고 있는 사람들의 정체성과 자존감에 대한 인식의 발달을 회복하는 과정에 있어 세 단계를 제시하였다.

1. 환자는 자신의 성격의 특정 부분을 분리시킴으로써, 타인과의 관계에서 부분적으로 멀리할 필요가 있다. 또한 치료사와의 관계에서도 마찬가지다. 치료사의 역할은 담아 주는 것이다.
2. 환자는 자신의 절망감을 보여 줄 수 있고 그전에 수용되지 않았던 면들을 통해 치료사와 만날 준비가 되었을 때 비로소 병리적 외상을 보통의 난관으로 변형시키는 데 성공한다. 치료사의 역할은 공감적이고 탐색적이며 도전을 주는 것이다.
3. 환자가 자신의 취약점들에 대한 적합한 태도를 정립하면 질병은 끝나고 건강한 상태가 시작되는데, 환자는 자신의 이러한 취약점들을 통해 미래 삶의 가능성들을 살펴볼 수 있게 된다. 병리학적으로 나타나는 상처를 살피고 이에 관해 깊은 이해를 하게 되면서 병리적 면을 다루거나 사라지게 할 수 있다. 영적 경험의 가능성도 있다. 치료사의 역할은 장려하고 확인하는 것이다. 대개 1단계와 2단계에서의 작업과정을 거치지 않고는 3단계를 시작하는 것이 불가능하다.

Ursula

이 환자는 자신에 대해 나누어도 되는지 알아보기 위해 항상 그녀 자신의 주위를 살피는 사람이라고 자기를 묘사하였다. 그녀의 어머니는 정신질환으로 고생했으나 어머니가 그녀를 보호시설에 빼앗길 것을 두려워해서, 어렸을 때 다른 사람들에게 어머니의 질환에 대해 나누지 못하였다. Ursula는 점점 강한 혼란과 사회불안을 겪게 되었고 명확한 정체성이 있지 않다고 느꼈다. 첫 번째 GrpMI 과정에서 나타난 네 가지 주제는 (a) 그룹에서 안전함을 찾는 것, (b) 그녀 자신을 더 잘 보호하기 시작하는 것, (c) 신체를 더 느끼는 것, (d) 무지의 세계로의 새로운 길들을 찾는 것 등이었다. Tveitt'의 *Piano Concerto, F장조*를 감상한 후에 그린 첫 번째 만다라 그림은 균형을 이루는 것이 제목이었고([삽화 24.2]), 칼날 위에서 움직이는 것처럼 균형을 이루는 속에서 두 가지 힘을 나타내었다. 그 두 가지 힘은 서로를 계속적으로 배회하는 어두움과 빛이다. 균형을 이루는 행동은 몇 명의 노란 사람들이 어둠에 밀려 들어가지 않으려고 소용돌이치며 춤을 추는 것이다.

그녀의 다음 네 개의 그림들에서 그녀는 자신과 자신의 과정을 보호하는 방편으로 빛의 띠를 다른 모양들 위에 그려 넣었다. 그녀는 자신의 신체를 더 느끼기 위해 애썼고 모든 이들에게 계속 죄책감을 느끼는 자신을 용서하려고 안간힘을 썼다. 그녀는 자신의 어머니를 용서할 수 없다는 것과, 자신이 앞으로 나아가기 위해 할 가장 중요한 일이 자신을 용서하는 것이라는 것을 깨달았다. Rachmaninoff의 *Vocalize*를 감상하며 그린 만다라에서 그녀는 자신이 빛에 감싸여서 보호받고 있었고 자신을 용서할 수 있게 되었다.

Pachelbel의 *Canon, D장조*를 감상하며 그린 그림에서(여기에는 포함되지 않음) 그녀는 자기 안에 공존하는 두 겹의 강한 힘들을 통제할 수 없다는 것을 깨달았다. 그녀는 이 그림을 *화합-자연, '소-개구리'와 잠자리*라고 이름 붙였다. 이것은 음악에 있는 두 겹(차분한 베이스와 그 밖의 소용돌이치는 악기들)을 반영하는 것이었다. 그녀는 자신의 에너지에도 두 겹이 있고 자신이 지나치게 소용돌이치는 것을 느낄 때 그 두 에너지 중에서 느린 에너지(소-개구리)에 더 관심을 주어야 한다는 것을 깨달았다. 그녀는 회복하기까지 더 긴 시간이 필요했다. 첫 그룹 프로세스 말미에, 그녀는 처음으로 무지의 곳들로 향하는 길을 만다라에 그렸다. 이 심상은 Butterworth의 *On the Banks*를 들으며 나타났는데, 이 곡은 감상자에게 가벼운 기분을 느끼게 해 주어 선곡한 것이었다.

두 번째 그룹 프로세스에서는 Ursula에게 두 개의 이슈들이 나타났는데, (a) '길고 무거운 길'과 (b) 낯설고 아프게 느끼던 감정에서 명상적 내면의 평화로움으로의 전환이 그것이었다.

이 과정에서 Ursula는 자신의 직장에서 스스로 필요한 만큼 보호받는 환경을 가질 권리를 주장하는 동시에 자신이 하고 있는 중요한 일에 대해 인정받을 수 있도록 독립적인 사람이 되는 데 어려움을 겪고 있었다. 그녀는 점차적으로 내적 안정감(안전한 장소)을 더 가지게 되었고 비로소 자신이 얼마나 아팠었는지, 그리고 자신을 더 잘 돌봐야 한다는 것을 깨달았다. 이제 그녀는 모든 이들에게 자신의 강점과 약점들에 대해 용기 있게 말할 수 있게 되었다. 그녀의 마지막 만다라 그림은 ([삽화 24.3]) '명상'이라는 제목이었는데, 그녀는 부엉이인 자신이 토양에서 휴식을 하는 것을 알아보았고, 자신의 밑에는 그녀의 첫 만다라([삽화 24.2])에서와 유사한 패턴들이 있는 것을 보았다. 그녀의 첫 만다라에는 패턴들이 기반 없이 소용돌이치는 에너지들을 상징했는데, 그녀는 그 에너지들을 통제할 수 없었다. 마지막 만다라에서는 같은 패턴들이 그녀를 위해 새로운 방향/길을 상징하였는데, 자신의 내면의 안전한 곳이 있었으므로 그녀는 그 패턴들을 탐색할 수 있었다. 새로운 정체성이 자라며 그녀의 장래 치유과정을 도왔다.

결론

이 탐색적 프로젝트의 과정들과 결과들은 다른 문헌에서 보고된 바 있다(Bonde, 2010; Bonde and Pedersen, 2012; Pedersen and Bonde, 2013). 본 연구자들은 다음과 같은 몇 가지 결론을 제시한다.

1. 혼합적 지지적 – 도전적 강도 프로파일에 해당하는 고전음악은 정신건강의학과 외래환자들에게 치료적으로 연관이 되는 심상을 불러일으키는 데 효과가 있었다.
2. 특정 고전음악 선곡(Tveitt의 *O be ye most heartily welcome*, 또한 혼합적 지지적 – 도전적 강도 프로파일과 적용했을 때)은 정신건강의학과 외래환자들을 대상으로 그룹 음악과 심상의 참여여부를 진단하는 데 유용하고 신뢰할 수 있는 도구였다.
3. 전반적으로 볼 때, 혼합적 지지적 – 도전적 프로파일의 음악은 비교적 정상적 기능의 정신건강의학과 외래환자들에게(예를 들어, GAF 점수가 40점 이상인 경우) 효과적이라는 결과가 제시되었다.

참고문헌

Aksnes, H. and Ruud, E. (2006). Metonymic associations of nature and culture in a BMGIM program. *Nordic Journal of Music Therapy, 15*, 1, 49-57.

APA (n.d.). *Diagnostic and Statistical Manual of Mental Disorders: DSM-IV-TR*. Chicago, IL: American Psychiatric Association.

Bonde, L. O. (2010). Music as support and challenge—Group Music and Imagery with psychiatric outpatients. *Jahrbuch Musiktherapie Bd. 6: Imaginationen in der Musicktherapie*. Wiesbaden: Reichert.

Bonde, L. O. (2009). *Musik og menneske. Introduktion til musikpsykologi [Music and the Human Being: Introduction to the Psychology of Music]*. Copenhagen: Samfundslitteratur.

Bonde, L. O. (2007). Steps in researching the music in therapy. In T. Wosch and T Wigram (eds) *Microanalysis in Music Therapy: Methods, Techniques and Applications for Clinicians, Researchers, Educators and Students*. London: Jessica Kinglsey Publishers.

Bonde, L. O. (2005). *The Bonny Method of Guided Imagery and Music (BMGIM) with cancer survivors: A psychosocial study with focus on the influence of BMGIM on mood and quality of life*. Unpublished doctoral dissertation. Aalborg: Aalborg University.

Bonde, L. O. and Pedersen, I. N. (2012). Muciklytning og indre billeder: Receptiv gruppemusikterapi med ambulante psykatriske patienter [Music and Imagery: Group Music and Imagery with psychiatric outpatients]. *Musikterapi i Psykiatrien Online, 7*, 2, 45-63.

Briscia, K. E. (1998). *The Dynamics of Music Psychotherapy*. Gilsum, NH: Barcelona Publishers.

DeNora, T. (2000). *Music in Everyday life*. Cambridge: Cambridge University Press.

Fincher, S. (1991). *Creating Mandalas: For Insight, Healing and Self—Expression*. Boston, MA: Shambhala.

Grocke, D. and Wigram, T. (2007). *Receptive Methods in Music Therapy: Techniques and Clinical Applications for Music Therapy Clinicians, Educators and Students*. London: Jessica Kingsley Publishers.

Lund, H. and Fønsbo, C. (2011). Musklyttegrupper—en empririsk undersøgelse afanvendte metoder i psykiatrien. [Receptive group music therapy—An empirical study of methods used in psychiatry]. *Musikterapi i Psykiatrien. Årsskrift 6*. Musikterapiklinikken/Aalborg Universitet.

Pedersen, I. N. and Bonde, L. O. (2013). At styrke identitets—og selvværdsfølelsen gennem receptive gruppermusikterapi (Musik and Indre Billeder) for ambulante psykiatriske patienter: Kliniske perspektiver [Enhancing self-esteem and identity through Group Music and Imagery with psychiatric outpatients: Clinical Perspectives]. *Musikterapi i Psykiatrien Online, 8*, 1, 17-41.

Ruud, E. (2010). *Music Therapy: A Perspective from the Humanities*. Gilsum, NH: Barcelona Publishers.

Summer, L. (2002). Group music and imagery therapy: Emergent receptive techniques in music therapy practice. In K. E. Bruscia and D. E. Grocke (eds) *Guided Imagery and Music: The Bonny Method and Beyond*. Gilsum, NH: Barcelona Publishers.

Thorgaard, L. (2006). *Relationsbehandling i psykiatrien I-V. [Reality-oriented Treatment in Psychiatry]*. Stavanger: Hertevig Forlag.

Wärja, M. and Bonde, L. O. (2014). Music as co-therapist: Towards a taxonomy of music in Therapeutic Music and Imagery work. *Music and Medicine, 6*, 2, 16-27.

Wheeler, B. (1983). A psychotherapeutic classification of music therapy practices: A continuum of procedures. *Music Therapy Perspectives, 1*, 2, 8-12.

Wolberg, L. (1977). *The Technique of Psychotherapy* (3rd edition). New York, NY: Grune and Stratton.

부록: 세션에 따른 음악 목록

Rachmaninoff: *Vocalize* (cello + orchestra) 혼합적 프로파일
Copland: *Appalachian Spring* (excerpt) 혼합적
Shostakovich: *Piano Concerto 2번*, 2nd movement, Andante 혼합적
Brahms: *Concerto for Piano 2번*, 2nd movement, Andante 혼합적
Bach: *Double Concerto for Two Violins*, 2nd movement 지지적
Russican Chant (anonymous): *The Joy of Those Who Mourn* 혼합적
Bach: *Little Fugue in G minor* (Orch. L. Stokowski) 혼합적
Boccherini: *Cello Concerto*, 2nd movement 혼합적
Liadov: *The Enchanted Lake* 혼합적
Tveitt: *O be ye most hearily welcome* 혼합적
Elgar: *Enigma Variations*, Nos. 8+9 혼합적
Alwyn: *Symphony No. 5*, 4th movement 도전적
Rodrigo: *Concierto de Aranjuez*, 2nd movement 도전적
Bach: *Christmas Oratorio*, Shepherd's Song 지지적

4부

새로운 음악 프로그램

GUIDED IMAGERY & MUSIC

and Music Imagery Merhods for Individual and Group Therapy

제25장

'내적 회복' 프로그램(기본 및 확장 버전)

Svein Fuglestad

나는 GIM 전문가 훈련생이었던 시기에 음악을 통하여 내적 힘을 강화시키기를 원하고, 끌어올려진 기분을 느끼고 싶으며, 긍정적인 경험을 얻고 채우기 위해 에너지 회복의 필요성을 호소한 여러 명의 내담자들을 만났다. 이미 정립된 GIM 프로그램들 중 몇 가지 예를 들면 '긍정적인 정서(Positive Affect)' '절정 경험(Peak Experience)' '창조성(Creativity)' 프로그램, 특히 창조성 1(Creativity 1) (Bruscia and Grocke, 2002)과 같은 프로그램들은 대부분 이런 기능을 가진다. 그러나 이 프로그램들 대부분은 GIM 경험이 없는 여행자들에게 다소 어려울 수도 있다.

내가 GIM 훈련의 마지막 프로젝트로서 새로운 GIM 프로그램을 만들고자 했을 때, 중점을 두었던 점은 에너지를 끌어올려 줄 만한 역량이 있는 적절한 클래식 음악을 찾는 것이었다. 나는 'GIM 경험이 있는 여행자와 새로운 여행자' 모두에게 적절한 GIM 프로그램을 구성하고 싶었다. 달리 말하면, 셈여림, 템포, 분위기에서의 복잡한 변동은 없지만 내가 프로그램에 이름 붙이기로 한 '내적 회복(Uplifting)' 혹은 상승된 내적 기분을 포함하고 있는 클래식 전통 내에서 역사적이고 현대적인 음악으로 구성된 기본 프로그램을 만들고자 했다.

나는 모든 내담자에게 적절히 적용할 수 있는 GIM 프로그램을 만들고 싶었음에도 불구하고, 과정 중에 '내적 회복'의 두 가지 다른 버전, 즉 '내적 회복 – 기본(Uplifting Basic)'과 '내적 회복 – 확장(Uplifting Extended)'을 구성하게 되었다. 프로그램의 기본 버전은 선곡된 음악들 중 두 곡에서 역동적이고 대조적인 변동이 있는 부분을 생략하여 더 짧게 편집되었다. 확장 버전에서는 프로그램 안의 두 곡이 보다 긴 버전으로 선곡되었다. 선곡된 음악의 원곡에는 내가 구성하고자 했던 분위기의 맥락에 어울리지 않는 부분이 존재하여, 음악을 편집함으로써 프로그램의 분위기를 유지할 수 있었다.

프로그램은 여섯 곡(확장 버전은 7곡)을 포함하는데 한 곡을 제외하고 클래식 음악에서 선곡되었다.

내적 회복 (기본-확장) 프로그램

(확장 버전은 진한 글자로, 기본 버전은 기울임 글자로 나타냄)

#1: Arvo Pärt: *Spiegel im Spiegel* (8:16)
Tasmin Little – violin, Martin Roscoe – piano, EMI Classics

#2: W. A. Mozart: *Oboe Quintet in C minor*, K 406 (K388), Andante (3:52)
Max Artvedt – oboe, Elise Båtnes – violin, Tue Lautrup – Violin, Dimitri Golovanov – viola, Lars Holm Johansen – cello. NAXOS

#3: Sergeij Rachmaninoff: *Piano Concerto No. 2 in C minor*, Op. 18, Adagio
(편집 및 수정됨) (8:52) [*기본 버전: 6:59*]
Leif Ove Andsnes, Berliner Philharmoniker/Antonio Pappano, EMI Classics

#4: Ludvig van Beethoven: *Symphony No. 7*, Allegretto (8:58)
Rundfunk Sinfonie Orchester Ljubliana/Anton Nanut, Vienna Classics Series

[*기본 버전: Royal Concertgebouw Orchestra/Wolfgang Sawallisch, EMI Classics, 3:19*]

#5: Nikolai Miaskovsky: *Cello Concerto in C minor*, Op. 66, Lento come prima (Part 2) (3:36)
Truls Mørk – cello, City of Birmingham Symphony Orchestra/Paavo Järvi, Virgin Classics

#6: Richard Strauss: Vier Letzte Lieder, *Beim Schlafengehen* (결말) (4:24)

Lucia Popp – soprano, London Philharmonic Orchestra, Claus Tennstedt, EMI Records

확장 버전: **Anders Rogg:** ***Lyden av Lys*** **(*Sound of Light*): Opp (Up) (4:18)**
Kirkelig Kulturverksted, FXCD 238, Oslo 2001

총 시간: 내적 회복 확장: **42:00**
총 시간: 내적 회복 기본: 35:00

프로그램은 적은 수의 악기로 단순하게 편성된 두 곡으로 시작하여, 내담자가 음악 안에서 부드럽고 잔잔한 방식으로 심상들을 열어 갈 수 있도록 한다. 이 음악들은 내담자의 다양한 심상 경험과 느낌이 발전되기를 촉진시키기 위해 역동적인 넓은 음역과 분위기, 오케스트라의 음색을 포함한 큰 변화를 지닌 두 곡의 핵심 음악이 이어지게 된다. 프로그램은 기분을 끌어올려 주기에 상승적 특징이 분명한 두 곡으로 마친다. 프로그램 중 하나는 확장(extender)이라 하는데, 이는 계속해서 끌어올려진 기분을 유지하고 표현하고자 하는 여행자에게 적절하다. 확장과 구별되는 GIM 프로그램(기본)은 클래식 음악의 레퍼토리를 담았다. **'내적 회복'** 프로그램에서의 선곡은 다음과 같다.

1. Pärt: Spiegel im Spiegel(1978년 작곡)

나는 이 환상적인 음악 작품을 통해 높은 수준의 고요함과 개방성, 유동성을 모두 경험하였다. 동시에 이 곡은 잔잔하고 순차적으로 진행되는 바이올린 스트로크와 단순한 아르페지오 피아노 반주를 포함하고 있어, 내담자가 느리게 흐르는 음악 안에서 휴식을 취하도록 일종의 초월적이며 신성한 내적 회복을 제시한다.

이 프로그램에서 사용된 버전은 Little과 Roscoe(2010)가 연주한 것으로 약 8분 동안 연주된다(94 BPM). 대부분의 다른 음반들은 거의 11분 동안 연주된다(74 BPM 이하). 빠른 템포는 느린 템포로 녹음된 것보다 더 강하고 거대한 흐름을 주면서도 보다 서정적인 느낌을 준다. 일부 연약한 내담자들은 이 다소 서정적인 음악의 감정을 계속 유지할 수도 있다.

2. Mozart: Oboe Quintet in C minor, K406 (K388), Andante (1777 - 1778년 작곡)

Mozart의 현악5중주 제2번(K406)에서 취한 이 곡은 Serenade for wind Instruments, K388에서 편곡된 곡으로, 느린 3/4박자 안에서 품격 있는 고요함과 향상성이 발견되며, Spiegel im Spiegel으로 되돌아가 연결되는 곡이기도 하다. 느리면서도 춤곡과도 같은 이 음악은 서로 다른 시대, 다른 스타일로 작곡된 Pärt와 Rachmaninoff 음악 사이에 편성되어 여러 가지 면에서 대조가 된다. 이 곡은 C단조 곡임에도 불구하고 일반적인 인상은 밝고 잔잔하며 다음 곡으로 이어 가기에 좋고 자연스러운 연결과 준비를 마련해 준다(주: Naxos-음반의 볼륨 출력 수준은 시작 곡인 Pärt 작품의 볼륨 수준에 맞추어 조정될 필요가 있다).

3. Rachmaninoff: Piano Concerto No. 2 in C minor, Op. 18, Adagio (1900 - 1901년 작곡)

이 음악은 플루트와 클라리넷 연주가 생각에 잠긴 듯 매우 서정적인 분위기에서 시작하면서도, 날아오르는 것 같은 반영을 품은 주요 주제가 처음 나타나는 부분에서는 피아노에 의해 낭만적인 특징의 주제를 점진적으로 탐색하면서 희망과 편안함과 끌어올려지는 느낌이 표현된다.

나는 이 작품에서 두 개의 다른 편곡 버전을 구성하면서, 청취 경험 중 너무 많은 개입을 하지 않으려고 노력했다. 짧은 버전은 프로그램의 기본 버전에서 사용되는 것으로, 7분간 주요 주제만 반복되어 연주된다. 이는 54마디 이후, 20악절 시작 바로 직전에 희미해졌다가 128마디(Adagio Sostenuto, Tmepo I), 25악절 이후 6마디(카덴차)에서 다시 희미해진다.

다른 버전(확장용 프로그램)은 2분 더 길고, 대부분 더 큰 역동적인 변화와 전조로 발전되는 것을 포함한다. 이 버전에서는 유일하게 Piú Animato(더욱 생기있게) 부분만 빠졌다. 이 버전은 보다 넓은 영역을 담고 있지만 여전히 내가 의도했던 '내적 끌어올림(inner lift)'도 들어가 있다. 이는 여행자에게 더욱 다양하고 넓은 가능성을 열어 준다. 이 버전('내적 회복-확장')의 곡은 93마디(Piú Animato)에서 첫 박자 이후에 희미해지고 다시 128마디(Adagio Sostenuto, Tmepo I), 25악절 이후 6마디(카덴차)에서 다시 희미해진다.

어떤 여행자들은 주요 주제를 Eric Carmen의 파워 발라드 곡으로 훗날 Celine Dion과 Frank Sinatra가 리메이크했던 All by myself(1975년 작곡)의 가락으로 인식하는 것에 주목할 필요가 있다(분명한 연관에 의해서이거나 가사에 연결된 심상을 통해서). 이는 몇 명의 내담자에게서 나타났을 뿐, 대부분은 후주곡(postlude)에서 성찰과 호기심으로 나타났다.

4. Beethoven: Symphony No. 7, Allegretto (1811 - 1812년 작곡)

Rachmaninoff의 피아노 협주곡 2번의 2악장 아다지오는 상당히 다른 분위기의 곡으로 이어진다. 여행자는 프로그램 상 가장 에너지가 넘치고 표현적인 곡으로 들어서게 되며, 여기서 '내적 회복'의 관점은 강력한 방식으로 유지되고 강화된다. Beethoven의 Symphony No. 7 Allegretto는 지배적이고 반복적인 리듬의 오스티나토를 가지고, 밀려드는 힘과 긍정적인 에너지로 보다 강한 심상을 열어 줄 수 있다. 오스티나토는 한 악기군에서 또 다른 악기군으로 옮겨 가며 재생되는 가능성을 유지하고, 탐사를 유인한다. 곡을 통해 끊임없이 발전되는 두 개의 주요 악상은 여행자에게 어두운 것을 포함해 다양한 심상을 경험할 기회를 준다. 반복되는 오스티나토 주제는 곡 전체에 걸쳐서 A단조로 분위기와 영향력을 잡고 있으나 변주되는 동안 A장조로 바뀐다.

프로그램의 기본 버전에서 나는 알레그레토의 첫 부분만 사용하고자 선곡했는데 이는 발전부와 변주가 시작되는 100마디 이후에 희미해진다. 이렇게 함으로써 경험이 없는 여행자는 계속 반복되는 리듬의 오스티나토에 붙잡히게 되는 기회가 주어지며, 곡 전체에 걸쳐서 더 쉽게 끌어올려지는 느낌을 얻을 수 있다. 나는 이 프로그램에 어울리는 '위로 끌어올려짐'과 '앞으로 당겨짐'의 두 가지가 담긴 특정 흐름을 가진, 총 길이가 9분가량(대략 66 BPM)되는 음반을 찾았다.

5. Miaskovsky: Cello Concerto in C minor, Op. 66, Lento come prima (*Conclusion Part 2*) (1944 - 1945년 작곡)

이 프로그램의 마지막 부분은 끌어올려진 느낌을 표현해 주고 강화시키는 음악을 포함한다. 이 곡은 대다수의 여행자에게 잘 알려지지는 않았다. 이 곡은 다른 곡들에 비해 많은 불협화음이 들어 있어 이 프로그램의 맥락에 잘 들어맞는다. 첼로가 여행자를 신성한 영역으로 들어 올려 데려다 놓을 수 있는 것, 마지막 부분에서 그 가장 높은 플래절렛(flageolet: 고음의 목관악기) 음(순수 화음)에 도달하는 것은 좋은 본보기가 된다.

6. Strauss: Vier Letzte Lieder, Beim Schlafengehen (결말) (1948년 작곡)

이 프로그램의 결말은 오케스트라와 소프라노 독창으로 이루어진 곡이다. 음악의 첫 부분에 1분 동안 힘과 표현력을 가진 Lucia Popp의 밝은 소프라노 음성이 나타나며, 일종의 여행의 마침을 반영한다. 인간 세상의 영역이 다시 밝혀지고, 희망적으로 끌어올려진 후에, 이 음악 여행을 통해 다시 힘을 얻고 보충된다. 많은 여행자들이 독일어로 불렀던 Hermann Hesse의 자장가 노랫말을 이해하지는 못하지만, 그들은 '내적 회복'의 의도에 따라 반응한다. 영혼은 "밤의 마법과 같은 분위기 속에서 자유롭게 날아오르기를 원해" 신체와 정신 결합으로부터 빠져나왔다. 그리고 나서 Hesse는 "1000배 만큼 깊은 그곳에 살고자"라는 가사를 덧붙여 심상을 더욱 확장시킨다(Jones n.d.).

확장 버전: Rogg: Lyden av Lys(빛의 음악): Opp (2001년 작곡)

'내적 회복'을 창안한 전반적인 아이디어는 노르웨이 음악가인 친구이자 동료, Anders Rogg가 작곡한 작품 'Opp(Up, 위)'로부터 영감을 얻었다. 이 곡이 클래식 음악에 속하지는 않지만 클래식의 구조와 형식을 갖추었고, 전통적인 현악 4중주로 연주된다. 게다가 Rogg는 음악에 폭넓은 배음 효과를 주는 티벳 노래 소리(Tibetan singing bowls)를 사용한다. 이 작품은 엄청난 상승을 표현하고 있다. 즉, 깊고 어두운 곳으로부터 빛과 잠재력의 원천으로 올라가며, 이는 의심할 여지없이 매우 만족스러운 상황의 자유로움 속에서 내적회복으로 이끈다. 또한 이 곡은 어떤 상황 혹은 어떤 여행자에게 조금 지나치게 지시적이고 밀어붙이는 것 같을 수도 있다.

이 프로그램은 시리즈에서 초기와 후기에 사용하도록 설계되었다. 내적 회복-기본은 새로운 여행자를 위한 첫 GIM 경험 중 하나로 사용하기에 적당하다. 그러나 GIM 경험이 있는 여행자가 이 프로그램을 여행하는 것도 매우 좋은 효과를 가질 수 있다. 노르웨이의 연구 프로젝트 '음악 동작과 감정'(Aksnes and Fuglestad, 2012)에서는 여섯 개의 GIM 세션 시리즈의 마지막 프로그램으로 사용되기도 하였다.

나는 7년이 넘는 임상 활동 중에 '내적 회복' 프로그램을 거의 50회에 걸쳐서 사용해 왔다. 내 경험은 **내적 회복-기본과 확장** 두 버전 모두에서 내가 프로그램을 창안했던 의도를 달성했다는 것이다. 내담자들은 새로운 힘과 에너지가 끌어올려지고 재생되며 채워지는 경험을 보고했다. 또한 신체적 경험의 감각, 고요함, 내적인 평화와 명상도 경험하였다. 많은 내담자들이 어린 시절로부터의 심상, 춤추거나 떠 있는 것 같은 심상을 느꼈고, Mozart 음악은 내담자들이 오래전의 옛 시절로 돌아갈 수 있도록 해 주었다. Beethoven 음악을 듣는 동안에는 보다 어두운 심상과 슬픔이나 당황스러운 느낌이 나타났다. 이 음악이 여행자에게 주는 폭넓은 가능성은 당신이 느끼고 있는 감정, 당신이 어디로 가고 있는지, 음악으로부터 받는 지지적 경험, 새로운 통합, 강함과 용감함의 표시로 이끌었다.

하나의 예로, 나는 내 세션에서 **내적 회복**을 사용했던 한 내담자(경험이 있는 37세의 여자 여행자)와의 첫 세션 기록을 소개하고자 한다. 내가 세션 중에 그녀에게 무엇이 필요하냐고 물었을 때, 그녀는 "내적 회복이 필요해요."라고 대답했다.

사례 연구: 경험이 있는 여행자

도입

내담자는 등의 디스크 탈출로 인해 병가 중이었다. 그녀는 정신적으로 힘든 시기를 겪고 있었고, 머릿속에 파괴적인 생각들로 가득하다고 느꼈다. 그녀는 비이성적인 질투심과 싸우고 있었고, 비참한 감정을 느끼고 있었다. 그녀는 기분이 나아지도록 하기 위해 발륨(Valium)을 복용했다. 그러나 최근에 중독될 수도 있다는 두려움에 알약을 숨겼다.

초점/필요: '끌어올리기(To be lifted up)'

유도: 무겁고 나른한 몸, 얼얼하면서도 편안한 느낌.

음악 시작 전의 심상: 그녀는 자신의 아랫배 안쪽에 검은 돌들이 많이 들어 있는 것을 보았다. 그녀는 자신의 마음이 무겁고 흐리다고 느꼈다.

프로그램: 내적 회복-기본

1. Pärt – 나는 음악을 따라 내 안에 공간을 만들어 보려고 해요. 나는 내 마음 속의 회색 구름이 자리 잡은 곳에 음악을 위한 방을 만들기 위해 노력하고 있어요. 그 음악은 조금씩 나를 미소 짓게 하네요. 나의 배와 마음에서 문이 열리는 것을 느낄 수 있어요. 나는 그 열리는 문이 무엇인지는 잘 모르겠습니다.
2. Mozart – 지금 나는 여행에서 돌아왔어요. 'S'와 나는 오늘 작은 섬에 있어야 했어요. 나는 집에 들어가 'S'와 함께 와인과 치즈 먹기를 기대해요. 나는 주방의 난로에 불을 피우고, 지하실에서 매트리스를 꺼내 오면서 바깥에 어둠이 깔리는 것을 알아차리는 우리를 봐요. 내 머릿속이 굉장히 흐렸었는데, 어떻게 음악이 내 안에 이러한 것을 가져다주는지 신기해요. 기분이 너무 좋아요.
3. Rachmaninoff – 나는 쉬려고 해요. 내가 쉬고 있을 때, 나는 다시 내 등의 통증을 느껴요. 아파요. 나는 왜 그 힘들었던 기간 동안 음악을 듣지 않았을까요? [⋯] 이제 나는 내 자신을 진정시키고 있어요. 내 호흡을 느끼고 있어요.
4. Beethoven – 음악이 무언가를 밀고 오는 것처럼 느껴져요. 내 안에 '마치 구름 같은' 검은 돌들이 보여요. [내담자는 그녀의 손을 보여 주며 설명한다.] 음악이 돌들을 옮기고 있어요. 음악의 벽이 굉장히 강해요. 그것은 엄청 강한 힘을 갖고 있어요.
5. Miaskovsky – 나를 파고드는 음악 안에 무언가 밝은 것이 있지만, 나는 그 안에 완전히 몰입할 수가 없어요. 그것은 밝으면서도 부드러워요. 그것을 설명할 만한 적당한 말을 찾을 수 없어요.
6. Strauss – 나는 그녀가 노래 부르기를 시작할 때 날개를 봤어요. 음악이 나에게 곧장 오는 것 같아요. 나를 들뜨게 해요. 소름이 돋아요. 나는 떠다니는 듯한 느낌을 즐기고 있어요. [내담자는 자신의 가슴에 손을 얹는다.]
7. Rogg – 이제 나는 'S'를 볼 수 있어요. 나에게 그런 아름다운 여자 친구가 있다는 것이 얼마나 행운인가! 나의 작은 연인. [눈물이 흐른다.] 나는 그녀의 놀라운 미소를 볼 수 있고, 그녀의 두 눈에 있는 사랑을 볼 수 있어요. 나는 그 사람을 너무나도 사랑해요. [음악 종료]

프로그램의 치료적 효과

이 내담자의 여행 이후 후반부로부터 인용한 몇 개의 문장으로 이 프로그램의 치료 효과를 요약할 수 있다.

> 내 안의 검은 돌이 옮겨졌다. 그것은 다르게 느껴진다. 사물들이 이전보다 가볍다. 나는 지금 복식호흡을 통해 깊게 숨을 들이마신다. 내 마음이 더 밝아졌다. 음악은 환상적이었다.

참고문헌

Aksnes, H. and Fuglestad, S. (2012). A comparative study of transcriptions based on five selected GIM programs: Affordances in Pärt's Spiegel im Spiegel from the Uplifting program. *Proceedings of the 9th European GIM Conference: Music, Imagery and Psychotherapy*, Laguardia, Spain, 2010.

Bruscia, K. and Grocke, D. (2002). *Guided Imagery and Music: The Bonny Method and Beyond*. Gilsum, NH: Barcelona Publishers.

Jones, J. (n.d.). 'Richard Straws: Four Last Songs—a swansong of sublime beauty.' Available at www.classicfm.com/composers/strauss/guides/richard-strauss-four-last-songs/, accessed on 6 February 2015.

Little, T. and Roscoe, M. (2010). *The Very Best of Arvo Pärt*. EMI Records/EMI CLASSICS 6294432.

제26장

'현재의 순간': 현대예술음악과 함께하는 GIM 프로그램

Ellen Thomasen

소개 및 배경

GIM 치료사는 다음과 같은 질문을 자주 받는다. 왜 클래식 음악만 사용하는가? 예를 들어 재즈, 뉴에이지, 민족음악이나 세계음악 같이 다른 장르나 양식의 음악은 GIM에 적합하지 않은가? 현대예술음악의 사용은 어떤가? 질문들은 분명히 연관성이 있다. 실제로 음악이 특수한 GIM 과정에서 공동 치료사의 역할이 가능하다는 것을 어떻게 알 수 있는가? 클래식 음악만이 Helen Bonny의 기준에 합당한가?

GIM 전문가이자 트레이너인 이 장의 저자와 음악학자 Erik Christensen은 협력 프로젝트로 **현재의 순간**(Present Moments)을 위한 음악을 선곡하였다. 선곡 과정은 이전에 Christensen에 의해 설명된 적이 있다(2012, pp. 110-113). 프로그램의 기초가 된 아이디어는 GIM 치료에서 감정적 · 신체적 체험의 새로운 가능성을 제공하기 위해 20세기 및 21세기 음악의 세련된 음색, 짜임새, 흐름과 역동성을 이용하는 것이었다. 최종 프로그램은 〈표 26-1〉과 같다. 이 장은 프로그램이 어떻게 발전되었는지, 음악이 어떻게 묘사될 수 있는지, 어떻게 실험되었는지, 임상적으로 어떻게 사용되었는지를 설명한다. 마지막에는 프로그램에 대한 지침과 훈련의 의미를 논의하고 결론지었다.

〈표 26-1〉 '현재의 순간' 프로그램

음악 선곡	연주자
1. Bela Bartók: An Evening in the Village (1931) 2:50	시카고 심포니 오케스트라 / Pierre Boulez
2. John Corigliano: Voyage for Flute and String Orchestra (1983) 8:00	Paul Edmund-Davies, flute. 플랜더스 오케스트라 / Rudolf Werthen
3. Olivier Messiaen: Garden of Love's Sleep (1948) from 'Turangalila' 10:30	베를린 필하모닉 오케스트라/ Kent Nagano
4. John Tavener: Lament from 'The Repentant Thief' for clarinet, strings, handbells and timpani (1990) 2:15	Andrew Marriner, clarinet. 런던 심포니 오케스트라/ Michael Tilson Thomas
5. Arvo Pärt: Da Pacem Domine for mixed chorus (2004) 5:30	에스토니안 필하모닉 챔버 합창단/ Paul Hillier
6. Veljo Tormis: Wee Winkie Mouse (Lullaby), for mixed chorus (1970) 2:45	홀스트 싱어스 / Stephen Layton

프로그램 편집

2009년 음악학자 Eric Christensen은 숙련된 GIM 여행자였고 덴마크 GIM 네트워크 일원이었다. 현대음악양식의 전문가인 그는 다섯 곡의 현대음악이 포함된 새로운 가능성을 지닌 GIM 프로그램에 대한 본인의 평가를 나에게 들려주었다.

나는 Christensen의 선곡이 매력적이라고 생각하기는 했지만, 전환된 의식 상태(altered state of consciousness: ASC)에서 여행하기에는 곡의 배열이 적절하지 않다고 생각했다. 악곡 간 전환의 일관성이 없었고, 어떤 선곡은 너무 단편적이었다. 그럼에도 불구하고 눈에 띄는 두 곡은 내 관심을 끌었는데, Olivier Messiaen의 Garden of Love's Sleep(사랑이 잠든 정원)과 Arvo Pärt의 Da Pacem Domine(주여, 평화를 주소서)이다.

'현재의 순간'은 프로그램화 된 후에 핵심 음악인 Messiaen의 작품을 포함한 놀라운 두 곡으로 인해 점차 성장하였다. 나는 특별한 임상 목적을 가지고 새로운 GIM 프로그램을 만들 의도는 없었다. 단지 심도 있는 감상을 위한 일관된 프로그램을 만들 생각이었다. 음악 안에서 감각되고 상상되고 들려지는 것에 의해 안내되고 영향 받으며 하나의 감상 관점에서 다른 감상 관점으로 이동하는 과정 중, 나는 Ken Bruscia의 『GIM 음악분석 설명서(Manual for GIM Music Analysis)』(Bruscia, n.d.)로부터 영감을 받았다. 처음의 네 작품에서 목관악기군(클라리넷, 오보에, 플루트)의 일관성에 매료되었고, 조성/형식, 짜임새 및 기악 편성에서의 유려한 움직임, 연속, 변화 등을 알아차렸다.

나는 몇 주 동안 탐색적으로 Christensen이 선곡한 수많은 다양한 현대음악 작품들을 들은 후에, 이 프로그램의 잠재력이 여행자를 상대적으로 조용한 상태로 안내하는 것이라는 것을 깨달으며 'Corigliano – Messiaen – Tavener – Pärt'의 순서를 구성하였다. Bartók의 작품은 느리고 매력적인 클라리넷 톤과 춤 리듬의 두 교차점으로 폭과 깊이를 만들어 가며 마침내 내 시야를 밝혀 주는 "이제 나는 여기, 내 길 위에 있다." 훌륭한 첫 번째 음악이다. Corigliano의 작품은 Messiaen의 작품을 준비하면서 여행자(플루트 독주와 동일시)를 지속적으로 흐르고 떠 있는 상태로 끌어 준다. 여기서 시간은 멈추고 얼마 동안 음색, 리듬 및 선율이 가득하고 풍부한 마법의 세계가 펼쳐진다. Tavener의 작품은 빛과 어둠을 아우르는 Pärt의 합창을 불러내는 연결고리 역할을 한다. 마무리하는 Tormis의 합창곡은 Pärt의 작품 다음 곡으로 반음 높게 시작하면서 필요에 따라 조금씩 이끌어 주며, 현실로 되돌아오는 것을 촉진한다.

프로그램 실험

프로그램의 임상적 가능성을 세 단계로 실험하였다. (1) GIM 경험이 있는 실험지원자 4명을 대상으로 질문에 초점을 맞춘 비임상적 예비 실험: '현재의 순간' 프로그램이 전환된 의식상태(ASC)를 유도 및 지속/심화 할 수 있는가? 모든 곡에서 심상이 떠오르는가? 심상이 의미 있는 것으로 경험되는가? (2) 자원자 6명의 비임상적 세션 표본: GIM 경험이 있는 여행자 4명과 GIM 비경험 여행자 2명, (3) 임상 상황에서의 프로그램 시도(저자가 안내하는 3회기 세션)

실험 세션 전에 여행자는 두 관점 중 하나에 분명히 초점을 맞추도록 권장되었는데, (1) 특별한 문제적 이슈가 없는 자유로운 탐사, 그리고 (2) '균형 잡기' 같은 실존적 주제(지금-여기, 또는 더 오랜 기간)이다.

사례 연구 1: 58세 여성, GIM 비경험자

세션에 대한 여성의 초점은 다음과 같았다. "나는 내 안에서 더 내려놓고 더 쉴 수 있으며, 에너지를 갖고 싶은 깊은 소망이 있어요." 정말 놀랍게도, 그녀는 매우 오래된 '잊혀진' 두려움(어린 시절 나쁜 경험과 관련된)에 파고들었고, 이 세션의 과정 후에 회복되는 것을 느꼈다.

그녀는 세션 3개월 후 다음과 같이 말했다.

> 나는 무언가 겁나기 시작할 때 의심과 두려움의 양가감정을 매우 분명히 기억합니다. 그럼에도 불구하고 음악과 치료사의 안내는 내가 느끼는 불안감에 머물도록 도와주었고 [Messiaen], 그래서 내 불확실성이 점점 줄어들었어요. 그다음, 숲 속의 빈터로 오면서 [Pärt] 걱정들은 사라졌고, 어두운 감정들 밖으로 이끌어졌으며 나는 '이 모든 것'에 매우 강한 관련성을 느꼈어요. "모든 것이 괜찮아." [Tormis]. 그 장소(숲 속의 빈터)는 여전히 내 안에 있어요. 나는 그렇게 말할 수 있습니다! 그리고 내 몸 안에서 그것을 느껴요.

사례 연구 2: 60세 여성, GIM 비경험자

세션 3개월 후, 여성은 다음과 같이 말했다. "나는 많이 회복된 만큼 세션을 아주 분명하게 기억해요. 다양한 맛과 향의 비타민이 충분히 함유된 식사를 하고 난 후의 느낌처럼 매우 만족스러워요."

13명의 실험 여행자 모두 새로운 관점으로 긴박하게 이어지며, 현재에 집중된 의미 있고 강렬한 경험이었다고 보고하였다. 이것은 최종 프로그램 제목인 '현재의 순간'에 대한 영감이 되었다. Daniel Stern(2004)에 의하면 '현재의 순간'은 상대적으로 열린 개념이며 첫 번째 실험 제목인 '화해'보다 더 정확한 프로그램 핵심의 반영이다.

워크숍과 임상적 상황에서의 실험

'현재의 순간' 프로그램의 실험 기간 후에는 경험을 살펴보고 교환하기 위해 초청된 덴마크와 해외의 GIM 동료가 사용할 수 있게 되었다. 예를 들어, Denise Grocke(호주)는 12명의 GIM 경험 치료사에게 '현재의 순간' 프로그램의 1시간 반 워크숍 프레젠테이션을 제공하였다. 참가자들에게는 각 음악 선곡에 대한 담화를 그림 그리기, 상상하기, 글쓰기 중 선택하도록 하였다. 반영의 예는 다음과 같다. "'현재의 순간'은 GIM 여행자에게 여행자가 길에 머무르거나 지금 그것을 하도록 촉진시키는 동안, 감각을 연결시키고 경험에 집중하는 것을 용이하게 해 주는 프로그램입니다(남용에서 회복 중인 내담자에게는 적합하지 않다)." "Messiaen의 작품은 여행자를 불길하고 불안전한 감각으로 끌어 들일 수도 있습니다."

호주에서 온 GIM 치료사인 한 참가자 Florence Holligan(개인 교신, 2014. 09. 24)은 나중에 그녀의 임상 실습에서의 경험을 보고하였다. 이 실습에서 한 여행자(GIM 경험 여행자/치료사)는 프로그램을, 여행자라는 (응축된) 단어로 순간에 머물기 위해 필요한 장소에 그녀를 '붙잡고 있기(holding)'에 매우 효과적인 것이라고 기술하였다. 각 음악 작품의 주제어(기울임 글자)는 다음과 같다.

> Bartók: *'나의 장소 찾기'*, Corigliano: *'탐험하기, 하나 되기'*, Messiaen: *'일부 되기'*, Tavener: *'갱생하여 뒤로 떠내려 보내기'*, Pärt: *'본연으로 돌아가기'*, Tormis: *'다시 연결하기'*.

각각의 주제어는 다시 한 번 음악 선곡의 잠재력을 비춰 주면서 프로그램의 중심 특징으로 보이는 것을 짚어 준다; 그리고 프로그램의 흐름, 모양 및 형태를 나타낸다.

덴마크인 동료이자 GIM 치료사인 Julie Exner는 몇몇 내담자과 함께한 임상 실습에서의 경험을 다음과 같이 요약하였다.

> '현재의 순간'은 전환된 의식 상태(ASC)를 떠나지 않고 창의적인 생각을 활성화시키는 프로그램이다… 시간 관념은 크로노스 그리고/또는 카이로스 시간을 여행한다는 면에서 믿을 수 없을 정도로 그 범위가 넓어질 수 있다… 음악 안에서 많은 컬러와

> 다소 '신비한' 장소들은 개인의 한계를 넘어선 표상, 형태 및 이동의 경험을 자극한다. 여행자로서 당신은 목적지를 모르지만 그 길 위에 머무를 수 있다. 보다 '고전적'이고 감정적인 GIM 프로그램에 들어가서 머무르는 데 어려움이 있는 내담자를 위해, '현재의 순간'은 적절한 대안이다…

나는 임상 실습 및 또 다른 세션에서 '현재의 순간'을 사용하였는데, 여행자의 경험 및 결과물에서 몇 가지 공통적인 특징을 발견하였다. 특징들은 다음과 같이 두 개의 주요 유형으로 일반화할 수 있다.

1. 대부분의 비경험 여행자: 숨겨진 기억들은 여행자에게 강력한 감정을 불러일으키는 동안 일시적으로 두렵거나 약한 상태를 만들면서 놀랄 만큼 그러나 천천히 떠오른다(Messiaen). 이것들이 해결된다. → 자유로워지면서(Pärt) 분명해짐.

2. 대부분의 경험 여행자: 높은 수준의 흐름, 심취, 다양한 상태, 자기성찰과 가까이 있기 사이의 균형 잡기, 개인의 한계를 넘어선 상태로 이동되지 않는 경우(Messiaen). 신체에 중심 및 기초를 둔 느낌으로 돌아오기(Pärt and Tormis).

Messiaen의 작품은 프로그램에서 작업 효과가 뚜렷한 곡이다. 여행자를 안정적이면서도 신비한, 매우 특별한 음향세계를 탐험하도록 초대한다(10분 이상). 피아노, 옹드 마르트노[1] 및 오케스트라 연주 사이에서 복조/삼조성의 관계가 있다. 게다가 여행자를 미지의 소리, 컬러, 감각의 은유 **정글**로 이끄는 이국적인 타악기 연주 효과도 있다. 하지만 분위기는 변하지 않는 것처럼 느껴질 수도 있다. 신비롭고 유기적이고 시적이다. 이 다음에, 짧은 Tavener의 작품과 특히 Pärt의 작품은 여행자가 미지로부터 되돌아오는 것을 돕는다. '현재의 순간'은 초보자용이 아니다. 삽화 26.1은 경험이 있는 여행자에 의해 만들어진 프로그램 순서를 그림으로 나타낸 것이다.

---

1) 옹드 마르트노(ondes martenot): 초기 전자 악기, 1928년 Maurice Martenot에 의해 발명, Messiaen 작품에 자주 사용됨.

논의

프로그램은 어떤 가능성과 도전을 제시하는가?

'현재의 순간' 프로그램은 여행자에게 몸으로 흐르는 부드러운 에너지와 영적인 경험을 제공하는 듯하다. 배열된 음악 안에서 높은 수준의 일관성은 내면 성찰을 촉진시키고, 느리게 펼쳐지는 시각적 심상은 깊은 신체 심상과 감각-운동적인 경험을 향상시킬 수 있다. 각 악곡은 뚜렷이 구별되는 분위기가 있어서, 여행자가 힘들이지 않고 시간과 공간을 앞뒤로 이동할 수 있게 해 준다. 음악은 부드러운 흐름을 가지지만 변화를 위한 분명한 잠재력이 있다.

분명한 방향성이나 목적지에 대한 느낌 없이 보다 오랜 시간을 견디면서 시간이 흐름에 따르는 것은 여행자의 도전이다. 그 안내자의 안내는 여행자와 함께하는 것으로 매우 유사한 도전을 가진다. 나는 오직 미묘하고 부드럽고 최소한의 간섭만 제공하면서 (공간과 호흡에만 집중하면서) 침묵 속에 자주 머물기를 권유한다.

프로그램의 임상 목적은 무엇인가?

'현재의 순간'은 여행자가 실존적, 관계적(내면과의 관계/대인관계), 영적 이슈에 대해 깊이 작업하는 것을 도와줄 수 있다. 가장 자주 보고되는 작업 주제는 다음과 같다.

1. 일상생활의 스트레스: 내면의 평안/기반다지기(grounding)에 대한 갈망
2. 떠나기/내려놓기, 예를 들어, 고통, 패턴, 갈등, 실존적 문제
3. 못마땅한 신체 감각
4. 마음 열기, 두려움, 슬픔, 기대에 머물기와 어떤 일이 일어나든 그에 연관된 감정 느끼기

결론

이 장은 오직 20세기와 21세기의 음악으로, Helen Bonny의 프로그램 기준을 충족시키면서, 임상적으로 적절하고 효과적인 프로그램을 구성하는 것이 가능하다는 것을 보여준다. '현재의 순간'은 오랜 과정 중 적절한 시기에 사용되는 경험 있는 내담자용 프로그램이다. 효과적인 작업 곡(Messiaen)이 중심인 본 프로그램은 여행자가 몸과 마음의 불가사의한 미지의 상태를 탐험하도록 초청한다.

음반의 풍부한 울림과 공간적 품질을 보장하기 위해, GIM 세션에서는 CD로 음악을 재생한다. MP3와 유사한 반복재생 시스템은 피해야 한다(Christensen, 2012).

요컨대, 프로그램은 화해, 속죄 및 변화의 잠재력을 가지고, 기반다지기와 중심 보기(centering), 존재감과 소속감, 육체의 현존과 그 과정, 가장 내밀한 곳에 묻혀있는 잠재력을 살피는 창의적 탐구를 위한 조용한 공간에서의 감상, 그리고 두려움과 불안의 감소를 용이하게 하는 것으로 사료된다.

종결

프로그램에 대한 피드백에서, Ken Bruscia는 선곡에 대해 다음과 같이 기술하고 있다.

> 처음 두 곡의 목관악기와 다른 악기 간 교대에서, 실존적 문제를 떠올린다. 나는 반성하고 싶은가, 아니면 순간에 살고 싶은가? 이는 대개 성찰적인 것과 자연스러운 것 사이의 고전적인 실존주의(Sartrean)적 분리이다. 그다음 Messiaen 작품에서는 악절마다 '어느 쪽인가'에 대한 생각을 끊임없이 하게 할 뿐만 아니라, 다양한 차원에서 수많은 선택을 제시하기도 한다. 이 곡은 프로그램의 작업곡이다. Tavener 작품은 처음의 질문으로 되돌아온다. 당신은 어떻게 살 것인가? 마치 영원한 세월 동안 이 문제를 다룰 수는 없다고 말하듯이, 그 짧은 시간은 결정적이다. 그때 목소리가 매우 극적으로 변하고, 문제의 해결을 제시하면서 실존적 문제를 전부 재구성한다(K. Bruscia, 개인 교신, 2013).

프로그램은 Messiaen의 합창곡으로 마무리되는데, Bruscia도 자신의 '신뢰(Faith)' 프로그램을 Helen Bonny가 들은 후(개인 교신, 2002) 전했던 발언을 떠올렸다. "Messiaen의 작품이 나를 인도하기 전에는 한 번도 경험한 적 없었던 내 의식의 공간에 나를 두었습니다. 아름다웠습니다."

참고문헌

Bruscia, K. (n.d.). *Manual for GIM Music Analysis*. Unpublished training manual.

Christensen, E. (2012). *Music Listening, Music Therapy, Phenomenology and Neuroscience*. Doctoral thesis, Aalborg University. Available at www.mt-phd.aau.dk/phd-theses, accessed 29th January 2015.

Stern, D. (2004). *The Present Moment in Psychotherapy and in Everyday Life*. New York, NY: W.W. Norton.

제27장

'자각': 현대음악 여행

Ian Leslie

아일랜드에서 GIM(Guided Imagery and Music)은 전문 영역으로서는 아직 형성 단계에 있다. 심리치료 및 음악치료와 같은 학문을 보완하는 정도로만 이루어지고 있다. 나는 GIM세션을 실시할 때, 개인 및 그룹 환경 모두에서 각색된 형태의 GIM뿐만 아니라 클래식도 활용한다.

내가 전통적인 Bonny 방식의 GIM(Bonny Method Guided Imagery and Music: BMGIM) 프로그램의 규정에서 벗어난 GIM 프로그램을 개발하고자 했던 최초의 아이디어는 심리학 학위의 일환으로 수행된 예비연구 프로그램인 『음악이 기분에 미치는 영향(The Effects of Music on Mood)』(Leslie, 2000))이 근간이 된다. 본 연구에 포함된 변수는 다음과 같다.

- 다양한 장르의 음악 사용
- 음악을 본인이 선택했는지의 여부
- 문화적 (음악적) 차이

Bruscia(2002)는 다음과 같이 주장했다.

> BMGIM의 역사에서 반복적으로 발생하는 이슈는 서양의 클래식한 전통(예: 뉴에이지, 영화음악, 팝재즈, 포크, 토속음악)을 벗어난 음악이 개인 및 그룹 연구에 적합한지의 여부였다. 이와 관련된 질문은 이러한 음악의 사용이 Bonny 방식과 일치하는지의 여부였다(p. 307).

내가 새로운 GIM 프로그램을 만들기로 결정했을 때 우선적으로 고려한 두 가지 문제는 (1) 서양의 클래식 음악만을 사용할 것인가, (2) 클래식 음악만을 사용하는 것이 적합하지 않거나 효과적이지 않다면 어떤 일이 발생할 것인가이다.

나는 GIM이 발전 및 진보함에 따라, 점점 더 다양해지고 있는 내담자들의 필요를 충족시키기 위해 다양하고 새로운 프로그램이 필요할 것이고, 그러한 내담자들의 음악적 취향이 다양한 장르 및 스타일의 음악을 아우를 것이라고 점차 확신하게 되었다.

Grocke(1999)는 다음과 같이 주장했다.

> GIM 음악 프로그램에 클래식 음악만을 사용해야 한다는 주장은 더 많은 연구를 필요로 한다. Bonny의 주장은, 클래식 음악에 대한 그녀의 광범위한 지식을 기반으로 하지만 편견을 반영한 것일 수 있다. 클래식 음악과 다른 전통음악을 비교해 보는 추가 연구를 통해서만 클래식 음악이 다른 전통음악보다 더 효과적이라는 합의에 이를 수 있을 것이다(p. 146).

나는 이 정립된 프로그램에 대한 잠재적인 음악적 대안을 위한 가능성을 탐구하기 시작했다. 또한 새로운 프로그램이 음악 선곡 및 배열에 대한 적절한 기준을 충족시켜야 함에 유의했다. 여기에는 음악 프로그램에 대한 Helen Bonny의 설명에서 그녀가 인정한 대로 개별적인 음악 선곡 전반과 그 안의 모든 원칙이 포함된다(Bonny, 1978).

나는 즉흥연주의 자유로움처럼 클래식 작곡구조보다 덜 엄격하게 구조화된 음악에 내담자가 어떻게 반응하는지와 관련된 여러 가지 질문을 제기하고자 했다. 여기에는 다음의 질문이 포함된다.

- 작곡구조의 느슨함이 여행하는 동안 움직임이나 방향을 제한하는 결과를 가져올 수 있는가?
- 이러한 장르의 음악은 어떠한 유형의 심상을 제공할 수 있는가?
- 이러한 경험을 통해 내담자가 얻을 수 있는 전반적인 효과는 무엇인가?

본 프로젝트의 음악 선곡에서는 심미적 또는 개인적 선호를 우회해야 할 필요가 있었다. 오히려 선정된 음악 작품들은 작곡적인 맥락, 심상 유도, 깊은 심리적 수준에서 참여하도록 할 가능성, 음악 목록 간의 흐름, 프로그램 전반에 걸쳐 정서적인 동질성과 같은 관점을 반영했다. 실험 절차는 직감적으로 시작되었고, 선곡된 음악을 들으면서 (눈을 감은 편안한 상태에서) 가능성을 대략 40가지로 좁혀 나갔다. 선택된 곡들은 그 음악에 대해 인지된 '감정(mood)'을 고려했고 Hevner의 무드 휠(Mood Wheel)(Hevner, 1937; 이 책 30장 참조)을 모델로 사용했다.

실용적인 측면을 고려하여 음반은 세계 어느 상점에서나 바로 구매할 수 있는 것으로 결정했다(상당수의 음반이 ECM 라벨이다). 나는 프로그램용으로 선택한 6곡의 음악 작품이 심상을 자극하는 데 필요한 정서적인 변화 곡선을 따를 것으로 믿으며 하나의 시퀀스를 만들었다.

프로그램 주제

자료는 크로스 오버 재즈(클래식 음악 또는 세계음악에 영향을 받은 재즈)라는 장르에 노출되어 있는 내담자들을 대상으로 하는 초급/중급 프로그램으로 취합되었다. 목적은 내담자들이 특히 관계나 존재론적 이슈에 있어서 의미 있는 요소를 탐색할 수 있도록 보유하고 있는 음악 그릇(music container)을 안전하게 제공하는 것이었다.

프로그램의 특징은 감정에 초점을 두고 잘 통합된 음악 목록이다. 금관악기와 목관악기의 기악 편성과 울려 퍼지는 첼로의 선율이 이야기를 하는 듯 보컬의 목소리를 드러내고, 안정적인 기타, 현악기, 피아노 반주가 그 뒤를 받쳐 준다. 화음과 선율의 복잡성뿐 아니라 음정, 템포, 음색, 분위기에 대한 고려가 심상을 통한 이동을 용이하게 한다.

균형 잡힌 조성의 배치와 더불어 기악 편성의 선택을 통해 선곡된 작품들이 서로 효과적으로 흐르도록 한다. 이는 세션이 진행되는 동안 일깨워진 정서의 흐름이 중단되거나 갑작스러운 변화를 겪는 것을 피하는 데 도움을 준다.

프로그램 설명

이 부분에서는 음악 선곡에 대해 요약 정리하고, 재생되는 음악의 주요 특징뿐 아니라 의미 있는 배경 정보를 제공하려고 한다. 본 프로그램에서 사용되는 모든 음악 작품은 저작권법의 적용을 받는다.

Miles Davis – 'In a Silent Way', from CD In a Silent Way

서정적인 오프닝 곡은 오스트리아의 집으로 향하는 크리스마스 여행에서 영감을 받았다. 이 음악에는 따뜻함이 흐른다. 양치기의 뿔피리(horn) 소리는 향수 어린 기억 속 언덕으로부터 메아리가 되어 들려온다. 연주 중 곡의 튜닝과 음형에서 이따금씩 약간 불완전하게 들리는 것은 연주 속에 존재하는 '인간적 요소(human element)'의 느낌을 강하게 갖도록 한다. Davis는 녹음을 할 때 선율을 복잡하게 만들지 않기로 결정했고 그 결과물은 축소판의 대작으로 불리게 되었다. 단순한 화음의 연주를 배경으로 직관적으로 연주되는 기타의 포크 스타일은 사운드가 수영하는 듯한 웨이브를 만들어 내고, 소년으로서 작가의 인상, 즉 동심과 외로움을 소리로 반영한다.

Ketil Bjornstad/David Darling – 'The Lake', from CD Epigraphs

이 곡의 특징은 피아노와 첼로의 감성적인 대화에 있다. 곡을 여는 피아노의 아르페지오에서부터 첼로가 들어가 느리고 애처로운 선율을 들려준다. 주제를 따라 매우 절제된 피아노가 연주되기 때문에 이 음악에는 슬픈 감정이 존재한다. 낮은 음역에서 첼로가 다시 들어갈 때 아르페지오는 곡을 촘촘하게 연결시킨다. 그 후 주선율이 반복된다. 이 곡은 움직임이 제한적이기 때문에 내담자가 관련 문제들을 심도 깊게 탐색할 수 있도록 해준다. 전반적으로 피아노와 첼로의 상호작용이 꽤 친숙하며, 이는 관계 문제를 다루는데 있어 효과적으로 작용한다.

Jan Garbarek – 'Evening Land', from CD Visible World

Mari Boine이 보컬을 담당한 인상적인 이 곡의 특징은 소프라노 색소폰과 보컬의 목소리 간의 팽팽한 긴장감이 감도는 감정적인 대화이다. 이 곡은 거의 고뇌에 찬 솔로 색소폰 선율로 시작해 지속적으로 '걷기' 스타일의 리듬과 템포로 바뀌어 간다. 색소폰과 목소리 간의 대화는 때때로 부드럽게 흐르고, 보컬과 악기의 음색과 음형이 변화할 때 보다 거칠고 불안한 톤으로 변화한다. 앞부분은 높은 피치의 긴장된 색소폰 솔로로 중단되고, 그다음에는 조용한 보컬 섹션이 이어져 방황하거나 어쩔 줄 모르는 듯한 인상을 준다. 점진적으로 리듬 및 목소리와 색소폰의 상호작용이 제자리를 찾는데, 처음에는 부드러운 하모니를 이루지만 점차 갈등과 불안감이 생겨난다.

Trygve Seim – 'Beginning an Ending', from CD Sangam

이 곡은 피아니시모로 시작해 튜바의 길고 낮은 음을 들려준 다음, 상향하는 베이스 선율로 이어진다. 이는 트럼펫의 단순하고 느린, 포크 스타일의 주요 주제로 이어져, '숨소리가 섞인' 듯한 음질을 드러낸다. 이는 드문드문 트럼펫 변주가 이어지는 현악기에 대한 반응이다. 연주의 음색과 표현 모두에 있어 보컬의 음질이 강하다. 금관악기와 목관악기는 화음을 뒷받침한다. 곡이 좀 더 확장되고 극적으로 변할 때 색소폰 선율이 반응한다. 이는 트럼펫이 주요 주제를 조용하게 반복하는 것으로 이어진다. 그 후 뒤이어 악기들이 뒤로 빠지고 음이 내려가는 베이스 선율로 이어져 곡이 끝난다. 이 작품은 리드 악기의 아름다운 음색을 특징으로 하는 단순하고 부드러운 선율을 적용하지만, 기악 편성(특히 베이스 선율)을 뒷받침하는 근원적인 날카로움이 존재한다. 이 곡은 'Evening Land'를 효율적으로 뒤따른다.

Max Richter – 'On the Nature of Daylight', from CD The Blue Notebooks

이 곡의 특징은 아름답고 인상적인 선율 선(melody line)의 전개에 있다. 이 곡은 낮은 음역의 현악기로 연주되어 침울한 느낌으로 올라갔다 내려가는 주제로 시작한다. 여기에 반복적인 선율 패턴이 개입하고, 점점 더 높은 음을 연주하는 현악기로 전개 및 확장되어 간다. 현악기가 소리를 더 크게 내기 위해 서로 거의 전투를 벌이는 것처럼 보일 때 대화가 뚜렷하게 드러난다. 곡의 짜임새가 점점 더 빽빽해지고, 이에 상응하는 음악의 셈여림이 변화하면서 이 곡에는 어두운 느낌이 존재한다. 템포, 연주법, 멜로디 방향이 슬픔과 긴장의 느낌을 더한다.

Jacob Young – 'Falling', from CD Evening Falls

마지막 곡은 내담자를 정상적인 의식상태로 되돌려 놓고, 편안함과 안정감을 제공한다. 마지막 곡은 가슴 아픈 어쿠스틱 기타 선율을 배경으로 연주되는 안정감 있는 베이스 기타로 시작한다. 트럼펫의 부드러운 선율이 연주되면서 끝나 가는 느낌 및 안도감을 제공한다. 안심을 주는 베이스 솔로가 이러한 느낌을 강화시킨다. 주요 주제가 다시 시작되고, 부드러운 마무리로 이어진다. 이러한 명확하고 단순한 구성은 여행을 마무리하도록 하는 안전하고 편안한 환경을 제공함으로써 프로그램을 종료시킨다.

분석/방법

프로그램 분석에는 내담자가 음악 경험에 어떻게 반응했는지를 기반으로 현상학적 접근방법을 적용하여, 이론에 따라 다음과 같은 범위를 설정했다.

- 짝을 이룬 작품뿐 아니라 개별 작품의 연구자 감상(self-listening)
- 동료 전문가에 의한 감상
- 자료에 대한 점수 기반 분석
- 개별 및 짝을 이룬 작품에 대한 자발적인 참가자 여행
- 임상 세션 실험

예비연구는 2년에 걸쳐서 50명의 성인 지원자를 대상으로 개별적인 임상 실험으로 수행되었다. 참가자 중 62%는 여성이었고, 38%는 남성이었다. 여성의 연령은 32~61세, 남성의 연령은 30~56세였다. 모든 참가자는 90분 동안의 GIM 세션을 1회 받았으며, '자각' 프로그램을 사용했다. 참가자들의 비밀은 보호되었다.

결과 요약/논의

본 연구의 목적은 즉흥적인 패시지가 제공하는 자유 및 공간이 상당 부분 차지하는 음악적 주제에 초점을 둔 음악 장르가 GIM에서 유의미한 상태를 일깨우고 탐구하도록 하는 데 있어서 효과적인 정도를 알아보는 데 있었다.

'자각' 프로그램용으로 선택된 곡들의 상당수가 관계 또는 존재론적 이슈들을 다룰 수 있는 기회를 제공하는 강력한 시각적 심상뿐만 아니라 감정적 상태를 일깨울 수 있는 잠재력으로 그 가치를 보여 준다. 이러한 사실은 결과를 통해 드러났다. 본 프로그램에 대

한 특징적인 반응 패턴은 다음과 같다.

- '자각' 프로그램은 모든 참가자들에게서 심상을 일깨웠다.
- 참가자들 중 62%가 대인관계(부모, 형제자매, 파트너)와 관련된 이슈를 탐구하는 심상으로 연결시켰다.
- 참가자들 중 28%가 일반적인 관점에서 존재론적 이슈(상실, 건강, 인생의 전환)로 탐색하는 심상으로 연결시켰다.
- 참가자들 중 6%는 최근의 사건 또는 사고를 탐색하는 심상으로 연결시켰다.
- 참가자들 중 4%는 음악 자체에만 집중하는 심상으로 연결시켰다.

본 프로그램은 초급-중급 수준에서의 일반적인 Bonny 방식의 GIM 프로그램으로서 효과적이었다. 임상 세션 실험에서 나온 실증적 데이터와 더불어 본 프로그램의 전반적인 '분위기'는 관계 또는 존재론적 이슈와 관련된 상태를 일깨울 수 있는 가능성을 보여 주었다.

또한 결과에서는 GIM이 삶의 초기 단계에서 잠재의식적인 상태를 탐색할 수 있는 기회를 어떻게 제공해 줄 수 있는지도 보여 주었다. 여러 사례에서 음악 작품 내의 악기들 간 집중적인 교류가 '어린 시절로 되돌아 간 듯한' 느낌을 촉진시키는 경향을 나타냈다.

참가자들의 생생한 표현을 기반으로 본 프로그램의 정서적 강도(Affective-intensity) 프로파일을 만들었다([그림 27-1]). 그래프의 곡선은 깊은 탐사의 가능성을 일부 제공하지만 음악적 여행은 상대적으로 잔잔하며 극단적인 절정이나 바닥이 없음을 설명한다.

음악 내에서 심상을 불러일으키고 이러한 심상 안에서의 이동과 탐사를 용이하게 하는 것은 구조적으로 충분하고 적절한 변화를 가능하게 한다. 적절한 세션 지속시간 중 즉흥적인 요소의 자유로운 측면은 내담자에게 여행 속에서 '그들이 가야 할 곳이 어디든 갈 수 있는' 가능성을 제공한다. 내담자들은 결과적으로 드러난 심상을 그들 자신만의 개인적인 삶의 이야기에 통합시킬 수 있었다. 프로그램의 짧은 버전은 트랙 1, 5, 6을 사용해 구성되었다.

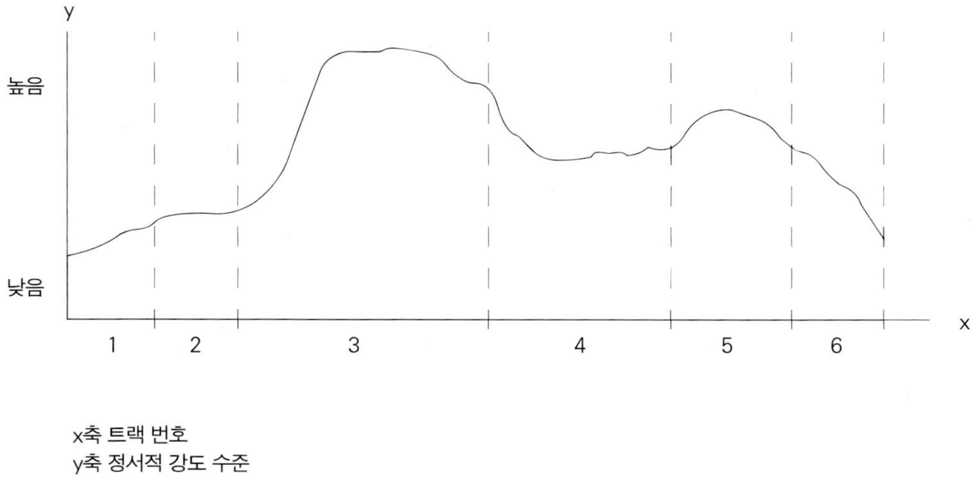

[그림 27-1] '자각': 정서적-강도 프로파일

자폐 청소년을 위한 학교에서의 GIM

나는 자폐 청소년들을 위해 특수학교에서 각색된 버전의 '자각' 프로그램을 사용해 왔다. 이러한 내담자 그룹과 관련된 주요 관심 분야는 건강한 자아 발달에 필요한 기술을 기반으로 하는 경우가 많다(Wager, 1992; Wesley, 2002에서 인용).

- (언어 및 비언어적) 의사소통기술 향상
- 주의 지속력 향상
- 지시 수행 능력 개선
- 과잉행동 감소
- 스트레스 감소/이완 기술 향상
- 상동행동 감소

프로그램 참여 기준으로 내담자는 반드시 다음에 해당되어야 한다.

- 심상을 이용할 수 있을 정도의 충분한 기능이어야 한다.

- 음악에 반응해야 한다.
- 예술에 반응해야 한다.
- 현실 접촉이 우수해야 한다.

각 세션은 약 30~40분 동안 진행한다. 과정에 대한 단순하고 구체적인 설명과 단계별 지침을 제공하여 내담자들이 과정에 효과적으로 참여할 수 있도록 한다.

세션은 관련 문제를 확인하고 수학여행, 휴일, 운동 경기와 같은 심상을 선택하기 위한 예비 대화로 시작한다. 간단한 이완/유도 활동은 15~20분 정도 음악을 듣는 것으로 연결된다. 이 단계에서 선택한 음악의 예에는 다음이 포함된다. '자각' 프로그램에서 선곡(강렬한 Jan Garbarek의 곡은 제외), John Barry의 *The Beyondness of Things*와 Arvo Pärt의 *Spiegel im Spiegel*. *The Beyondness of Things*(동료 Martin Lowes에게 소개했던 곡)는 영화 같은 느낌이 매우 뛰어나고, 이슈가 될 수 있는 심상을 유도하는 도입 세션에서는 특히 효과적이다.

이완/유도 활동 전의 즉흥연주는 평소 편안하지 않거나 음성적인 형태로 정보를 전할 능력이 없는 내담자의 느낌 정도를 평가하는 데 있어 효과가 있는 것으로 입증되었다(Ventre, 1981, Wesley, 2002에서 인용). 그 후에 내담자(들)은 그러한 경험에 대한 그들의 반응을 그림으로 그리고, 그동안 그 음악을 다시 듣는다. 세션은 간단한 토론/리뷰로 마무리된다. 세션 후 즉흥연주는 '긴장해소(wind-down)'에 효과적인 역할을 할 수 있다.

각색된 버전의 '자각' 프로그램은 예비연구에서 확인된 것과 유사한 영역을 다루었다. 자폐에 대한 그들의 개인적인 경험과 관련된 존재론적 문제와 더불어 교사, 반 친구들, 부모, 형제자매와의 의사소통 및 관계적 이슈가 가장 일반적인 주제였다.

특수학교 교사들의 보고서에 따르면 GIM 세션 후 행동 패턴이 전반적으로 개선된 것으로 나타났다. GIM는 창의력 및 상상적인 놀이 기술을 개선할 수 있는 기회도 제공했다.

종결

나는 Helen Bonny에게 관찰을 부탁하기 위해 '자각' 프로그램 사본과 관련 자료들(일부는 본 연구에서 사용)을 보냈다. 다음은 그녀의 답장이다. (개인 서신, 2008. 10. 21.)

존경하는 Ian,

CD와 논문, 그리고 편지를 제게 보내 주셔서 매우 기쁩니다. 아일랜드에서 첫 번째로 GIM 레벨 1을 획득하신 것을 축하드립니다! 저널의 논문은 매우 우수하며 다른 저널에도 발표되어야 할 것입니다. AMTA 또는 노르웨이 저널에 투고할 생각이 있으신가요? 저는 당신의 CD가 좋습니다. 음악 선곡을 매우 잘하셨다고 생각합니다.

제 한 가지 의문은 3번 트랙에 관한 것입니다. 보컬의 목소리가 다소 날카롭네요. 반면에 이와 비슷한 색소폰 소리는 보컬에 비해 참을 만하고, 오히려 그 소리는 곡 나머지 부분의 불안과 더 조화롭게 들립니다.

저는 첼로도 아주 좋습니다. 전문 트럼펫 연주자인 Miles Davis는 제 아들이 가장 좋아하는 연주자입니다. 'On the Nature of Daylight'는 매우 클래식하게 보입니다.

축하합니다! GIM과 관련하여 이러한 창의적인 영역을 추구하는 것을 매우 기쁘게 생각합니다.

Helen 드림.

(본 이메일을 실을 수 있도록 허락해 준 Erich Bonny에게 진심으로 감사를 전합니다.)

나는 새로운 프로그램이 Bonny 프로그램의 핵심적인 보충 자료로 매우 효과적으로 활용될 수 있다고 생각한다. 오리지널 Bonny 방식의 GIM 프로그램의 가치와 음악적 위상은 분명하다. GIM 훈련이 오랜 세월 변함없이 주요 수단으로 자리매김하고 있는 것은 디지털시대가 도래되기 전에 자료 취합과 편집의 어려움에도 불구하고 Helen Bonny의 창의성과 역량이 발휘되었던 것에 대한 증거이다.

참고문헌

Bonny, H. L. (1978). *The Role of Taped Music Programmes in the GIM Process*. GIM Monograph No. 2. Baltimore, MD: ICM Books.

Bruscia, K. (2002). Developments in music programming for the Bonny Method. In K. Bruscia and D. Grocke (eds) *Guided Imagery and Music: The Bonny Method and Beyond* (pp. 307-315). Gilsum, NH: Barcelona.

Grocke, D. E. (1999). *A Phenomenological Study of Pivotal Moments in Guided Imagery and Music (GIM) Therapy*. Dissertation, University of Melbourne.

Hevner, K. (1937). An experimental study of the affective value of sounds and poetry. *American Journal of Psychology, 49*, 419-434.

Leslie, I. (2000). *The Effects of Music on Mood*. Dissertation, Trinity College, Dublin.

Wesley, S. (2002). GIM for children and adolescents. In K. Bruscia and D. Grocke (eds) *Guided Imagery and Music: The Bonny Method and Beyond*. Gilsum, NH: Barcelona Publishers.

부록: 음악 목록

'자각' 프로그램의 음악 목록은 다음과 같다:

1. Miles Davis: In a Silent Way. CBS 4509S2 2 (1969)
2. Ketil Bjornstadt/David Darling: The Lake. ECM 16S4 543 159 – 2 (2000)
3. Jan Garbarek: Evening Land. ECM 1585 529 OS6 – 2 (1996)
4. Trygve Seim: Beginning an Ending. ECM 1797 038 1222 (2004)
5. Max Richter: On the Nature of Daylight. Fat Cat CD 13 04 (2004)
6. Jacob Young: Falling. ECM 187698 1 1780 (2004).

프로그램의 모든 자료는 저작권법에 적용된다는 점에 유의해야 한다.

제28장

‘원초적 의식’: GIM 프로그램

Anthony Hall

서론 및 배경

Helen Bonny는 음악적이고 심리적인 여정에서 청자를 편안한 상태로 초대하기 위해, 클래식 음악의 순서를 신중하게 배열하여 사용한 선구자였다. 오리지널 음악 프로그램용으로 Helen이 선곡한 음악 목록의 순서는 일관성 있는 정서적 · 심리적 프로파일을 완성하기 위해 정교하게 구성되었고, 이는 다양한 GIM 프로그램에 완전성과 정의를 제공해 준다. 오리지널 프로그램이 여전히 대다수 GIM 치료사의 작업에 초석이 되고 있다는 점은 오리지널 프로그램의 효과에 대한 증거이다.

‘원초적 의식(Earth Spirit)’ GIM 프로그램은 저자의 GIM 트레이닝 과정 레벨 3에서 마지막 프로젝트의 일부로 만들어졌다. 이는 두 가지의 근본적인 원칙을 염두에 두고 설계되었다. 첫 번째는 감상자들 자신 속에서 개인의 한계를 초월하는 차원을 경험하는 감상자들에게 제공될 음악의 순서를 묶는 것이다. 두 번째는 오리지널 Bonny 프로그램의 형태와 감정적 완전성에 영향을 받았지만, 클래식이 아닌 현대음악을 사용하여 아름다운 음악적 GIM 프로그램을 만드는 것이었다.

음악 목록

1. Ludovico Einaudi: *I Giorni* (발췌) 3:31
2. Tsabropoulos: *Prayer* 3:49

3. Madredeus: *O Mar* 5:33
4. Lama Gyurme: *Sacred Words of Liberation* 3:43
5. Max Richter: *On the Nature of Daylight* 6:13
6. Szapora: *Kazi Kazi Libe Stano* 6:11
7. John Astin: *Om Namah Shivaya* 4:04

프로그램의 목적

본 프로그램을 개발하는 목적은 다음과 같다.

- 내담자가 개인의 한계를 초월하는 차원을 경험할 수 있는 구조화된 음악적 공간을 제공하기 위함이다.
- 내담자가 유형의 세계와 무형의 세계 간의 역동성을 탐험할 수 있도록 돕기 위함이다.
- 심리적으로 일관성이 있고 치료적으로 효과를 발휘하는 GIM 프로그램을 만드는데 동(同)시대의 현대음악을 사용하기 위함이다.

프로그램 설계 및 구성

원초적 의식 프로그램의 근원은 동양 문화에 뿌리를 둔 음악을 포함해 광범위하고 다양한 세계음악으로 선곡하였다. 동양적인 작품들은 프로그램에 내포된 깊이와 변화의 가능성을 위해 결정적인 것으로 고려되었지만, 여행자를 충분하게 준비시킬 힘을 보태고 신뢰를 구축하기 위해서는 점차 깊어지는 음악적 구조를 필요로 했다. 본 프로그램의 첫 번째 곡은 이러한 명확한 임무를 염두에 두고 선곡했다.

본 프로그램은 Einaudi의 피아노 곡, I Giorni에서 발췌한 것으로 시작하는데, 단순하지만 아름다운 모티브를 가지고 있으며 음악 자체가 여행의 시작을 돕는다. 여기에서의 목적은 여행자가 전개될 프로그램에 대한 신뢰를 구축할 수 있도록 안전하고 일관된 시작점을 만드는 데 있었다.

두 번째는 Tsabropoulos의 곡으로 분위기를 약간 변화시킨다. 첼로와 피아노의 조합은 첫 번째 곡을 기반으로 발전되고, 이 곡의 느린 템포는 내담자의 심상과 감정이 이 지점에서 약간 깊어질 수 있는 가능성과 함께 약간의 확장을 위한 공간도 허용한다.

프로그램의 세 번째 곡은 포르투갈 그룹 Madredeus가 만들었는데, 심상과 감정이 깊어지도록 의도하였다. 이 음악은 하향 곡선을 그리며 여행자로 하여금 의식상태를 내면의 깊은 곳으로 인도한다. 이 음악의 파도와 같은 선율과 고요한 여성의 목소리가 부드럽고 조심스럽게 보이지만 이 작품의 이름(O Mar, 바다)에서 드러나는 것처럼 깊이가 존재하고, 선뜻 받아들일 준비가 된 여행자는 은유적 표현으로 바다 밑바닥으로 가라앉게 된다.

네 번째 곡의 제목은 Sacred Words of Liberation(Lama Gyurme)이며 준비가 된 내담자가 개인의 의식을 초월하고 자신의 심리적 감각 또는 개인적 자아를 넘어서 존재하는 더 커다랗고 통합된 존재를 발견할 수 있는 공간을 제공한다. 이 곡에서 여행자는 의식을 확장함에 따라 정체성의 세계를 느슨하게 하여 내려놓을 수 있는 신성한 공간으로 초대된다. 이 곡의 구조적 결여와 의식 확장의 가능성 때문에 자아정체감이 낮은(예를 들어, 복합 PTSD, 정신병, 인격장애를 앓고 있는 환자들) 환자들에게 원초적 의식 프로그램 목록 전체를 사용하는 것은 부적절하다.

이미 잠재적으로 깊은 의식상태를 떠난 내담자는 다섯 번째 곡에서 집으로의 여행을 시작한다. Max Richter의 곡에서 현악기의 상향하는 멜로디 연주는 가볍게 들어 올려 주는 느낌을 주고 본 프로그램의 이 지점에서 환영받는 느낌을 가질 수 있다. 여행자는 네 번째 곡에서 탐험한 의식의 깊이를 되돌아볼 수 있는 시간과 공간을 가지며, 그 자신의 일반적인 자아감에 흡수되기 시작한다.

여섯 번째 곡인 Szapora의 Kazi Kazi Libe Stano에는 여러 가수의 목소리가 들어 있어 사람들과 다시 만나야 할 필요성을 보여 준 다음, 이전 작품들로부터의 자장가적인 테마를 노래한다.

본 프로그램은 Om Namah Shivaya의 John Astin 버전으로 종료되는데, 이는 모든 음악과 마찬가지로 그 음악이 처음에 작곡되고 녹음되었던 의식상태를 보여 주는 인상을 가지고 있다. 이는 위대한 존재의 장소에서 온 것처럼 보이며 감상자의 내면에서 똑같이 초월적인 의식상태를 이끌어 낼 수 있는 가능성을 가진다. 예민한 감상자라면 John이 열린 마음으로 노래하는 것을 음악 안에서 진정으로 느낄 수 있다. 온화하게 느껴지는 이러한 마음은 주문처럼 음악 안에서 반복됨으로써 강조된다. 여기에 공포와 애착으로 특징지어진 자아가 지배된 상태에서 평화로움, 사랑, 삶의 모든 것과의 하나 됨에 대한 더 큰 의식상태로 전환될 수 있는 기회가 주어진다.

프로그램 적합성 및 클래식이 아닌 음악의 사용

제안된 피드백에 의하면 원초적 의식 프로그램은 몇 가지 예외를 제외하고 대다수의 사람들에게 적합하다. 앞서 언급한 것처럼, 특히 네 번째 곡은 내담자의 정체성(구체적으로 예를 들면, 신체와 관련된)에 도전하도록 설계되었다. 이러한 점을 염두에 두면, 자아정체감이 낮거나, 인격장애 또는 정서적 학대를 경험한 내담자나 정신적 비상사태 및 정신병을 경험한 환자들에게 사용하는 것은 적절하지 않다(경험이 풍부한 치료사의 재량에 따라서만 사용되어야 한다. 이러한 내담자 그룹을 대상으로 하는 유용한 변경 내용: 트랙 1과 7, 또는 좀 더 깊은 경험을 위한 트랙 1, 2, 7).

GIM 프로그램에 클래식이 아닌 음악을 사용하는 것은 장점과 단점을 둘 다 가진다. 순서가 정해진 음악 목록 사이의 진실한 감정을 유지하는 것뿐만 아니라 심상을 발전시키고 변화시키는 데 필요한 작품 안의, 그리고 작품 사이의 음악적 · 심리적 풍요로움과 다양성을 제공하기 위해서 음악은 매우 신중하게 선택되어야 한다. 다시 말해, 단순한 테마를 반복하는 것은 그 자체로 매우 안전할 수 있지만 심상과 감정을 변화시킬 수 있는 많은 공간을 제공하지 못하리라는 점은 분명하다. 이러한 한계를 극복할 수 있다면, 클래식이 아닌 음악 사용의 장점은 더 많은 잠재적 그룹 GIM 여행자들에게 어필할 수 있는 프로그램이라는 점이다. 또한 클래식 곡에 부정적인 반응을 보이는 사람에게 클래식 음악만큼이나 위협적이지도 않다. 마지막 장점은 삶이 클래식 음악과 밀접하게 연결되어 있는 내담자(예: 전문적인 음악가)나 클래식 음악에 대한 지식이 매우 풍부한 사람들을 대상으로 할 때 찾을 수 있다. 이러한 상황에서 클래식 음악을 사용하는 것은 여행가에게 너무나 강렬하거나 너무나 많은 생각을 떠올리게 해 감정, 본능, 심상으로 의식이 깊어지는 것을 방해할 수도 있다.

치료 과정에서 프로그램 배치

원초적 의식은 일련의 GIM 프로그램 어느 단계에서나 사용할 수 있고 워크숍 환경에서 변형된 방식으로도 사용할 수 있다. 본 프로그램을 사용한 동료들의 피드백은 가장 인기 있는 변형이 첫 번째, 두 번째, 일곱 번째 작품이라는 점을 지속적이며 합리적으로 보여 준다. 더 긴 GIM 치료 과정의 일부로 본 프로그램을 사용해 온 치료사들은 전반적인 배열에서 원초적 의식을 중간과 마지막 사이쯤에 배치하는 경향이 있다. 치료사의 직감으로 사물에 관한 새로운 관점을 소개하거나 본 프로그램에 포함된 클래식이 아닌 음악으로의 여행을 통해 도움을 받을 수 있는 내담자를 돕기 위한 것이 목적일 때에도 배치될 수 있다.

프로그램 실험

원초적 의식 GIM 프로그램은 공식적인 임상 실험을 거치지 않았지만 국제적인 동료들로부터의 피드백은 전반적으로 매우 긍정적이다. 음악치료를 하는 동료인 Martin Lawes는 본 프로그램이 기존의 Bonny 프로그램에서 사용되는 클래식 음악의 상당 부분에 강한 부정적 전이를 보였던, 사별을 하고 정신질환 이력이 있는 한 환자에게 유용한 GIM 도입이라는 점을 확인했다. 원초적 의식은 그 환자가 모든 음악이 좋다고 의견을 밝힌 첫 번째 프로그램이었다. Martin은 정신질환 이력이 있는 이 특별한 내담자에게 음악이 지나치게 자극적이거나 복잡한 것이 아니라는 사실을 강조했다. 이는 내담자가 음악을 받아들일 수 있을지의 관점에서 내담자에게 중요한 것처럼 보였다. GIM 치료 과정에는 원초적 의식 프로그램으로의 여러 가지 중요한 여행이 포함되었다. Martin은 다음과 같이 말했다(Lawes, 개인 서신, 2013).

> 이 프로그램에서 제 내담자의 긍정적인 반응은, 기존 GIM 프로그램에 대한 그의 참여, 그리고 2년에 걸친 전반적인 그의 치료 과정에 대한 그의 참여에 결정적이었다고 확신합니다. 그는 이 프로그램이 그의 이전 삶에서 그랬던 것처럼 병원에 입원하거나 무너지지 않고 사별에서 벗어나는 데 도움을 주었다고 생각했습니다.

다른 치료사 동료도 기존 GIM 프로그램의 음악에 대해 이전에는 의견을 밝히지 않았던 내담자를 대상으로 한 세션의 마지막에 원초적 의식을 사용했다. 그녀의 내담자는 자신이 프로그램을 얼마나 즐겼는지를 그리고 젊어서 인도를 여행하고 명상을 했던 경험을 어떻게 일깨워 주었는지를 구체적으로 언급했다. 그 내담자는 네 번째 곡(Lama Gyurme)에 깊은 감명을 받았는데, 그 곡은 그녀 자신의 '존재'와 존재하는 공간의 중요성을 일깨워 주었다.

원초적 의식 프로그램 내의 억제된 감정에 관한 피드백도 제공되었다. 한 치료사는 상실 문제를 겪고 있는 남성 내담자를 대상으로 하는 총 7회기 세션 중 마지막에 본 프로그램을 사용했다. 치료 과정 내의 주제에는 사별, 전이, 애도, 퇴행이 포함되었다. 이 내담자에게 원초적 의식이 선택되었고 안전한 음악 그릇을 제공하는 것을 목적으로 했다. 사실, 이 내담자는 긍정적으로 반응했고 음악을 즐겼으며, 앞의 예에서처럼 특히 네 번째 곡(Lama Gyurme)을 그의 의식의 전체 영역에서 다양한 부분을 탐험하는 데 사용했다. 이는 땅속으로 연결된 커다란 터널을 매우 빠른 속도로 여행하고, 황량한 나무를 타고 올라가 나무줄기의 커다란 구멍 속으로 들어가는 듯한 심상이 반영되었다. 그 안은 어두웠으며, 안전하고 닫혀 있다는 느낌을 주었다. 이 내담자는 음악의 '낮은' 음역의 곡들이 그로 하여금 자신만의 장소에 들어 있는 듯한 안전함을 느끼게 해 주었다고 나중에 밝혔다.

개인치료 과정에서 원초적 의식이 어떻게 효과적으로 사용되었는지에 관한 마지막 예는 GIM 치료 과정의 마지막을 향해 나아가고 있는 여성 내담자의 사례에서 잘 드러난다. 이 내담자는 클래식 음악과 매우 친숙하기 때문에 공연이나 음반을 분석하는 것에 쉽게 빠져 버리고 신체 감각이나 느낌으로 더 깊이 이동하는 것을 회피한다. 이 내담자는 이전에 클래식 음악에 의해 조종되고 있다는 느낌을 받은 적이 있으며, 여행에 있어 많은 두려움과 망설임을 가지고 있었다. 치료사는 치료 과정을 마무리하기 위한 하나의 방법으로 원초적 의식을 선택했고, 내담자는 매우 긍정적으로 반응했으며 충분한 휴식과 훨씬 더 큰 만족감으로 통합되어 있다는 느낌을 가졌다.

요약

앞서 설명한 내담자와 치료사의 피드백은 원초적 의식 프로그램이 GIM 치료사의 프로그램 레퍼토리에 유용한 첨가물이 될 수 있다는 점을 보여 준다. 이 프로그램은 사물을 새로운 관점으로 볼 준비가 된 내담자, 인지적으로 클래식 음악을 분석하는 데 빠져들거나 클래식 음악이라는 장르와의 오래된 관계에서 벗어나 약간 다른 무언가를 필요로 하는 내담자들에게 도움이 될 것으로 사료된다.

상당수의 피드백은 프로그램 내의 공간감과 단순함을 이야기하며, 이는 음악의 절제된 면과 더불어 프로그램을 좀 더 짧게 변형한 것(트랙 1과 7)이 불안감을 느끼는 환자나 그룹 치료에 매우 적합함을 보여 준다.

내담자들의 보고에서 음악의 공간감과 만족감 사이에 관련성이 존재했는가? 나의 의견은 확실하게 '그렇다'이다. GIM 세션의 도입은 주의를 집중시킨다. 이것이 의식의 초월적인 상태에서 작곡되고 연주되는 공간적인 음악과 결합하고 내담자들이 그들의 의식을 열어 확장시킬 준비가 되었을 때, 이러한 특별한 상황의 조합은 '연금술사의 배'와 같이 된다는 것이다. 비금속(자의식)에서 황금(초월적인 기쁨)으로의 변화가 일어날 수 있다.

Fran Goldberg는 GIM 내담자의 심리-정신적 성장에 대해 설명한다(Goldberg, 2002). 중요한 정신역동적 활동이 이루어지는 동안 정신 상태 안팎으로 다양한 의식상태가 통하는 움직임이 있다. 해결되지 않는 감정과 심리적 변화에 의한 스트레스 속에서 자아 기능에 휴식을 제공하려면 초월적인 의식상태에서 오는 평안과 만족감이 필요한가? 우리가 깊은 잠에 들지만 다음날 우리에게 활력을 주고 상쾌함을 느끼도록 하는 감정 해소, 중요한 꿈을 꾸도록 하는 가벼운 렘(REM) 수면으로 되돌아갈 때 몸과 마음이 재충전될 수 있는 휴식을 갖는 것처럼 말이다.

Helen Bonny가 설명한 것처럼(Grocke, 1999), 개인의 한계를 초월하는 경험은 일시적인 경우가 대다수이지만 치료 과정에서 개인의 마음속에 순수한 평안과 안식을 제공할 뿐만 아니라 치료를 벗어난 여행에서도 중요한 자원과 긍정의 경험으로 남는다.

참고문헌

Goldberg, F. (2002). Holographic field theory. In K. Bruscia and D. Grocke (eds) *Guided Imagery and Music: The Bonny Method and Beyond*. Gilsum, NH: Barcelona Publishers.

Grocke, D. (1999). *A phenomenological study of pivotal moments in Guided Imagery and Music (GIM) therapy*. Unpublished doctoral thesis. University of Melbourne, Victoria, Australia. Appendix 1d: Interview with Helen Bonny, 18th January 1996, about her mystical experience.

제29장

'추수': 중국 음악 프로그램

Wai Man Ng

서론

지금의 GIM 음악 프로그램들은 서양 클래식 음악 전통에 기반을 둔 Helen Bonny에 의해 발전된 프로그램들을 포함하여 사용하고 있다. 홍콩은 주로 광둥어(중국의 주요 방언 중 하나)를 사용하는 7백만 명의 인구로 구성된 중국 도시이다. 임상 실습 중, 나는 홍콩의 내담자들과의 GIM 세션에서 서양 클래식 음악을 사용했는데, 일부 내담자들이 중국 음악으로 할 수 있는지 문의해 왔다는 것을 알게 되었다. 이를 통해 나는 홍콩 사람들이 자신의 문화에 정체감을 가질 수 있는 음악에 대한 필요성을 인식하고 있다는 점을 이해하게 되었다.

중국 음악

'중국 음악'은 5천여 년이 넘는 광범위한 기간의 음악을 포함한다. 오늘날 고대에 연주되던 악기에 대해서는 중국 문헌에 묘사되어 있을 뿐 악보는 남아 있지 않다. 예를 들어, 구친[Gu-qin: 7현의 치터(zither)] 연주를 위한 아주 오래된 악보가 일부 발견되긴 했지만, 오늘날 '중국 음악'이라는 용어는 1920년 이후 작곡된 현대 중국 음악을 가리킨다.

중국 관현악 음악의 발달 시기는 네 가지 시대로 나눌 수 있다(Chan, 2004).

1. 문화 대혁명 이전까지의 20세기(1920~1966년)
2. 문화 대혁명(1966~1976년)
3. 문화 대혁명 이후 1980년대까지(1976~1989년)

4. 1990년대 이후 현재까지(1990년부터)

초기의 음악 스타일은 오직 중국 악기만 사용하고, 미리 계획된 관현악 편성이 없이 매우 전통적인 스타일이다. 이 시기의 음악은 점차 오래된 문화가 되어 가고 있다. 문화 대혁명 시기에 Chan(2004)은 당시 작곡가들이 정치적 이유를 위해 작곡해야 하는 제한을 받았다고 언급하고 있다. 마오쩌둥(Mao Zedong, 이하 Mao)은 1942년 인안 예술 회의(Yin An Arts Meeting) 당시 "예술은 노동자, 농부, 군인 및 정치를 위한 서비스의 형태이다." 라고 언급했다(Zeng, 1997, p. 359). 따라서 음악은 중국 대혁명 당시 적을 물리치고 Mao와 그의 생각을 찬양하는 메시지를 전파하기 위한 정치적 도구였다. 문화 대혁명 이후, 중국 관현악단은 1976년과 1989년 사이에 다시 발전했다. 일부 중국 작곡가들이 미국과 영국뿐 아니라 러시아 등 다른 나라에서 서양 음악을 배우기 시작했다. 그들은 서양의 음악 컨셉과 작곡 스타일을 중국 음악에 도입했다. 현대 중국 음악 안에서 작곡가와 지휘자들은 서양 및 중국 악기를 한 관현악단 내에 결합하고자 시도하면서 새로운 종류의 중국 음악을 확립했다. 간단히 말하자면, 중국 음악에는 독주를 제외하고 네 가지 종류의 주요 앙상블 스타일의 중국 음악이 존재한다. 〈표 29-1〉은 서로 다른 앙상블 스타일의 요소를 간추려 보여 준다.

〈표 29-1〉 중국의 관현악 음악 스타일에 따른 요소

	중국 악기	서양 악기	관현악 편곡	중국 선율	서양 화성	중국인 작곡가
전통 중국 음악 앙상블(2~10인의 음악가로 구성된 음악)	✓	×	×	✓	×	✓
현대 중국 음악(30~80인의 음악가로 구성된 중국 관현악 음악)	✓	×	✓	✓	✓	✓
현대 중국 음악(30~80인의 음악가로 구성된 서양 관현악 음악)	×	✓	✓	✓	✓	✓
현대 중국 음악(30~80인의 음악가로 구성된 중국과 서양의 연합 관현악 음악)	✓	✓	✓	✓	✓	✓

GIM 내에서의 중국 음악

초기의 중국 GIM 음악 프로그램은 Hanks(1992)가 미국인 참가자들과 대만 출신의 사람들의 심상을 비교하는 연구를 목적으로 제작했다. 그때 이후로 또 다른 중국 프로그램은 만들어지지 않았다. 그러나 현대 중국 관현악의 발전이 그 이후로 분명하게 이뤄졌으며, 중국 관현악 작품이 천여 곡 작곡되면서 중국 GIM 음악 프로그램 창작을 위한 음악의 선택의 폭이 넓어졌다. 나는 첫 중국 GIM 음악 프로그램 '추수(Harvest)'를 2008년에 만들고, 2010년에는 두 번째 중국 GIM 음악 프로그램 '청춘(Springs)'을, 2013년에는 세 번째 중국 GIM 음악 프로그램 '추억(Reminiscence)'을 만들었다. 이 장에서 나는 '추수'의 제작 및 해당 프로그램의 적용을 소개하고자 한다.

'추수'의 제작

음악치료 및 GIM을 공부하기 전, 나는 중국 음악 배경이 강한 중국의 전문 음악가였다. 2008년, 나는 GIM 훈련 프로그램의 마지막 단계에서 중국 GIM 음악 프로그램을 최종 프로젝트로 제작하여 중국 문화 내 GIM 훈련에 기여하기로 결심했다.

중국 GIM 음악 프로그램의 제작에는 다음의 네 가지 단계가 포함된다. (1) 중국 음악 스타일의 선정, (2) 핵심 작품 선곡 및 감상, (3) 프로그램의 실험, (4) 프로그램의 재배열 및 6명의 참가자로 실험 진행.

중국 음악 스타일의 선정

다수의 현대 중국인들은 본인의 세대에 대해 소속감을 느끼지 않는 것처럼 중국 음악에 대해서도 언급하지 않는다. 단지 전통 음악은 역사적인 중요성을 지닌 존재일 뿐이다. 현대 중국인들의 선호도를 만족시키기 위한 최고 선택은 중국악기와 서양악기, 서양 관현악, 중국 선율과 서양의 화성이 포함된 연합 관현악에 의해 연주된 곡들이었다(〈표 29-1〉 참조).

핵심 작품의 선곡 및 감상

연합 관현악단에 의해 연주된 음악을 수록한 다양한 CD가 선택되었다. 나는 50곡의 음악을 감상하고 선율, 화음, 관현악 편곡, 윤곽 및 음악 스타일에 집중했다. 첫 번째 선택곡으로 열 곡의 음악이 선곡되었다. 나는 다시 감상하면서 음악의 감정적 대조에 집중했으며, GIM 프로그램 '추수' 제작에 적합할 것으로 보이는 다음의 여섯 곡을 최종적으로 선곡했다.

1. He Zhanhao, Chen Gang: *Violin Concerto: The Tragedy of Liang Shanbo and Zhu Yingtai*, 1악장
2. Zhao Jiping: Guanzi Concerto: *Fantasia of the Silk Road*, 2악장: A Verse of the Ancient Path
3. Han Lankui: *Music Poem: Dreaming of Bathing in Huaqing Pool*, 제3장
4. Wu Zuqiang, Du Mingxin, Wang Yanqiao, Shi Wanchun, Dai Hongwei: *The Red Detachment of Women*, The Drill of the Red Detachment of Women
5. Han Lankui: *Music Poem: Thoughts on the Silk Road*, 3악장: Love Song
6. Xian Xinghai: *Piano Concerto: The Yellow River*, 2악장: Ode to the Yellow River arranged by Yin Chenzong, Liu Zhuang, Chu Wanghua, Sheng Lihong, Shi Shucheng, Xu Deixing.

프로그램 실험

violin concerto의 길이는 단축되었고, 그 밖의 곡들은 음악의 느낌에 따라 각기 다른 순서로 배열되었다. (a) 아름다움 → (b) 슬프고 사색적임 → (c) 차분하며 변화시킴 → (d) 성공적이며 춤을 춤 → (e) 차분함 → (f) 밝음.

한 동료를 초청하여 이 프로그램의 첫 번째 버전을 들어 보도록 했다. 처음에 그녀의 심상상과 감정이 몰입되어 즐거운 상태였다. 그러나 음악 프로그램이 끝나자, 그녀는 그녀의 심상이 끝나지 않은 것 같다고 말했다. 내 생각에 프로그램 마지막에 배치된 밝은 피아노 협주곡인 The Yellow River(황하)가 새로운 문제를 일으킨 것 같았다. 그러나 그 외에 다른 후속 음악이 없었기 때문에 동료는 본인의 심상이 아직 끝나지 않은 것처럼 느

졌다. 따라서 프로그램을 수정할 필요가 있었다.

프로그램의 재배열 및 6명의 참가자로 실험 진행

나는 해당 피아노 협주곡을 프로그램에서 삭제했다. 그러나 또 다른 의문이 발생했다. 어떻게 하면 내담자가 종결된 느낌을 갖도록 할 수 있을까? 나는 바이올린 협주곡을 두 부분으로 나누어 프로그램의 시작과 마지막으로 배치했다. 그 후 동일한 동료를 초청하여 다시 프로그램을 들어 보도록 했다. 그녀는 새로운 프로그램을 듣고 심상이 자연스럽게 종결될 수 있었다고 설명했다. 그 후 여섯 명의 참가자를 초대하여 본 프로그램을 활용한 GIM 세션을 가졌다. 참가자들 중에는 두 명의 피아노 강사와 두 명의 중국 악기 연주자 그리고 두 명의 비음악가가 포함되었다.

'추수'의 최종 버전

중국 음악 프로그램의 최종 버전에는 '추수(Harvest)'라는 이름이 붙여졌으며, 총 31분 5초의 길이로 여섯 곡의 짧은 중국 음악이 포함되었다.

1. He Zhanhao and Chen Gang: *Violin Concerto: The Tragedy of Liang Shanbo and Zhu Yingtai*, 1악장 (05:01)
2. Zhao Jiping: *Guanzi Concerto: Fantasia of the Silk Road*, 2악장: A Verse of the Ancient Path (06:38)
3. Han Lankui: *Music Poem: Dreaming of Bathing in Huaqing Pool*, 제3장 (09:29)
4. Wu Zuqiang, Du Mingxin, Wang Yanqiao, Shi Wanchun and Dai Hongwei: *The Red Detachment of Women*, The Drill of the Red Detachment of Women (03:34)
5. Han Lankui: *Music Poem: Thoughts on the Silk Road*, 3악장: Love Song (02:56)
6. He Zhanhao and Chen Gang: *Violin Concerto: The Tragedy of Liang Shanbo and Zhu Yingtai*, 종결부 (03:25)

6명 내담자의 중국 음악 프로그램 '추수' 경험

경험을 중립적으로 유지하기 위해서, 참가자들은 실험 세션에 어떤 이슈나 주제도 가져오도록 요청받지 않았다. 그들은 점진적 근육 이완, 길을 걷는 데 집중하는 것과 같은 이완 유도를 제공받았다. 참가자들은 음악 감상 과정과 만다라 그리기 및 언어적 공유를 포함한 세션 후 토의에 참여했다. 여섯 명의 참가자의 성별, 연령 및 직업은 〈표 29-2〉에 기재되어 있다.

〈표 29-2〉 참가자들의 일반적 특성

	참가자 1	참가자 2	참가자 3	참가자 4	참가자 5	참가자 6
성별	여자	여자	여자	여자	여자	남자
연령	32	27	35	35	26	50
직업	피아노 강사	피아노 강사	악기 강사	비서	비서	엔지니어
최종학력	대학교	대학교	대학교	대학교	대학교	대학교
음악적 배경	서양 음악	서양 음악	중국 음악	중국 음악	비음악가	비음악가
이전 GIM 세션 횟수	5	13	0	0	6	0

참가자들의 피드백 및 연구 결과

실험 세션이 끝난 후, 각 참가자들은 본인의 감정과 생각을 공유했다. 〈표 29-3〉에서 볼 수 있다시피 참가자들이 심상과 관련하여 매우 유사한 경험과 감정을 보였다는 점이 흥미롭다.

〈표 29-3〉 참가자들의 주요 심상

참가자/음악	참가자 1, 2 (P1, P2): 피아노 강사	참가자 3, 4 (P3, P4): 중국 음악가	참가자 5, 6 (P5, P6): 비음악가
A: Violin Concerto	두 참가자 모두 강을 따라 걷고 풍경을 즐겼다.	두 참가자는 해변 또는 호숫가에 도달했다.	두 참가자는 강에 떠 있는 배 한 척을 보았다.
B: Guanzi Concerto	두 참가자는 춤추거나 천천히 걸었다. P1은 교회 앞에서 기도했다. P2는 정원에서 잠을 잤으며, 가진 돈이 전혀 없다고 설명했다.	두 참가자는 천천히 걷고 휴식을 취했다. P3는 쓸모없음을 느꼈다.	P5는 식물이 전혀 없는 언덕 위로 걸어 올라갔다. P6는 무기력함을 느꼈다.
C: Music Poem: Dreaming of Bathing in Huaqing Pool	두 사람 모두 많은 사람들을 보았다… P1은 빠르게 걸었고, P2는 불안감을 느꼈다.	P3는 일부 친구들을 만났다. P4는 걷기 힘들다고 느꼈다.	P5는 폭죽을 보았지만, P6는 두려움을 느껴 빠르게 걸었다.
D: The Red Detachment of Women	두 참가자는 몇 명의 나쁜 사람들을 만났다… P1은 불안감을 느꼈지만, 그녀는 용감하게 그들과 싸웠다. P2는 나쁜 사람들 앞에서 희망을 느꼈다.	P3는 마녀를 만나 그 상황을 빠르게 빠져나왔다. P4는 어려운 순간을 경험하고 새로운 상황에 도착했다.	P5는 한 남자를 만나 행복함을 느꼈다. P6는 멋진 장소를 보았다.
E: Music Poem-Love Song	두 참가자는 나쁜 기억을 경험하고 조용해졌다.	두 참가자는 불안감을 느끼고 떠나게 될 작은 길에 도착했다.	두 참가자는 두려움과 무기력함을 느꼈다.
F: Violin Concerto	두 참가자는 집을 상상하고, 매우 부자가 된 기분을 느꼈다.	두 참가자는 안전함을 느꼈으며, 상상은 즐겁고 멋졌다.	두 참가자는 지지받는 것처럼 느끼고 집에 있는 것처럼 느꼈다.

참가자들이 떠올린 심상 내용을 비교해 볼 때, 이들이 비슷한 내용을 경험했다는 사실이 분명하다. 예컨대, 바이올린 협주곡과 관련된 모든 심상은 물과 관련이 있었다. Guanzi Concerto는 참가자들이 성공적이지 않거나 가난한 느낌을 갖도록 만들었다. 이들은 사랑 노래를 들으며 조용하고 무기력함을 느꼈으며, 프로그램 마지막에는 긍정적인 경험을 했다. 그러나 감상 과정이 끝난 후, 참가자들은 음악 프로그램과 관련된 본인의 감정과 생각을 공유했다. 이 내용은 '추수' 프로그램의 향후 적용을 위한 일부 유용한 정보를 제공해 주었다.

참가자 1: 나는 *The Red Detachment of Women*을 들었을 때, 중국의 문화 대혁명을 강하게 느꼈어요. 다행히 나는 혁명을 경험하지 않았지요. 나의 아버지와 어머니 세대의 사람들은 문화 대혁명을 경험했어요. 그분들은 확실히 이 음악을 싫어합니다.

참가자 2: 이 음악 프로그램은 예전 클래식 프로그램과 비슷하네요. 재미있었지만 타악기 연주가 매우 강해요. 볼륨을 줄인다면 더 완벽할 겁니다.

참가자 3: 나는 일부 선율을 알아차릴 수 있었어요. 아주 익숙하고 친밀하게 느껴졌어요.

참가자 4: 나는 음악이 나와 나의 문화에 소속되어 있다고 느꼈어요.

참가자 5: 정말 좋았어요. 음악이 즐거웠어요.

참가자 6: 나는 음악이 아니라 정말 심상에 집중했어요. 따라서 그 어느 곡도 알아차릴 수 없었습니다.

참가자 1과 2는 음악의 역사적 배경과 소리의 질에 집중했다. 아마도 이들이 피아노 강사로서 학생들에게 피아노를 가르칠 때 음악 및 음악적 요소에 대한 이해를 늘 강조하기 때문에 발생한 현상으로 보인다. 참가자 3과 4는 음악이 본인에게 속한다고 느꼈다. 이는 아마도 본인의 중국 음악 배경과 관련 있을 것이다. 그러나 참가자 5와 6은 음악에 대해 언급하지 않았다. 아마도 음악을 분석할 만한 충분한 음악 지식이 없이, 음악과 심상을 지적 분석 없이 즐겼을 것이다.

지침 및 결론

'추수' 프로그램을 사용하기 위해서, 나의 개인적 경험과 참가자들의 피드백에 따르면 몇 가지 다음과 같은 지침이 제안된다.

- '추수'의 목적은 내담자가 본인의 삶으로부터 얻은 것이 무엇인지 탐구하고 본인을 위한 영적인 자원으로 끌어오는 데 있다. 이는 GIM 경험의 초기 단계에 있는 내담자들에게 적합하다.
- 내담자의 에너지 수준은 평균 수준 또는 평균 이상이어야 한다. 왜냐하면 일부 곡들

의 음악적 강도가 매우 세기 때문이다.

- 타악기 때문에 일부 곡들의 역동성이 매우 강할 수 있다. 따라서 치료사는 내담자를 방해하지 않도록 볼륨을 조절하는 것을 잊지 말아야 한다.
- *The Red Detachment of Women*은 문화 대혁명과 관련된 곡이다. 만약 내담자가 문화 대혁명과 관련된 본인의 편견 또는 개인적 경험을 보유하고 있다면, 매우 강렬한 반응을 불러일으킬 수도 있다. 따라서 치료사는 내담자의 역사적 배경에 대해 세션이 시작되기 전에 인지하고 있어야 할 필요가 있다. 만약 문제가 발생한다면, 치료사는 내담자가 감정을 분출할 수 있게 하거나, 해당 세션 또는 추후 세션에서 해당 문제를 해결해야 할 수 있도록 해 주어야 한다.
- '추수'를 중국인들에게 사용하는 장점은 중국인 음악 연주자들의 문화적 인식을 향상시킬 수도 있기 때문이다. 따라서 만약 내담자가 중국 문화와 동질감을 느낀다면, '추수'를 이용할 때 치료에 대한 저항감을 줄이고 치료 관계의 질을 향상시켜 줄 수도 있다.
- 일부 GIM 치료사들은 서양 사람들에게 '추수' 프로그램을 이미 사용한 바가 있다. 일반적인 피드백은 긍정적이었으며, 이는 해당 프로그램이 다른 국적을 지닌 내담자에게는 또 다른 문화적 영향을 제공한다는 사실을 알려 준다.
- 참가자들의 경험이나 피드백에 따르면, 이들은 '추수' 프로그램을 통해 다음과 같은 일련의 감정을 경험한다. 평화로움 → 공허함 → 불안/어려움/두려움 → 희망 → 어려움 → 조용함 → 안전함 → 집으로 돌아옴. 따라서 '추수'는 다른 감정으로의 여정을 다시 경험하고 인생 중 특정 시기로부터 무엇을 얻었는지 정리하기를 원하는 내담자들에게 적합할 수 있다. 나타나는 심상에 따라 서로 다른 감정이 나타날 수도 있지만, 중요한 점은 내담자 여행의 경험과 그 수준, 심상, 감정, 통찰 및 내면의 자아이다. 좋든 나쁘든, 행복하든 슬프든, 성공이든 실패든, 자신의 삶에 대한 중요한 자원이 될 수 있는 자신만의 결실을 거두는 것이다.

참고문헌

Chan, M. C. (2004). *Because of You, Chinese Music will be More Attractive*. Hong Kong: The United Press.

Hanks, K. J. (1992). Music, affect and imagery: A cross-cultural exploration. *Journal of the Association for usic and Imagery, 1*, 19-31.

Zeng, S. J. (1997). *Introduction to Music Sociology*. Beijing: Culture and Art Publishing.

제30장

'그림자와의 대면' 에스토니아 음악 프로그램

Alice Pehk

'그림자와의 대면(Facing the Shadow)' 음악 프로그램은 2011년에 창안되었고, 5곡의 에스토니아 음악이 선곡되었다.

1. Eller (1953): *Five Pieces for String Orchestra*, Romance 5:10
   Tallinn Chamber Orchestra, conductor Tõnu Kaljuste. ECM Records 2001
2. Sisask (1960): *Leonids (Flute concerto)/In memoriam Lepo Sumera*, Op. 78 3:52
   Tempo Ad Libitum. Tallinn Chamber Orchestra, conductor Kristjan Järvi. CCn'C Records 2001
3. Eespere (1953): *Cantus for String Orchestra* 7:19
   Tallinn Chamber Orchestra, conductor Risto Joost. Antes 2007
4. Tormis (1930): *Latvian Bourdon Songs*, Funeral Song 2:42
   Estonian Philharmonic Chamber Choir, conductor Paul Hillier. Harmonia Mundi 2002
5. Eller (1953): *Five Pieces for String Orchestra*, Homeland Song 4:10 Tallinn Chamber Orchestra, conductor Tõnu Kaljuste. ECM Records 2001

프로그램 편집의 주 목적은 보다 많은 에스토니아 음악을 GIM 선곡에 넣으려는 저자의 의도였다. 몇 명의 GIM 치료사는 그들 프로그램에 Arvo Pärt의 작품을 사용하여 왔다[예: Bruscia의 '신뢰(Faith)' 및 '가이아(Gaia)', Borling의 '깊은 영혼(Deep Soul)']. 가장 잘 알려진 에스토니아 작곡가인 Pärt는 의심의 여지없이 뛰어나고 독창적인 음악을 작곡하였다. 하지만 그 외에도 알아볼 만한 가치가 있는 에스토니아의 훌륭한 작곡가도 많이 있다. 그들은 GIM에 사용되는 음악의 지평을 넓힐 뿐만 아니라, GIM 내담자들의 경험을 풍부히 해 줄 수 있는 새로운 비전과 음향 세계를 가져왔다.

프로그램 구성과 형식

프로그램은 LSD(Lysergic Acid Diethylaide, 환각유도약물)-유도 세션 형태를 기반으로 한 Helen Bonny의 원형인 6단계 중 5단계를 따른다(Bonny, 1978), (1) 시작, (2) 고조, (3) 절정, (4) 안정, (5) 복귀. Summer(1995)가 명시한 대로, 첫 번째, 네 번째, 다섯 번째 음악의 기능은 보다 ‘안아 주는(holding)’ 것이고 두 번째와 세 번째 음악은 ‘자극하는(stimulating)’ 것이다.

1. Heino Eller의 Romance from Five Pieces for String Orchestra

이 작품은 단조로 되어 있다. 음악은 ABA형식으로 작곡되었다. A부분은 4/4 박자이고, 느린 진행, 묘사적, 물 흐르는 듯 조용한 선율이며 역동적 과정을 허용한다. B부분은 6/8 박자이다. 보다 역동적이고 의욕이 상승한다. 춤추는 듯한 진행을 느낄 수 있다. 음악은 다양한 경험을 탐험하는 것으로 진행되는 기회를 제공한다. A1부분은 ‘파국(broken)’의 양상으로 이르도록 하고, 뒤이어 장화음의 차분해지는 해결이 따른다.

A부분은 Hevner의 무드 휠(Hevner's Mood Wheel: HMW; [그림 30-1], Hevner, 1937 참조)의 요인 3과 4에서의 주로 서정적이고 고요하고 몽환적인 요소들이 있다. B부분의 음악은 열정적이고 장엄하게 들린다([그림 30-1], 요인 7과 8).

이 작품은 음악의 시작부터 아름답고 사람의 마음을 끄는 선율이 ‘내면의 그림’을 떠올릴 수 있는 잠재성을 가졌기 때문에 프로그램에 선정되었다. 또한 이 작품은 풍부한 화음이 감상자로 하여금 절대 긴장을 풀게 하지 않으면서도 완전히 음악에 사로잡혀 내면의 움직임을 경험할 수 있게 해 준다. Romance는 매우 멋진 심상의 나래를 펼치게 해 준다.

2. Urmas Sisask의 Leonids

Leonids(사자자리 유성군)은 지구 경로에 가까워지거나 가로지르면서 유성우를 만들고 때로는 유성 폭풍을 일으키는 빠른 속도의 수많은 유성우이다. Urmas Sisask의 음악은 Leonids 움직임을 모방한다. 이 작품의 첫 번째 파트는 주로 *Ad Libitum*(임의대로) 이라는 빠르기표 때문에 즉흥곡처럼 들린다.

악곡은 부드럽고 조용한 사운드로 시작한다. 플루트 독주는 점점 치닫는 선율 진행으로 다채로운 그림을 불러일으킨다. 선율은 역동적으로 고조되다 사라지곤 한다. 음악의 매번 새로운 배열은 점점 더 집중적이고 심지어 집요해진다. 무엇인가 가 버리게 놔둘 가능성은 거의 없다. 음악은 감상자로 하여금 음악 자체에 매우 밀착되게 한다. HMW을 참조하면, 감정은 주로 동요되고 들떠 있다([그림 30-1], 요인 7). 작품의 끝 무렵에 오케스트라는 곡이 끝날 때까지 플루트 독주 아래에 머물며 저음의 사운드로 깔아 준다.

플루트는 이 선곡의 대부분을 차지하는 유일한 악기이다. 플루트 연주자는 자신 내면의 역동성을 음악에 담아 음악 사운드를 친밀하고 깊게 만든다. 이 독주 악기는 감상자로 하여금 자신에게 집중하여 몹시 개인적인 주제와 느낌, 감정을 탐험하는 기회를 제공한다. 일관적으로 동요되고 들떠 있는 분위기 때문에, 음악은 감상자에게 그들의 그림자를 포함하여 '더 어두운 이면'과 대면하게 해 주고(Jung, 1968c), 그들의 역동성을 추적하게 해 준다.

3. René Eespere

이 작곡가는 *Cantus*에서 일찍이 잃은 친구들을 생각하면서 자신에게 스며든 느낌을 표현한다. 또한 그는 자신을 성찰하면서 일어나는 많은 것들과 연결된 노래를 음악 작품으로 정의하였다(Remmel, 2003).

음악은 이전 악곡이 끝날 때와 동일한 조성으로 시작한다. 게다가 음악의 시작도 플루트 독주로 시작한다. 따라서 이 두 악곡 간 연결이 자연스럽다. 어떤 감상자들은 이 두 곡이 별개의 작품인지조차 알아채지 못한다.

작품의 으뜸음이 불분명하여, 감상자로 하여금 긴장, 불안과 관련된 감정 그리고 따뜻하게 환영받을 수 없는 느낌을 경험하게 한다. 이 음악의 분위기는 HMW에서 비극적이고, 무겁고, 어둡고, 좌절되고([그림 30-1], 요인 2), 극적이고, 열정적이고, 들떠 있지만(그림 30.1, 요인 7) 영적이고, 성스럽고, 진지하기도 하다([그림 30-1], 요인 1). 이 음악의 전반적인 분위기는 주로 빠른 불협화음 진행과 가장 극적인 곳으로 이끄는 매우 깊고 강렬하며 동일한 선율적 요소로 이루어진다. 이 곡은 조직적인 선율 선(melody line)으로 전개되어 이 곡의 다른 파트를 찾는 것이 힘들다.

이 음악의 주요 특징 중 하나는 감상자가 중립적이거나 무관심하도록 허용하지 않으며, 음악 안에서 발견할 수 있는 내면의 자질을 마주하여 엄청난 격렬함을 겪도록 하는 것이다. 아울러, 서로 다른 악기들(플루트, 오보에, 호른 등)에 의해 서로 다른 응답으로 '말하는' 것을 확인할 수 있다. 이는 그림자의 서로 다른 결과물 또는 부분을 살피는 것으로 간주될 수 있다. 풍부하고 강한 화성과 꽤 느린 템포 때문에 음악을 암시적으로, 깊이 있게, 다양한 정서적 느낌이 들게 해 준다. 음악의 마지막 부분은 열려 있다. 음악이 끝난 느낌이 들지 않는다.

4. Veljo Tormis의 Latvian Bourdon Songs

이 노래들은 에스토니아인들의 독특한 저음이나 단조로운 노래, 전통적인 연주 스타일에서 직접 끌어낸 특징의 사용으로 사람을 사로잡는다. 거기에는 움직임과 간격에 따른 음향 효과가 있다. 노래 가사는 라트비아어로 쓰여 있다. GIM에서 대부분의 감상자는 이 노랫말을 이해할 수 없고, 노래가 들려주는 소리는 노래의 아이디어를 암시할 뿐이다.

노래는 하나의 짧은 악절이 노래 내내 반복되어 하나의 곡으로 구성되어 있다. 에스토니아뿐만 아니라 라트비아 민요의 특징적인 기술이다. 부드러운 여성 목소리가 조용하고 구슬픈 선율을 노래하고, 남성 목소리는 저음의 베이스를 깔아 준다. 노래는 애처롭고 감상적이지만 간절하고 순종적이기도 하다([그림 30-1], 요인 3). 노래 내내 계속되는 리듬이 있다. 이 음악은 감상자가 일종의 죽음과 거듭남의 경험, 또는 보다 명쾌하게 거듭남을 준비하는 죽음의 일부를 경험하게 해 준다. 무엇인가를 '땅에 묻고' 애도한다. 음악은 우리가 그 상황을 받아들이는 것도 도와준다.

5. H. Eller의 Homeland Song

이 곡은 에스토니아 음악에서 가장 아름다운 합주곡 중 하나이다. 형식은 이 프로그램의 첫 번째 곡처럼 ABA형식이다. 4/4 박자이고, 장조의 음악이다. A부분의 주요 특징은 물 흐르는 듯한 아름다운 선율로, 조용하고 편안하고 회화적으로 특징지을 수 있다. 이 부분의 분위기는 고요하고, 만족스러우며([그림 30-1], 요인 4), 부드럽고 그리운([그림 30-1], 요인 3) 것으로 묘사할 수 있다. B부분은 보다 역동적이고 집중적이며 템포가 더 빠르다. 보다 활기차고 흥분된다([그림 30-1], 요인 8). B부분은 최고조(가장 심도 있게 전념하고 집중하여 연주하는 주요 주제)로 이어진다. 음악의 끝은 서서히 사라지며 고요해진다.

H. Eller의 두 작품은 프로그램을 둘러싸는 틀을 만든다. 두 작품은 많은 공통점이 있지만, 후자는 장조이다. 또한 보다 집중적이고, 보다 밝은 성질을 띤다. 은유적인 수준에

6
즐거운
기쁜
명랑한
행복한
유쾌한
밝은

7
들뜬
날아오르는
의기양양한
극적인
열정적인
선정적인
동요되는
흥분되는
충동적인
들썩이는

5
유머러스한
장난스러운
환상적인
기발한
색다른
활발한
섬세한
가벼운
우아한

8
활기찬
왕성한
단호한
호전적인
묵직한
장엄한
상승되는

4
서정적인
여유로운
만족스러운
차분한
고요한
조용한
진정시키는

1
영적인
고귀한
경외스러운
위엄있는
성스러운
엄숙한
근엄한
진지한

2
비통한
침울한
슬픈
구슬픈
비극적인
침울한
좌절되는
우울한
음울한
무거운
어두운

3
꿈같은
순종적인
감상적인
그리운
간절한
애원하듯
애처로운

[그림 30-1] Hevner의 무드 휠(형용사 목록)

자료출처: *American Journal of Psychology*에서 인용함. 일리노이 대학교 신탁위원회에 저작권이 있음. 일리노이 대학교 출판부의 허가를 받아 게재함.

서, 감상자는 한 단계에서 또 다른 단계로 가는 자신의 길을 볼 수 있다. 여행하는 동안 일어난 변화를 알아볼 수 있다.

프로그램의 치료적 목적

프로그램은 내담자가 음악의 진행 및 여러 양상을 만나면서 그림자를 포함한 자신의 어두운 면과 견딜 수 있을 정도로 마주하게 해 준다. 음악 선곡은 약간 도전적이고 멋지게 그림자를 처음 만나기에 적합하다. 또한 프로그램은 보다 깊게 탐사하고 인식할 필요가 있는 내담자의 문제적인 특정 내면 하나에 집중하도록 도울 수 있다. 음악은 내담자가 문제에 초점을 맞추고 여행자가 도중에 만날 상황을 전개하면서 조용히 느낌을 경험하게 해 준다.

여행자가 그림자와 대면하고 보다 강하게 연관된 문제를 탐사하는 것을 용이하게 하도록 프로그램에서 세 번째와 네 번째 선곡 사이에 악곡을 하나 더 추가하는 것을 고려할 수도 있다. 나아가, 자기 내면의 자아에 통합하게 할 수 있다. 에스토니아 음악에서 적합한 하나의 선택은 Heino Eller의 'Dawn(여명)'으로, 몇 개의 클라이맥스가 강도 높은 작업을 할 수 있지만, 동시에 나머지 부분은 어느 정도 균형 잡기와 기반다지기가 되는 집중적인 작품이다. 또 다른 제안은 Erkki-Sven Tüür(1959)의 'Aditus(입구)'로 조금 더 불안정하고, 예측할 수 없으며, 도전적인 곡이다.

사례 연구: Christopher

심리학과 학생인 Christopher(가명)는 Bonny 방식의 GIM을 경험하고 싶은 마음이 간절했다. 여행의 초점을 열어 두고 음악, 치료사와 그 자신의 내부 원천의 상호 영향에서 발생하는 무엇이라도 허락하기로 마음을 정하였다.

Christopher 여행의 핵심 이미지는 다음과 같다.

1. 천막 안에서 서커스를 하는데, 사람들이 떠나고 있어요; 나는 초원에 서있고 모든 것이

비어있어요; 광대가 나무 뒤에서 나를 쳐다보고 있어요; 나는 커다란 빨간 공을 찾았어요; 숲 깊숙이 광대의 땅이 있어요; 나는 모래에 앉아 있어요. 아무데도 갈 곳이 없어요, 나는 잠이 들어요.

2. 엄청 큰 꽃이 움직이고 춤추고 있어요; 나는 꽃에 앉아 있어요; 이 꽃이 자라기 시작하며 구름에 닿아요; 아래를 보는 것이 무서워요; 그 높은 곳에서 나는 무엇을 해야 할까요? 구름 사이에 문이 있고 나는 그 문을 열어요.
3. 문이 너무 작아요, 나는 그 문을 통과하기 위해 나를 '작게 포장'해야 해요; 매우 얇은 가우디 양식의 성, 이런 건물에 누군가가 어떻게 살 수 있을지 모르겠어요; 나는 더 높은 곳으로 가고 있어요; 붉은 용이 마루에 있어요; 모든 것이 뼈와 가죽으로 만들어진 것 같아요; 마지막 층에 도착했는데 거기에는 아무 것도 없네요; 나는 날개가 있어서 성당 탑 주위를 날 수 있어요; 지금은 내가 노트르담 성당의 동상 같아요, 아무도 내가 살아있는지 몰라요.
4. 모든 동상이 비둘기로 바뀌고 멀리 날아가요; 나는 아래로 날아요; 모든 작은 창문마다 불이 켜져 있어요, 예배가 진행되고 있어요; 나는 '커다란 검은 새'예요.
5. 나는 구름을 통해 흰 갈매기처럼 날고 있어요; 세상이 너무 작게 변해서 내 손으로 쥘 수도 있었어요; 다시 커지고 있어요.

Christopher는 그 여행을 '내 안의 악마'라고 불렀다. Jung의 작품에 매우 관심이 많았고 심상을 열어 가는 동안 자기 그림자의 다양한 형태를 만났다고 하였다. 그는 자기 그림자를 나타내기 위해 광대, 붉은 용, 커다란 검은 새를 발견하였다. Christopher는 자기 그림자가 크다는 것과 그것을 회피할수록 더욱 커졌다고 요점을 말하였다. 또한 그림자-표상들은 항상 그와 떨어져 있었다. 그는 이러한 부분들이 어딘가에 존재했고 아직 '직접' 만날 준비가 되어 있지 않는 어떤 것으로 보았다. 음악이 그림자의 옆을 보고 좀 더 알게 되는 데 도움을 주었지만, 이 표상들(예를 들어, 용과 싸우는 것)과 직접 접촉하지는 않았다고 말한다. 또한 Christopher는 그림자를 그 자아에 통합할 수 있는 대신, 그림자가 자기를 통합했다는 것도 발견하였다. 그럼에도 불구하고 내담자는 그의 경험이 매우 유용하였고, 그를 깨우쳐 주었으며, 드러난 내용에 대해 계속해서 작용하는 도구가 더 많아졌다고 말했다.

나는 심상의 또 다른 측면을 지적하고 싶다. 심상에는 네 가지 중요한 표상이 있었는데, 광대, 붉은 용, 검은 새, 흰 새 등이다. 우리는 이것들을 변모의 순서로 볼 수 있었으며, 네 단계를 통한 영웅의 진화와 인간 성격의 진화(Henderson, 1964/1978)이다. 위네바고족(Winnebago)

인디언의 영웅 진화 단계 개념에 따르면(Radin, 1948), Christopher의 여행에서 이 단계 중 세 단계를 볼 수 있다. (1) 광대는 지능이 낮고 일차적 욕구를 충족시킬 과업이 있는 사기꾼(Jung, 1968a)으로 간주될 수 있다. (2) 붉은 용은 초인적이고 사악한 힘이 있는 붉은 뿔(Henderson, 1964/1978)을 나타낼 수 있다. (3) 두 가지 새(커다란 검은 새와 흰 갈매기)는 쌍둥이(Jung, 1968b)의 화신일 수 있다(사람의 양면). 이 두 가지 면을 합하는 것이 꽤 도전적인 과업일 수 있지만, 분명히 완수할 만한 가치가 있다.

결론

내담자 심상에 따른 '그림자와의 대면' 프로그램의 잠재력은 〈표 30-1〉에 제시되어 있다.

〈표 30-1〉 내담자 심상에 따른 음악과 내담자 경험의 잠재력

선곡된 음악	음악에서 지배적인 매개변수	내담자 경험의 잠재력
Eller, Romance 5:10	물 흐르는 듯한 조용한 선율, 느린 템포, 풍부한 의도적 화성, 단조, 장조로 마무리	심리적 준비, 풍부한 상상력, 대부분 자연과 관련된 그림, 역동적, 약간 도전적
Sisask, Tempo Ad Libitum/Leonids 3:52	연주자 임의의 템포, 자유로운 구성, 즉흥적, 상향하는 선율, '우주같이 장대한' 스케일	도전적, 심지어 고통스러운, 내면의 목소리, 집중적, 고집스러운
Eespere, Cantus 7:19	자유로운 조성, 자유로운 선형 형식, 느린, 불협화음, 동일한 선율, 서로 다른 독주 악기들	도전적, 감정의 깊이, 메시지/내면의 목소리, 혼란, 비극적, 어두움, 불안, 열린 마무리
Tormis, Funeral Song 2:42	느린 템포, 변함없는 리듬, 반복되는 악절, 여성 및 남성의 목소리, 부드러운 음색, 저음, 기분 좋은 선율, 단조	감정의 깊이, 애도, 그리움, 놓아주기, 쉼, 고요, 균형
Eller, Homeland Song 4:10	기분 좋은 풍부한 선율, 느린 템포, 낭만적, 안정적인 / 예측 가능한 / 풍부한 화음, 장조, 차분해지는 마무리	풍부한 상상력, 상호 보완적, 갈등 없음, 안도, 균형, 밝음, 위로

여행은 자연에 대한 심상으로 시작할 수 있다. 일반적으로 기분 좋은 느낌이지만 다소 혼란이나 불안의 기색이 있다. 망설이거나 움직일 수 없는 상태의 느낌을 경험할 수도 있

다. 두 번째 선곡된 음악은 자아에 집중하고 매우 개인적인 내용을 다룰 기회를 가져다 준다. 음악은 감상자가 더 높이, 더 멀리 어디론가 움직이려고 의도하거나 고집하는 것을 경험하게 할 수 있다. 세 번째 음악이 진행되는 동안 여행자는 그림자를 포함하여 자신의 어두운 측면과 마주할 기회를 가진다. 네 번째 음악은 앞의 경험을 순화하고 균형을 잡으며, 어디론가 가 버리게 놔두거나 무엇인가를 받아들일 기회를 제공한다. 마지막 음악은 자유, 넓은 공간, 빛과 연결된 아주 기분 좋은 느낌을 경험하게 해 준다. 돌파구를 만나거나 길 또는 특정한 방향을 찾도록 한다. 내담자는 자신의 내적 자원을 깨닫고 접촉할 수 있다. 마무리는 여행자를 차분하게 진정시키고 안정감과 안전함을 느끼게 해 준다.

참고문헌

Bonny, H. (1978). The role of taped music programs in the GIM process. *GIM Monograph #2*. Baltimore, MD: Institute for Consciousness and Music (pp. 21-56).

Henderson, J. L. (1964/1978). Ancient myths and modern man. In C. G. Jung, *Man and his Symbols*. London: Picador (pp. 95-156).

Hevner, K. (1937). An experimental study of the affective value of sounds and poetry. *American Journal of Psychology, 49*, 419-434.

Jung, C. G. (1968a). On the psychology of the trickster-figure. In C. G. Jung, *Collected Works, Volume 9, Part1*. 2nd edition. Princeton, NJ: Princeton University Press (pp. 255-272).

Jung, C. G. (1968b). The sign of the fishes. C. G. Jung, *Collected Works, Volume 9, Part 2*. 2nd edition. Princeton, NJ: Princeton University Press (pp. 72-94).

Jung, C. G. (1968c). The shadow. In C. G. Jung, *Collected Works, Volume 9, Part 2*. 2nd edition. Princeton, NJ: Princeton University Press (pp. 8-10).

Radin, P. (1948). Winnebago hero cycles: A study in aboriginal literature. Memoir 1. Supplement to *International Journal of American Linguistics, 14*, 3, 11-12.

Remmel, I. (2003). René Eespere teede ristumispaigas. *Postimees, 14*, 12.

Summer, L. (1995). Melding musical and psychological processes: The therapeutic musical space. *Journal of the Association for Music and Imagery, 4*, 37-48.

5부

훈련

GUIDED IMAGERY & MUSIC

and Music Imagery Merhods for Individual and Group Therapy

제31장

자기탐구에서 임상 실습의 연속으로 이어지는 GIM 훈련 여행

Lisa Summer

과거의 관점: 음악과 심상을 GIM 훈련으로 통합하기

1970년대에 Helen Bonny가 유도된 심상과 음악(Guided Imagery and Music: GIM)을 소개할 당시에, 음악치료 분야는 전반적으로 행동주의적인 관점을 취하였으며(Bonny, 1989/2002), 대다수의 주류 음악치료사들에게 철저히 거부당했다(Summer, 2010a; Summer and Chong, 2006). Bonny가 1973년에 의식음악협회(the Institute for Consciousness and Music: ICM)를 창립했을 때, 그녀는 협의의 음악치료 분야를 자신과 분리시키며, GIM을 위한 '치료'의 정의 문제를 회피했다. 오히려 그녀는 GIM을 '자기탐구'의 방법으로 서술했다(Bonny and Savary, 2005). 비록 나와 같은 몇몇 치료사들이 훈련에 참가했지만, 전문적인 자격증을 요구하지 않아 훈련생 대부분이 인간의 잠재 능력이나 뉴에이지 운동과 성향이 비슷한 비전문가였다. 불행히도 ICM 훈련은 70년대를 관통한 불안정한 사회 기조에 휘말려 수렁에 빠져 버렸다.

이후 1979년부터 1985년까지 Bonny가 심각한 심장질환으로 투병하는 동안 더 이상 그녀에 의한 훈련이나 GIM의 발전은 없었다. 그녀가 부재한 5년 동안 음악치료 분야는 행동주의적인 근원에서 진화했고 GIM은 관심 부족과 철저한 무시 속에서 더 이상 다루어지지 않았다. 1985년에 뉴욕대학교 음악치료 학과장인 Barbara Hesser가 특별한 컨퍼런스에 참석할 음악치료 분야의 주요 인물들을 섭외하였다. 페니키아 음악치료 피정이라는 이 모임은 "몇몇 성공과 많은 경우 소위 실패라고 불리는 것으로 점철된 다년간의 노력이라는 관점에서 우리의 직업을 면밀히 검토하고, 그것에 관해 우리가 느끼는 슬픔, 즉 그들이 누구이든지 혹은 그들이 무엇을 할 수 있든지 음악치료의 목적과 목표들에 관하여 한마음을 가지고 이야기를 나누자."를 목표로 했다(Bonny, 1987/2002, p. 105).

Bonny의 병세가 악화되어 이 분야에서 멀어지기 바로 직전인 1979년 내가 GIM 훈련을 마칠 때부터 페니키아 피정 때까지, 나는 Bonny에게 음악치료학계에 대한 소식을 전해 주는 역할을 담당했다. 이러한 행복한 (형태의) 환경 때문에, 나는 첫 번째(그리고 그 다음의) 페니키아 피정에 그럴 만한 자격을 갖춘 참가자들과 함께 초대받았고, 심리치료의 방법으로서 GIM의 재정립과 GIM 훈련의 재탄생의 증인이자 지지자가 되었다. 1987년 피정 기간 동안 진행된 토론에서의 결과, Helen Bonny, Carolyn Kenny, Barbara Hesser는 Bonny 재단(Bonny Foundation)의 설립을 결의했다(The Bonny Foundation: An Institute for Music-centered Therapies; Kenny and Hesser, 2010). Bonny는 나를 GIM 프로그램의 코디네이터로 임용했고 우리는 페니키아 피정에 기반한 원리들에 기초하여 훈련을 조직하기 위한 토론을 시작했다.

> 원로인 한 여성이 지혜로 존경받음에도 불구하고 행동이 상식에서 벗어나고 '괴짜'로 보였다. 그녀는 그의 기이함에 '매료된' 젊은이 집단의 흥미를 끌었고 그들 안의 창조적인 잠재력을 자극하는 그녀의 재능은 인정받았다. 나도 그들 중 하나였다. 비록 세대가 다른 중년의 그룹은 내가 자신들 그룹에 속한다고 여겼지만 말이다. 우리의 과제 중 하나는 장식적인 트릴이 현저한 6개의 소품들을 분석하고 그것들을 뮤지컬 스타일로 활용할 수 있도록 확장하는 것이었다. 우리 셋 중의 하나인 Lisa Summer가 이 과제를 하도록 요청받았다. 그녀와 다른 젊은이들은 그것을 쉽게 완수했다. 나에게 이 일은 어려웠는데, 음악 학교에 다니던 때 이후로 사용하지 않아 굳은 머리를 깨우는 것부터 필요했다. 내가 하나의 과제를 마무리하려면 세 번을 완성할 수 있을 만큼의 시간이 걸릴 정도였다. 원로인 그 여성은 참을성이 있었고 내가 어색함을 느끼지 않도록 해 주었다. 우리의 다음 과제는 거대한 옷감더미에서 우리에게 맞는 옷들을 찾아 디자인을 바꿔 멋진 옷으로 리폼하는 것과 같았다. 또다시 옷감을 찾고 새롭게 디자인하는 것에 도전했지만 나에게는 여전히 어려운 과제였다(H. Bonny, 개인 서신, 1987. 08. 11., p. 1).

그 꿈은 Helen Bonny라는 여성의 세 가지 인물상, 세 가지 세대, 세 가지 얼굴을 보여준다. '음악감상의 새 방식'을 발전시킨 '색다르고' '괴짜이며' '현명한' 가장 원로인 첫 번째 인물상은 의식음악협회에서 급진적인 혁신자로 스스로 인식했음을 드러낸다. 사실,

Helen Bonny를 처음 만나 그녀의 지도 아래 훈련을 받았던 70년대 초반의 나의 관점에서는 '색다르고' '괴짜이며' '현명한'이라는 세 단어가 내가 생각할 수 있는 한 그녀를 정의하는 최상의 단어였다. '다른 세대'의 여성이라는 두 번째 인물상은 Bonny가 1987년 그녀의 나이 때문에 중요한 노력을 기울이던 일에 도전하는 동시에 중단하게 된 상황을 나타낸다. 세 번째 인물상은 'Lisa Summer'가 그녀 이전의 어려운 과제를 완성하는 Bonny의 능력을 대표하는 것으로 그려진다. 그 꿈은 표면적으로 첫 번째 꿈 이미지와는 큰 관련이 없어 보일 정도로 최종적인 '멋진 옷'이라는 이미지만 같아 보이는데, 내면의 주제는 동일하다. 멋지다는 것은 유행을 따른다는 뜻이고 유행이라는 것은 최신의 것이 아니면 아무런 의미가 없기 때문이다. '우리에게 맞고 디자인을 바꿔 멋진 옷으로 리폼할 수 있는 옷을 찾는 것'이 요구되었을 때, Bonny는 그녀의 과제, 이제 우리가 심리치료적인 방법으로 GIM을 현대화해야 하는 과제를 인식했다. 페니키아 피정은 분명히 Bonny에게 도전이 되었고, 다른 관점에서 이 꿈은 전문가로서 그녀의 삶이 부활하는 계기가 되었다. 다시 살아나는 새의 전설과 GIM이 부활된 지명에서 따온 불사조는 Bonny 재단의 로고가 되었다. (페니키아 피정도 뉴욕주 얼스터 카운티를 흐르는 에소푸스 크리크 강가에 있는 작은 마을 이름에서 비롯된 것이다.) 불사조는 신화 속에 나오는 새로 죽음이 다가오면 나무와 송진으로 둥지를 만든다. 끈적거리는 둥지는 태양에 의해 발화되어 불길에 사로잡히는데, 그 안에 있는 생명체를 불태워 죽인다. Bonny는 심리치료의 한 방법으로서 GIM의 현대화된 재정의에 기반한 GIM 훈련의 새 영역에 착수했다. 1989년에 Bonny 재단은 심리치료로서 정의된 GIM 훈련을 임상적으로 이끌고 훈련생들이 전체 프로그램을 수료했을 때 치료 자격을 부여하는 일을 시작했다.

1970년대 의식음악협회에서 Bonny는 우리에게 GIM 세션들을 용이하게 하는 특별한 방법들을 가르쳤다. 그런데 훈련은 임상 적용을 사려 깊게 다루지 못하기 때문에 GIM 세션의 방법에 적응할 가르침을 받을 시간이 부족했다. 이러한 방식은 건강한 성인들에게 GIM을 개인적인 성장을 추구하는 것으로만 국한하는, 매우 제한된 영역으로 정의되게 만들었다. 그래서 GIM이 금기시된 내담자에게까지 적용 영역을 넓히기 위해 Bonny 재단 훈련에서 Fran Goldberg와 내가 1980년대에 개발한 몇몇 GIM 적용 방식들을 가르치도록 계획했다. 내담자에게 다가가기 위한 방법으로 GIM을 정의하기보다는 오히려 이제 훈련생들이 대안적인 방법들까지 배우게 하는 것이다.

나는 필라델피아에 있는 정신의학북서부협회(Northwestern Institute for Psychiatry)에서 기분과 불안 장애와 약물 의존 증상이 있는 정신질환 내담자인 입원환자를 대상으로

GIM의 적용 방법을 개발했다(Summer, 1988, 2002). 그러한 적용 방법을 수행하는 의도는 '내담자'의 경험을 손쉽게 언어화하고 곧바로 이해할 수 있는 하나의 이미지로 '함축하기' 위해 GIM 방법에 있어 각각의 요소를 간소화하고 단축하는 것이었다. 그 세션의 치료 목적은 내담자가 입원에까지 이르게 만든 증상들에 관한 새로운 관점을 얻게 하는 것이었다. Fran Goldberg가 1989년에 GIM 훈련을 막 마쳤고, 캘리포니아주 샌프란시스코에 있는 Langley Porter 정신의학협회(Langley Porter Psychiatric Institute)에서 그녀의 정신질환 내담자인 입원환자를 대상으로 한 GIM 적용 방법 또한 개발했다(Goldberg, 1989; Goldberg, Hoss and Chesna, 1988; Goldberg, McNiel and Binder, 1988). Goldberg의 의도는 나와 같았는데, GIM 방법에 있어 각각의 요소를 간소화하고 단축하여 내담자가 하나의 단순한 이미지에 집중할 수 있게 하는 것이었다.

나의 목표는 내담자가 자신의 문제들에 맞서도록 돕는 것이었던 반면에, Goldberg의 목표는 그녀의 내담자가 그들 내부의 힘에 접속할 수 있도록 하는 것이었다. Goldberg와 나는 우리 나름의 음악과 심상(Music and Imagery: MI) 방법들을 정의했다. Bonny의 방법은 깊게 전환된 의식 상태와 많은 이미지를 떠오르게 하는 연속적이고 환기시키는 음악 프로그램을 활용하는 탐사 방법인 반면에, MI는 하나의 이미지를 떠오르게 하기 위해 짧은 이완과 단순하고 반복적인 음악을 활용하는 직접적인 방법이다. MI는 1989년에 시작된 Bonny 재단 GIM 훈련의 각 단계에 통합되었고, 1995년에 MI 그룹에서 첫 번째 독립된 훈련(세미나와 후속 실습 교육)인 **성찰과 연계**(Reflections and Connections)가 2단계 훈련 중 제공되었다(Reflections and Connections, 1995). 몇 년 후 Fran Goldberg의 치료기술협회(Therapeutic Arts Institute)가 개인적인 MI 방법을 커리큘럼에 통합함으로써 'MI 전문가 훈련 1년 과정'에 2단계로 고정됐다(Goldberg, n.d.).

1999년까지 Bonny 재단은 Wolberg의 심리치료 단계들을 MI/GIM 실행을 체계화하는 훈련 중에 도입했다(Summer, 1999, 2011; Wolberg, 1977; Summer and Chong, 2006). Wolberg는 심리치료에 대한 세 가지 다른 접근방법, 즉 치료사의 목표와 직접적으로 관련되고, 단계별로 조직화되며, 단순한 것에서 복잡한 것으로 향상되는 방향으로 정리한 자신의 방법론을 드러냈다. 그가 만든 체계는 Goldberg와 Bonny와 내가 개발했던 실행의 연속에 완벽히 들어맞는 것이었다. (앞에서 서술한) Fran Goldberg의 적용은 Wolberg의 첫 번째 심리치료 단계인 지원적 단계에 맞는다. (앞에서 서술한) 나의 적용은 Wolberg의 두 번째 단계인 재교육적 단계에, Helen Bonny의 GIM 방법은 Wolberg의 세 번째 단계인 재구조적 단계에 맞는다. Wolberg의 체계는 훈련생에게 각각의 단계를 임상적으로 적용함에 있어서 어떤 단계를 이용할지에 대해 단지 어떻게뿐만 아니라 언제, 왜까지 고민하는 체계적인 의사결정 과정을 제공하는 교육학적인 도구였다.

음악과 심상(MI)을 GIM과 나란히 가르친 후 수많은 세월 동안 나는 MI가 GIM을 배우기 위한 교육학적인 완벽한 준비라는 확신이 들었다. 그러므로 내가 2004년 애나 마리아(Anna Maria) 대학에서 음악의식협회를 창립했을 때, 1단계와 2단계에서 음악과 심상 커리큘럼을 확장하고 강화하기 위한 훈련으로 재조직했고, 3단계 훈련에서는 GIM 커리큘럼을 분리했다. 더욱이 Wolberg의 체계가 훈련의 기초가 되었다. 1단계는 지원적 단계로 포괄적이고 독립적인 훈련이 되었다. 2단계는 재교육적 단계로 이 단계 역시 포괄적이고 독립적인 훈련이 되었다. 그리고 실행의 재구조적 단계에 관한 커리큘럼이 3단계에 마련되었다. 이러한 훈련의 새로운 패러다임은 〈표 31-1〉이 나타내듯이 완전한 MI/GIM 실행의 연속을 포함했다. 이 훈련은 애나 마리아 대학에서 시작하여 한국 서울의 이화여자대학교에서 2006년에 시작되었고, 중국 베이징에 GIM 센터에서도 2009년에 시작되었다. 2014년에 음악의식협회는 사설 교육기관이 되었다.

〈표 31-1〉 음악과 심상(MI)/GIM 실행의 연속

지원적 MI	1단계
재교육적 MI	2단계
재구조적 MI	3단계
지원적 GIM	3단계
재교육적 GIM	3단계
재구조적 GIM	3단계

현재의 관점: MI와 GIM 실행의 연속

지원적, 재교육적, 재구조적 음악과 심상

실행의 각 단계(지원적, 재교육적, 재구조적)에 있어서 가장 중요한 목표는 내담자가 치료를 받으러 오는 감정적 한계를 초월하는 것인데, 실행의 각 단계는 이 목표에 이르는 다른 접근 방식을 가지고 있다. 지원적 단계는 긍정적인 내적 자원들의 개발을 다루고,

재교육적 단계는 직접적으로 내담자의 특별한 증상들을 취급하며, 재구조적 단계는 무의식 안의 자원들과 증상들의 근원으로 다가간다(Summer, 2002).

실행의 각 단계에서 음악과 심상(MI) 세션의 요소들(도입, 전이, 유도, 음악 경험, 후주곡)은 내담자의 의식상태의 깊이에 따라, 그리고 단순하고 쉽게 언어화할 수 있는 내적 경험을 제공하도록 전략적으로 설계되었다. 내담자는 하나의 이미지에 집중하도록 지시받았고 음악 경험을 하는 동안 그것을 그리도록 안내되었다. 그림은 내담자의 내적 경험을 하나의 이미지로 담아내도록 도왔고, 거의 20분 동안 반복되는 한 곡의 음악은 내담자가 그 이미지의 깊은 감정적, 육체적, 감각적 경험 안으로 몰두하게 만들었다.

지원적 음악과 심상

지원적 MI 세션의 시작에서 일상생활에서 마주치는 사건들과 관계들에 사로잡힌 내담자는 무제한적인 자원들이 있는 내적 세계로 주의를 옮김으로써 그의 내적 실재의 한계를 초월하도록 돕는, (눈을 감는 방식의) 집중하는 기술로 안내된다. 내담자와 치료사는 협력해서 자신감, 혹은 위험을 감수하는 능력, 또는 자유나 진실이나 솔직함과 같은 긍정적인 감정 등의 자원 중심 유도를 선택한다. 그다음 내담자는 그의 내적 자원을 가장 가깝게 떠올리게 한다고 느끼는 음악 한 곡을 찾아 선택하도록 유도된다. 이것은 토론과 치료사나 내담자 개인의 음악 모음에서 고른, 짧게 발췌된 음악을 듣는 과정을 통해 성취된다. 지원적 음악은 Bach의 *Wachet Auf*(눈뜨라고 부르는 소리 있어), Vaughan Williams의 *Rhosymedre*, Martin Simpson의 *Rose of Allandale*, Gontiti의 *Flow*, Yiruma의 *May Be*와 같이 모든 음악적 요소들, 단순한 구조, 긴장이 거의 없고 대부분 음악적 발전이 없는, 단순하고 반복적인 사용이 가능한 모든 장르의 음악을 포함한다. 지원적 MI에서 비록 치료사가 음악 선택의 전문가로 간주될지라도 내담자와 음악의 관계가 최상의 것으로 고려되어야 하고, 그래서 건강한 음악적 자극들이 세션 동안과 그 후에도 관여되어야 한다. 결국 내담자의 자원과 그가 이미 확립한 음악 풀(polo)에서 음악 선택이 직접적으로 연결되는 것은 그가 세션에서 확인된 자원에 한결같이 접속하기 위해 매일 그 곡을 사용하도록 동기를 부여한다.

재교육적 음악과 심상

자가 간호를 위해 자신의 음악 목록에서 내적 자원들에 접속할 수 있는 내담자는 이미 새로운 관점들과, 뿌리 깊고 제한적인 감정 패턴들을 중재하는 능력을 얻으려는 목표를 지닌 재교육적 세션들에 진입할 수 있다. 비록 내담자가 일상생활에서 겪는 갈등들을 매우 잘 알고 있다고 하더라도, 그는 자신의 내부 세계와 감정적으로 투쟁하는 방법을 발견하고, 이러한 패턴의 투쟁들이 그의 삶에서 갈등의 원인이며, 그 결과 매일의 삶에서 그를 제한하고 있음을 이해하도록 유도되어야 한다. 불안과 우울, 또는 혼란스럽고 외롭고 충족되지 못하거나, 자기 자신과 절연되었다는 느낌을 포함한 이러한 핵심 문제들은 집중하는 기술과 치료사가 선택한 문제의 긴장과 분위기를 반영하는 요소들을 지닌 음악 한 곡으로 유발된다. 재교육적 음악은 보통 클래식인데, 단순하고 반복적이며 거의 발전이 없는 (종종 단순한 소나타 형태의) 경우다. 이러한 곡은 Bach의 *Concerto for Two Violins* 2악장, Boccherini의 *Cello Concerto* 2악장, Debussy의 *String Quarter* 3악장과 같이 중요한 화성적 긴장을 포함한다. 반복적인 음악과 그리기 경험에 의한 문제 중심 유도는 내담자의 더 깊은 감정들과 맞서게 되고, 그가 자신의 삶에 영향을 끼친 감정적인 한계들에 관한 새로운 통찰들을 받아들이고 이해할 수 있게 될 때 재교육된다.

재구조적 음악과 심상

내담자가 핵심적인 문제들을 확인하고 그에 대한 새로운 관점들을 가지게 되면, 내담자가 감정적인 한계들로부터 자유롭게 되는 해결 방안을 밝히는 것을 목표로 하는 재구조적 MI에 참여할 준비가 된 것이다. 재구조적 세션은 하나의 자원 혹은 문제에서나, 단순히 내담자의 '지금-여기'인 상태에서 시작하는데, 치료사는 그것을 상기시키는 음악을 한 곡 고른다. Debussy의 *Dances Sacred and Profane*, Rodrigo의 *Concierto de Aranjuez for Guitar and Orchestra* 2악장, Beethoven의 *Violin Concero* 2악장과 같은 재구조적 클래식 음악의 선택은 지원적, 재교육적 음악과 다른데, 이 곡들은 음악적 요소들의 복합적인 사용이 특징이기 때문이다. 그리기와 결합된 복잡한 구조들을 지닌 재구조적 음악은 내담자의 제한된 감정적 패턴들과 같이 관련이 있지만 변화되어 예전에 접속할 수 없었던 무의식적인 재료의 출현을 자극하는 경험의 변형을 창조한다.

GIM과 비교하여 음악과 심상 정의하기

GIM이 내담자에게 가능한 한 가장 포괄적인 음악 경험을 제공하려고 함으로써, Helen Bonny는 세 가지 본질적인 특징들을 포함한 그녀의 방법을 고안했다. 일반적으로 GIM 연속과 MI 연속은 Bonny의 본질적인 특징들의 사용 여부로 대비된다.

- GIM은 확장된 이완 기술의 사용을 통해 내담자에게 심층적인 음악 경험을 준비하게 한다. 반면에 MI는 단지 간단한 이완이나 집중하는 과정을 사용한다.
- GIM 경험에서 내담자는 눈을 감고 치료사는 음성 안내와 같은 상호작용으로 내담자의 심상을 깊어지게 한다. 반면에 MI 경험에서 내담자는 그림을 그리는 동안 상상을 펼치도록 단지 음악과 이미지에만 집중하면 된다.
- GIM은 프로그램과 연계된 음악의 다양한 선택을 활용한다. 반면에 MI는 반복된 음악 한 곡을 사용한다.

요약하자면 GIM은 영화를 보는 것과 같은 반면에, MI는 한 장의 사진을 보는 것과 같다. MI는 단순하고 집중되어 있다. 이 방식의 요소들은 간소화된 하나의 이미지 경험을 깊게 하도록 구성된다. 반면에 GIM은 내담자가 복합적이고 다양한 이미지의 사이를 탐사하고 확장하도록 돕는 요소들의 심층적인 여행이다.

지원적, 재교육적, 재구조적 GIM

Helen Bonny는 복원하는 결과를 산출하기 위해서 지원적, 재교육적, 재구조적 음악들과 특유의 윤곽 안에 정리된 각각의 프로그램이 함께 연결된 음악 프로그램을 미리 설계했다. 비록 내담자들이 음악 프로그램을 자신의 개인적이고 주관적인 방식으로 경험한다고 할지라도, Bonny가 윤곽을 짠 프로그램들은 내담자의 여행을 위한 선결된 구조를 제공했는데, 내담자가 자원들을 보충할 수 있는 동안 지원적 세션들을, 갈등하는 영역들을 탐사하기 위해 재교육적 세션들을, 그리고 알려지지 않은 영역을 여행하기 위해 재구조적 곡들을 제공했다. GIM은 Bonny가 미리 설계한 프로그램들로 실행될 때 재구조적 방법이 된다. GIM이 실행에 있어 지원적, 재교육적 단계로 확정되었다고 받아들여질 때,

Bonny 방식의 GIM에 의해 설계된 방식을 구성하는 단계들과 달리, 그것은 본질적으로 Bonny의 방법을 느리게 하는 것이다.

지원적 GIM

지원적 GIM 세션의 내용과 목표들은 지원적 MI 세션과 동일한데, 내담자의 긍정적인 내적 자원들에 접속하는 것이다. 확장된 이완 기술은 자원 중심 유도와 결합되고, 모든 지원적 음악 프로그램 동안 치료사는 내담자의 심상을 안내한다. 미리 설계된 GIM 프로그램들의 레퍼토리로부터 모아진 지원적 선택들은 단순하고, 반복적이며, 긴장이 거의 없는 데다가, 프로그램의 윤곽 안에서 재치 있고 재충전하는 기능을 돕는 곡들이다. 지원적 세션들은 상호 연결되거나 반복되는데, 프로그램들은 미리 설계되거나 즉흥적으로 만들어진다(Summer, 2009, 2010b).

재교육적 GIM

재교육적 GIM 세션의 내용과 목표들은 재교육적 MI 세션과 동일한데, 내담자의 뿌리 깊은 감정적 문제들에 관하여 새로운 관점들을 얻게 하는 것이다. 확장된 이완은 자원 중심 유도와 결합되고, 재교육적 음악 프로그램 동안 치료사는 내담자의 심상을 안내한다. 미리 설계된 GIM 프로그램들의 레퍼토리로부터 모아진 재교육적 선택들은 상기시키는 역할을 하는데, GIM 프로그램 안에서 내담자의 문제와 맞서게 하고 긴장을 유지하게 만드는 기능을 지닌 '작용하는' 곡들이다. 재교육적 세션들은 상호 연결되거나 반복되는데, 종종 지원적 곡으로 프로그램을 끝낸다. 프로그램들은 미리 설계되거나 즉흥적으로 만들어진다(Summer, 2009, 2010b).

재구조적 GIM

재구조적 GIM 세션의 내용과 목표들은 재구조적 MI 세션과 동일한데, 내담자의 감정적인 투쟁들을 변형하고 초월하는 것이다. 확장된 이완은 탐사적인 유도와 결합되고, 재구조적 음악 프로그램 동안 치료사는 내담자의 심상을 안내한다. 재구조적 GIM 프로그램의 곡들은 미리 설계된 GIM 프로그램들의 레퍼토리에 나온 '작용하는' 곡들인데, 단순한 ABA 형태를 넘어 중요한 발전 세션들로 특징지을 수 있다. 그 곡들은 '작용을 통하여' 내담자의 자원들과 문제들을 변형한다. 재구조적 음악 프로그램들은 복원하는 음악만 배타적으로 사용하지는 않는다. 오히려 Helen Bonny가 그녀의 음악 프로그램들에서 사용한 접근 방식을 따르는데, 재교육적, 재구조적 곡들은 특유의 조합과 윤곽들로 연결되어 있다. Bonny 방법 세션들도 미리 설계된 프로그램들을 활용하지만, 재구조적 프로그램들도 즉흥적으로 만들 수 있다(Summer, 2009, 2010b).

요약과 교육을 위한 고려사항들

음악의식협회의 GIM 프로그램은 각각의 실행 단계(지원적, 재교육적, 재구조적)의 MI와 GIM의 실행을 훈련한다. 그러나 이것이 훈련에 있어 최종적인 교육의 결과가 아니다. 실행 단계들이 객관적이지 않거나, 엄격하지 않거나, MI와 GIM의 정의들에 부합하지 않기 때문에, 훈련생들은 내담자의 즉각적인 요구들에 따라 세션들의 요소들을 유연하게 변형하는 것 또한 배운다. 궁극적인 교육학적인 목표는 하나의 세션에서 방법들을 혼용(예: 지원적 MI와 지원적 GIM의 조합)하고, 단계들을 혼용(예: 지원적, 재교육적 MI 경험의 조합)하는 자유를 얻는 것이다. 그러므로 GIM 훈련의 정점은 창조적이고 유연한 MI/GIM 연속으로 내담자 중심의 접근이다. 〈표 31-2〉에 연속에 관한 간결한 요약이 있다.

〈표 31-2〉 MI/GIM 실행 단계

실행 단계	MI	\GIM
지원적	간단한 이완 자원 중심 심상 지원적 음악/그림	확장된 이완 자원 중심 유도 지원적 음악/상호적인 안내
재교육적	간단한 이완 문제 중심 심상 재교육적 음악/그림	확장된 이완 문제 중심 심상 지원적, 재교육적 음악/상호적인 안내
재구조적	간단한 이완 변형 중심 심상 재구조적 음악/그림	확장된 이완 변형 중심 심상 지원적, 재교육적, 재구조적 음악/상호적인 안내

미래의 관점: 결론

Helen Bonny의 본래의 의도들을 신성불가침으로 유지한 채 GIM 훈련의 진화를 제한한 시도들은 Bonny 자신의 의도들을 왜곡시켰다. 1987년에 시작한 Bonny 스스로는 본래의 정의들과 절차들에 고착되지 않았다. 오히려 Bonny 재단의 보호 아래 Fran Goldberg와 나의 지원을 받아 재단이 80년대와 90년대를 통하여 GIM 실행과 훈련을 확장하는 선봉에 서게 했다(Bonny, 1994/2002). 게다가 새 천 년을 맞아 Bonny는 Wolberg의 심리치료 단계들을 기반으로 한 음악의식협회가 주관하는 GIM의 더 나아간 재공식화를 지지하는 열정적인 컨설턴트로 봉사했다. Bonny의 본래 설계에 고착되어 GIM 실행과 훈련에 있어서의 획기적인 발전들을 제한한 쪽은 '구체(球體) 형태의 음악(music of the spheres)'과 같은 시대에 뒤처진 과학적인 관점들을 고수하는 점성가나 뉴에이지 음악 치유자와 유사해지는 결과를 낳았다. 진화나 광명이 없는 이러한 시도들은 사이비 종교 집단이 되어 버렸다. Helen Bonny는 예지력과 모험심의 소유자로(Summer, 2010a), GIM 훈련의 새로운 모델을 지속적으로 찾는 GIM 공동체에 영감을 주었다.

참고문헌

Bonny, H. L. (1994/2002). Twenty-one years later: A GIM update. In L. Summer (ed.) *Music and Consciousness: The Evolution of Guided Imagery and Music* (pp. 141-153). Gilsum, NH: Barcelona Publishers.

Bonny, H. L. (1989/2002). Sound as symbol: Guided Imagery and Music (GIM) in clinical practice. In L. Summer (ed.) *Music and Consciousness: The Evolution of Guided Imagery and Music* (pp. 132-140). Gilsum, NH: Barcelona Publishers.

Bonny, H. L. (1987/2002). Music: The language of immediacy. In L. Summer (ed.) *Music and Consciousness: The Evolution of Guided Imagery and Music* (pp. 103-115). Gilsum, NH: Barcelona Publishers.

Bonny, H. L. and Savary, L. M. (2005; first published 1973). *Music and Your Mind: Listening with a New Consciousness*. Gilsum, NH: Barcelona Publishers.

Goldberg, F. S. (n.d.). The Bonny Method of Guided Imagery and Music and professional training in music and imagery (flier), p. 1. San Francisco, CA: Therapeutic Arts

Institute.

Goldberg, F. S. (1989). Music psychotherapy in acute psychiatric inpatient and private practice settings. *Music Therapy Perspectives, 6*, 40-43.

Goldberg, F. S., Hoss, T. M. and Chesna, T. (1988). Music and imagery as psychotherapy with a brain damaged patient: A case study. *Music Therapy Perspectives, 5*, 41-45.

Goldberg, F. S., McNiel, D. E. and Binder, R. L. (1988). Therapeutic factors in two forms of inpatient group psychotherapy: Music therapy and verbal therapy. *Group: The Journal of the Eastern Group Psychotherapy Society, 12*, 3, 145-156.

Kenny, C. and Hesser, B. (2010). Helen Bonny. *Voices: A World Forum for Music Therapy, 10*, 2. Available at https://normt.uib.no/index.php/voices/article/view/292/215, accessed 3rd October 2013.

Reflections and Connections: A Six-Day Intensive Journey into Group Process with Music and Imagery (1995, Spring). *The Bonny Foundation Newsletter, 5*, 1, p. 4. Salina, KS: The Bonny Foundation.

Summer, L. (2011). Music therapy and depression: Finding resources through music and imagery. In A. Meadows (ed.) *Developments in Music Therapy Practice: Case Study Perspectives*. Gilsum, NH: Barcelona Publishers.

Summer, L. (2010a, September). *Helen Bonny's life and the future of Guided Imagery and Music*. Keynote address presented at the European Guided Imagery and Music Conference, Laguardia, Spain.

Summer, L. (2010b, September). *Concepts in advanced music programming in GIM*. Seminar presented at the European Guided Imagery and Music Conference, Laguardia, Spain.

Summer, L. (2009). *Client perspectives on the music in Guided Imagery and Music*. Unpublished PhD dissertation, Aalborg University.

Summer, L. (2002). Group music and imagery therapy: An emergent music therapy. In K. Bruscia and D. Grocke (eds) *Guided Imagery and Music: The Bonny Method and Beyond* (pp. 297 –06). Gilsum, NH: Barcelona Publishers.

Summer, L. (1999, November) *Introduction to the Bonny Method of Guided Imagery and Music*. Session presented in the GIM track of the five international models of music therapy at the World Congress of Music Therapy, Washington DC.

Summer, L. (1988). *Guided Imagery and Music in the Institutional Setting*. St. Louis, MO: MMB Music.

Summer, L. and Chong, H. J. (2006). Music and imagery techniques with an emphasis on the Bonny Method of Guided Imagery and Music. In H. J. Chong (ed.) *Music Therapy: Techniques, Methods, and Models* (Korean language). Seoul, Korea: Hakjisa Publishing Company.

Summer, L. and Goldberg, F. S. (2002, September). *Practicing group music and imagery*. Seminar presented at the European Guided Imagery and Music Conference, Krummendeich, Germany.

Wolberg, L. R. (1977). *The Technique of Psychotherapy* (3rd edition, Part 1). New York, NY: Grune and Stratton.

제32장

성찰과 연결:
음악과 심상 그룹 심리치료를 위한 훈련

Frances Smith Goldberg

음악과 심상(Music Imagery: MI) 그룹 심리치료는 언어와 은유적인 심상 모두를 사용하여 그룹원들의 이미지에 관한 내면의 성찰을 녹여 내고, 그룹 상호 토론을 통하여 서로 연결되게 한다. 이러한 성찰과 연결은 마음과 MI 그룹 심리치료의 치료 요소들을 대표하는 과정이다. MI 그룹 심리치료의 조력자들은 단지 음악 선택, MI 그룹들에 대한 유도, 심상을 가지고 작업할 수 있는 능력뿐만 아니라, 이러한 성찰과 연결의 균형을 맞추기 위한 즉시적인 상호적 그룹 과정을 돕는 지식과 기술들 또한 필요하다. MI 그룹들에 있어 상호적 그룹 과정과 다른 그룹원들과의 관계는 다른 구성원의 심상이라는 존재에 의해 확대된다. 심상 표현들이 종종 다른 그룹원에게 누군가 이미지를 그릴 수 있는 한 가장 깊게 영향을 끼치기도 하면서, 그룹원들 모두에 의해 보이고 들리고 느껴진다. 이러한 상징적인 비유들을 지닌 감정과 정보라는 재산은 거의 즉각적으로 의사소통된다. 그러므로 MI 그룹들은 언어적, 은유적 단계들 모두에 대한 그룹 의사소통과 상호작용의 복합적인 조합으로 만드는데, MI 심리치료 그룹들을 언어적 그룹들보다 더욱 적극적으로 도움을 주는 그룹으로 만든다. Yalom의 글(1995)에 따르면, 학생들이 MI 그룹들의 구성원들 사이에서 일어나는 언어적, 은유적 의사소통을 통한 즉시적인 상호적 그룹 과정을 돕는 법을 배울 때, 다른 어떤 유형의 그룹치료도 받아들일 준비가 된다.

이 장은 MI 그룹 심리치료 훈련의 치료기술협회(Therapeutic Arts Institute: TAI) 모델에 대하여 논의한다. 여기서는 MI 그룹 심리치료 모델의 발전에서 시작하여 그 모델의 효능과 확장에 대하여 살펴본다. 그리고 그것을 GIM(Guided Imagery and Music) 훈련에 결합시키는 근거가 논의된다. MI 심리치료 그룹들을 돕는 학생들의 훈련은 이러한 그룹 심리치료 훈련의 다양한 적용에 따라 상세하게 다룬다.

배경

심상은 내적 세계와 연결되기 위한 매우 강력하고 생산적인 방법이다. 나는 일찍이 정신건강의학과 음악치료사로서 임상을 수행함에 있어 환자들의 정신질환 자료에 관해 경청해 주는 것이 가치 있는 일임을 배웠다. 이러한 경청은 환자들의 관심사들을 이해하는 도구가 되며, 경청을 통해 그들의 개인적인 문제에 관한 단서를 파악하고, 환자들에게 내재된 상징과 은유를 통하여 이들과 의미 있는 관계를 발전시킬 수 있었다. 그 후에 나는 환자에게 약을 주는 것보다 오히려 자신의 정신질환 자료를 이해하는 것을 통하여 처음으로 정신병적 휴지기를 경험한 개인들과 작업한 결과로 샌프란시스코에서 치료 프로그램을 발전시킨 Jung 심리학 분석가이자 정신과 의사인 John Perry의 작업(1974)에 의해 더욱 용기를 얻었다. Perry는 환자들이 자신의 망상과 환각을 통하여 의사소통하려는 노력을 가치 있게 여겼다. 그는 현재 많은 GIM 치료사들이 내담자의 심상 이해를 향상시킨다고 보는 자료인 정신병적 심상과 신화 및 전설 사이에서 많은 연관성을 찾았다.

내가 GIM을 연구할 때, 음악과 심상을 통합하는 음악치료 방법을 찾은 것에 흥분했다. 나는 몇몇 정신질환자들이 안전하게 참여할 수 있도록 GIM을 변형하는 방법을 찾느라 핼쑥해졌다. 나의 목표는 의사소통의 운반체로서, 그리고 환자들이 좀 더 조직화되거나 더 나아가 그들이 자신의 내적 자원들과 연결할 수 있도록 내적 세계를 실어 나르는 방법으로 환자들의 건강한 심상을 연결하기 위해 음악이라는 그릇을 사용하는 것이었다.

Therese (Hoss) West와 나는 정신건강의학과 병동의 뇌 손상 환자들을 대상으로 GIM을 변형하여 성공적으로 적용하였고(Goldberg, Hoss and Chesna, 1988), 정신질환은 아니지만 심각하게 손상을 입은 환자들을 대상으로 성공적으로 작업하기 위해 GIM 과정을 조금 변형했다(Goldberg, 1994). 나는 입원환자들이 효과적이고 심리치료적인 매개체인 GIM에 어떻게 반응하는가를 보고 격려를 받았다. 더 많은 환자들의 치료에 심리적으로 안전한 방식으로 심상과 음악을 포함하는 모델을 만드는 것이 나에게 논리적인 다음 단계로 보였다. 비록 당시에 내가 아직 명칭을 붙이지 못해 변형된 GIM이라고 불린 음악심상은 조심스럽게 그룹 심리치료에 소개되었다(Goldberg, 1994).

음악 심상 그룹 심리치료를 위한 TAI 모델 개발

정신질환자들과 함께하는 MI 그룹 작업은 대학 병원 12병상 폐쇄 병실에서 진행되었다. 스태프는 하루에 두 번씩 모여 환자 간호에 관해 토론했고, 모든 전문가들은 치료 계획들을 내놓았다. 나의 임무는 병실에 있는 모든 그룹들이 원활히 돌아가게 하는 것이었다. 언어심리치료 그룹들은 매일 아침 모였고, 창조예술치료와 활동치료 그룹들은 오후에 만났다. 모든 그룹들은 일주일에 5일을 모였다. 환자들과 나 자신 모두의 안전을 위한 부가적인 조치로 나는 항상 간호사가 개인적인 GIM 세션들과 MI 그룹들에 동석하도록 했다. 병실 구조에서의 안전과 의사소통의 강력한 그릇을 지닌 채 나는 더 많은 환자들이 이러한 접근으로 이득을 얻을 수 있도록 오전 상호 심리치료 그룹에게 심상과 음악을 소개하는 것에 편안함을 느꼈다.

진행 중인 그룹은 후기 정신병적이고 자살 충동을 느끼는 사람들로 평균 5~8명인데, 주요 정동장애와 인격장애와 다른 비(非)정신건강의학적 장애들을 지니고 있었다. 이러한 방법은 활발한 정신질환을 지닌 환자들의 그룹에는 사용하지 않았다. 위기 중심 치료 프로그램의 속성상 커다란 변화를 일으킬 수 있기 때문이다. 이러한 그룹들의 목표는 지금–여기에서(Yalom, 1975) 서로가 치료적으로 상호작용하고(Maxmen, 1978) 내적인 자원들에 접속하도록 환자들을 돕는 것이었다. 이 논지는 환자들이 지금–여기에서 의사소통하고 서로 연결하는 것을 통하여 이미지들의 구체적인 대상물들을 공급하고 표현의 발산을 제공한다는 것이었다. 이런 노력은 간단한 이미지를 환기시키고 GIM의 전형으로서 이미지의 더 깊은 진화를 제한하는 음악을 사용하는 것이었다.

이 모델은 GIM 세션의 제한된 각 요소를 발전시키는 것이었다. 환자들은 눕기보다는 의자에 앉도록 했다. 음악은 모든 음악적 요소들이 있고, 그 음악에 치료사의 목소리가 쉽게 섞이도록 충분히 단순한 것으로 선택되었다. 일반적으로 클래식이 아닌 음악의 기능은 매우 간단한 이완과 환자들의 내적인 반응들을 유도하는 치료사의 목소리에 집중할 수 있도록 환자들의 주의를 기울이게 하는 것이었다. 도입(initial group discussion) 이후 GIM 세션의 모든 요소들, 유도/집중, 음악 감상 과정은 처음부터 끝까지 음악에 의해 진행된 하나의 과정으로 '융합'되었다.

음악 심상 그룹 심리치료 모델

도입

환자들은 그룹 토론에서 발전된 선택적 집중으로 끌려 들어가게 되었다. 이렇듯 직접적인 방법으로 작용할 때, 유도의 주제에 대한 모든 사람의 동의와 그 그룹원의 가장 취약한 점에 대한 안전이 중요하다. 각 환자는 세션의 각 부분이 어떤 중단도 없이 서로 쉽게 이어지도록 진행되는 시간 동안 재료들에 관해 글을 쓰거나 그림을 그리도록 했다.

음악 경험

치료사와 환자들 간에 아무런 대화가 없었는데, 눈을 뜨거나 감는 것은 선택할 수 있었다. 음악이 시작되면 치료사는 매우 짧은 이완(의자에 앉아 깊게 심호흡을 두 번 하는 것)으로 유도하기 시작했고 집중으로 이어졌다. 이 부분은 2~4분 동안 지속되었는데, 치료사는 환자가 음악과 자신의 목소리에 끌려 들어가도록 말을 했다.

프로세싱

다음으로 그 그룹은 음악이 지속되는 동안 유도/집중이 끝나자마자 눈을 뜨고 쓰기(혹은 그리기)를 시작하라고 지시를 받았다. 그러므로 프로세싱은 음악을 감상하는 동안 시작되었고 음악이 끝날 때까지 구두로 계속되었다.

모든 GIM 세션 요소들은 단순하고 반복적이며 지원적인 음악이라는 작은 음악 그릇에 담긴다. 음악은 일반적으로 클래식이 아닌 중간 템포의 곡이었는데, 단순한 관현악 편곡과 쉽게 흥얼거릴 수 있는 반복적인 멜로디가 특징이며, 단순한 AAA구조, A주제를 바탕으로 약간의 변주들, B세션에 최소한의 고조가 있는 ABA구조로 이루어졌다. 많은 음악이 3분과 5분 사이였고 환자들이 그리기나 쓰기를 완성하는 데 필요한 만큼 반복되었다. 심상을 환자들이 감당할 수 있을 만한 조각들로 제한하는 것이 중요했는데, 치료사의 이야기를 통해서 환자가 이미지들이나 감정에 휩싸이지 않도록 심상이 진화하거나 발전할 수 있는 여지를 거의 남기지 않았다. 그러나 유도/집중은 각각의 환자가 개인적인 이미지들을 형성하도록 충분히 열려 있었다. 우리는 이것을 유도/집중 대화라고 부르는데, 우리가 음악이 연주되는 동안 이야기를 나누기 때문이다.

이러한 접근은 모임에서 건강한 은유적 표현, 그룹원들 간의 치료적 상호작용, 개인적인 문제들을 이야기하고 내적인 자원들에 접속하기를 위해 안전한 장소를 제공하는 우리의 목표에 매우 효과적이었다. 이와 같은 상호 심리치료 그룹들 안에서 음악에 의해 발생한 심상은 구성원들 간의 연결을 증가시켰고 지금-여기에서 그룹 활동을 도왔다(더 자세한 사항은 이러한 GIM의 적용들과 임상 사례들에 관한 Goldberg, 1994 참조). 이러한 작업의 중요성은 환자들의 원하는 바를 알기 위해 GIM을 적용하고, 심상과 음악으로부터 효과를 보는 임상 인원들을 확장하는 것에 있다. 이 모델은 지원적 MI의 원형이 되었고 우리가 재교육적, 재구조적 MI로 확장하는 데 기초가 되었다.

그 후에 우리는 Yalom(1975)의 그룹 심리치료에서 치유 요인들과 비교하여 연구하는 조사를 수행했는데, 60%는 MI에서, 40%는 다른 음악치료 방법들에서 기인한 것이었다. 이에 더하여 이러한 그룹들은 언어심리치료 그룹들의 치유 요인들과 그룹들 안에 이뤄지는 **과정**들과도 비교되었다(Goldberg, 1986; Goldberg, McNiel and Binder, 1988). 우리는 양쪽 그룹들이 모두 환자들에게 높게 평가됨을 알아냈다. 양쪽 그룹들에 있어 환자들이 매긴 치유 요인의 순위가 뜻하는 바에는 응집성, 희망과 이타심의 주입도 포함됐는데, 다른 연구자들에 의해 정신질환 입원환자 심리치료 그룹들과 유사함이 발견되었고, 이러한 요인들은 효과적인 치료 그룹에 필수적인 것으로 간주되었다. 이 경우 통계적으로 음악 그룹들이 언어 그룹보다 효과적이었다. 우리는 **치료사 그룹 과정 비율 척도**에서 거의 모든 과정들에 대하여 음악치료 그룹을 선호하는 것에서 통계상 의미 있는 질적 차이들을 발견했다(Goldberg, Coto-McKenna and Cohn, 1992; Goldberg, McNiel and Binder, 1988). 예를 들어, 음악 심리치료 그룹들은 더 많은 치료적인 상호작용과 감정적인 표현과 시야를 포함하고 있었다. 이러한 연구는 정신질환 환자들로 구성된 적절히 구조화된 MI 심리치료 그룹들이 효과적이며 동시에 안전하다는 우리의 임상 관찰을 지지했고, 더 나아가 그 그룹들이 언어심리치료 그룹들만큼 효과적임을 나타냈다(Goldberg, McNiel and Binder, 1988 참조).

또한 나는 곧 이러한 MI 방법이 임상적인 특정 진단이 없는 사람들을 위한 개인치료에 매우 효과적이라는 것을 배웠다. 나는 MI를 나의 개인적인 실행에서 고기능 성인들(Isenberg, Goldberg and Dvorkin, 2008)과 개인적인 실행 심리치료 그룹들의 개인치료에 사용하기 시작했다. MI는 더 깊은 탐사를 위한 특별한 문제들에 손쉽게 집중할 수 있었고, 내담자가 GIM의 강렬함에서 뒤로 물러나기를 원할 때 안도감을 제공할 수 있었다. MI는 개인적인 실행에서 개인들과 그룹들, 입원환자들과 고기능 내담자들의 지원적, 재교육적 그리고 정신역동적 치료에 단독으로 적용 가능했다.

훈련

Lisa Summer와 내가 1989년 Bonny 재단에서 Helen Bonny와 함께 가르치기 시작했을 때, 우리는 서로가 모르는 사이에 비록 다른 목적들을 가졌지만 유사한 GIM 적용들을 개발하고 있음을 깨달았다. 우리는 Bonny 재단에서 3단계를 마지막으로 가르치는 해에 MI를 그룹치료 훈련에 통합했다. Bonny 박사가 은퇴할 때 그녀는 나에게 그때까지 독점적으로 주로 유럽에서 제공되던 GIM 훈련인 치료기술협회 GIM 훈련을 미국으로 가져오기를 부탁했는데, 미국에 있는 Bonny 재단과 경쟁 관계는 아니었다. 그녀는 Lisa Summer와 내가 Bonny 재단이 문을 닫은 후 GIM 훈련을 계속하기를 원했다. TAI에서 Summer와 나는 GIM 학생들의 훈련에 좀 더 일찍 MI와 MI 그룹(Goldberg and Summer, 2002)을 소개하기 위해 훈련 프로그램을 개편했다. 이러한 재편성에는 많은 이유가 있었다.

1. 교육적으로 훈련생들이 MI에 의해 발생된 심상 재료를 더 적은 분량으로 시작하는 것이 훨씬 적절해 보이는데, GIM 세션에서의 분량은 오히려 GIM 훈련생을 시작부터 압도할 정도이기 때문이다.
2. 훈련생들은 자신이 수행하는 현재의 임상과 좀 더 근접한 분야에서 시작한다. 지원적 GIM보다 MI는 매우 구조적이고 좀 더 직접적이어서 대개의 미국 치료사들이 사용하는 치료적 접근들에 더 가깝다. 음악치료와 상담의 전통적인 방법들로부터 MI까지가 그다지 커다란 비약이 아니어서, 훈련생들이 음악과 심상 방법들에 의해 제공되는 새로운 패러다임으로 연결하는 것이 더 쉽다.
3. 음악 심상 훈련 학생들은 다음과 같은 사항을 배운다.
   (a) 심상을 위한 음악으로 선택된 음악적 요소들을 주의 깊게 듣기
   (b) 얼마나 다양한 음악적 요소들이 내담자의 심상에 영향을 주는지
   (c) 이완과 유도를 수행하기

(d) 어떻게 심상을 처리하는지

이러한 방법으로 그들은 완전히 GIM 훈련에 승선할 준비가 된다. 또한 훈련생들은 내담자들에게 GIM을 실행할 때 생기는 문제를 다루고, 필요할 때 GIM을 변형할 수 있도록 더욱 잘 준비될 수 있다. 더구나 MI가 독립적인 방법이기 때문에, 실행에 있어 GIM을 수행할 만한 장소를 발견하지 못한 학생들은 특히 실행에서 그룹 활동으로 쉽게 MI와 통합할 수 있다.

결국 Summer는 그녀만의 GIM 훈련 프로그램을 개설했고, 비록 우리가 여전히 함께 일하고 있지만, 우리 각자의 훈련 프로그램들은 서로 몇몇 방법들에서 갈라지고 말았다.

TAI 훈련 프로그램

전체 치료기술협회(TAI) 훈련 프로그램의 맥락 안에 그룹 훈련을 배치하는 것은 필수적이다. TAI의 임무는 MI와 Bonny 방식 안에서 훈련을 제공하는 것이다. 우리는 학생들을 작업의 정신역동적이고 초월적인 이해들 안에서 훈련하고 그들에게 신화와 원형의 Jung 심리학적 원칙들을 소개한다. 덧붙여 안내하고 처리하는 기술들을 확립하기 위해 우리 훈련의 주안점을 음악에 둔다. 각각의 훈련 단계는 감상과 음악 선택, 그리고 치료사와 내담자와 음악과의 관계를 확립하기 위한 정보를 제공하는 작품들의 음악적 요소들을 이해하는 기술들을 소개한다. 음악은 치료의 다양한 단계와 깊이에 따라 작업의 연속으로 분류된다.

우리는 Wolberg(1977)의 치료 단계(지원적, 재교육적, 재구조적 음악치료)를 Wheeler(1983)가 적용한 음악치료 언어와 Wilber(1979/2001, 2007)가 GIM과 Jung의 신화와 원형 이해의 초월적 측면들을 묘사한 음악치료 언어를 사용한다. 다음에 이어지는 내용은 MI 그룹 심리치료를 위한 훈련의 TAI 단계별 과정이다.

GIM 1단계

TAI는 학생들에게 그룹 MI 훈련 전에 정규적인 GIM 1단계를 마치라고 요구한다. 1단계는 정신역동적, 재구조적, 초월적 GIM의 넓은 영역을 제공한다. 우리는 훈련생들이 MI

의 작은 그릇들의 어떠한 사용에도 참여하기 전에 GIM을 통한 심상과 음악의 너비와 깊이와 심오한 충격을 경험하고 이해하며 존중하기를 원한다. 1단계의 끝 무렵 우리는 그룹 활동이 아니라 비(非)정신질환적 개인들에 사용하는 지원적 MI(앞에서 설명한 것과 같은)의 기본들을 소개한다. 우리는 1단계에서 학생들에게 MI를 위한 매우 구조적인 대화들의 제한된 사례를 제공한다. Bonny의 컷－로그 다이어그램(Cut-Log diagram; 1975/2002)은 지원적 MI에 의해 접속되는 자아 주변의 작고 좀 더 의식적인 영역들과 대비되는 GIM의 광대한 가능성들이라는 시각적인 전망을 제공한다. 우리는 지원적 MI를 위한 음악의 작은 그릇들에 적합한 요소들과 GIM을 위한 음악적 요소들을 듣고 비교한다. 우리는 학생들이 다양한 음악적 요소들을 듣고 적절한 음악 선택을 위해 심상 경험들에 영향을 미칠 가능성을 이해할 수 있도록 돕는다. 우리는 지원적 MI가 각각 학생의 현재 내담자들에게 사용하기에 안전하다는 것과 만일 그렇다면 어떤 대화가 적합한지 명확하게 한다. 학생들은 자신들의 임상에서 경험하지 못한 낯선 대상군에게는 지원적 MI를 사용하지 말도록 교육받는다.

MI의 전문가 훈련: 2개의 세미나들

MI의 전문가 훈련은 GIM 1단계와 2단계 사이의 독립적인 훈련이다. 게다가 그것은 2단계 훈련의 첫 번째 파트로서도 기능한다.

세미나 1: 내적 세계와 연결하기

초점은 개인치료에 있어서 지원적, 재교육적 MI에 맞춰져 있다. 훈련생들은 MI 세션들을 위한 음악 선택과 MI 그룹 심리치료에 참여하는 여러 사람의 심상이 보이는 복합성에 승선하기 전 MI 세션들의 시리즈에서 한 사람의 심상을 작업하는 것을 배운다. 우리는 음악을 매우 지원적이고 긴장이 거의 혹은 전혀 없는 곡에서부터(앞에서 설명했듯이) 중간 정도의 긴장과 자극이 점증하는 강도와 음악적 요소들에 있어 복합성과 강도가 있는 좀 더 자극적인 곡까지 연속으로 구조화한다(Goldberg, 2008). 우리의 음악 연속의 개념은 Bonde(2012)의 지원적, 혼합적 지원-도전적, 도전적 음악의 강도 프로파일과 유사하다. 우리가 사용하는 클래식이 아닌 음악의 몇몇 예들로 Daniel Kobialka의 Bach 합창곡 편곡, Michael Hoppe의 *Renouncement* 첼로 버전, Secret Garden의 음악, Anjali의 *Hymn to the Goddess Mother*, Hoppe의 *Renouncement* 교향악 버전, *Gabriel's Oboe*

의 Yo-Yo Ma 버전이 있다. 클래식이 아닌 음악과 GIM 레퍼토리에서 선택한 것들과 다른 클래식 작품들의 복합은 우리가 재교육적 치료에서 재구조적 MI 치료로 진행하기 위해 사용하는 것이다.

우리는 훈련생들에게 내담자들이 세션에 가져오는 주제가 무엇이든지 그것을 계속 지금-여기에서 이야기하는 대화/유도를 만들도록 가르침으로써 대화/유도의 가능성들을 넓혔다. 또한 우리는 우리가 '창'이라고 부르는 것을 추가함으로써 대화/유도의 영역을 확장했다. 창은 치료사가 음악을 듣는 동안 이야기를 멈추고 내담자에게 그들이 동의하는 주제를 탐사하도록 좀 더 자유를 주는 공간이다. 우리의 개념은 이완, 대화/유도의 영역과 깊이, 사용되는 음악, 창의 포함, 음악을 자유롭게 이미지화하기 위해 여러 개의 창 혹은 좀 더 긴 창의 사용을 결정한 적절한 치료적 그릇을 발전시키는 것이다. 이러한 매개변수들을 사용하여 작업하기 위해 치료적 그릇은 치료의 MI 단계의 전체 범위에 걸쳐 지원, 억제 혹은 탐사에 대한 내담자의 요구들과 만나도록 설계할 수 있다. 종종 그릇의 크기가 증가되는 음악도 있다. 그러나 우리는 지원적 음악에 대한 강렬한 집중이 단지 재교육적 혹은 심지어 재구조적 경험을 쉽게 가져올 뿐이라는 것을 알게 되었다. 그러므로 그릇 크기를 정할 때 MI, 이완, 음악, 집중, 자유롭게 혹은 제한적인 이미지 그리기와 같은 요소들을 조합하는 것이 MI의 기술이고 마음이다.

기본적인 상담 기술들과 대상과의 관계들, 상호 주관적인 그리고 초월적이고 이론적인 전망들이 이야기된다. 감독자의 입회 안에서 지원적 MI에서 시작하여 재교육적 MI로 진행하는 각각 4~6회의 MI 세션들로 3명의 개인들과 작업하는 실습 교육이 훈련생들에게 요구된다. 훈련생들은 세미나에서 사용된 음악 목록들을 넘어 그들의 감상 기술들과 어떻게 음악적 요소들이 심상에 충격을 줄 것인가에 대한 이해를 바탕으로 MI를 위한 음악을 찾도록 격려받는다.

세미나 2: 성찰과 연결: 그룹들 안에서 MI

여기에서 집중하는 것은 지원적, 재교육적 그룹 심리치료를 위해 MI를 조정하는 것이다. 그래서 MI 세미나와 실습 교육에서 개발된 지식과 기술들을 그룹 심리치료에 적용하기 위해 가져왔다. 이러한 점에서, 훈련생들은 숙련된 감독자의 입회 안에서 음악 연속 모델을 사용하고, 대화/유도에 집중을 발전시키고 가져오며, 그릇 크기를 결정하고, 그들의 개인적인 MI 작업에서 심상을 가지고 작업하는 음악을 선택하는 경험을 하게 된다.

그룹 훈련에서 우리는 내담자들의 원하는 부분에 기반하여 도입부에서 그룹원들과 생체 내의 대화/유도의 발전과 지금-여기에 입각하여 상호작용 과정의 촉진을 강조했다. 다른 주제들은 그룹에 대한 그리고 각각의 구성원들의 심상에 대한 음악의 충격과, 그룹의 다른 구성원들에 대하여 그룹원 간에 심상이 끼치는 영향과, 그룹에서 음악과 심상 모두의 역동성과, 그룹 심리치료의 역동성을 포함한다. 상호적인 지금-여기-그룹 심리치료에 대한 Yalom(1995)의 접근은 우리의 주 그룹치료의 이론적 기반이다. 훈련생들은 그룹으로 세팅된 개인치료보다 오히려 '하나의 전체로서 그룹'에 대해 생각하도록 격려받는다. 이것은 무엇이라고 부르든지 간에 음악, 심상, 은유, 상징, 비언어적 의사소통, 구성원 서로의 관계들을 포함한 그룹의 과정과 내용 모두에 대한 주의를 요구한다. 그룹 발달 단계들과 Yalom의 치료 요인들은 잘 다루어진다. 음악, 심상, 상호 그룹 과정의 역동성을 통합하는 것은 언어와 심상 모두를 통하여 이루어지는데, MI 그룹 심리치료 훈련의 핵심을 구성한다. 이런 세미나에서 각각의 훈련생은 그룹을 촉진시킬 기회를 가진다. 실습 교육으로 5~8명의 숙련된 자원자 그룹과 감독자의 입회 안에서 최소 6회의 세션들에 함께 하는 것이 훈련생들에게 요구된다.

MI 그룹 심리치료는 대인관계적이고, 수준 높은 상호작용이며, 지금-여기에 정착하고 있다(Summer, 2002, p. 305). 우리의 훈련은 MI 심리치료 그룹에 성찰과 연결과 같은 상호작용적인 접근 안에서 음악과 심상의 역동성이 일으키는 여러 과정들을 촉진하면서 기술들을 발전시킨다. Yalom(1995, p. xiv)에 따르면, 어떠한 형태의 그룹도 대인관계 과정에 집중하는 것에 포함하는 방식으로 더 효과적으로 만들 수 있다. TAI 훈련생들은 이러한 기술들을 어떠한 형태의 그룹치료에도 맞춰 조정할 준비가 되어 있다.

GIM 2단계와 3단계

2단계 학생들은 2개의 요구된 MI 세미나들을 마친 후 GIM 안내 기술들, 유도들, 짧은 Bonny 프로그램에서 학습한 것을 검토하는 모듈에 참석한다. MI 세미나들과 이러한 GIM 모듈이 2단계를 구성한다. 6명의 다른 사람들과 함께 6회의 감독자 입회 안에서 GIM 실행 세션들이 요구된다. 3단계는 GIM의 본질적인 요소들에 대하여 논하고, 실습 교육과 다른 요구 사항들이 있는 5개의 세미나들로 구성된다.

MI 심리치료 그룹들의 적용

MI가 그룹의 시작에 있어 흔히 종종 중요한 음악 중재로 사용된다. 그러나 MI는 그룹 세션에서 언제나, 그리고 여러 번 사용될 수 있다. 그것은 세션 동안 어떤 지점에서라도 감정을 함유하거나 풀어 주거나 과정을 깊게 하는 데 사용될 수 있다. MI는 그룹 과정에 대한 논평의 자리에서도 잘 작용한다. 예를 들어, 대학원생들로 이루어져 진행 중인 주간 그룹의 구성원들이 그들의 동년배 그룹원(해당 그룹원이 아닌)과 주말 워크숍에서 발생한 사건에 대해 화가 났었다. 이 사람에 대한 그들의 불만을 들은 후, "여기에서 무슨 일이 있었는가?"라는 전통적인 논평 대신에 나는 그들이 음악으로 그 상황을 가져오도록 제안하여 그들이 동의하자 재교육적 MI 중재를 소개했다. 나는 자극적인 음악과 그들의 강도를 짝지으면서 더 깊은 탐사를 위한 긴 '창'으로 대화/유도를 사용했다. MI 경험 동안 그들은 그 사건에 대한 시야를 넓히고, 그들 대다수가 그 사람에게 책임을 전가하고 있음을 깨달았으며, 그들로 하여금 사건을 좀 더 객관적으로 볼 수 있게 했다.

그룹들 안에서 심상의 역동성은 강력하다. 예를 들어, 그룹 치료사들을 위한 주말 그룹에서, 한 여성이 뱀의 이미지가 떠올랐는데, 그녀는 그것을 좋아하지 않아 탐사할 마음이 내키지 않았다. 그러나 다른 그룹원이 뱀과 관련되어 그것이 다른 사람들을 다치게 하는 그의 성격 일부를 대표한다고 말했다. 그는 같은 이미지를 경험한 여성에게 역할 모델이 되어 주말 내내 그 이미지와 함께 작업했다. 결국 그녀도 스스로 의미 있는 탐사를 시작했다.

우리 학생들은 다양한 방법으로 다양한 인원들에게 MI 그룹 심리치료를 적용했다. 많은 학생들은 그룹이 집중을 결정하는 것을 돕거나 프로세싱을 돕는 데 즉흥 음악을 사용함으로써 그들 지닌 다른 음악치료 기술들이 MI 그룹들에 포함됐다. 몇몇은 그들의 그룹들을 공정하게 구조화해 유지한 반면에, 다른 학생들은 매우 빨리 그룹들을 개방해 버렸다. 몇몇은 지원적 MI 그룹들을 선호하는 반면에, 다른 학생들은 재교육적 MI 그룹을 운영했고, 때때로 재구조적 단계에 도달한 경우도 있었다. 인원들의 예들로 가족들을 위한 호스피스 그룹들, 교목들과 호스피스 스태프, 임신 촉진 치료 중인 여성을 위한 그룹들, 섬유근통증후군과 다양한 종류의 암 및 섭식장애를 앓는 사람, 청소년, 직장에서 스트레스를 경험한 간호사들, 영적인 발전을 위한 그룹, 공동체의 다양한 사람들을 위한 건강과 심리 교육과 일반적인 심리치료 인원이 포함된다. 훈련생들은 그들 자신의 스타일들을 창조하고 발전시키도록 격려받았다.

요약

MI 그룹 심리치료를 위한 TAI 훈련 프로그램은 이러한 접근의 스타일과 적용의 몇몇 경우에 따라 상세하다. TAI 심상 그룹 심리치료 모델개발은 그것의 효능에 관한 연구 지원과, 본래의 모델의 확장과 Bonny 방법을 위한 훈련에 MI를 포함한 근거에 따라 제공된다. 그룹 심리치료 훈련은 자신의 기반 위에 서 있고, 또한 Bonny 방식의 GIM에 있어 향상된 훈련이라는 뛰어난 기초 위에 놓여 있다.

참고문헌

Bonde, L. O. (2012, September). *Group Music and Imagery with Psychiatric outpatients: Accompanying the return to society*. Keynote, ENGIM Conference, Vadstena, Sweden.

Bonny, H. (1975/2002). Music and consciousness. In L. Summer (ed.) *Music and Consciousness: The Evolution of Guided Imagery and Music*. Gilsum, NH: Barcelona Publishers.

Goldberg, F. S. (2008, revised). *Music selection for supportive and reeducative music imagery sessions*. Handout, Reflections and Connections: Music Imagery for Groups, Therapeutic Arts Institute.

Goldberg, F. S. (1994). The Bonny Method of Guided Imagery and Music as individual and group treatment in a short-term acute psychiatric hospital. *Journal of the Association for Music and Imagery, 3,* 19-33.

Goldberg, F. S. (1986, November). *Therapeutic factors in two forms of inpatient group psychotherapy: Music therapy and verbal therapy. A research study*. Paper presented at the annual conference of the National Association for Music Therapy, Chicago, IL.

Goldberg, F. S. and Summer, L. (2002, September). *Practicing group music and imagery.* Seminar presented at the European Guided Imagery and Music Conference, Krummendeich, Germany.

Goldberg, F. S. Coto-McKenna, S. and Cohn, L. (1992). Creative Arts Group Process Evaluation Tool: Implications for clinical practice and training. *Arts in Psychotherapy,*

18, 411-417.

Goldberg, F. S., Hoss, T. and Chesna, T. (1988). Music and imagery as psychotherapy with a brain damaged patient: A case study. *Music Therapy Perspectives, 5*, 41-45.

Goldberg, F. S., McNiel, D. E. and Binder, R. L. (1988). Therapeutic factors in two forms of inpatient group psychotherapy: Music therapy and verbal therapy. *Group: The Journal of the Eastern Group Psychotherapy Society, 12*, 3, 145-156.

Isenberg, C., Goldberg, F. and Dvorkin, J. (2008). Psychodynamic approaches to music therapy. In A. A. Darrow (ed.) *Introduction to Approaches in Music Therapy*, 2nd edition. Silver Spring, MD: American Music Therapy Association.

Maxmen, J. S. (1978). An educative model for inpatient group therapy. *International Journal of Group Psychotherapy, 28*, 321-338.

Perry, J. (1974). *The Far Side of Madness*. Englewood Cliffs, NJ: Prentice Hall.

Summer, L. (2002). Group music and imagery therapy: Emergent receptive techniques in music therapy practice. In K. E. Bruscia and D. E. Grocke (eds) *Guided Imagery and Music: The Bonny Method and Beyond*. Gilsum, NH: Barcelona Publishers.

Wheeler, B. (1983). A psychotherapeutic classification of music therapy practices: A continuum of procedures. *Music Therapy Perspectives, 1*, 2, 8-12.

Wilber, K. (2007). *The Integral Vision: A Very Short Introduction to the Revolutionary Integral Approach to Life, God, the Universe and Everything*. Boston, MA: Shambhala.

Wilber, K. (1979, 2001). *No Boundary: Eastern and Western Approaches to Personal Growth*. Boston, MA: Shambhala.

Wolberg, L. (1977). *The Technique of Psychotherapy*, 3rd edition. New York, NY: Grune and Stratton.

Yalom, I. (1995). *The Theory and Practice of Group Psychotherapy*, 4th Edition. New York, NY: Basic Books.

Yalom, I. (1975). *The Theory and Practice of Group Psychotherapy*, 2nd Edition. New York, NY: Basic Books.

1~24장에 수록된 음악 선곡 모음집

주: 저자에 의해 몇몇 악곡에 명시된 소요시간은 연주에 따라 길이가 상이할 수 있다.

클래식 음악과 클래식과 유사한 장르

작곡가, 작품 제목	언급된 장(chapter)
Albinoni: *Adagio for Strings and Organ*	19
Alwyn: *Symphony No. 5*, 4th movement	24
Anjali: *Hymn to Goddess Mother*	20
Bach: *Adagio in G major*	8
Bach: *Christmas Oratorio*, Shepherd's Song (9:31)	11, 24
Bach: *Double Concerto for Two Violins*, 2nd movement	10, 24
Bach: *Hirtenlied*	8
Bach: *Little Fugue in G minor* (orch. Stokowski)	4, 24
Bach: *Orchestral Suite #3*, Air (on a G string) (5:36)	6, 11, 17, 20, 23
Bach: *Overture in D Major*	8
Bach: *Partita in B*, Sarabande	8
Bach: *Passacaglia and Fugue in C*	12
Bach: *Piano Concerto in F,* Largo (3:15)	5, 8
Bach: *Prelude in B minor*	5
Bach: *Sonata No. 2 in E flat BWV 1031-2*, Siciliano	8
Bach: *Suite No. 3 in D major*, Air	2
Bach/arranged Kobialka: *Sheep May Safely Graze*	20
Barber: *Adagio for Strings*	4, 23
Barber: *Capricorn Concerto*, Op. 21, Allegretto *and Dubinsky's Sweet Dreams*	8
Bartok: *An Evening at the Village* (2:49)	5
Beethoven: *Coriolan Suite*	14
Beethoven: *Piano Concerto #5*, Adagio (7:39)	2, 11, 16, 21, 22, 23

Beethoven: *Symphony No. 6*, Pastorale, Allegretto (8:59)	21
Beethoven: *Symphony No. 6*, Pastorale, Scene by the Brook	17
Beethoven: *Symphony No. 9*, Adagio molto	23
Bizet: *Carmen Suite Entr'acte #1* (3:01)	5, 9, 10
Boccherini: *Cello Concerto in B ♭*, Adagio (5:52)	5, 24
Brahms: *Concerto for Piano #2*, Andante.	2, 24
Brahms: *Symphony #4*, Andante	23
Brahms: *Ungarsk Dans* (*Hungarian Dance*) No. 5 (3:21)	3
Brahms: *Violin Concerto* (Adagio)	10
Britten: *Simple Symphony*, Playful Pizzicato	5, 6
Britten: *Simple Symphony*, Sentimental Sarabande	23
Chesnokov: *Nynye otpushchayeshi* (*Salvation is Created*) (3:10)	11
Chopin: *Piano Concerto No. 1* (Romance)	7, 18
Chopin: *Piano Concerto No. 2 in F minor*, Larghetto	8
Chopin: *Prelude*, Op. 28, No. 7	3
Chopin: *Prelude*, Op. 28, No. 15	3
Copland: *Appalachian Spring* (excerpt)	24
Corelli: *Concerti Grossi*, Op. 6, Largo	6, 23
Corigliano: *Voyage* (8:14)	5
Debussy: *L'apres midi d'un faun* (*Afternoon of a Faun*)	9
Debussy: *Beau Soir* (for cello/piano)	1
Debussy: *Children's Corner Suite*, Golliwogg's Cake-walk	3
Debussy: *Children's Corner Suite 4*, The snow is dancing	5
Debussy: *Dances Sacred and Profane*	2, 9
Debussy: *Prelude for piano*, Girl with the flaxen hair	1
Debussy: *Reverie*	5
Debussy: *String Quartet*, Op. 10, Andantino	7, 9, 16
Debussy: *Suite Bergamasque*, Clair de lune (4:30)	11
Debussy: *Valse Romantique*	5
Delius: *Idylle de printemps*	18

Delius: *Koanga Suite*, La Calinda	9
Delius: *North Country Sketches*, Winter Landscape	18
Durand: *Chaconne in A♭ minor*	5
Dvořák: *Czech Suite*, Romanze	17, 19
Dvořák: *Four Romantic Pieces*, Adagio	4
Dvořák: *Gypsy Melodies*, Op. 55 No. 4, Songs my mother taught me (for cello/ piano) (3:09)	1
Dvořák: *New World Symphony*, Largo (12:26)	11
Dvořák: *Serenade for Strings in E major*, Larghetto	6, 7, 9
Dvořák: *Serenade for Strings in E major*, Op. 22, Moderato	6
Dvořák: *Symphony No. 1*, Legend, Op. 59, # 5	6
Elgar: *Enigma Variations*, Nos. 8+9	11, 23, 24
Elgar: *Serenade for Strings*, Larghetto	19, 23
Elgar: *Sospiri*, Op. 70	19
Fauré: *Cantique de Jean Racine*	23
Fauré: *Dolly Suite for orchestre*, Berceuse	12
Fauré: *Requiem*, In Paradisum (3:17)	11
Finzi: *Eclogue for Piano and Strings*	4
Gluck, *Orpheus and Euridice*, Minuet	17
Grieg: *Holberg Suite*, Preludium (2:28)	3
Grieg: *Last Spring*, Two Elegiac Melodies	19
Grieg: *Lyrical Pieces*, Op. 54, Troll Train (3:00)	3
Grieg: *Peer Gynt Suite*, In the hall of the mountain king, Op. 46	3
Handel: *Water Music*, Air	12
Handel: *Xerxes*, Largo	20
Haydn: *Cello Concerto #1 in C major*, Adagio (9:42)	2, 7, 13, 16, 21, 23
Haydn: *Cello Concerto in D*, Rondo, Allegro	6
Holst: *Planets Suite*, Mars	9
Kallinikov: *Symphony #2*, Andante	19
Liadov: *The Enchanted Lake*	18, 19, 24
Lully: *Gavotte* (2:50)	22

Mahler: *Symphony #5*, Adagietto	23
Manfredini: *Concerti Grossi*, Op. 3, # 12, Largo	6
Mascagni: *Cavalleria Rusticana*, Intermezzo	6
Massenet: *Orchestral Suite #7, Scènes Alsaciennes*, Sous les Tilleuls (4:57)	5, 11, 23
Massenet: *Meditation from Thais* (for flute) (4:08)	1
Massenet: *The Last Sleep*, The Virgin	19
Mozart: *Ave Verum Corpus*	2
Mozart: *Clarinet Concerto in A*, Adagio (7:30)	3, 5, 11
Mozart: *Piano Concerto #21*, Andante	17
Mozart: *Serenade No. 10*, for 13 Winds, 3rd movement	2, 10
Nielsen: *Symphony No. 5*, Adagio Non Troppo	13
Orff: *Carmina Burana*, O Fortuna	23
Pachelbel: *Canon in D*	2, 6, 10, 15, 22
Pärt: *Für Alina* (2:15)	5
Pärt: *Spiegel im Spiegel* (10:24)	5, 10, 15, 20
Puccini: *Madame Butterfly*, Humming Chorus	2, 11, 22
Rachmaninoff: *Symphony No. 2*, Adagio	7
Rachmaninoff: *Vocalize* (cello and orchestra)	24
Ravel: *Introduction and Allegro for harp, flute, clarinet and string quartet*	9
Ravel: *Ma mère l'oye* (*Mother Goose Suite*)-Pavane de la belle, Petit poucet and Le jardin féerique	5, 8
Ravel: *Piano Concerto in G*, Adagio (9:23)	5
Respighi: *Fountains of Rome*, Villa Medici	7
Respighi: *Pines of Rome*, Giancolo	2
Respighi: *Pines of Rome*, Pines on the Janiculum Way	18
Rodrigo: *Concierto de Aranjuez*, 2nd movement	10, 19, 24
Russian Chant (anonymous): *The Joy of Those Who Mourn*	24
Rybak: *Fairytale* (3:00)	3
Saint-Saëns: *Carnival of the Animals*, Aquarium	2, 3, 8
Saint-Saëns: *Carnival of the Animals*, Aviary	2
Saint-Saëns: *Carnival of the Animals*, The Swan	2

Saint-Saëns: *Carnival of the Animals*, Turtles/Tortoise	2, 8
Saint-Saëns: *Carnival of the Animals*, Finale	3
Satie: *Gymnopaedie* # 1 and # 3	5, 12, 17, 22
Schumann: *Fünf Stücke im Volkston*, Op. 102, Langsam (4:44)	11
Schumann: *Kinderscenen*, Op. 15, # 1	5
Schubert: *Impromtu*, Op. 142, No. 7 (7:28)	3
Schubert: *Moments Musicaux*, Op. 94, No. 3 (2:53)	3
Shostakovich: *Piano Concerto #2*, Andante (6:36)	5, 11, 13, 21, 24
Sibelius: *Scaramouche* (4:10)	5
Sibelius: *Symphony #2*, Allegretto	10
Strauss: *Death and Transfiguration* (excerpt)	19
Tchaikovsky: *Andante Cantabile*, Op. 11	19
Tchaikovsky (arr. Dubinsky): *Album for the Young*, Sweet Dreams	8
Tormis: *Lullaby* (2:42)	5
Tveitt: *Baldur's Dreams*, Meinvarnathur (The invulnerable): Modère (5:40)	3
Tveitt: *Hundrad hardingtonar, Velkomne med Æra*, Op. 151 (O be ye most heartily welcome) (3:37)	3, 5, 24
Vaughan Williams: *Fantasy on Greensleeves* (4:28)	2, 11, 12, 17, 21
Vaughan Williams: *In the Fen Country*	10
Vaughan Williams: *Prelude on Rhosymedre* (4:04)	1, 10, 11, 19, 21, 22, 23
Vaughan Williams: *Serenade to Music*	19
Vaughan Williams: *The Lark Ascending* (14:12)	5, 18
Vivaldi: *Gloria* (*Et in terra pax*) (5:19)	4, 5, 23
Vivaldi: *Guitar Concerto III in D*	6, 8
Vivaldi: *Trio for Violin, Lute* (*Guitar*) *and Basso Continuo in C* (4:12)	5
Wagner: *Lohengrin*, Prelude to Act I	2
Walton: *Touch Her Soft Lips and Part*	23
Warlock: *Capriol Suite*, Pieds en l'air (2:21)	2, 4, 7, 10, 11, 16, 17, 20

기타 다른 장르: 경음악(Easy listening), 뉴에이지 음악, 현대음악, 재즈와 영화음악

Allen (Michael Graham): *Night Forest*	17
Benny Anderssons Orkester: *Songs from Second Floor* (3:52)	22
Bliss: *Afterlife*, Blissful Moment	10
Burglund: *Harp of the Healing Waters*, Lotus Reflection	15
Deva Premal, *Om Namo Bhagavate*	12, 22
Dobrogosz: Mass and Chamber Music, *Resting Place*. (3:41)	22
Einaudi: *I Giorni* (5:59)	12
Evenson: *Sound Healing*, Memory of Monet	15
Fläskkvartetten: *Innocent* (3:33)	22
Helge Lien Trio: *Natsukashii* (5:54)	3
Hoppe: *Renouncement*	17
Hoppe: *The Unforgetting Heart*	20
Jazz and Art: *Vals från Råssbyn*, (6:12)	5
Jenkins: *Palladio*, Allegretto (3:43)	22
Johansson: *Bandura* (2:27)	22
Johansson: *Leksands Skänklåt* (3:00)	5
Kobialka: *Going Home Again*	12, 23
Kobialka: *Timeless Motion*	16
Kater: *Song of Union*, Trad. Arr. (2:52)	22
Liquid Mind V: *Serenity*	16
Löfman: *Makh Jchi* (2:02)	22
Löfman: *The Wedding* (4:02)	22
Marsalis: *Emmanuel*	20
McFerrin: *Baby* (3:00)	15
Moldestad: *Ein sœl kyss* (*A Fond Kiss*) (5:06)	3
Morricone/arranged Ma: *Gabriel's Oboe*	20
Morricone: *Sacco e Vanzetti Speranze de Liberta* (2:29)	22
Myers: *Cavatina* (3:34)	5, 22
National Parks Series: *Sounds of the Grand Canyon*, Bright Angel	15
Nilsson: *Arons Dröm* (*Aaron's Dream*) (3:57)	22

Nilsson: *Gabriella's Piano* (3:18)	22
Nilsson: *Mot den nya världen* (*Towards the New World*) (2:42)	22
Nilsson: *Wilmas Tema* (*Wilma's Theme*) (1:57)	22
Phillips/Coulter: *I Will Walk with My Children*	20
Pinkstaff: *Sounds of the Rocky Mountains*, Nature Sounds, Faces of Earth, Estes Moon	15
Plant: *Silver Rider*	5
Quilter: *Evening in the Forest* (2:47)	22
Richter: *On the Nature of Daylight*	12
Rybak: *Fairytale* (3:00)	3
Secret Garden: *Dreamcatcher*, Song from a Secret Garden	10, 12, 20, 23
Secret Garden: *Heartstrings* (3:22)	1, 17
Secret Garden: *Nocturne*	12
Secret Garden: *Papillon*	20, 22
Secret Garden: *Serenade to Spring*	23
Secret Garden: *Song from a Secret Garden*	20
Secret Garden: *White Stones*, Home (3:24)	11
Seglem: *The Last Norweigan Troll* (5:44)	3
Shenandoah: *Life Blood*	12
Spalding: *Chamber Music Society*, Inutil Paisagem	5
Spalding: *Fall In* (3:57)	3
Strömberg: *Kärlek* (*Love*) (3:02)	22
Svendsen: *Allt under himmelens färste* (*All under the Hold of Heaven*), Trad. Arr. (3:19)	22
Vamp: *Fuglane* (*The Birds*) (3:63)	3
Volkmar: *Wintertraum* (3:00)	22
Wesseltoft: *Chicken Feathers* (6:57)	5
Wesseltoft: *Moon River* (5:53)	5
Zaragoza: *A Sacred Place*, Cross of Love	15

GUIDED IMAGERY & MUSIC

찾아보기

인명

내용

GUIDED IMAGERY & MUSIC

편저자 소개

Denise Grocke

호주 멜버른 대학교 명예교수로, GIM primary trainer로서 25년간 임상을 수행하였다. 미국, 캐나다, 유럽에서 개최된 GIM 국제학술대회에서 기조강연을 했으며, 4권의 저서를 공저 및 편찬하고 다수의 챕터를 집필하였다.

Torben Moe

1995년 이래 GIM primary trainer로 북유럽 다수의 국가에서 훈련 프로그램을 운영해 오고 있으며, 미국 음악과심상협회(AMI) 펠로우이다. 1992년에 덴마크 GIM 네트워크를 설립하였고, 현재 유럽 음악과심상협회(EAMI) 회장으로 재임하고 있다.

GUIDED IMAGERY & MUSIC

함께한 이들

Bolette Daniels Beck, PhD, FAMI

GIM 치료사이며 덴마크 알보그 대학교 조교수이고, 개인 GIM 클리닉을 운영하며 GIM 슈퍼비전과 훈련을 진행하고 있다. 박사논문으로는 만성 스트레스 대상군을 위한 GIM의 사용을 고찰하였고, 임상연구 분야로는 스트레스, 트라우마, embodiment, 영성이 있다.

Lars Ole Bonde, PhD

덴마크 알보그 대학교 교수이자 노르웨이음악원 음악과건강센터의 교수이다. GIM primary trainer이자 공인된 임상감독자이며, 음악연극, 음악교육, 음악치료 분야에서 다수의 챕터와 책을 저술하였다.

Line Brink-Jensen

음악치료사이며 GIM 치료사이다. 덴마크 알보그 대학교에서 석사학위를 취득했다. 다양한 임상 그룹과 일했으며, 최근에는 정신건강의학에서 장애아동과 성인을 위한 치료에 관심을 두고 임상을 수행하고 있다.

Nicki Cohen

텍사스 여자대학교 교수이며, 캔자스 대학교에서 박사학위를 취득하였다. 공인 음악치료사이며, 음악과심상협회(AMI) 펠로우이다. 활발한 저술과 강연을 하며 현재 상급음악치료방법론에 대한 저서를 집필 중이다.

Louise Dimiceli-Mitran, MA, LCPC, MT-BC, FAMI
임상전문상담사, 공인 음악치료사이며, 음악과심상협회(AMI) 펠로우이다. 종양학 전문의이자 GIM primary trainer이며, 현재 시카고에서 개인 상담/음악심리치료 임상을 하고 있다.

Isabelle Frohne-Hagemann
심리치료사, 음악치료사, GIM 치료사이자 primary trainer이다. 심리사회적 건강과 창조성 증진 유럽아카데미의 통합음악치료 디렉터였으며, 함부르크 음악연극대학 조교수를 역임했다. 2006년 이래 음악심상치료연구소 디렉터, 수용음악치료와 GIM 교수로 활동해 오고 있다.

Gunn Karoline Fugle
오슬로 대학교에서 음악을 전공한 음악치료사이자, BMGIM 치료사이다. 아동 · 청소년 정신과, 신체심리치료 분야에서 전문훈련을 받은 교육치료사이다. 현재 아동과 청년을 위한 정신건강서비스 분야에서 일하며, 송노피오라네 대학교 교육음악학과 강사이다.

Svein Fuglestad
오슬로 아케르스후스 대학교 응용과학대학 사회과학부 아동복지 프로그램 조교수이다. 음악과심상협회(AMI) 펠로우, BMGIM 치료사, 음악학자, 성악가이다. HIV/AIDS 감염 대상군, 성적 학대와 근친상간 피해자들을 위한 GIM 임상을 수행해 오고 있다.

Maria Montserrat Gimeno
뉴욕 주립대학교 뉴팔츠의 조교수이며, 상담심리학으로 박사학위를 취득하였다. 음악과심상협회(AMI) 펠로우이며, 미국, 스페인, 중국, 한국, 핀란드, 오스트리아에서 의학 분야에서의 음악과 심상의 사용에 관해 강연해 오고 있다.

Frances Smith Goldberg, MA, MFT, MT-BC, FAMI
공인 심리치료사이자 GIM primary trainer이다. 정신역동, 융심리학, 초월심리학의 이론을 채택하여, 음악이 지닌 변화의 힘이라는 틀 안에서 GIM에 접목하였다. 국제GIM훈련연구소, 치료예술연구소 창설자이자 디렉터이며, 훈련가, 자문위원, 슈퍼바이저로 활동하고 있다.

Anthony Hall
음악과심상협회(AMI) 펠로우이자 건강 전문분과 공인 음악치료사이다. 잉글랜드와 웨일즈 접경지대의 법정신의학과와 완화의료 분야에서 일하고 있다. 변형된 GIM에 관심을 가지고 마음챙김에 기반한 원리를 사용하여 임상을 수행하며 유럽 학술대회에서 강연해 오고 있다.

Annie Heiderscheit, PhD, MT-BC, LMFT, FAMI
미네소타 아우그스부르그 대학교 음악치료학과장이자 조교수이다. 미네소타 대학교 영성치유센터 예술과 치유연구소 소장이자 조교수이다. 음악의학 소유자이며 개인 음악치료 임상을 수행하고 있다.

Ruth Hertrampf, FAMI
심리종양학 전문의이며, 음악치료와 GIM을 심리종양학치료에 접목하고, 개인임상을 수행하고 있다. 현재 덴마크 알보그 대학교 박사과정생이다.

Ian Leslie, MAMT, FAMI
전문 색소폰 연주자이자 작곡자이며, 음악치료사이자 assistant GIM trainer이다. ENGIM 위원을 역임하고 리머릭 대학교, 직업교육위원회, 아일랜드 정신분석학회와 창조적예술치료협회 세미나에서 발표하였다. 다수의 학술지에 논문을 게재하였다.

Carola Maack, PhD
공인 심리치료사, 음악치료사, 슈퍼바이저(독일연방의회심리치료사)이자, BMGIM primary trainer이다. 1995년 이래 독일에서 아동, 청소년, 성인을 대상으로 트라우마 치료를 중심으로 한 개인임상을 수행해 오고 있다. 평생의학교육 독일아카데미 훈련자이다.

Rachael Martin
공인 GIM 치료사이자 음악치료사이다. 연주불안을 경험하는 음악가를 대상으로 한 변형된 BMGIM 연구로 석사학위를 취득하였다. 멜버른에서 GIM 개인임상을 수행하며 피아노음악교육과 음악치료 및 GIM 강연을 해오고 있다.

Cathy McKinney, PhD, LCAT, MT-BC
애팔래치안 주립대학교 음악치료학과장이자 교수이며, GIM primary trainer이다. 임상 관심분야는 음악 즉흥연주와 개인 자각, 성장과 변화를 추구하는 GIM이다. GIM의 효과와 기분과 심리학에 관련된 방법론을 연구해 오고 있다.

Anthony Meadows, PhD, MT-BC, FAMI, LPC
셰넌도어 대학교 음악치료대학원 학과장이다. 펜실베이니아 대학교 헬스시스템 조안 카넬 암센터에서 12년간의 임상을 포함하여 15년 이상 GIM 임상을 수행했다. 『Music Therapy Perspectives』 편집장이며, 광범위한 음악치료 출판물을 저술했다.

Wai Man Ng
영국 공인 음악치료사이자, 홍콩에서 활동하고 있는 미국 음악과심상협회(AMI) 펠로우이다. 2007년 홍콩에 전문음악치료센터를 설립하여 음악치료와 GIM 서비스를 제공해 오고 있다. 또한 HKAPA, HKBU, CUHK, HKU SPACE에서 겸임조교수와 시간강사로 재직 중이다.

Marte Lie Noer
음악치료사이자 음악과심상협회(AMI) 펠로우이며 음악가이다. 아동과 청소년들을 대상으로 20년간 활동하였다. 최근에는 섭식장애 지역센터의 아동 · 청소년과와 트롬쇠의 노르웨이 대학병원 아동 · 청소년과에서 일하고 있다.

Evangelia Papanikolaou
음악치료사이자 정신치료사이며, 슈퍼바이저이고 GIM primary trainer이다. 음악치료 연구의 다학제간 조직인 소노라의 과학 디렉터이고, 헬레닉 아메리칸 대학교의 부교수이다. 애선스 대학교 약학대학의 청소년건강부의 과학 부교수이고, e저널 『Approaches』의 편집위원이다.

Inge Nygaard Pedersen, PhD, MA (Music Science), Postgrad. Dip. Music Therapy
덴마크 알보그 대학교 부교수이다. 2004년부터 GIM 펠로우이며, 1982년부터 1995년까지 알보그 대학교에서 음악치료 프로그램 책임자를 맡았다. 1995년부터 알보그 대학병원 정신과에서 음악치료 클리닉 책임자를 맡고 있다. 음악치료와 GIM에 관한 4권의 책과 50개 이상의 논문을 공편했다.

Alice Pehk, PhD
음악치료사이자 BMGIM 치료사이다. 탈린 대학교 음악연극학부의 에스토니안 아카데미 강사이고, 탈린 음악치료센터의 책임자이다. 기관을 위한 훈련자와 코치로 활동하고, 에스토니와 해외의 여러 곳에 책을 출판한 작가이다. 유럽음악치료협회의 에스토니아 대표위원이며, 에스토니아음악치료학회의 학회장이다.

Linda Powell
GIM 치료사이며, 미시간 대학교 음악석사를 받았다. 30년간 미국 공립학교에서 음악을 가르쳤다. 학교와 병원 및 거주치료센터들을 포함한 다양한 환경에서 개인과 아동 및 청소년 그룹을 위한 MI 세션들을 제공하였다. 현재 노스캐롤라이나주 콜럼버스의 아다웨히힐링센터에서 일하고 있다.

Mary Reher, BMT, MTA, FAMI
공인음악치료사이며, 음악과심상협회(AMI) 펠로우이다. 그녀의 작업에 있어서 Bonny 방법은 원래의 형태나 모든 연령의 개인 및 그룹에 사용 가능하도록 창안해 다양하게 적용한 방법들 모두 필수불가결한 부분이다. 현재는 캐나다 브리티시 컬럼비아의 작은 섬에서 가족과 함께 살고 있다.

Lisa Summer, PhD, LMHC, MT-BC, FAMI
애나 마리아 대학교 교수/디렉터이며, 미국과 베이징, 서울의 음악의식협회에서 주관하는 GIM 훈련들을 지휘하고 있다. 많은 책에 자신의 GIM 이론 및 수행에 관한 부분을 저술했고, 음악의식에 관한 책과 『Voices』지에 Helen Bonny의 삶에 관한 연대기를 작성하였다.

Ellen Thomasen
코펜하겐 대학교 음악학과 코펜하겐의 직업치료 아카데미에서 작업치료 과정을 수료하였다. 작업치료사로서 병원과 청소년보호감호소에서 세션을 시행하고 있다. 음악과심상협회(AMI) 펠로우이며, 덴마크 코펜하겐에서 개인치료센터를 운영하고 있다. 공인된 primary trainer이다.

Esperanza Torres
음악과심상협회(AMI) 펠로우이자 primary trainer이다. 공인심리학자, 음악치료사 그리고 학습장애아동 특수교사이다. 스페인 빅토리아의 음악치료협회에서 GIM과 언어심리치료를 조합한 세션을 수행하였다. 덴마크 알보그 대학교에서 박사논문으로 섬유근육통 환자들을 대상으로 한 GIM 그룹에 관한 연구를 하고 있다.

Carolyn Van Dort, MA, Grad Dip GIM, Grad Dip Music Therapy
마음챙김 원리를 치료적으로 원용해 개인치료소를 운영하는 음악치료사이다. 호주 음악과심상협회 주관 GIM 훈련 코스를 마친 훈련자이며, 호주심리치료상담협회의 임상전문가이다.

Santiago Vilá

콜롬비아 음악치료사이자 교육자이며 음악가이다. 성인과 청소년들에게 자아발견 및 치유와 변화의 통로로서 GIM 세션을 활용한다. 남아메리카에 GIM을 전파하기 위한 워크숍과 학술대회를 제공하였으며, 현재 콜롬비아에서 GIM 훈련 과정을 구축하고 있다.

Margareta Wärja

Helen Bonny에서 GIM 훈련을 받았고, 음악과심상협회(AMI) 펠로우이다. 스톡홀름표현예술 AB 훈련 디렉터이고, 스톡홀름왕립음악대학의 대학원 과정 교수이다. 덴마크 알보그 대학교에서 박사논문으로 GIM을 종양학에 적용하는 방법을 연구 중이다.

Therese Marie West, PhD, MT-BC, FAMI

오리건주 포틀랜드에서 정신의학, 종양학, 호스피스, 재활의학으로 확장된 치료 경험을 제공하는 공인음악치료사이다. 음악과심상협회(AMI) 전임회장이며, 퍼시픽 대학교와 메릴허스트 대학교에서 GIM 음악과 심상 연구를 수행하고, 음악치료과정을 지도하였다.

역자 소개

문소영(Soyoung Moon)

호주 멜버른 대학교 음악대학에서 음악치료 석사 디플로마(Graduate Diploma in Music Therapy), 음악치료학 석사 및 박사 학위를 취득하였다. Denise Grocke 교수로부터 BMGIM 과정을 사사하였고, 미국 콜로라도 주립대학교에서 신경학적 음악치료(NMT)를 이수하였다. 현재 명지대학교 사회교육대학원 음악치료학과 주임교수로 재직하고 있으며, (사)한국음악치료학회 이사와 World Federation of Music Therapy Public Relations Committee Member이다. 저서로는 『음악치료 기법과 모델』(공저)과 역서로 『음악치료 수용기법』(공역)이 있다.

박지원(Jiwon Park)

중앙대학교 음악대학 졸업 후 명지대학교 사회교육대학원에서 음악치료학전공으로 석사학위를 취득하였으며, 다년간 음악치료사로서 임상경력을 쌓고 전북대학교와 명지대학교에 출강한 바 있다. 현재는 명지대학교 일반대학원에서 심리재활학(음악치료전공)으로 박사과정 중에 있으며 명지통합치료연구센터의 임상 슈퍼바이저로 소속되어 있다.

배민정(Min-Jeong Bae)

미국 캔자스 대학교에서 음악치료학 석사 및 박사 학위를 취득하였다. 미국 공인 음악치료사이자, 음악과심상협회(AMI) 펠로우이고, Primary trainer이며, 명지대학교 객원교수이다. 미국, 중국, 한국에 걸쳐 GIM, 음악과 심상 훈련과정 활동을 했으며, 마음챙김과 통합한 음악과 심상 및 그룹 타악기즉흥연주 관련 강의 및 연구 활동을 해오고 있다.

음승희(Seunghee Eum)

숙명여자대학교 음악대학 졸업 및 음악치료대학원 석사학위 취득 후, 숙명여자대학교 음악치료센터 연구원 및 시간강사로 재직하였다. 미시간 주립대학교 음악치료학 박사과정수료 후, 현재 숙명여자대학교 음악치료 박사과정 중에 있으며, 음악치료대학원 슈퍼바이저 및 명지대학교 사회교육대학원 음악치료학과 객원교수로 재직 중이다. 미국 음악과심상협회(AMI) 펠로우로 현재 이난복음악치료연구소에 소속되어 있다.

이상은(Sang Eun Lee)

미국 레슬리 대학교 표현예술치료학 박사이며, 미국 음악과심상협회(AMI) 펠로우이자 성악심리치료사(AVPT)이다. 현재 한세대학교 대학원 음악치료전공 겸임교수, 명지대학교 사회교육대학원 음악치료학과 객원교수, 한아인 홀리스틱 아츠센터 연구팀장, (사)한국음악치료학회 학술위원장을 맡고 있다.

이윤진(Yoonjin Lee)

이화여자대학교 사범대학 졸업 및 동 대학원 음악치료교육전공에서 석사학위를 취득한 후 이화여자대학교 예술교육치료연구소 소속 연구원으로 여러 음악치료 연구과제에 참여한 바 있다. 현재는 영유아음악교육 업체인 플레이송스의 R&D팀에 연구원으로 소속되어 있다. 역서로 『음악치료 수용기법』(공역)이 있다.

GIM과 MI

음악을 통한 개인치료와 그룹치료 기법

Guided Imagery & Music (GIM) and Music Imagery Methods for Individual and Group Therapy

2018년 1월 20일 1판 1쇄 인쇄
2018년 1월 25일 1판 1쇄 발행

지은이 • Denise Grocke · Torben Moe
옮긴이 • 문소영 · 박지원 · 배민정 · 음승희 · 이상은 · 이윤진
펴낸이 • 김진환
펴낸곳 • (주) 학지사
121-838 서울특별시 마포구 양화로 15길 20 마인드월드빌딩
대표전화 • 02)330-5114 팩스 • 02)324-2345
등록번호 • 제313-2006-000265호

홈페이지 • http://www.hakjisa.co.kr
페이스북 • https://www.facebook.com/hakjisa

ISBN 978-89-997-1429-0 93180

정가 24,000원

이 도서의 국립중앙도서관 출판시도서목록(CIP)은 서지정보유통지원시스템 홈페이지(http://seoji.nl.go.kr)와 국가자료공동목록시스템(http://www.nl.go.kr/kolisnet)에서 이용하실 수 있습니다.
(CIP제어번호: CIP2017031266)